근대 천황상의 형성

야스마루 요시오 지음 · 박진우 옮김

국립중앙도서관 출판시도서목록(CIP)

근대 천황상의 형성 / 야스마루 요시오 지음 ; 박진우 옮김.
-- 서울 : 논형, 2008
p. ; cm. -- (논형일본학 ; 13)

원표제: 近代天皇像の形成
원저자명: 安丸良夫
참고문헌과 색인 수록
일본어 원작을 한국어로 번역
ISBN 978-89-90618-88-7 94910 : ₩20000
ISBN 89-90618-50-9(세트)
913.05-KDC4
952.031-DDC21 CIP2008003412

근대 천황상의 형성

야스마루 요시오 지음 · 박진우 옮김

논형

근대 천황상의 형성

지은이 야스마루 요시오
옮긴이 박진우

초판 1쇄 인쇄 2008년 11월 17일
초판 1쇄 발행 2008년 11월 27일

펴낸곳 논형
펴낸이 소재두
편　집 김현경, 최주연
표　지 김예나
홍　보 박은정

등록번호 제2003-000019호
등록일자 2003년 3월 5일
주　소 (151-805) 서울시 관악구 봉천2동 7-78 한립토이프라자 5층
전　화 02-887-3561
팩　스 02-887-6690

ISBN 978-89-90618-88-7 94910
값 20,000원

한국어판 서문

현행되고 있는 일본국헌법 전문에는 국민주권과 국제관계의 평화·평등이라는 두 가지 원칙이 명기되어 있으며, 천황에 관해서는 아무것도 설명하지 않고 있다. 전문에 내세운 이러한 원칙에서 보면 헌법 본문도 먼저 국민주권에 관한 규정부터 시작되어야 하겠지만, 본문 1장(제1조부터 제8조까지)은 '천황'에 관한 내용으로 되어 있고 제9조에서 전쟁포기가 규정되어 있다. 진보파 헌법학자들은 제1조에 있는 천황의 지위에 관해서 "주권을 가지는 일본국민의 총의에 의한다"는 내용을 근거로 이를 국민주권에 관한 규정으로 해석하는 경향이 있다. 그러나 헌법학에 관해서는 문외한인 우리가 이것을 있는 그대로 읽으면 아무리 보아도 천황에 관한 규정 속에 국민주권 규정이 포함되어 있는 것으로 보인다.

일본국헌법 제1장, 특히 제1조의 규정이 그렇게 된 직접적인 이유는 현행 헌법이 대일본제국헌법의 개정으로 작성되어 그 구성을 계승하고 있기 때문이라고 생각한다. 제2장(제9조)의 '전쟁포기'와 제8장의 '지방자치'는 구 헌법에는 없는 내용이지만, 일본국헌법의 구성 전체는 구 헌법을 계승하여 그것을 개정한 것에 다름 아니다. 제3장 '국민의 권리 및 의무' 등은 개정의 폭이 크고, 제9조도 포함하여 현행 헌법과 구 헌법과의 사이에 커다란 단절이 있는 점에 관해서는 높이 평가하고 싶다. 그러나 그럼에도 헌법의 천황에 관한 규정에서 볼 때, 전후 일본도 여전히 국제사적國制史的으로는 천황제 국가라고 말할 수 있지 않을까. 헌법 개정의 절차를 보더라도 현행 헌법이 구 헌법에서 규정하는 개정 절차에 따라 작성되고 천황의 '재가'를 거쳐 '공포'되었다는 사실에도 유의해야 할 것이다. 또한 여성에게 황위계승권이 없으며, 황실의례의 대부분이 국가신도에 유래하여 황족에게는 '신교의 자유'가 인정되지 않는 점, 그리고 황실전범에 천황의 퇴위나 황족의 이탈에 관한 규정이 없는 점 등으로 볼 때 황실관계에서는 헌법이 규정하는 인권의 보편주의적인 측면에 커다란 제약이 있다는 점에도 주의할 필요가 있을 것이다.

그러나 한층 중요한 사실은 이러한 천황제가 압도적으로 많은 일본인에 의해 수용되고 지지를 받고 있다는 점일 것이다. 현대 일본의 매스미디어에서는 황태자의 가족이나 그 동생 아키시노미야秋篠宮 가족에 관한 일들을 거의 매일 같이 다루고 있으며, 그 시선은 대중소비사회에서의 호기심에 의한 이야깃거리일지도 모른다. 고귀한 여성들의 라이프스타일이나 그 아이들의 양육에 관한 이야깃거리는 일반 국민의 생활과는 동떨어진 것이라고 할 수 있지만, 그러나 또한 적당하고 신변적인 이야깃거리이기도 하며 호기심의 대상으로서 현대 일본의 대중문화에 어울리는 것이기도 할 것이다. 또한 천황가와 황족은 정치나 경제의 생생한 현실에서는 가능한 한 거리를 두고 문화·복지·국제친선 등의 차원에서 적극적인 역할을 하도록 노력하고 있으며, 현대 일본에서는 천황제의 그러한 역할을 적극적으로 평가하는 사람도 적지 않다. 현대 천황제는 헌법 제1조의 규정을 축으로 하면서도 갖가지 회로를 통해서 현대 일본에 적응하는 변형된 천황제이며, 그것이 바로 압도적 다수의 일본인에게 수용되고 있는 상징천황제일 것이다.

이렇게 해서 현대 일본의 천황제는 그 자체로서는 노골적인 권력주의에서 동떨어진, 미약한 인상을 주기도 한다. 그러나 현대 일본에는 얼핏 온화하게 보이면서도 실은 극히 강인한 권력질서가 관철되고 있으며, 그러한 질서를 집약하는 정점에는 역시 천황제가 존재한다고 나는 생각한다. 자유나 권리나 국제협조는 국민국가적인 공공권의 틀 안에 의존하고 그것을 전제로 하는 한에서는 존중되고 있다고도 말할 수 있지만, 그러나 거기에 배제와 동조를 강요하는 원리가 강하게 작용하고 있으며, 외견적으로는 온화하고 문화적이지만 강하게 침투한 내셔널적인 감각이 그것을 지탱하고 있다는 점, 따라서 또다시 위기상황이 도래하면 권력주의적인 통합이 일거에 강화될 가능성이 강하다는 점 등은 냉정하게 관찰해 보면 결코 오인할 리가 없는 현실이라고 해야 할 것이다.

천황제에는 갖가지 측면과 유래가 있어 어느 한 가지 측면만으로는 논하기 어려운 것이지만, 이 책은 그것을 근대국민국가의 편성 원리라는 측면에 중점을 두고 논한 것이다. 근대 세계는 여러 국민국가가 서로 겨루는 경기장으로서 존재하며, 국민국가들은 이 경기장에서 승리하기 위해 제각기 독자적인 편성 원리를 만들어 내는 것인데, 일본의 경우 그것이 천황제였다고 보는 것이 이 책의 입장이다. 근대 일본의 질서원리의 형성과 구조, 그리고 그 이데올로기적인 성격의 규명에 주안을 두었기 때문에 그 밖의 여러 측면에 관해서는 관련이 있는 한에서 간단하게 언급하는 데 그치고 있다. 이러한 인식 목표로 인해서 이 책은 기존의 천황제 연구와는 상당히 다른 내용으로 구성되어 있으며, 남겨진 논점이나 사실 등에 관해서 의문이나 불만을 품는 독자들도 적지 않겠지만, 아무쪼록 이 책이 한국의 독자들에게 천황제에 대한 이해에 조금이라도 자극이 되기를 기대한다.

2008년 2월

야스마루 요시오

安丸良夫

차례

일러두기

1. 원문에서는 인용한 연구논문을 본문의 [ ] 안에 저자명과 연도를 표기하고 권말에 인용문헌 일람을 게재했으나, 번역에서는 본문의 [ ]안에 있는 인용문헌을 권말의 저자주로 처리하고, 번역자의 용어해설을 각주로 처리했다.

2. 원문의 인용사료에 관해서도 본문의 ( ) 안에 출전을 표기한 것을 번역에서는 사료출전을 미주로 돌리고, 잘 알려진 사료에 관해서는 페이지 수를 생략한 원문 그대로 처리했다.

1장

과제와 방법

1. 천황이라는 권위

오늘날 우리에게 천황이란 존재는 텔레비전 등에서 보는 저 사람이다. 지금 저 사람은 나와 나이가 비슷한 초로의 신사에다가 평범한 체구에 중간 정도의 키이며, 그 인품은 부드럽고 성실하게 보인다. 그리고 우아하고 정숙 그 자체와도 같은 저 황후가 의례적인 거리를 두고 곁에 있다. 만년의 쇼와昭和 천황에게는 다소 야릇한 인상도 있었지만 역시 온화한 노신사로 보였다. 이것이 현대 일본사회에 적응한 천황상이며 대다수 일본인들도 이를 자연스럽게 받아들이고 있다. 그러나 이러한 천황의 이미지와, 국가제도나 의례 속에서 우리에게 강요되는 천황과 관련된 권위적인 것과의 사이에는 현저한 차이가 있다. 쇼와 천황의 와병과 죽음에서 새로운 천황의 즉위에 이르는 일련의 사태는 얼핏 정신없이 바쁜 나날을 보내는 것처럼 보이는 현대사회에도 천황의 권위가 그물망처럼 에워싸고 있다는 것을 적나라하게 보여주어 우리를 놀라게 했다.

예를 들면 쇼와 천황의 와병으로 발생한 '자숙' 현상을 상기해 보자.[1] 천황의 중태가 보도된 1988년 가을에는 전국 각지의 이벤트와 축제나 페스티발에 관한 문자가 사라지고 텔레비전의 상업방송에서 '건강'이나 '삶의 환희'와 같은 표현이 제거되었다. 백화점이나 슈퍼마켓의 식품매장에서는 경사스러운 날에 먹는 찰밥이 모습을 감추었다. 전국의 가을 축제가 중지되어 생계가 어려워진 노점상 부부가 자살한 사건도 있었다. 진구神宮야구장의 와세다대학과 게이오대학의 야구시합에서는 시합의 명물로 등장하던 큰북과 커다란 장식물이 사라졌는데, 그것은 도쿄 6개 대학 리그전이 시작된 이듬해에 당시는 섭정궁이었던 쇼와 천황으로부터 우승배를 하사받았다는 인연 때문이라고 한다. 과잉 자숙이 잇따라 보도되자 정부 자민당은 황태자까지 내세워 지나친 자숙은 바람직하지 않으며 폐하가 원하는 바도 아니라고 발언하게 했으며, 신사본청도 시치고산七五三*이나 하쓰모데初詣**와 같은 개인적인 기원은 평소대로 하도록 통달했다. 일단 모습을 감추었던 찰밥(세키항)도 '지에밥(오코와)'으로 이름을 바꾸고 작은 콩만 들어있는 '백반'이나 엷은 적색으로 다시 등장했다. 우익도 가두행동을 삼갔으며 덕분에 닛쿄소日教組***의 집회는 20년 만에 우익의 방해 없이 원만하게 개최되었다.

그 후 쇼와 천황의 죽음에 즈음해서 조기 게양과 직장에서의 묵도, 그리고 여기에 보조를 맞춘 텔레비전의 특별방송, 엄중한 경계태세에서 치러진 장례식과 즉위식, 다이조사이大嘗祭,**** 그리고 나가사키시장 총격사건 등이

* 아이들의 성장을 축하하는 전통적인 행사. 남자아이는 3세와 5세, 여자아이는 3세와 7세에 신사에 참배한다.

** 정월의 첫 참배.

*** 1947년 설립된 일본교직원조합의 약칭으로 2006년 현재 30만 명이 넘는 일본 최대의 교직원 노동조합이다. 히노마루, 기미가요 반대, 교육기본법 개정반대 등 좌익적인 성향을 가지며, 일본우익의 비난과 공격의 대상이 되고 있다.

있었다. 경계태세와 관련해서 한마디 덧붙이면, 예를 들어 사전에 이루어진 경찰의 지도에 따라 장례식 당일 밤은 신주쿠 가부키초의 번화가에 네온사인이 꺼지고 야쿠자도 사무실 문을 닫았다. 원래 야쿠자는 추석이나 설날에도 장사를 하는 법인데, "나도 27년간 야쿠자를 해왔지만 이런 일은 처음이야"[2] 라는 말에서도 알 수 있듯이 야쿠자 두목도 전혀 새로운 경험을 했다.

천황의 쾌유를 기원하는 기장記帳, 이벤트의 자숙, 조기 게양과 묵도 등은 기업이나 거기서 일하는 비즈니스맨들에게는 거의 인사치레 정도에 지나지 않을 것이다. 그들이 가지는 평소의 관심은 전혀 다른 곳에 있으며 대부분의 일본인도 그런 점에서는 비슷할 것이다. 그러나 이와 같이 사소한 인사치레 정도의 의례도, 여기에 참가하기는 쉽지만 이를 거부하는 것은 그다지 간단한 일이 아니다. 천황의 쾌유를 기원하러 가자는 권유를 거절하거나 조기 게양에 반대하고 묵도를 거부하는 것은 개개인의 샐러리맨에게는 나름의 용기와 결단을 필요로 하는 행위였다. 조기 게양을 둘러싸고 몇몇 대학에서는 반대운동이 있었지만 대학 당국은 대부분 조기 게양의 명분을 확보하는 데 급급했다. 대학의 책임자들에게는 개개인의 감수성이나 사상의 문제와는 전혀 별도의 의미에서 조기 게양은 반드시 확보해두어야 할 명분이었다.

개개인의 샐러리맨이 조기 게양에 반대하거나 묵도를 거부하는 데 용기와 결단을 필요로 하는 것은, 그것이 곧 그들의 기업과 직장에 대한 충성도와 협조성의 척도가 되기 때문이다. 이러한 문제에 어떤 태도를 취하든 비즈니스맨으로서의 직무수행과는 전혀 별개의 차원이라고 말할 수도 있겠지만, 여기서 거절하는 태도를 취하면 기업사회에서 충성도를 의심받는 이분자로 낙인찍힐 가능성이 높다. 개개인의 입장에서는 조기와 묵도는 전혀

**** '다이조사이'란, 천황 즉위 후 첫해에 조상신에게 신고를 하는 대제사로 일대에 단 한번 지낸다. 7월 이전에 즉위식을 올리면 연내에, 8월 이후에 즉위식을 올리면 그 이듬해에 지낸다.

사소한 의례적인 행위로 생각하는 편이 유리하다. 심각하게 고민할 정도의 사안이 아닌 것이다. 그러나 이 사소한 행위를 대다수의 사람들이 받아들이면 그 연쇄는 과잉동조적인 권위성을 국민적인 규모로 불러일으키게 되고, 일종의 악순환에 의해 비판을 허용하지 않는 권위성이 사회 전체에 군림하게 되어 버린다. 이렇게 해서 온화하게 보이는 천황의 실제 모습에서는 상상하기 어려운 거대한 권위성이 어느새 사회를 석권하고 우리를 지배해 버리는 것이다.

최근 발견되어 화제가 된 『쇼와 천황 독백록昭和天皇独白録』은 도쿄재판에 대비한 증언 내지는 변명을 위한 것이라는 성격을 가지는데, 여기서 쇼와 천황이 말하는 기본적인 논점은 자신이 일관해서 '입헌군주'로서 행동하기 위해 노력해왔다는 말로 축약할 수 있다. 천황을 '입헌군주'라고 하는 것은, 내각과 통수부에서 결정한 정책이나 견해에 대해서 천황 개인으로서는 이의가 있어도 재가한다는, 즉 비토권(군주대권에 의한 거부권)은 행사하지 않는다는 것을 의미한다. 1928년의 장쭤린張作林폭살사건*에 관해서 처음에는 엄벌하겠다고 대답한 다나카 기이치田中義一 수상이 이듬해에는 적당히 얼버무리면서 덮어두고 싶다고 상주하자 천황은 지난해에 했던 말과 다르다고 다나카를 꾸짖었고, 결국 다나카 내각은 총사직했다. 천황은 이 사건을 '젊은 혈기' 때문이라고 반성하고, "이후 나는 내각이 상주하는 것은 가령 자신의 의견과 달라도 재가하기로 결심했다"고 독백록에서 말하고 있다.[3]

그 후 천황은 시라카와白川 대장**에게 상하이사건***의 불확대를 명령하

---

* 장제스(蔣介石)가 이끄는 국민당군의 북벌에 밀려 봉천의 군벌 장쭤린이 전용열차를 타고 베이징(北京)에서 펑톈(奉天)으로 가는 도중 만주국 건국의 계획을 세우고 있던 일본 관동군의 공작에 의해 폭살당한 사건.

** 시라카와 요시노리(白川義則), 1868~1932. 상하이사건 당시 상하이파견군 사령관으로 취임. 1932년 4월 29일 상하이에서의 천장절 기념식장에서 윤봉길 의사가 던진 폭탄으로 부상을 입고 6월 사망했다.

고 천황기관설*에 찬성했으며, 일독동맹에 반대하고 중국과의 타협을 원하는 등 군부의 횡포를 억제하고 평화를 유지하기 위해 노력했지만 '입헌군주'로서의 제약으로 인하여 자신의 의사를 관철하지 못했다는 것이 독백록의 입장이다. 도조 히데키東条英機에게 조각을 명령한 것도, 이 남자라면 "육군을 억제하여 순조롭게 일을 해낼 것이라고 생각"했기 때문이라고 한다. 그리고 변명의 초점은 대미 개전에 있으며, 자신은 개전에 반대했지만 "입헌국의 군주로서 정부와 통수부와의 일치된 의견은 인정해야 한다"고 생각했다고 한다. 이 점은 '결론'에서도 거듭 강조되고 있으며, "만약 내가 좋아하는 것은 재가하고 좋아하지 않는 것은 재가하지 않았다면 그것은 전제군주와 전혀 다를 바가 없다"고도 말한다.[4] 천황 자신의 의사로 사태가 결정된 것은 2·26사건**의 진압 명령과 포츠담선언 수락을 결정한 두 번 뿐이며, 이는 모두 내각 등의 정부기관이 결정을 내릴 수 없는 상황이었기 때문에 자신이 결단을 내려야했다고 한다.

그러나 천황 자신이 이렇게 '입헌'적인 입장을 강조했음에도 불구하고 독백록에는 일국의 군주로서의 정치성이 농후하게 표현되고 있다. 천황은 내외의 정세에 통달하고 있었으며, 인물 평가는 엄격했다. 요나미 미쓰마사米内光政, 도조 히데키, 스즈키 간타로鈴木貫太郎 등에 대한 천황의 개인적인 신뢰는 두텁지만, 무단파 장군이나 호언장담하는 인물은 싫어했다. 내각의 인사

*** 1932년 1월 18일 일본인 승려와 신자들이 상하이에서 습격을 받고 사상당한 사건을 계기로 국제 공동 조계 주변에서 일본군과 중국군 사이에 발생한 무력충돌. 사건은 일본 측의 음모에 의한 것이라는 설이 있다.

* 헌법학설의 하나로 국가법인설에 의거해서 통치권은 법인으로서의 국가에 있으며 천황은 그 최고기관으로서 통치권을 행사한다고 하여 천황주권설과 대립했다. 1930년대 중반 파시즘의 대두와 함께 군부와 우익에 의해 이 학설이 배척되고 학자들이 탄압을 받았다.

** 1936년 2월 26일 우익사상가 기타 잇키(北一輝)의 영향을 받은 육군 청년장교들이 국가개조를 기도하고 일으킨 쿠데타. 이 사건을 계기로 군부의 발언권이 더욱 강화되고 군부의 독주를 가져오게 되었다.

에는 적극적으로 간여하고 있으며, 대미 개전을 우려하고 있었던 것도 확실하다. 그러나 전황이 불리해졌을 때에도 "한차례 어디선가 적을 물리친 후 신속하게 강화의 기회를 얻으려 했다"는 것이 그의 입장이며, 조기에 전쟁 종결을 주장한 고노에 후미마로近衛文麿에 대해서는 '극단적인 비관론자'라고 비난하고 있다.[5] 이와 같이 독백록은 자신의 '입헌군주'로서의 입장을 강조한 나머지 독자적인 '입헌군주'로서의 책임의식에 의거한 적극적인 정치성을 솔직하게 말하는 결과가 되고 있다. 현대사 전문가들은 이러한 독백록을 비평하여 전쟁에 주체적으로 관여한 천황의 전쟁책임을 논증할 수 있는 내용이 많이 발견되고 있기 때문에 천황에게 전쟁책임이 없다고 주장하는 사람들에게는 상당히 불리한 자료라고 지적한다.[6]

쇼와 천황이 도쿄재판에 대비해서 변명을 하기 위해 준비한 자료가 현대사 전문가들에게는 천황의 전쟁책임을 논증할 수 있는 자료로 되어버린 것은 매우 흥미로운 일이다. 독백록에 의하면 천황은 주전론을 억제하고 영·미와의 협조노선을 유지하려 하고 있으며, 또한 그러한 방향에서 노력하면서 '입헌군주'로서의 한계 때문에 본의 아니게 전쟁의 길로 접어든 비운의 제왕이다. 전쟁으로의 길은 천황의 결단이나 재가 없이는 있을 수 없는 일이었지만, 천황의 입장에서는 그 권한과 취할 수 있는 범위 내에서 전쟁 회피를 위해 노력해 왔으며, 전쟁의 결단과 재가도 부득이한 일이었기 때문에 천황의 전쟁책임을 물을 수 없다는 말이 된다. 절대적인 권위와 권력을 일원적으로 독점하고 있던 것처럼 보이는 근대 일본의 천황도, 천황 개인의 입장에서 보면 그 권한과 책임을 좁게 한정해서 살아갈 수밖에 없는 권한적인 인간이었다는 말이다. 과거에 마루야마 마사오丸山真男는 일본 파시즘기 지도자들의 정신사적인 특징을 논하면서 그들은 항상 '권한으로 도피'하고 있었다는 점을 지적하고, 강권적인 파시즘 체제가 실제로는 '무책임의 체계'에 지나지 않았다는 것을 폭로했지만,[7] 천황 또한 한정된 권한으로 도피하는 '무책임의 체계'의 일부였다는 말이 될 것이다.

쇼와 천황의 전쟁책임 문제에 관해서는 1975년 일본기자클럽과의 회견에서 천황의 전쟁책임에 관해서 묻는 기자의 질문에 대하여 "그런 말의 기교에 관하여 나는 문학 방면은 그다지 연구하고 있지 않아 잘 모르기 때문에 그 문제에 관해서는 대답할 수 없습니다"라고 한 주지의 발언이 있다.

이 말은 그 후 비난과 냉소의 표적이 되었지만 "이른바 전쟁책임"이라고 할 때, 천황은 '입헌군주'로서의 자신의 권한이나 노력의 범위에서 벗어난 막연하고 종잡을 수 없는 차원을 질문한 것으로 느끼지 않았을까. 전쟁은 천황의 직분에 입각한 노력에도 불구하고 발생한 것이기에 "깊이 슬퍼하는" 불행한 사건이기는 하지만, 그 전체에 관한 책임을 운운해도 답할 방도가 없다. 그것은 군주의 책임에 관한 엄밀한 규정과는 차원이 다른 '문학 방면'의 문제라는 말일 것이다. 같은 기자회견에서는 곧이어 히로시마의 원폭투하에 관한 감상을 묻는 질문이 있었는데, 여기서도 천황은 "히로시마 시민들에게는 안 된 일이지만 부득이한 일이었다고 생각합니다"라고 대답해 버렸다. 전쟁책임에 관한 질문과 마찬가지로 천황은 이 문제를 받아들이는 정신적인 차원을 결여하고 있었을 것이다.(**주1**)

주1 1975년 10월 31일에 있었던 이 기자회견은 일본인 기자단과의 첫 공식회견이었다. 미국 방문여행에서 막 귀국한 천황은 방미에 앞서 미국 측 기자와 회견했기 때문에 일본인 기자와도 회견하지 않을 수 없게 되었고, 일본기자클럽이 일본인 기자단을 대표하는 형태로 회견이 이루어졌다. 질문 내용은 미리 제출되어 있었지만 천황은 처음 있던 일이라 "안쓰럽게 보일 정도로 긴장"(「아사히신문」)해서 한마디 한마디를 골라가며 신중하게 대답했다. 천황은 예정된 질문에 대해서는 간신히 대답했지만 관련 질문에서 낭패했다. 사전에 답을 준비할 수 없었던 관련 질문이 본문에서 인용한 전쟁책임과 히로시마 원폭투하에 관한 것인데, 그것도

고르고 고른 두 질문에 대한 대답이 모두 기묘할 정도로 무책임한 발언이 되어 버렸다는 것은 군주로서의 자질을 의심받을 정도의 사태였다고 말할 수 있을 것이다. 당시의 우사미(宇佐美) 궁내청 장관은 "직접 질문을 하시는 일은 있어도 질문을 받는 일에는 익숙하지 않기 때문에 생각하고 계시는 것을 충분하게 말씀하지 못했다는 아쉬움이 있다"고 변명하고, "앞으로 이런 식의 회견을 계속할지는 알 수 없다"고 말했다.[8] 여기서는 군주의 언어능력이라는 약간은 색다른 화제를 이용해서 근대 천황제의 위상을 일별해 보기로 하자.

R. 로이는 미국의 인디안 추장제를 널리 검토하여, 추장은 ① 평화를 가져오는 중재자이고, ② 자신의 재물을 아끼지 않고 피통치자들의 요구에 응하며, ③ 변설에 뛰어난 자만이 추장의 지위에 오를 수 있다는 세 가지 조건을 발견할 수 있다고 한다.[9] 여기서 관련이 있는 것은 ③ 인데, 예를 들어 히미코(卑弥呼)*라면 그녀에게 제기된 어떤 문제에도 즉시 설득력 있는 신탁(神託)을 내려 언설로 인해서 약점을 보이는 일은 결코 없었을 것이다. 군주의 변설 능력은 권력의 발전에 따라 쇠퇴하는 경우가 있으며, 천황제와 같은 신성 왕권에서는 이러한 점이 가장 현저할 것이다. 위에서 말한 천황의 기자회견은 그 예증이라 할 수 있는데, 피에르 클라스트르에 의하면 원시적 수장제에서는 수장에게 뛰어난 변설이 요구되고 있으며, 그것은 "수장의 활동을 말의 영역, 즉 폭력의 정반대편에 있는 위치로 봉쇄하는 것"을 의미한다고 한다.[10]

아마도 근현대 유럽의 군주들은 쇼와 천황보다 훨씬 능숙한 웅변으로 자신의 입장과 역할에 관하여 변명과 선전을 하겠지만, 그것은 시민사회라는 언설적인 세계에 군주제도 적응해야 하기 때문이다. 최근의 천황제 논의 가운데는 현대 유럽의 군주제를 적용하여 '열린 황실'로 더욱 노력해야 한다는 이른바 상투적인 주장에 대하여, 이와 반대로 일반 국민으로부터 격리함으로서 천황의 권위가 지켜진다고 강조하는 사람들이 있는데, 그들은 천황이 시민사회적인 언설의 세계에 노출되어 신비적인 모습이 상실되는 것을 우려하고 있는 것이다.

자신의 권한을 좁게 한정해서 직분의 범위 내에서 노력한 것만을 강조하는 왜소한 권한 인간으로서의 천황. 그것은 근대 일본 사회 속에서 광범위한 사람들이 경험한 천황과는 전혀 다른 천황이 아닌가. 현실의 천황이 이와 같이 왜소한 권한의 천황이었다고 한다면, 절대적인 권위로서의 천황은 어

* 고대 일본 야요이시대 후기(3세기경)에 야마타이국을 다스린 여왕.

떻게 해서 성립되고 군림할 수 있었을까? 개인적인 인간으로서의 천황과, 권위로서의 천황상 사이에는 도대체 무엇이 개재하고 있는 것일까? 이 책이 대상으로 하는 것은 사람들의 의식을 사로잡은 이러한 천황의 이미지나 관념, 권위성의 실체 등이다. 이러한 권위로서의 천황은 그 시대를 살아온 인간들에게는 당연한 일이기는 하지만 그런 까닭에 오히려 '왜'라는 물음에 익숙하지 않다. 반면 그 다음 시대를 살아온 젊은 세대에게는 지나치게 기묘하며 현실감이 떨어지기 때문에 역시 왜냐고 묻기 어려운 차원에 속하는 것이 아닐까? 이 문제를 하나의 정신사적인 과정으로서 내재적으로 이해하고 대상화하기 위해서는 아마도 이문화 사회에 접근하는 인류학자와 같은 신중한 절차와 매개적인 사고가 필요할 것이다. 그것은 인간으로서의 천황이라는 개인이 없이는 풀 수 없는 문제이기는 하지만, 기본적으로는 천황 개인과는 구별되는 광범위한 인간들의 환상 과정에 속하는 문제다.

2. 연속설과 단절설

주지하는 바와 같이 천황제를 고대부터 연속성을 가진 것으로 파악하는 견해가 있다. 황위의 만세일계를 강조하거나, 다이조사이를 오랜 전통을 지키는 의례로 보고 황위계승 의례의 핵심에 두는 입장이 그 전형이다. 이러한 견해를 연속설이라고 한다면, 천황제 옹호파는 반드시 연속설을 취하며, 그 근거를 특히 불집정不執政(불친정不親政)론과 제사론에서 구하고 있다. 하긴 연속설을 취한다고 해서 반드시 천황제 옹호파라는 것은 아니다. 야마구치 마사오山口昌男의 인류학적 왕권론, 미야다 노보루宮田登의 민속학적 이키가미生き神,* 또는 천황신앙론, 역사학자 가운데는 아미노 요시히코網野善彦, 비토 마사히데尾藤正英 등이 제각기의 입장에서 천황제의 지속성을 논하고 있으며, 천황제를 지탱하는 이른바 심층적 구조를 밝히고자 하는 입장이다.

이에 대하여 천황제를 비판하는 역사학자들은 대부분의 경우 천황제가 역사 속에서 크게 변용하여 단절하고 있다는 점을 강조한다. 천황제를 둘러싼 정치과정을 구체적으로 살펴보면 천황제는 단절의 측면이 현저한 것이다. 섭정攝政과 원정院政에 의한 권력 장악, 중세·근세에는 유소년의 천황이 적지 않았으며, 아시카가足利 씨에게 옹립된 북조, 그리고 최근 이마타니 아키라今谷明가 논증한 아시카가 요시미쓰足利義滿에 의한 '왕권찬탈계획',[11] 노부나가信長·히데요시秀吉·이에야스家康에 의한 조정의 이용과 도쿠가와德川에 의한 철저한 조정 지배 등에는 커다란 단절면이 표현되고 있다. 그리고 최근에는 위와 같은 견해의 기본 틀을 유지하면서 지금까지 연구의 공백지대였던 중세와 근세의 조정·천황에 관한 실증적인 연구가 크게 진전했고, 이를 통해서 전근대에서의 조정 권위의 실태, 정치권력과 조정과의 관계에서 나타나는 특징 등이 구체적으로 밝혀졌다. 이와 같이 천황제 논의에 새로운 소재가 제공되고 있는 것이 역사학 분야에서의 현재 상황이다.

이러한 역사학자의 입장을 단절설이라고 한다면 나는 단절설의 입장에 선 역사학자의 한 사람이며, 우리가 천황제라고 할 때 흔히 통념적으로 연상하는 것들도 실은 메이지유신을 경계로 하는 근대화 과정에서 만들어진 것이라는 점을 강조해 왔다. 물론 천황제와 관련되는 제도나 관념에는 오랜 유래를 가지는 것도 적지 않지만, 그러나 그러한 것들은 근대 천황제를 구성하는 소재로서 이용되어 새로운 의미를 부여받은 것이라고 생각한다. 오랜 전통의 이름으로 국민적인 아이덴티티를 구성하고 국민국가로서의 통합을 실현

---

* 살아있는 사람을 신으로 모시는 일본의 전통적인 민속신앙의 한 형태를 말한다.

하는 것은 근대국가의 중요한 특징 가운데 하나이며, 그러한 이른바 위조된 구축물로서 근대 천황제를 대상화하여 해석解析하는 것이 나의 과제다.

이러한 과제 설정의 근거를 설명하기 위해서 근대 천황제에 관한 기본 관념을 우선

① 만세일계의 황통=현인신(現人神) 천황과, 여기에 집약되는 계통적 질서의 절대성과 불변성

② 제정일치라는 신정적(神政的) 이념

③ 천황과 일본국에 의한 세계지배의 사명

④ 문명개화를 선두에서 추진하는 카리스마적 정치지도자로서의 천황

으로 요약해 보자. 이렇게 보면 위의 네 가지에는 오랜 유래를 가지는 부분도 있지만 보다 세밀하게 점검해 보면 이러한 관념들이 명확하게 일정한 형태를 갖추고 정리되는 것은 근세 후기 이후의 일본 사회 전체가 전환하는 과정에서였다는 것이 명백해진다. 이 점에 관한 구체적인 설명은 나중에 다시 하겠지만, 예를 들면 가장 중요한 ①의 경우에도 이른바 '천양무궁天壤無窮의 신칙神勅'*을 근거로 해서 아마테라스 오미카미天照大神 이래의 계통성을 그만큼 절대적인 가치로서 강조한 것은 18세기 말 모토오리 노리나가本居宣長 이래의 일이다. 천황 지위의 유래를 아마테라스 오미카미에서 이어지는 혈통으로 근거지우는 것은 그 이전에도 널리 행해지고 있었다. 그러나 예를 들어 유학의 경우, 천황의 지위는 군덕君德의 관계에서 파악하여 덕德을 상실한 천황은

---

* 일본서기와 고사기에 실린 내용으로 일본의 조상신 아마테라스 오미카미의 손자 니니기노미고토가 '천손강림'할 때 받은 '신칙'을 말한다. '천양무궁'이란 "천지가 모두 끝없이 영원하다"는 의미로 "일본국은 천황이 영원히 통치하는 나라"라는 이념이 단적으로 표현되고 있다고 한다.

권력을 잃는 것으로 인식하였으며, 만세일계의 혈통만으로는 천황의 지위와 권위를 근거지울 수가 없었던 것이다. 또한 ②는 중세와 근세의 현실적인 천황·조정과는 아무런 관련이 없으며, 18세기 이후에 미토학水戸学과 국학国学이 창출하고 메이지정권에 의해서 채용된 이데올로기다. ③은 역시 18세기 이후의 대외적 위기의식이 고조되는 가운데 양성된 대항 내셔널리즘적인 허세와 독선, 그리고 ④는 네 가지 관념 가운데 가장 뒤늦게 막말의 정치운동 속에서 부상하고 메이지 초년의 개화정책 속에서 일반화한 것으로서 구체적인 분석이 가능하다고 생각한다.

천황제와 같은 문제는 전통 속에서 임의의 요소를 끄집어내서 과장하거나 참칭僭稱함으로서 근거가 주어지기 때문에 역사적인 실태를 간과해버리기 쉽다. 따라서 천황이나 천황제의 역사적인 변용에 주의해야 하는 것은 당연한 요청이기는 하지만, 여기서는 이러한 관점에서 예증을 위해 천황 호칭에 관한 몇 가지 논점을 들어보기로 하자.

고대 율령제 이전에는 오키미大王라고 부르던 존재를 천황이라고 칭하게 된 것은 7세기 말의 일이라고 한다. 천황은 원래 도교에서 말하는 우주의 최고신 천제天帝를 의미하는 용어로 당시는 중국 황제의 정식 칭호로서 사용되던 것이 천황이라는 호칭의 성립 배경이 되었다. 대외관계의 긴장 속에서 고대 왕권의 권위화가 이러한 명칭을 역사의 무대 위로 등장시킨 것이다. 그러나 그 후에도 천황이라는 호칭이 일반적으로 사용되었던 것은 아니다. 중세에서 근세에 걸쳐서 천황은 조정, 천자, 주상主上 등과 같이 중국 황제에게 사용되는 것과 같은 칭호 외에도 미카도, 다이리内裏, 인院 등으로 불렀으며 1841년 고가쿠光格 천황의 사거에 즈음해서 고가쿠라는 시호諡號를 사용한 것이 천황 호칭이 부활하는 계기가 되었다. 그러나 사후에 부르는 용어로 사용된 천황 호칭과, 메이지유신에 즈음해서 초월적인 권위성에 어울리는 명칭으로서 선택된 천황 호칭과의 사이에도 그 함의에 커다란 격차가 있었다. 왕정복고 직후의 종교정책 입안자들이 천황의 칭호로 정하도록 요구한 것은 천황을 지칭하는 갖가지 호칭 가운데 천황이야말로 그 초월적인 권위성에 가장 적합하다고 생각했기 때문이다. 그러나 메이지 전반기에는 여전히 황제·국제國帝·천자 등의 용어가 사용되었으며, 메이지 국가 체제가 정비되면서 천황·천황폐하가 기본적인 용어로 정착되어갔다. 앞서 설명한 근대 천황제를 구성하는 네 가지 기본관념은 이러한 초월적인 권위로서의 천황이라는 명칭의 내실에 해당한다.

다음으로 천황제라는 용어에 관해서도 그 유래와 함의를 간단하게 정리해두자.

천황제라는 용어는 일본공산당이 지도한 정치운동 과정에서 1928년부터 사용되기 시작했으며, 이윽고 31년 테제와 32년 테제를 거쳐 근대 일본의 국가권력을 집약하는 개념으로 사용하게 되었다. 일본공산당은 1922년 최초의 강령초안 제1항에 '군주제 폐지'를 내세웠으며, 28년의 제1회 보통선거에서도 같은 슬로건을 첫째로 내세우고 선거활동 속에서 그것이 '천황제 타도'와 같은 표현으로 전화한 것이다.[12] 32년 테제의 경우 독일어 텍스트의 'Monarchie'가 천황제로 번역되었으며, "일본에서의 구체적인 정세의 평가에 즈음하여 출발점이 되어야 할 첫 번째 사항은 천황제의 성질 및 비중이다"라고 하여 그 중요성이 강조되었다. 이 용어가 일반 국민들 사이에 널리 사용되기 시작한 것은 패전 직후에 있었던 천황제 논의 이후의 일이며 발생사적으로는 비판하는 측이 만들어낸 용어였다. 그렇기 때문에 옹호파의 입장에서는 예를 들면 "'천황제'라는 용어를 사용하는 데는 황실의 존재에 반대하여 그것을 전복하고 타도하려는 공산당의 의향이 내포되어 있다 …… 이러한 의미에서의 '천황제'라는 것은 사실로서 존재하는 것이 아니라 공산당의 자의에 의한 가공의 허위에 지나지 않는다"[13]고 하여 용어 그 자체가 거부되었다.

32년 테제에 의하면 천황제는 기생적·봉건적 지주계급과 급속하게 발전해 온 부르주아지에 입각하면서, 또한 그것과는 상대적으로 독립하여 커다란 역할을 가지는 "사이비 입헌적 형태로 가볍게 분식되어 있는 데 지나지 않는" 절대군주제다. 절대군주제란 봉건적인 성격을 가지는 군주제가 자본주의적 생산양식의 발전에 대응하여 그 '절대적 성질'을 강조하고 관료제와 군대를 독자적으로 발전시킨 국가권력이다. 32년 테제와 『일본자본주의발달사강좌』로 대표되는 이 견해에서 천황제란 군대·경찰·관료제·제국의회 등을 포함하는 국가권력을 말하는 것이며, 또한 그것을 지탱하는 사회적 지주라는 견지에서는 기생지주제와 금융자본·재벌, 가부장제적 이에家제도* 등도 지배의 일환이었기 때문에 천황제라는 용어는 종종 이들을 포괄하는 추상개념으로서 사용되었다. 천황제는 천황이라는 개인은 물론 좁은 의미에서의 국제사國制史라는 지위와도 구별되어 근대 일본사회를 분석할 때의 기본 개념이 되고 갖가지 함의를 가지는 복잡한 용어가 되어 마르크스주의자 이외의 사람들도 널리 사용하게 되었다.

32년 테제와 『일본자본주의발달사강좌』로 대표되는 이러한 파악 방식에 대하여 근대 일본국가의 시스템을 "메커니즘의 측면에서 폭로"한 것으로서 그 성과를 적극적으로 평가하면서도, 그들이 거론하지 않았던 천황제를

---

* 메이지 민법에서 채용된 가족제도이며, 친족관계에 있는 자 가운데 더욱 좁은 범위의 자를 호주와 가족으로서 하나의 '이에'에 소속시키고 호주에게 '이에'의 통솔권한을 부여한 제도. 에도 시대에 발달한 무사계급의 가부장제적인 가족제도를 기초로 하고 있다. 호주의 권한으로 가족의 권리가 희생되는 측면이 있다고 하여 전후 신헌법의 시행(1947년 5월 3일)으로 폐지되었다.

지탱한 정신구조를 분석한 것은 두말할 나위도 없이 마루야마 마사오와 그 학파들이었다. 그들의 파악방식의 요점은 근대 일본사회 전체를 위로부터의 제도적 근대화의 급속한 진전과, 그 기저에 있는 공동체적인 정신구조와 행동양식과의 결합·교착·갈등·모순의 전개로 파악하는 데 있으며, 공동체적인 것의 온존과 이용은 처음에는 국체의 권위적 수용을 용이하게 하지만, 이윽고 근대화와 공동체적인 것과의 사이에 모순과 갈등이 깊어지면서 주체적인 대응을 결여한 채 공동체적인 것이 분출되어 근대 일본국가의 모든 시스템이 붕괴해 간 것으로 본다.[14]

이러한 파악 방식은 서구 근대사회와의 비교사적인 관점에 입각하고 있다는 점에서 마르크스주의와 공통점이 있으며, 제도적 근대화는 마르크스주의에서의 절대주의 권력에 의한 위로부터의 근대화에, 공동체의 온존과 이용은 마찬가지로 봉건제의 잔재와 이용에 각각 대응한다. 그러나 봉건적인 중간세력의 저항력이 약하다는 점을 지적하고 중성국가관의 결여, 권력과 권위의 일체화, '국체'의 정신적 내면으로의 침투, 권력의 방자화 등을 강조하는 마루야마학파의 경우 일본 근대화에서의 전근대적 요소에 대한 파악은 강좌파 마르크스주의와도 크게 다르며, 그 전근대성은 더욱 강조되고 있다고 할 수 있다. 이러한 파악방식은 마르크스주의식 용어법으로 말하자면 아시아적 생산양식에 대응하는 정신형태라고도 할 수 있다. 또한 그것은 막스 베버의 독해를 매개로 하여 패전 직후의 오쓰카 히사오大塚久雄나 가와시마 다케노리川島武宜의 견해로 이어지며, "나무 한 그루, 풀 한 포기에도 천황제가 있다, 우리의 피부감각에 천황제가 있다"[15]고 단언한 다케우치 요시미竹内好의 견해에도 대응한다고 할 수 있을 것이다.

두말할 나위도 없이 강좌파 마르크스주의와 마루야마학파는 근대 천황제 연구를 대표하는 고전적인 학설이다. 양자는 방법적으로는 크게 다르지만 천황 개인은 물론이고 좁은 의미에서의 국제사적인 지위와도 구별되어 천황제는 근대 일본의 국가권력과 정신구조를 집약하는 추상개념이 되고 거대 담론의 중핵개념이 되었다. 또한 양자는 근대 천황제의 기본 성격을 전근대성으로 파악하고 거기에 근대를 대치시킨다는 점에서 공통적이며, 오늘날의 시점에서 개괄하자면 결과적으로는 이 두 가지의 사회과학 이론이 상호 보완하는 역할을 하면서 일본의 전후 민주주의에 이론적 근거를 부여했다고 말할 수 있을 것이다.

전근대와 근대라는 도식은 계몽적으로 명쾌하며 우리를 격려하는 힘이 있었다. 그러나 거기에는 일본사회의 특질을 서구를 모델로 한 발전단계론에 단순하게 맞추려는 결함이 있으며, 그 후에 대두한 일본사회론·일본문화론에 효과적으로 대항하는 이론으로서도 충분하지는 않았다고 생각한다. 또한 이 두 가지 이론은 1930년경부터 패전에 이르는 가장 어두운 시대의 체험을 바탕으로 구축되어 전후 민주주의의 시대감각을 여기에 대치한 것과 같은 성격을 가진다. 그런 의미에서는 역시 하나의 시대적 산물이라는 한정적인 성격을 가지고 있었다고 할 수 있을 것이다. 패전 직후에 천황제 옹호론을 전개한 쓰다 소키치津田左右吉와 와쓰지 데쓰로和辻哲郎는 1930년경부터 패전까지의 동시대를 "최근 10여 년의 특수한 정세"[16]로 보고, 천황을 현인신이라고 하거나 천황의 직접 정치를 주장하는 것은 막말유신기의 복고신도파나 군부와 초국가주의자의 일면적인 견해라고 보았다. 그것은 강좌파나 마루야마학파의 천황제 비판을 "최근 십여 년의 특수한 정세"를 오해하여 일반화하는 것이라고 비판한 것을 의미하며, 결코 근거가 없는 주장은 아니었다.(**주2**)

주2 쓰다·와쓰지 등의 전후 천황제 옹호론에 관해서는 아카사카 노리오(赤坂憲雄, 1990)의 치밀한 분석이 있다. 쓰다와 와쓰지는 일본 역사 연구의 선구자로서 15년 전쟁기의 시대경험으로 환원할 수 없는 천황제 인식의 계기를 파악하고 있었다. 그러나 그들은 그것을 전후보수주의의 이데올로그로서 이데올로기적으로 일반화하여 인식의 계기를 이데올로기로 바꾸어 버린 것이다.

분명 15년 전쟁기의 시대경험을 바탕으로 천황제와 그 정신구조를 관찰하면 비합리성과 전체주의가 현저하며, 근대적인 정치제도나 제반 관념의 정반대편에 자리하는 것으로 보인다. 그러나 쓰다와 와쓰지가 지적했듯이 극단적인 비합리성과 전체주의는 메이지 초년의 신도국교주의나 쇼와시대의 초국가주의에 두드러지게 나타나는 현상이며, 문명개화기에서 1920년대까지의 역사도 이와 같은 색채로 칠해버릴 수는 없다. 또한 얼핏 비합리적이며 원시 이래의 전통처럼 보이는 제도나 관념에도 그 형성과정을 점검해 보면 그러한 특징을 가져온 역사적 유래가 있기 마련이며, 표면적으로 파악된 규정만으로는 중요한 논점을 놓쳐버릴 가능성이 있다. 여기서는 다이조사이를 사례로 '전통의 창출'이라는 의미에 관해서 살펴보기로 하자.(**주3**)

주3 강좌파와 마루야마학파의 역사상에 관해서는 두말할 나위도 없이 연구자들 사이에 방대한 양의 비판과 비평이 있으며, 일본 근대사 연구의 실증적인 심화 속에서 새로운 역사상의 구축 가능성이 갖가지 형태로 모색되어 새로운 성과가 탄생하고 있다. 그러나 근대 천황제의 전체상에 관해서는 여전히 강좌파와 마루야마학파의 영향력을 무시할 수 없으며, 전후세대라 하더라도 전체상에 관한 파악방식의 기조는 이들 두 학파의 흐름에 따라 정리하는 경우가 많다. 여기서는 천황제 연구에 관해서 그 과제를 논한 이누마루 기이치(犬丸義一)와 간 다카유키(菅孝行)의 최근의 견해를 들어보기로 하자.
최근 마르크스주의에서의 천황제 인식의 발전을 총괄한 이누마루는 32년 테제의 천황제 규정을 "그때까지의 마르크스주의적인 분석에 있던 혼란을 해결했다"고 높이 평가하면서도 천황제의 이데올로기적인 성격 내지는 반(半)종교적인 역할에 관해서는 거의 언급하지 않았다는 것을 그 한계로 지적했다.[17] 이누마루

에 의하면 이러한 한계를 극복한 것이 중국에 망명하고 있던 노자카 산조(野坂参三)였다. 그는 1945년 4월의 중국공산당 제7회 대회에서의 보고서 「민주적 일본의 건설」에서 '봉건적 전제독재 정치기구'로서의 천황제와, 천황제의 '반종교적 역할'을 구별하여 전자는 타도해야 하지만 후자에 대해서는 "우리는 주의 깊은 태도를 취해야 한다", "인민 대다수가 천황의 존속을 열렬하게 요구한다면 이에 대해서 우리는 양보해야 한다"고 했다. 이누마루는 이러한 파악방식을 일본 마르크스주의자의 천황제 인식이 최고의 도달점에 달한 것으로 보았다.[18]

노자카는 중국전선의 일본군 포로를 상대로 질문한 결과 일본의 승리를 믿는 자는 전체의 반이며 최고 지휘자를 신뢰하는 자는 31%에 지나지 않는 데 비하여, 천황 숭배는 거의 모든 병사에게 공통된 회답이었다는 사실에서 이러한 결론을 내리고 있었다. 루스 베네딕트도 포로들이 정부와 군의 지휘자, 자신들의 직속상관에 대해서 엄격하게 비판적 태도를 취하는 것과는 대조적으로 천황에 대한 숭배와 충성심이 지극히 강하며 여기에는 거의 예외가 인정되지 않는다는 것을 경이로운 눈으로 기술하고 있으며,[19] 이러한 사실이 패전 후 미국의 천황제에 대한 대책의 배경이 되었다고 생각된다.

어쨌든 이러한 사실에 주목하게 되면 32년 테제와 같은 이론적 틀은 전혀 불충분하다는 말이 되며, 설령 노자카에게 중요한 이론적 공헌을 인정한다고 하더라도 그것은 역시 일반적인 현상을 지적하는 데 그치는 것이었기 때문에 일본 마르크스주의의 천황제 인식에는 커다란 결함이 있었다고 할 수 있을 것이다. 마르크스주의에 입각한 이론 문제로서는 프랑크푸르트학파의 권위이론과 그람시의 헤게모니론 등이 상기되어야 할지도 모르겠지만 일본 마르크스주의에는 그러한 방향으로의 내재적 발전은 없었다. 마루야마학파에 의해 개척된 천황제의 정신구조에 관한 제반 연구는 오늘날 되돌아보면 이러한 마르크스주의의 결함을 메우는 것과 같은 위치와 의미를 가진다고 할 수 있을 것이다.

최근 『논총 일본천황제』 전 3권을 편찬한 간 다카유키는 그 총괄적인 논문에서 근대 천황제의 특질은 관념형태상으로는 신도='원시적 민속종교'라는 '「정체성」의 각인'을 띠고 있으며, "관념체계상에서의 전근대성은 오히려 능률적으로 저항 없이 권력의 의도를 추진하는 계기로서 기능했다고 말할 수 있다"는 점에 있다고 했다.[20] 그는 또한 다른 총괄적인 논문에서도 다케우치 요시미와 마루야마 마사오를 원용하여 일본 전통사회의 모럴과 근대화 과정이 만난 접점에서 성립하는 '권위주의와 무책임성'과 '화(和)의 원리와 배외주의' 등에 관하여 논하고 있다.[21] 이는 메이지 국가의 근대화에 대한 대응에 관해서는 고도경제성장이라는 현실을 바탕으로 강좌파나 마루야마 등과는 다른 시점을 취하면서도 정신구조의 문제에 관해서는 다케우치와 마루야마의 학설을 계승하는 입장이다. 그는 또한 관념형태의 차원에서 본 아시아적 생산양식의 문제로도 파악하고 있어서 교의가 없는 제사종교로서의 신도='원시적 민속종교'가 근대국민국가의 왕권을 종교적으로 지탱하고 있다는 점에 '만방무비(萬邦無備)'의 특이성이 있는 것이라고 한다.[22] 그러나 원시적인 것과 근대적인 것의 접점이라는 간의 설명은 다분히 논리의 곡예적인 사용이 지나치다고 생각되며 더욱 신중한 역사적 고찰에 의해 극복되어야 할 것이다.

그런데 고타니 히로유키(小谷汪之)는 간의 편저에 「'아시아적 전제'와 근대 천황제」라는 논고를 실었다.[23] 이 논고는 '아시아적 전제'라는 관점에서 근대 천황제를 논해달라는 간의 의뢰에 응한 것으로 생각되는데, 고타니는 먼저 '아시아적 전제'라는 개념은 근대 유럽에서 만들어진 것으로 "아시아적 실체를 나타내는 것은 전혀 아니다"라고 하면서 근대 천황제의 특이한 성격을 유럽의 근대국가와의 대비로 파악하여 권력과 권위의 일체화에 있다고 보는 마루야마설을 비판하고 있다. 고타니에 의하면 아시아적 생산양식에 지배되고 있다고 잘못 인식되어 온 인도에서는 국가권력과는 별도의 차원에 힌두법의 권위가 있으며, 그것은 힌두교도의 내면을 규제함과 동시에 국가권력에 대한 저항까지도 가능하게 했다고 보았다. 따라서 "권위와 권력이 분리된 '서양'과, 이들이 결합한 '동양'이라는 표상"은 잘못된 것이며, "근대 천황제에서 권위와 권력이 일체화되었다고 하더라도 그것은 일본사회의 '아시아적 성격' 따위와 같은 것은 결코 아니다"라는 것이다. 근대 천황제에서의 권위와 권력의 일체성이라는 특수한 성격은 고타니에 의하면 서양의 충격하에서 근대화를 추진하는 과정에서 민족적 체험의 특질을 나타내는 것인데, 이 점에 관한 고타니 설은 나의 연구[24]를 원용하여 전개하고 있으며, 이른바 고타니와 야스마루설에 의한 마루야마와 간 설에 대한 비판이라고 할 수 있을 것이다.

궁중 제사와 마을의 제사에 유사성이 많다는 것은 야나기타 구니오柳田国男가 되풀이해서 지적한 부분이며, 야나기타의 연구를 이끄는 작은 동기의 하나가 된 관점이다. 특히 중시되는 것은 다이조사이의 의례에 관한 부분으로, 각지의 크고 작은 신사에서는 이미 상실되어버린 일본 제사의 낡은 형태가 여기에 전해지고 있으며, 그것이 마을에서 행해지는 소규모 제사의 낡은 양식과 부합한다고 보았다. 또한 오리구치 시노부折口信夫는 인류학적인 왕권론의 식견을 바탕으로 다이조사이 속에서 천황령天皇靈의 계승을 읽어내고 야나기타 보다도 천황제의 내면으로 더욱 깊이 들어가 왕위계승 의례의 다이너미즘을 논했다. 그리고 야나기타와 오리구치의 권위가 절대적인 것이었기 때문에 야나기타의 일반적인 제사론을 배경에 두고 오리구치의 천황령 계승론이 그 후의 다이조사이론에 기본시점이 되었다. 이 점은 천황제를 옹호하는 입장에서의 다이조사이론에 한정되지 않는다. 전후의 참신한 천황제론을 대표하는 미야다 노보루, 다니가와 겐이치谷川健一, 야마오리 데쓰오山折哲雄 등의 민속학적인 천황제론이나 요시모토 다카아키吉本隆明의 천황제론도 기본적으로는 야나기타와 오리구치, 특히 오리구치의 천황령론을 계승하는 내용으로 전개되었다.

그러나 다이조사이에 관한 최근의 역사학에서의 연구는 다이조사이의 내용이나 즉위의례 속에서 차지하는 위치 등을 실증적으로 규명하여 커다란 성과를 올리고 있다. 다이조사이 속에서 일본인의 종교의식의 근원적 본질을 발견하려는 민속학적 입장과는 대조적으로 이러한 역사학에서의 연구는 다이조사이가 역사 속에서 어떻게 변천해 왔는가를 밝히고 있는데, 여기서는 미야치 마사토宮地正人의 연구[25]에 의거해서 간단히 살펴보기로 하자.

먼저 1466년부터 1687년까지의 다이조사이 중지에 관해서 미야치는 조정의 재정난 때문이라는 종래의 통설을 비판하고 재정 문제가 얽혀 있다고 하더라도 중세에는 장엄한 불교의례=즉위관정卽位灌頂이 있었으며 다이조사이가 왕위계승에서 반드시 필요한 것은 아니었다고 한다. 이어서 1687년의 부흥에는 천황의 만세일계를 강조하는 스이카신도垂加神道*의 영향이 컸는데, 다이조사이의 신도식 의례행사의 의미 부여를 '코페르니쿠스적으로

* 에도시대 초기 야마자키 안사이(山崎闇斎)가 주창한 주자학과 신도를 혼합한 신도설. 천지개벽의 신의 도와 천황의 덕이 유일무이하다는 것을 강조하여 존왕국체론적인 경향이 강하며 후일 미토학에도 영향을 미쳤다.

대전회'시킨 것이 모토오리 노리나가이며, 그것은 천황이 햇곡식을 신에게 바치는 것만이 아니라 자신도 먹는 데 있다는 것이다. 이 점이 중요한 것은 천황은 단순히 혈통에 의해서가 아니라, 아마테라스 오미카미와 신성한 곡물을 함께 맛봄으로서 아마테라스 오미카미로부터 직접 신성을 부여받아 통치권자로서의 신성을 획득한다는 것을 의미하기 때문이다. 이러한 다이조사이의 관념은 1871년의 다이조사이 고유告諭에서 국가의 공인 해석이 되었으며, 천손강림과 그 때 부여된 신성한 땅에서 자란 햇곡식을 신과 나누어 먹고 이를 근거로 천황의 신성한 통치권 등을 결부시켜 다이조사이의 내실로 삼았다. 그러나 오리구치가 1928년에 발표한 「다이조사이의 본의本義」에서 다이조사이는 비로소 이나호=신혼설神魂說, 마도코우부스마真床襲衾,* 군주성혼설 등과 결부되어 천황을 인간의 모습을 하고 나타난 신으로 보는 현인신現人神으로 근거지우는 체계적인 교설이 된 것이며, 그것은 실로 파시즘 체제로의 전환에 호응하는 견해였다. 이와 같이 이해하면 일견 학문적인 치장을 하고 제시된 오리구치의 다이조사이론과 그 영향하에 있는 통설적인 견해들이 실은 국학적인 천황=현인신관을 인류학과 민속학의 식견을 바탕으로 발전시킨 것이며, 근대 천황제의 전개에 대응하여 거의 무자각적으로 여기에 적응하는 우주관을 만들어낸 것과 같은 의미를 가지고 있었다는 말이 될 것이다.

오랫동안 통념이 되어온 견해를 역사 속에서 되짚어본다는 관점에서, 국가신도의 예를 들어보기로 하자.

국가신도는 800만의 신들을 신앙하는 다신교라는 점, 의례는 있지만 체계화된 교의를 가지지 않는다는 점, 조상숭배와 결합하고 또한 아마테라

* 일본서기의 천손강림 신화 등에서 탄생한 황자를 싸는 도구로 전해지며 천황의 즉위의례에서의 침구와의 관련성이 지적된다.

스 오미카미를 비롯한 황실의 조상신에 관한 신앙이라는 점 등으로 인하여 그 원시종교적인 성격이 강조되고, 그러한 원시적 신앙이 근대까지 살아남아 재차 활성화되었다는 점에 일본인이 경험한 종교의식의 독자성이 있다고 보는 경우가 많다. 그러나 이러한 국가신도의 특질을 원시적인 민속신앙이나 아시아적 생산양식 등으로 설명하는 것은 그 형성과정의 역사적 구체성을 뛰어넘어 오늘날의 통념을 투영하기 때문이라고 생각한다.

국가신도는 의례는 가지지만 체계화된 교의를 가지지 않는다는 사실을 예로 들어보기로 하자. 신도는 의례뿐이고 교의를 가지지 않는다고 한다면 종교 관념이 발달하지 못한 원시종교처럼 보일지도 모르지만, 근세의 유가신도儒家神道나 왕정복고 전후의 히라타파平田派와 오쿠니파大国派의 신도는 명백히 교의를 가지고 있으며, 메이지 초년에는 신도국교주의의 입장에서 교의를 체계화하려는 노력도 갖가지 입장에서 시도되고 있었다. 그러나 이러한 노력에도 불구하고 하나의 교설은 반드시 다른 교설과 대립하여 한없는 논쟁을 낳고, 여기에 불교와 기독교 측에서의 '신교의 자유'에 대한 요구가 얽혀 모든 일본인을 납득시킬만한 국교적인 교의를 수립하는 것은 불가능하다는 사실이 점차 명백해졌다. 이에 따라 교의를 가진 종교로서의 신도는 교파신도 각파에 위임하고 제사의례로서의 국가신도가 성립하게 된 것이다.[26] 근대 일본에 우여곡절 끝에 '신교의 자유'가 존재할 수 있었던 것은 국교로서의 신도가 제사의례로 후퇴함으로서 가능했던 것이며, 그러한 결과를 가져오기 위해서는 불교세력을 중심으로 한 종교적인 제반 세력의 독자적인 존재와 종교 활동의 자유를 요구하는 투쟁이 있었다. 이를 더욱 일반적으로 말하자면 특정한 종교적 교의를 가진 국교를 모든 국민에게 일률적으로 강제할 수 없는 역사의 발전단계가 있었던 것이다.

3. 이 책의 과제

여기서 앞서 지적한 근대 천황제를 구성하는 네 가지 기본 관념에 관하여 다시 한 번 조망해보면, 그 모두가 오늘날 우리 눈으로 볼 때 지나치게 기묘하고 비합리적인 것으로 보일 것이다. 그러나 그것도 실은 다른 시대를 살아가는 자가 과거를 인식할 때 생기는 곤란과 흥미가 함께 시사되는 것이며, 이러한 관념이 왜 형성되고 요구되었는가를 그 당시 사람들의 의식구조에 가능한 한 내재적으로 들어가 이해하도록 노력해야 한다.

이러한 관점에서 볼 때 가장 중요한 것은, 18세기 말 이후 근대전환기의 일본사회가 극히 강대한 위력에 의해 외부로부터 위협을 받았으며, 그것이 또한 내적인 질서의 동요와 결합하여 내외의 위기가 상승적으로 항진함으로서 이윽고 일본사회 전체의 질서가 붕괴될지도 모른다는 강렬한 불안과 공포가 존재하고 있었다는 점이라고 생각된다. 이러한 시각에서 생각할 경우 막부와 번의 재정위기, 농민봉기, 도시에서의 우치고와시,* 기근 등의 내적인 위기도 중요한 것이기는 하지만 그것뿐이었다면 막번제 국가**의 지배원리 속에서 처리할 수 있는 문제였을 것이다. 그러나 막번제 국가는 지배의 또 하나의 축으로서 강력하게 외부의 적대적인 세력을 배제하여 국가의 평화영역을 확보해 왔지만, 그 지배축이 외부로부터 위협을 받으면서 내외의 위기가 결합하여 사회체제 전체가 무너져버릴 것이라는 체제적인 위기의식이 구성되는 것이다. 이때의 이러한 체제적 위기의식은 분명히 사람들의 현실

---

* 에도시대 도시의 부호 등에 대한 민중운동의 투쟁형태. 흉작과 기근이나 정치부패 등에 의한 미가등귀가 주된 원인이 되어 미곡상, 전당포, 양조장 등의 부호를 습격하고 가옥, 작업장, 도구 등을 파괴하면서 쌀값의 하락을 요구하거나 금품을 약탈하기도 했다.

** 중앙집권정권으로서의 에도 막부와, 그 지배하에 있으면서 독립된 영지를 가지는 번을 통치기관으로 하는 이원적인 정치체제를 말한다.

적인 경험과 인식을 바탕으로 한 것이기는 하지만, 두뇌 속에서 증폭된 관념적인 구축물로서 구성되는 것이며, 그런 까닭에 당시 사람들의 사상사적·정신사적인 상황을 파악함으로서 비로소 구체적으로 이해할 수 있는 그런 내실을 가지는 것이다.

이러한 관념적인 구축물은 좁은 의미의 정치제도·정치사상·사회규범 등과 관련을 가지는 것만은 아니다. 그것은 자연·사회·인간과 관련을 가지는 갖가지 의미의 차원을 통합하여 하나의 상징적 전체성cosmology을 구성하며, 거기에는 "일상 경험과는 다른 갖가지 현실에 관한 의미부여"가 이루어진다.[27] 이 때 중요한 것은 개인적으로도 사회적으로도 주변적인 상황을 일상적 생활 질서라는 "지고한 현실 속으로 통합"하여 의미와 질서를 부여한다는 것이다. 개인의 아이덴티티도 궁극적으로는 상징적 전체성 속에 위치 지움으로서 정당화되지만, 아이덴티티의 가장 현실적인 부분을 시종일관해서 그 개인이 모두 알고 있을 필요는 없다. 그러나 사람들이 살고 있는 세계 전체에 위기가 찾아오면 상징적 전체성은 자각되고 이론화된다. 이러한 과정은 세대 간의 상극이나 이단의 형성에 의해서도 촉진되지만, 전형적으로는 "하나의 사회가 매우 다른 또 하나의 사회와 조우했을 때 나타난다". 이 때 지식인은 전통적인 지식에 대하여 지식의 재정식화再定式化를 꾀하는 대항적 전문가로서 등장하며, 상징적 전체성의 개념화에 중요한 역할을 한다.

피터 버거Peter Berger의 또 다른 저서에서는 이러한 상징적 전체성을 이 세계의 전체성을 질서지우는 종교적 코스모스='성스러운 천개天蓋'(The sacred canopy)로 파악한다.[28] 종교는 "역사적으로 가장 광범위하며 유효한 정당화의 수단"이며, "사회제도에 있는 궁극적으로 확실한 존재론적 지위를 부여함으로서, 다시 말하자면 단일하게 신성하며 우주적인 틀 속에 그것을 위치

지움으로서 사회제도를 정당화하는 것"이지만, 이러한 종교적 정당화 속에서 "자신들의 존재에 입각한 가장 깊은 원망願望을 실현하고 우주의 근본 질서에 자신들을 조화시키는 것이라고 민중에게 믿게 하는 것"이 가능한 것이다. 한계상황과 사회적 위기에 즈음하여 이 종교적 정당화는 필연적으로 발동되는 것이며, 이는 곧 이러한 종교적 정당화가 필연과 자연을 치장하면서도 실은 인간에 의해 구성된 것이라는 점을 무언중에 암시하는 것이 될 것이다. 그리고 피터 버거와 토마스 룩크만Thomas Luckmann이 반드시 강조하고 있는 것은 아니지만, 상징적 전체성은 사회적 위기의 시대가 찾아오면 평온한 시대에 제각기 흩어져 병존하고 있던 인간들의 경험에 작동을 가하여 그 내면에 긴장으로 가득 찬 관념적 통합성을 만들어 냄으로서 엄청난 인간의 활력을 조달하게 되며, 여기서 상황을 돌파하는 역사 형성력이 조달되는 것이라고 생각해도 좋을 것이다.

사회의식과 정당화에 관한 버거와 룩크만의 지식사회학적인 이론을 바탕으로 근대 천황제를 구성하는 복합적인 관념을 파악한다면, 그것은 계통제 질서의 절대성·불변성을 확보함으로서 내외로부터 밀려오는 체제적인 위기에 대응하여 문명화의 과정을 서두르기 위한 이데올로기적인 장치였다는 말이 될 것이다. 오늘날 우리들의 통념에서 보면 그것은 매우 기이하고 비합리적인 망상처럼 보일지도 모르지만, 역사적으로 볼 때 왜 그런 망상이 필요했는가 하는 메커니즘과 형성과정의 동태도 이해 못 할 바는 아니다. 오히려 천황제에는 서구와는 다른 문화적 전통 아래서 상대적으로는 후진적인 민족이 세계사적인 경쟁무대에 참가할 때 나타나는 긴장으로 가득 찬 정신세계의 동태를 잘 표현하고 있으며, 그것을 체계적으로 분석할 수 있을 정도의 내실은 갖추고 있다고 생각한다. 근대 천황제를 둘러싼 제반 관념에 불가사의한 점이 있다면, 그것은 무엇보다도 전환하는 시대를 살아온 사람들의 정신적 동태 속에 있는 것이다. 따라서 갖가지 입장에서 거론되는 오랜 전통에 유래하는 제반 계기도 이러한 동태 속에서 재편성되어 구체적인 의미를 부여받은 것이라고 할 수 있을 것이다.

이상과 같은 방법적인 입장을 취할 때, 천황제를 논하기 위한 전략적 거점은 근대전환기에 있어서 천황제를 둘러싼 일본인의 정신적인 동태를 해명하는 데 있다고 할 수 있을 것이다. 나는 그 기간을 메이지유신을 사이에 둔 18세기 말에서 19세기 말까지의 약 1세기 안에서 구하고자 한다. 이 책은 이러한 시기를 주된 대상으로 하여 천황제에 관한 이미지나 관념이 어떻게 전개되었는가의 문제를 주로 사상사적인 수법으로 논한 것이다. 대체로 15, 16세기부터 현재까지의 천황제를 염두에 두고 논리를 전개하지만 위의 약 1세기 이외의 시기는 전사와 후사로서 약간의 언급을 시도하는 데 그치고 있다. 그리고 나는 이미 방법적인 입장에서도 설명했듯이 천황제의 문제는 천황 그 개인에 입각한 문제나 제도에 관한 문제가 아니라, 오히려 천황을 둘러싼 이미지나 관념, 그리고 그 사회의식적인 규제력 등에 관한 문제로 생각하기 때문에 전자의 문제에 관해서는 적극적으로 다루지 않았다. 그런 문제를 다룰 경우에도 그것은 천황제를 둘러싼 정신사적인 동태와 관련이 있는 경우로 한정했다.

또한 이 책에서는 사상사의 저작을 소재로 하는 경우가 적지 않지만, 그것은 시대의 정신상황을 파악하기 위한 실마리로 이용하고 있을 뿐 사상가 개인의 사상에 관한 연구나 평가는 이 책의 목적이 아니다. 사상가의 저작에는 우리가 그것을 읽어내기 위한 적절한 기술만 가지고 있다면 시대적인 정신상황을 조후적兆候的으로 잘 표현하는 경우가 있다고 생각한다. 제도사나 정치사의 사료, 그리고 민중사의 사료 등도 위와 같은 목적에서 임의로 이용했다. 또한 개별적인 사실이나 논점에 관해서는 선학의 연구를 여러모로 참고한 것은 두말할 나위도 없다. 그 의거한 바가 큰 부분에 관해서는 주를 달아두었다.

■■ 2장
근세 사회와 조정 · 천황

1. 통일권력과 조정 · 천황

1567년 기후岐阜로 진출한 오다 노부나가織田信長는 '천하포무天下布武'라는 인장을 사용하여 전국 통치권의 장악에 대한 자신의 의사를 처음으로 표현했다. 여기서 '천하'란 통치 대상으로서의 일본 국토 전체를 의미하며, '포무'란 무력행사로 전국통일을 실현한다는 의미다. 즉 전국통일을 위한 무력행사의 정통성을 표현한 것이다. 그 이듬해 노부나가는 장군 아시카가 요시아키足利義昭, 1537~1597를 옹립하여 교토로 들어갔으며, 1570년에는 요시아키 장군과의 사이에 5개조에 걸친 「조목」을 정하고 장군의 행동을 엄격하게 규제했다. 그 제4조에서는 "천하가 모두 노부나가에게 맡겨진 이상 그 누구도 장군의 명령을 들을 필요가 없으며 분별에 따라 정치를 행할 것"이라고 하여 '천하'를 장악하는 자는 노부나가 자신이며 자신의 의사(분별)가 장군의 명령보다 우위에 있음을 명기하고 있다. 같은 「조목」 가운데 처음의 3개조도 장군이 발급하는 문서에는 노부나가의 첨장이 필요하다는 식으로 모두 가 노부나가의 권력이 장군의 상위에서 규제하는 것을 내용으로 하고 있다.

그런데 그 마지막 조항에서는,

> 一. 천하가 평화로워졌으므로 조정에 관하여 매사에 주의를 게을리 해서는 안 된다.[1]

고 하여 노부나가가 지배하는 '천하'에는 조정도 포함되어 있으며, 조정을 그 권위에 걸맞게 대우하는 것을 '천하' 지배를 실현하는 데 필요한 중요한 조건으로서 장군에게 지시하고 있다.

1573년의 「노부나가로부터 장군에 대한 조목」 17개조는 위의 「조목」과 같은 입장에서 한층 세부에 걸쳐 엄격하게 장군 요시아키를 비판한 문서인데, 그 제1조에서는,

> 一. 조정의 일은 요시데루(義輝) 장군* 이래 돌보지 않은지 오래다. 이에 따라 요시아키 장군에게 매년 이를 게을리 하지 않도록 입락(入洛)**할 때부터 주의를 주었건만 벌써 이를 잊어버려 최근 조정이 쇠퇴한 것을 황송하게 생각한다.[2]

고 하여 조정이 쇠퇴한 책임을 규탄하고 있다. 다른 조항에서도 조정의 물건이 은닉되어 천황이 거처를 옮긴다는 풍문이 나돈 점이나, '겐키元龜'***라는 "불길한 연호"를 변경하기 위해 비용을 올리지 않은 점에 대한 책임을 장군에게 문책하고 있으며, 천황 · 조정에 상응하는 권위를 부여하는 것이 장군의

---

* 무로마치 막부 13대 장군. 요시아키는 15대 장군이다.
** 1568년 노부나가가 교토로 입성한 것을 말한다.
*** 1570~1573년까지 사용했던 센고쿠(戦国) 시대의 연호.

중요한 책무로 인식되고 있었다.

노부나가가 이와 같이 장군을 문책할 수 있었던 것은 그가 '천하'를 장악한 자로서 장군의 상위에 군림하는 최고 권력이었기 때문이다. 『노부나가공기信長公記』에는 노부나가의 "천하를 맡았다"는 표현이 자주 등장하는데, 그러나 그는 장군이나 천황에 의해 '천하'를 맡거나 위임받은 것은 아니었다. 루이스 프로이스*가 설명했듯이 사실상 노부나가는 "천하Tenca(즉, 일본왕국)라고 칭하는 인접 지역들을 정복"[3]한 것이지만, 그가 "천하를 맡았다"고 할 때 그것은 천하지배의 정통성을 획득했다고 참칭僭稱함으로서 센고쿠다이묘戦国大名**라는 일개의 지역 지배자에서 국가 공권력의 장악자로 일거에 도약한 것을 의미한다. 여기서 우리는 천하라는 입장의 절대성을 단정적으로 강조하는 가운데 국가권력이라는 것이 형성되는 과정에서 나타나는 은밀한 암전暗轉을 간취할 수 있을 것이다.

프로이스에 의하면 그가 노리나가에게 천황을 방문할 수 있도록 해달라고 부탁했을 때, 노부나가는 불쾌감을 드러내면서 "내가 있는 곳에서는 너희들은 타인의 총애를 받을 필요가 없다. 왜냐하면 내가 국왕이며 다이리内裏(천황)이기 때문이다"고 말했다고 한다.[4] 또한 프로이스에 의하면 만년의 노부나가는 아즈치安土에 자신을 본존으로 하는 소켄지總見寺라는 절을 세우고 "세계에 따로 주인이 없으며 그의 위에 만물의 조물주도 없다"고 하여 극단적인 자기신격화를 추구했다.[5]

군주권의 절대화와 신격화는 하극상의 난세 속에서 성립한 센고쿠다이

---

* Luis Frois, 1532~1597. 포르투갈인으로 예수회 선교사. 1563년 나가사키로 들어와 포교활동 시작. 1569년 교토에서 노부나가의 신임을 얻고 포교활동을 허락 받아 다수의 신자 획득. 그의 저서에서 노부나가는 이교도지만 호의적으로 묘사되고 있다. 그가 일본에서의 포교활동 중에 남긴 기록은 후일 『일본사』로 불리는 귀중한 사료가 되었다. 1597년 나가사키에서 사망.

** 센고쿠시대에 지역의 영지를 일원적으로 지배한 영주를 말한다.

묘의 권력에서 흔히 볼 수 있는 현상이다. 센고쿠다이묘가 노한 얼굴모양을 한 후도묘오不動明王*나 아이젠묘오愛染明王**와 같이 표현되거나, 군신軍神 마리시텐摩利支天***을 본뜬 점에서도 노부나가의 자기신격화로 이어지는 특징을 발견할 수 있을 것이다. 그러나 '다이로쿠텐마오第六天魔王'****라고 자칭하고, "충심衷心으로 신불의 숭배를 싫어하며 대부분의 일본인이 믿는 복점卜占을 전혀 두려워하지 않는"[6] 노부나가의 자기신격화에는 시대의 전철수에 어울리는 특별한 의미가 있을 것이다. 일진이나 방각의 미신과 복점은 물론이고 사후에 신불이 내리는 벌이나 원한을 품고 죽은 사람의 악령에 의한 저주, 신불에 서약하는 문서(기청문起請文)에 상투적인 문구로 등장하는 나병의 응보 따위를 두려워하지 않고 오히려 별난 기풍과 난폭한 행위를 즐기는 것이 이 시대 무장들의 정신형태였으며, 이러한 경향을 가장 상징적으로 대변한 것이 노부나가였다. 오리구치 노부오折口信夫는 이러한 이른바 일본역사의 저류가 된 하나의 사회적 성격이라고도 할 수 있는 것을 색다른 풍속이나 난폭을 즐기는 '부랑배'나 '가부키모노'*****의 계보로 파악하고, 그것이 역사무대에 등장하여 시대의 전철수가 되었다는 점에 중세 말부터 근세 초기에 걸친 시대적 특색을 발견하고자 했다.[7] 각설이 같은 행색을 하고 다녀 '멍청이'라는 별명을 얻었던 노부나가는 그러한 '가부키모노'의 전형이었다. 색다

---

* 불교의 신앙대상이며 밀교 특유의 존격인 명왕 가운데 하나. 대일여래의 화신. 또는 그 내심의 결의를 표현한 것으로 간주된다.

** 밀교의 신으로 애욕 등의 망설임이 그대로 깨달음으로 이어지는 것을 나타내며 외견상으로는 포악한 형태를 취하지만 내면적으로는 사랑으로 중생을 해탈시킨다고 믿어왔다.

*** 아지랑이를 신격화한 여신으로 항상 몸을 숨기고 호신(護身)·축재·승리 등을 관장하며 무사의 수호신으로 전해진다.

**** '다이로쿠텐'은 속계의 여섯 천 가운데 최고에 위치하며 이 천에서 탄생한 자는 타인의 좋은 일을 자유자재로 자신의 것으로 수용할 수 있다는 의미에서 타화자재천(他化自在天)이라고도 한다. 불교 수행을 방해하는 존재로 덴마(天魔)라고도 하며 오다 노부나가의 별명이기도 했다.

***** 기이한 풍채를 하고 대로를 활보하는 자.

른 풍속이나 난폭을 즐긴다는 것은 전통이나 사회통념에 사로잡히지 않는 사고력과 결단력을 포함하고 있으며, 노부나가는 가장 예리한 통찰력과 결단력을 가진 현실 정치가로서 '천하'를 장악한 것이었다.

그러나 이러한 '천하'가 일본 국토 전체를 의미하며 '천하'를 장악하는 것이 곧 일본 국토 전체에 정치적 질서를 부여하는 것을 의미했던 것은, 센고쿠시대의 난세에도 고대 율령제 국가 이래의 오랜 역사를 가진 일정한 형태의 통합원리가 있으며, 그것을 기반으로 '하나의 규범적인 질서'를 추구하는 구심력이 잠재하고 있었기 때문이다.[8] 천황 · 공가公家 · 장군 · 사사寺社 등은 이러한 규범적 질서를 표상하는 존재이며, 노부나가가 '천하'를 지배한다는 말에는 무력을 배경으로 하여 응당한 위치를 확보함으로서 실질적인 의미를 상실한 '규범적 질서'를 회복한다는 의미가 내포되어 있었다.

최근의 중세 천황제 연구에 의하면, 15세기 중엽부터 세속권력으로서는 물론이며 서임권이나 제사권조차도 상실한 천황가가 권위적인 존재로서 끈질기게 살아남아 센고쿠시대에는 오히려 그 권위를 상승시키고 서임권의 주체나 정치적 조정자로서의 역할을 강화시켜 왔다는 점이 밝혀지고 있다. 즉위식이나 대상제 등의 의례가 쇠퇴하고 조정 소유지에서의 수입이 두절되어 곤궁해져도 그것은 조정을 지탱해주는 막부 권력이 쇠퇴한 것을 표현한 것이며, 센고쿠시대에는 센고쿠다이묘나 그 유력 가신, 또는 승려 등이 관위 서임을 요구하거나 천황의 윤지綸旨 등에 의해서 분쟁을 조정하는 동향은 쇠퇴하지 않고 있고, 권위로서는 오히려 부활했다고도 말할 수 있다는 것이다.[9]

노부나가가 '천하'를 장악한 것은 이러한 상황에서의 일이며 교토로 상경한 노부나가는 점차 그 관위를 높여 1578년에는 정2품, 우대신, 우근위대장으로 임명되었다. 노부나가는 또한 황거를 수리하고 공가령公家領을 부활했는데, 후자에 대해서 『노부나가공기』에서는 "덕정으로 공가의 사유지를 돌려주고 주상·공가·무가 모두 부흥하여 천하무쌍의 명예가 이보다 더함이 없다"고 한다. 노부나가의 무위에 의해 비로소 '천하'에 질서가 회복되고 이 질서를 매개로 노부나가의 위세가 과시되고 정당화되었던 것이다. 그러나 이러한 상황에서도 조정에는 무위武威만으로는 통제할 수 없는 독자적인 권위가 유지되고 있었으며, 그것은 예를 들면 몇 가지 화의조정에서 발휘되었다. 특히 오기마치 천황正親町天皇에게 잇코잇키一向一揆*와의 강화를 주청하고 이시야마혼간지石山本願寺**와의 강화가 조정의 알선으로 성립되었던 것은 노부나가에게 있어서 가장 굴욕적인 일이었다. 세이쇼인正倉院 보물 향목 란자다이蘭奢待***를 잘라내는 따위의 행위도 천하 지배의 표상이기는 했지만 조정의 허가를 얻는다는 기성의 권위관계 속에서 실현되었다.[10]

노부나가는 분명히 자신을 지존의 존재로 신격화할 수 있을 정도의 절대군주였지만, 그러나 "무슨 일이든 노부나가가 말하는 바에 따라 각오하는 것이 중요하다"는 절대성을 자명한 전제로 수용할 수 있는 것은 기껏해야 그의 직접적인 지배 아래에 있는 주종제적인 무사단뿐이었을 터이다. 주종제를 초월하여 다양한 성격을 가지는 사회의 모든 제반 세력에게 그의 권력의사를 관철하기 위해서는 노부나가도 기성의 질서원리에 의거한 정당화 없이는 달리 방도가 없었던 것이다. '천하'를 장악한다는 것은 무위에 의한 억압이 이러한 정당화와 독점적으로 결합하는 것을 의미하며, 그것은 곧 국가 공권을 형성한다는 것을 의미한다.

도요토미 히데요시豊臣秀吉도 또한 기성의 관위제도 속에서 최고의 지위

---

* 센고쿠시대에 정토진종(浄土真宗)=잇코종(一向宗)의 신도들이 일으킨 봉기의 총칭.
** 1496년에 오사카에 세워졌으며 센고쿠시대 정토진종 혼간지(本願寺)파의 본산이 되었던 사원. 센고쿠시대 말기에 노부나가와의 전쟁에서는 농성으로 장기전을 펼친 끝에 1580년에 화의했다.
*** 고대 쇼무 천황 시대에 중국에서 도래했다는 명향(名香).

를 차지함으로서 그 지배권을 확립하고 있었던 것은 잘 알려져 있다. 1586년에 황위계승 후보자의 필두에 있던 사네히토 친왕誠仁親王이 급사하자 그것이 자살이라는 풍문과 함께 "히데요시는 왕이 되고 재상 히데나가秀長는 간파쿠關白가 되며 이에야스는 장군이 된다"[11]는 소문이 나돌았지만, 사실은 16세의 고요제이 천황後陽成天皇이 즉위하고 히데요시와 이에야스의 사이에 화의가 성립했으며 1588년에는 천황의 주라쿠다이聚樂第* 행차가 실현되었다. 주라쿠다이 행차에 즈음해서는 다이묘들로부터 3개조의 서약문이 제출되었는데, 그것은 ① 이번 천황의 행차에 참가한 것에 대한 답례, ② 조정과 공가의 영지에 대한 보증, ③ 간파쿠關白 히데요시의 명령에 대한 복종 등으로 되어 있었다. 이 서약문의 주된 목적은 ③에 있는데, 그것은 조정의 권위나 관위제도를 매개로 실현되고 있었다. 이러한 질서관계 아래에 있는 일본 국토 전체가 '천하'이며, 그것을 장악하고 있는 정치권력이 '공의公儀'였다. 그리고 '공의'를 축으로 질서와 반질서의 분할이 성립되어 '공의'의 지배에 등을 돌릴 우려가 있는 잇코종과 기리시탄**은 '천하에 장애'가 되는 까닭에 반드시 토벌하거나 탄압해야 할 대상이었으며, 히데요시에게 복종하지 않은 호조北条 씨도 "칙명에 위배하며 공의를 가벼이 하는" 까닭에 토벌해야 한다는 논리가 된다.

'천하'는 또한 대외관계에서는 신국 일본으로 규정되었다. 예를 들면 1587년의 기독교 선교사 추방령 제1조에서는 "일본은 신국이므로 기리시탄 국가로부터 사악한 법을 받아들이는 일이 있어서는 안 된다"고 한 후에, 제2조 이하에서는 "신사불각을 파괴"하고 "일본의 불법을 파괴하는 것" 등의 '위법'에 대한 내용이 구체적으로 설명되고 있다. 사이쇼 조타이西笑承兌 등의

---

* 도요토미 히데요시가 교토에 지은 초호화 저택으로 고요제이 천황을 초대하여 다이묘들이 보는 앞에서 자신의 권위를 과시했다.

** 근세 일본에 들어온 기독교 또는 그 신도들을 말한다.

측근 승려에 의해 작성된 몇 가지 외교문서에서도 일본은 신국이라든가 태양이 조림하는 나라 등으로 설명되고 있으며, 그 위광이 상대국에도 미쳐야 한다고 적혀 있다. 당시의 신 관념은 "인도에서는 이를 불법이라고 부르고, 중국에서는 이를 유도儒道라고 부르며, 일본에서는 이를 신도라고 부른다. 신도를 알면 곧 불법을 알며 또한 유도를 안다"[12]고 하여 삼교일치적으로 파악하고 조정이 지배하고 인의仁義의 도를 행하고 있는 점도 강조하고 있다. 선교사 추방령도 포함하여 이러한 신국론에는 배불적인 요소가 포함되어 있지 않으며, 그런 점에서는 근세 후기에서 근대에 걸쳐서 나타나는 신국론과 다르다는 점에 유의할 필요가 있다. 이들 문서는 문필 능력이 뛰어난 승려들에 의해 작성된 것인데, 이러한 지식인의 두뇌를 거치면서 '일본형 화이의식日本型華夷意識'이라고도 할 수 있는 일본을 중심으로 한 독자적인 세계질서관이 구성되고 있었다고 할 수 있을 것이다.

그러나 이 시대에 널리 사용되고 있던 '천도天道'라는 말에는 '천자'나 조정·사원과 신사 등의 기성 권위와는 구별되는 또 다른 차원의 상징적 전체성이 표현되고 있었다고 생각한다. '천도'는 "천도감응명려가호天道感應冥慮加護", "오직 모든 일을 천도에 맡겨야 한다", "천도는 무서운 것"이라는 등의 문맥으로 이용되어 인간의 예측이나 의지를 초월한 운명적인 힘으로 생각되었다. 그러나 그것은 인간의 주체적인 모습과 관련하고 있으며, '천도'(때로는 '천명' '천' '천운' 등으로도 불렸다)에 부응하는 것이 뜻밖에 천하를 장악하는 것이 되기도 한다는 의미에서의 운명적인 힘이며, "센고쿠시대 무장들의 활기에 가득찬 충동력을 강화시키고 현상타파의 에너지를 제공"하는 것과 같은 성격을 가지고 있었다.[13] '천도'에는 규범성이 포함되어 있었지만 '예측 불가능'한 무서운 운명의 힘이라는 의미가 강하며, 유교적인 혁명사상과 결부한 의미에서의 천도나 근세 유교의 천리와는 다른 것이었다. 예를 들면 『본좌록本佐錄』에 자주 등장하는 '천도'도 각지에 감시관을 파견하여 탐색을 엄격하게 하고 공의를 가볍게 여기는 다이묘에게 트집을 잡아 기세를 꺾어야 한다는 등의 권모술수를 적극적으로 장려하고 있으며, 혜성이나 대지진과 같은 천재지변이나 군주의 호색, 훌륭한 가신의 죽음 등에 의해 '천하국가를 망하게 한다'는 것을 예견하는 것과 같은 불길한 초월성이라는 측면을 가지고 있었다. '천도'라는 말에는 역사의 격동 속에서 권력의 힘으로 획득한 '천하' 지배에 공적인 정통성을 치장하여 내보일 때의 꺼림칙한 위구심, 그리고 그 과정에서 죽어간 자들에 대한 냉혹성과 새로운 지배를 참고 수용하는 사람들의 체념 등이 뒤섞여 있어서 '천하'적인 질서로 환원할 수 없는 복잡한 의미가 있다고 생각된다. 그러나 이러한 '천도' 관념은 16세기부터 17세기 초까지의 시대적인 전환기의 정신사를 특징짓는 것이며, 근세적인 질서를 논하고자 하는 과제를 위해서는 '천하', '공의', 조정 등의 관념으로 돌아가야 한다.

노부나가·히데요시에서 도쿠가와 정권으로 이르는 과정의 무가권력과 조정·천황과의 관계에 관해서는 최근 많은 연구가 이루어지고 있으며, 이상의 설명은 그러한 연구에 의거해서 나름대로 정리한 것이다. 이 때 내가 주의한 것은 무가권력이 장악한 '천하'의 의미인데, 이상 설명한 부분에서 '천하'에는 다음과 같은 세 가지 의미가 포함되어 있다고 할 수 있을 것이다.

① 무위를 배경으로 실현되는 일본 전 국토에 대한 권력적인 지배질서

② 천황을 정점으로 하는 관위제 등의 의례적 질서

③ 기성의 사원 및 신사나 삼교일치적인 신국론 등으로 대표되는 종교적 우주론적인 질서 (**주1**)

이상의 세 가지 가운데 ①이 기동력이 되는 것은 두말할 나위도 없다. 그러나 그렇다고 해서 예를 들면 ②를 '명목적 권위'에 지나지 않으며 권력의 '시녀'라고 한다면, 넓은 의미에서의 권력이 이러한 세 가지 차원을 모두 갖춤으로서 구성하고 있는 세계의 폭을 간과해버릴 가능성이 있다. 또한 예를 들면 노부나가의 자기신격화와 같이 돌출된 시도만으로는 ③의 차원을 지배하기 어려우며, 호코쿠다이묘진豊國大明神*이나 도쇼다이곤겐東照大權現**의 경우에는 조정이나 사원 · 신사로 대표되는 기성의 ③에서야말로 특별한 의미와 위치를 부여받은 것이었다. '천하'를 장악한 히데요시가 히에이산叡山, 고야산高野山, 가스가사春日社 등을 부흥하여 보호하고 혼간지本願寺에도 사령을 주어 덴만天滿으로 돌아가게 한 것은 ①의 차원에서 복종하고 있던 종교적인 제반 세력이 ②, ③의 차원을 담당하는 하나의 질서 속에 편입된 것을 의미하고 있었다. 1595년에 발포된 '추가규칙御掟追加'이 공가와 사원이 제각기 가직을 소중하게 영위하고, 사원과 신사가 제각기 사사법寺社法을 선례에 따라 지키도록 규정하고 있는 것도 같은 관점에서 이해할 수 있을 것이다.[14] 얼핏 보면 주로 ①의 차원에서 전개되는 것처럼 보이는 통일권력의 형성과정도 ②, ③의 차원을 수반하여 비로소 유효하게 전개할 수 있었던 것이다.

주1 클리포드 기어츠는 『느가라』의 결론에 해당하는 「바리와 정치이론」이라는 제목의 장에서 국가(state)라는 명사에는 적어도 어원적으로 세 가지의 서로 다른 주제가 집약되어 있다고 한다. 첫째로 "장소, 상태, 신분, 조건이라는 의미에서의 지위"=위(位), 둘째로 "장엄, 화려, 과시, 존엄, 위력이라는 의미에서의 화미(華美)"=위엄, 셋째로 "군림, 집정, 지배, 통제라는 의미에서의 통치"=국정술이다. 그러나 근대의 정치이론에서는 가장 새롭게 출현한 세 번째의 의미가 지배적

* 도요토미 히데요시 사후 천황으로부터 주어진 호칭.
** 도쿠가와 이에야스 사후 천황으로부터 주어진 호칭.

이 되었기 때문에 첫째와 둘째의 의미가 가지는 지배가 보이지 않게 되어 버렸다. 기어츠는 그런 의미에서 "지위와 화미와 통치와의 사이의 상호작용이 감추어져 있지 않을 뿐만 아니라, 가장 전면으로 밀려나 있는" 바리의 왕권을 연구하는 것은 "현시와 명예나 연극이 질서를 가져오는 힘에 대한 우리들의 감각을 회복시켜 주는" 의미가 있다고 한다.[15]

이것이 기어츠의 입장이며, 바리의 "연극국가 안을 채워주는 종교적 상징성"[16]을 화려한 필치로 그려낸 『느가라』는 흔히 권력론에 빠지기 쉬운 천황제 연구에도 반성을 촉구하는 박력이 있다. 그러나 "지배 이데올로기를 이른바 있는 그대로 그려내는 것으로 완결하는" 『느가라』의 왕권론은 현실적인 제반 관계 속에서 운동하는 권력과 이데올로기를 파악하지 않는 정태적인 것[17]이어서 천황제 연구에 그대로 이용할 수는 없다. 내가 위에서 설명한 질서의 세 가지 차원은 기어츠의 기술에서 힌트를 얻고 있지만, 처음부터 그것을 그대로 답습한 것은 아니다.

그런데, 기어츠는 위에서 소개한 바로 다음 부분에서, 왕권의 분류라는 관점에서 중동과 아시아의 전통적인 위계제 국가를 널리 조망하여, ① 왕 자신이 최고의 제사장이며 다른 제사 승려는 그 보조자에 지나지 않는 고대 관료제 국가(중국, 이집트, 수메르), ② 왕은 본래의 종교적 권위를 가지지 않는 지배자로서 그의 승려에 의해 종교적으로 타계와 결부되어 있는 인도, ③ 왕이 단순한 고위성직자가 아니라, 세계의 신령적(numinous)인 중심이며 제사승려나 왕에게 부속하는 모든 사물이나 인간이 왕의 신성을 보증하는 표식이며 요소가 되는 동아시아의 대부분이라는 세 가지 유형을 설정하고, 일본은 '약간 다르지만' ③에 속한다고 한다.[18] 기어츠는 단 한마디 언급했을 뿐이지만 그의 천황제관을 시사하는 기술로서 넓은 시야에서의 천황제론에 실마리를 주는 것이라 할 수 있을 것이다.

그러나 기어츠는 또한 바리의 극장국가의 왕권이 불가사의할 정도로 비정치적이라는 점에 관해서도 논하여, 1906년과 1908년에 네덜란드 침략군과 싸운 왕들이 왕비·왕자·종자들을 이끌고 "여우에게 홀린 듯이 네덜란드군의 포화 속으로 행진을 계속하여" 장렬하게 집단자살 했다고 한다.[19] 이를 극장국가의 화려한 의례적인 종교적 상징성에 순사하는 행위로 보고, 패전을 사이에 두고 역경의 시대를 굳건하게 살아남으면서 그 지위를 누린 쇼와 천황과 대비할 때, 양자의 사이에는 현격한 차이가 있으며 종교적 상징성이라는 면모하에 고도의 정치성을 구비한 천황제의 특질이 떠오를 것이다.

세키가하라関が原 전투* 이후 도쿠가와 이에야스는 1603년 정이대장군에 임명되어 에도江戸에 막부를 세우고 조정으로부터의 자립성을 노부나가나 히데요시보다도 한층 선명하게 했다. 「무가제법도武家諸法度」**의 원형에 해당하는 1611년의 「조목」 제1조가 "우대장 이후 대대로 장군의 법식을 받들어야 하며……"라고 하여 '우대장'=미나모토 요리토모源頼朝 이래의 무가 권력에서 그 이념을 구했던 것은 무가정권으로서의 자립성을 선언한 것이었다. 또한 1606년에는 막부의 추천 없이는 무가에게 관위를 주지 않도록 조정에 주문했다. 이는 다이묘들이 조정의 권위와 결합하여 반 도쿠가와 세력이 되는 것을 막으려는 의도에 의한 것이었다. 또한 1611년에는 "무가의 관위는 각별해야 한다"고 하여 공가와 무가의 관위를 구별했으며, 1615년의 「금중 및 공가 제법도禁中並公家諸法度」***에서는 "무가의 관위는 공가의 관위와 별도로 한다"고 하여 무가는 조정 내부의 관위제와는 전혀 구별되는 관위제를 가지게 되었다.[20] 한편 이에야스는 궁중 시녀의 밀통사건이나 고요제이 천황의 양위에 관하여 조정에 간섭하고 「금중 및 공가 제법도」를 정하여 천황과 공가의 행동을 엄격하게 규제했다.**** 제1조에 "천자가 수양해야 할 제일 첫 번째 일은 학문이다"라고 한 것은, 이 법도 내용은 물론이거니와 무가정권 측에서 천황의 직무를 명쾌하게 규정한 점에서 권력에 있어서 무가정권이

---

* 도요토미 히데요시 사후 그의 아들 히데요리를 추대하는 일파(서군)와 도쿠가와를 중심으로 한 동군과의 사이에 세키가하라에서 벌어진 전투. 이에야스는 여기서 승리하면서 천하 지배의 패권을 잡았다.

** 에도 막부가 다이묘들을 통제하기 위해서 만든 기본법. 다이묘의 마음가짐, 거성 축조의 제한, 도당의 금지, 혼인 허가제, 참근교대 등을 규정하고 위반할 경우 엄벌에 처했다.

*** 에도 막부의 조정과 공가에 대한 대책을 확립한 법령. 이로써 막부는 천황의 행동을 규제하는 기본방침을 확립했다.

**** 1609년 궁중 시녀와 공경들 사이에 밀통사건이 발생하자 이에야스는 이에 개입하여 관계자에게 사형, 유배 등의 처분을 내렸다. 또한 고요제이 천황은 도요토미 히데요시와 가까웠으며, 히데요시 사후 병을 이유로 왕위를 물려주고 은퇴하려는 의향을 이에야스에게 타진했으나 이에야스의 반대로 이루지 못했다. 이 사건을 계기로 장군의 황실에 대한 간섭이 한층 강화되었다.

우위에 있음을 과시하는 것이다. 그렇지만 곧이어 같은 조문의 주석에서 말하듯이 천황이 옛 도를 배워 이를 밝히는 것은 태평시대를 가져오는 좋은 정치에 불가결하다는 것을 의미하는 것이기도 했다.

그 후 조정은 1620년 장군의 딸 가즈코和子와 고미즈노 천황後水尾天皇과의 결혼과 시에사건紫衣事件*을 거쳐 완전히 막부에 굴복했다. 1634년 상경한 3대 장군 이에미쓰家光는 태정대신 승진을 거부하는 한편 진귀한 선물과 토지를 헌상하고 고미즈노 천황의 퇴위를 허용했는데, 이러한 일련의 사실 속에 장군 권력의 독립성과 장군의 비호하에서 의례적인 권위로서의 지위를 부여받은 조정의 입장이 집약적으로 표현되고 있었다.[21]

이후의 천황은 완벽하게 황거 속에 갇혀 이웃에 있는 센도고쇼仙洞御所에 가는 일조차도 허용되지 않았다. 1626년에 고미즈노 천황이 니조성二条城으로 행차한 이래, 1863년 고메이 천황孝明天皇이 가모사賀茂社로 행차하기까지 거의 240년 동안 천황이 황궁 밖을 나온 것은 단 두 차례 센도고쇼에 간 것뿐이며, 대상제 부흥에 즈음하여 가모가와라賀茂河原에서 거행되는 '목욕재계'를 위한 행차도 대상제 당일 이전의 가장 중요한 의식이었지만 천황의 행차를 인정하지 않으려는 막부의 의향에 따라 삭제되었다.[22] 메이지 천황이 거듭해서 거행했던 대규모의 전국순행과는 대조적인 부분이다. 그럼에도 "무위에 자만하여 제위를 내려다보고 천지 군신의 예를 가벼이 여기지 말 것"[23]이라 하고 있듯이 천황은 권위적 질서로서 존재하고 있었으며, 훨씬 후일에는 전혀 다른 역사적 의미를 가지게 되었던 것이다.

* 1627년 조정이 대덕사(大德寺), 묘심사(妙心寺) 등의 승려들에게 고승들에게만 허락하는 자주색 법복(紫衣)의 착용을 칙허한 것에 대하여 막부가 이를 무효화함으로서 조정에 대한 막부의 우위를 명확히 한 사건이었다.

2. 유학자의 조정관

유학자의 역사관은 위정자에게 도리의 실천을 구하고 그것이 실현되지 않을 경우에는 천명이 바뀌어 권력의 교체, 즉 '혁명'이 일어난다는 것이다. 이러한 입장에서 일본의 역사를 보면 고대 말기부터의 역사적 흐름은 도리를 벗어난 권력이 멸망하고 새로운 권력이 성립하지만, 그 권력도 또한 이윽고 도리를 잃고 멸망해 버렸다는 말이 된다. 이는 신군神君 이에야스의 천하지배를 도리에 따라 천하를 얻은 '혁명'으로 보고 도쿠가와 씨의 지배를 정당화하는 현상긍정의 이데올로기였다.

도요토미 가문의 멸망 계획을 목전에 두고 하야시 라잔林羅山, 1583~1675은 이에야스의 자문에 답하여 탕무방벌론湯武放伐論에 관하여 설명했는데, 그것은 도요토미 가문을 멸망시키는 데 대하여 선악의 갈림길에서 고민하는 이에야스에게 사리사욕에 의거하지 않은 권력 장악은 전혀 나쁜 일이 아니라고 답한 것이었다. 아마도 마음 속 깊은 곳에 불안과 동요의 심정을 품고 밤낮으로 염불에 매진하는 만년의 이에야스와, 마음이 이치에 닿으면 탕무방벌은 당연하다는 단순 명쾌한 라잔과의 사이에는 그 의식에 커다란 간격이 있었을 것이다. 라잔은 이 간격을 논리적으로 깨끗하게 매워버리고 "탕무의 거사는 천하를 사사로이 하지 않고 단지 백성을 구하기 위해서일 뿐 …… 오로지 천하의 인심이 귀의하여 군주가 되며, 귀의하지 않으면 필부가 된다"[24]고 단정했다. 라잔은 새로운 권력이 형성되는 과정에서 나타나는 처참한 드라마를 결과로서 실현되는 질서를 근거로 정당화해 보였던 것이다.

라잔은 천황가의 조상을 오나라의 태백에게서 구하거나 삼종의 신기를 지인용知仁勇의 표상이라고 하는 등 유학의 입장에서 조정의 근거를 해석했으나, 위의 탕무방벌설에서 나타나고 있듯이 이에야스를 성인으로 보고, 도쿠가와 씨를 왕권으로 간주했던 것으로 생각된다. 그리고 이러한 견해는 근세 초기의 일반적인 관념에 대응하는 것으로, 예를 들면 『게이초견문록慶長見聞録』의 다음과 같은 표현과 일치한다고 할 수 있다.

지금은 천하가 잘 다스려져 장군 국왕이 에도에 계시니 축복받은 세상이노라 …… 천하를 수호하고 장군 국왕이 계시는 곳이 바로 수도가 아닌가.

이러한 장군=국왕, 에도=수도관은 교토에도 수도가 있다는 것을 전제로 하는 것이기는 하지만, 곧이어 "이 수도의 사람을 비롯하여 곳곳에서 에도성으로 오는 것을 보면 에도는 수도가 아닌가 …… 실로 감사한 장군 국왕의 시대, 태평시대의 안락을 천하에 알리도다"라고 하여 도쿠가와의 치세를 구가하고 있으며, 그것은 곧 장군이야말로 국왕이며 에도야말로 수도라는 말이 될 것이다.

여기서는 이 시대 지식인의 견해를 대표하는 유학자의 역사관과 조정관을 몇 가지 살펴보기로 하자. 예를 들어 야마카 소고山鹿素行, 1622~1685에 의하면 고대 말기 이후 무가가 권력을 장악한 것은 조정이 '지덕'을 잃고 권력에 상응하는 능력을 상실했기 때문이며, 무가가 정권을 장악했기 때문은 아니었다.

무신(武臣)이 위를 얕보아 천하를 다스리는 것이 아니라, 위에서 군의 도리를 다하지 못하는 까닭에 무신이 이를 이어받아 천하를 다스리는 것이다. 호겐(保元)의 난*에서 겐무(建武)의 난**에 이르기까지 조정의 예악정도(禮樂政道)가 바른데 무신이 이

* 1156년 교토에서 발생한 황족 및 귀족 내부의 쟁란에 무사들이 개입되어 이후 무가정권이 성립하게 되는 계기가 되었다.

를 사사로이 한 일은 없으며, 전적으로 천하가 곤궁한 까닭에 무신이 나날이 성행하여 이를 평정하는 것이다.[25]

이는 실로 조정의 지덕이 쇠퇴하여 스스로 화를 자초했다.[26]

이러한 소고의 무가정권에 대한 정통성의 변증은 지극히 명쾌한 것이었다.

아라이 하쿠세키新井白石, 1657~1725의 견해도 기본적으로는 소고와 같지만, 그의 저서 『독사여론讀史餘論』에서는 그것이 한층 정밀하게 하나의 역사상으로 결실되고 있다. 여기서는 고다이고 천황後醍醐天皇에 이르러 조정의 지배가 끝났다는 입장에서 고다이고에 대한 평가가 엄격한 것이 하나의 특징이며, 이와는 대조적으로 아시카가 다카우지足利尊氏에 대한 평가는 높아서 "공가의 정무가 의외로 무가보다 못하다는 것을 백성들이 잘 알게 된다면", 조적이라는 악명에도 불구하고 천하는 "그 사실을 그리워할 것"이라고 한다. 다카우지에 비하여 요시미쓰義滿에 대한 평가는 훨씬 낮아서 3관 4직의 제도나 사치스러운 생활을 예로 들어 이는 모두 조정이 쇠퇴하는 원인이 된 사실을 모방한 것이었다고 한다. 또한 하쿠세키는 명분과 예를 정비할 것을 주장하는 유학자의 입장에서 요시미쓰 때야말로 아시카가 씨가 국왕에 어울리는 '호칭'를 만들어 전국에 군림했어야 한다고 보고, 이를 주된 근거로 요시미쓰를 비판하고 있는데, 그 국왕으로서의 지위는 "천자 다음의 일등"이라고 하여 천황에게 그 명목상의 권위를 인정한 것으로 보인다. 여기서 하쿠세키는 근세의 조정과 막부의 관계를 염두에 두고 논리를 전개하고 있으며, 조선과

** 1334년 고다이고 천황이 가마쿠라 막부를 멸망시키고 천황정치를 부활(겐무중흥)시켰으나, 고대의 천황정치를 이상으로 하는 정책에 불만을 품은 아시카가 다카우지의 쿠데타에 의해 중흥정치가 붕괴되고 남북조 내란의 시대가 열렸다.

의 외교관계에서 조선에 보내는 국서에 장군을 '대군大君'이라고 칭하던 전통을 고쳐 쌍방에서 장군을 '일본국왕'으로 칭하게 한 것은 이러한 이념을 부분적으로 실현한 것이었다.

소고나 하쿠세키가 아니더라도 도리와 명분에 의거한 정치를 행하고 있는지 여부를 권력 교체와 결부시키는 유학자들의 입장에서는 무가정치를 긍정하여 자신의 부패나 무지 등에 의해 권력을 상실한 천황·원·섭정·전대의 장군 등에 대한 평가는 엄격하다. 고다이고 천황에 대한 평가가 그 전형이며, 심지어는 남조정통론에 입각한 『대일본사』에서도 고다이고의 정치는 황후의 참견으로 상벌이 흐트러졌다고 보았다. 겐무建武중흥의 실패 원인을 묻지 않고 남조 측 무장의 충성스런 행위를 일방적으로 찬양한 근대의 황국사관과 같은 독선은 근세 유학자들의 것이 아니었던 것이다. 이러한 입장은 도쿠가와 씨의 지배를 당연시하는 견해와 연결되며, 이에야스는 천명을 받아 권력을 획득한 성군주이며 그것을 계승하는 대대의 장군이 실질적인 국왕이라고 생각했던 것으로 보인다.

그렇지만 그들은 조정·천황을 부정하는 입장을 취한 것은 아니었다. 그렇다면 조정·천황은 어떤 역할을 하는 것으로 존속이 허용되고 의미가 부여된 것일까.

이 물음에 대한 소고의 답은 '상하의 차별'을 밝힌다는 질서원리를 천황의 존재가 표상하고 있다는 것이다. 소고에 의하면 천황은 아마테라스 오미카미의 '후예'로서 줄곧 계승되어온 존엄한 존재이며 무사가 천하를 장악해도 조정과의 사이에는 변함없이 '군신의 예'를 지켜왔다. 그 이유는 "군신의 예가 행하여지지 않으면 상하의 차별이 불분명해지고, 상하의 차별이 분명하지 않으면 천지가 위치를 바꾸고 만물이 그 본을 잃어 올바른 도道의 기강이

끝내 무너진다"고 보았기 때문이다. 조정의 위세는 완전히 상실되어 버렸지만, 그래도 무장이 교토를 수호하고 조정을 존경하여 관위를 중시하고 조정과의 사이에 군신의 예를 다하는 점에 "군신 상하의 규칙"이 있으며, "우리나라의 풍속인물이 다른 나라보다 뛰어난 요체"가 있다고 한다.[27]

이 문제에 대해서 가장 잘 정리된 논의를 전개한 것은 구마자와 반잔熊沢蕃山, 1619~1691이라고 생각되는데, 그의 견해를 잠시 살펴보기로 하자.

반잔은 다른 나라에서는 천하를 얻으면 왕이 되는데, 일본에서는 천하를 장악한 사람도 신하라고 칭하면서 장군이 되어 천하를 지배하는 까닭은 무엇인가 하는 물음에 답하여, 조정이 존재하고 있기 때문에 일본에는 예악의 도가 존재하고 있다고 한다. 반잔은 만약 조정 없이 무가의 천하만 교체한다면 2, 300년 사이에는 '야만인'의 나라가 되어버릴 것이라고 보았다. 천하가 다스려지면 장군이 참내하고 영주들도 교토로 운집하여 "의관속대를 갖춘 의례를 보고 비로소 인간의 규칙이 있음을 알고 궁중 관현의 체제가 풍족하게 갖추어졌음을 듣고 비로소 태평을 생각"하며, 질서와 예절이라는 것을 알게 된다는 것이다. 그러므로 천하를 지배할 정도의 사람은 비록 야인 출신이더라도 "반드시 옛 성현의 예를 받들고 고악古樂을 그리워하며 천황을 받들어 군신의 예를 천하에 가르친다". 그렇게 하면 천하 백성은 이를 본받아 "권위도 힘도 없는 사람을 일본의 주된 혈통이라 하고 이처럼 우러러 주군으로 받드는 것은 실로 도를 갖춘 군이다. 우리가 어찌 토지를 받고도 충성을 하지 않을 것인가 하여 과거에 적심을 품었던 자도 즉시 반성하고 섬길 생각을 품을 것"이라는 말이 된다.[28]

그렇다면 천하 백성이 모두 조정을 존숭함으로서 질서를 알게 된다는 이러한 제도하에서는 천하가 조정을 대신하는 일도 있을까. 이 점에 대해서 반잔은 일정 기간 지배자의 지위에 있던 자는 사치·유약·거만 등의 기풍에 익숙해져서 야인으로부터 나오는 무용이 뛰어난 자에게 천하를 빼앗긴다는 신랄한 역사관을 가지고 있었다. 이러한 입장에서 그는

> (정치권력은 조정에) 절대로 돌아가서는 안 된다. 이쪽에서 돌려준다고 하더라도 후세까지 오랫동안 이어지는 일은 없을 것이다. 옛날에는 무가에서도 조정의 정치적 권위를 유지하기 위해서 조정을 보살펴야 했지만, 지금은 조정이 정치적 권력을 장악할 아무런 준비도 되어있지 않다. 천황의 지위를 형식적으로만 존중하는 것은 일본을 위해서이며 또한 장군가의 가호를 위한 것이다.[29]

라고 하여 조정의 정치적 무능력을 분명히 하고 조정은 의례적 질서라는 점에 그 존재 가치가 있다고 했다.

그러나 장군 권력을 기축으로 한 유학자들의 이러한 견해는 막번제 사회의 기본적인 특징을 파악하려 한 지식인들의 입장을 나타내는 것이지, 반드시 사회의식의 모든 차원을 통합한 것은 아니었다. 그렇기 때문에 이러한 견해는 교토와 그 주변에 확산되고 있던 조정숭배나 신국의식과 차이가 있으며, 또한 장군권력의 전제지배를 우려하는 고산케御三家*의 의도와도 동떨어져 있었다.

예를 들면 『혼아미행장기本阿弥行状記』에는 17세기 전반의 교토 상층 상인들의 입장에 의한 조정의식이 엿보인다. 여기서는 도쿠가와 씨의 지배라는 현실을 받아들이면서도, "언제까지나 수도에 살면서 부르심이 있으면 출사해야 할 것이며, 결코 에도로 이사할 생각은 꿈에도 하지 말 것"이라 하면서, 그 이유를

---

* 도쿠가와 장군 가문의 일족으로 오와리(尾張), 기이(紀伊), 미토(水戸)의 세 가문을 말한다. 장군가의 혈통을 유지하고 보좌하는 역할을 맡았다.

관동의 연민도 두텁고 은혜는 산과 바다보다 깊다하더라도 곤겐님(権現様)* 당대부터 겨우 2대 밖에 지나지 않았다. 추호도 조정의 공무를 가볍게 여겨서는 안 된다. 일본 전국은 신의 후예로서 모두가 천자님의 것이다.[30]

라는 입장이다. 이 책은 노부나가·히데요시 등의 무가 지배를 '잔인'하다고 보고 불교의 '자비'에 의거한 지배가 좋다는 입장을 취하고 있다. 그리고 '잔인'한 무사의 권력은 일시적으로는 권위를 과시하더라도 이윽고 교체되어 버린다고 보는 것이 상층 상인다운 현명한 권력관이며, "결국은 요리토모 공頼朝公, 도키마사時政, 요시도키義時**도 잔인한 자다. 이에 못지않게 노부나가 공도 심히 잔인하며, 히데요시 공도 일본은 신대부터 천자님의 것이라는 사실을 잊어버려 그의 대가 단명에 끝났다. 신국의 묘라 해야 할 것이다"[31]라고 한다. 도쿠가와 씨에 관해서는 말을 삼가고 있지만, 언젠가는 권력교체의 역사가 반복된다고 생각하고 있었을 것이다. 권력교체가 있을 수 있다는 것은 17세기 중엽에 살던 사람들에게는 그리 드물지 않는 견해처럼 보일지도 모르지만, 권력교체와는 대조적으로 신대부터 이어지는 조정지배의 영속성을 확신하고 여기에 심리적으로 의지할 곳을 구하고 있었다는 점에 조정을 중심으로 하는 문화와 사회관계에 깊이 관여하고 있던 자의 독자적 입장이 있었을 것이다.

또한 관위제도를 근거로 고산케의 다이묘가 조정의 신하라고 자칭하는 드문 사료로 「엔가쿠인사마고덴 15개조円覚院様御伝15条」가 있다.[32] 이것은 오와리번尾張藩의 4대 번주 도쿠가와 요시미치徳川吉通의 유언인데, 그 1절에 초

* 도쿠가와 이에야스.

** 요리토모는 미나모토 요리토모(가마쿠라 막부의 초대 장군), 도키마사는 호조 도키마사(가마쿠라 막부의 초대 집권), 요시도키는 호조 요시도키(가마쿠라 막부의 2대 집권).

대 번주 요시나오義直의 군서 속에 있는 "왕명에 의거하여 행사를 치를 것"이라는 구절에 대하여 "고산케는 장군의 부하가 아니다. 지금의 관위는 조정으로부터 임명된 것이며, 종삼품 주노곤中納言 미나모토源의 조신朝臣이라고 칭한 이래 우리는 모두 조정의 신하다"라고 설명하고 있다.[33] 고산케와 후다이다이묘譜代大名*를 구별해서 고산케는 '조정의 신'이라고 자칭한 것인데, 위의 인용문 바로 앞부분에는 "아무리 큰 변화가 있더라도 우리 가문이 존재하는 한 다른 집안에 천하를 넘기는 일이 있어서는 안 된다"고 하여 장군가에서 자손이 단절하면 고산케가 장군직을 계승하여 도쿠가와 가문의 천하지배를 지켜야 한다는 결의를 나타내고 있다. 따라서 '조정의 신'을 자칭하는 고산케의 긍지와 도쿠가와 가문의 지배는 모순하지 않는다고 생각하고 있었던 것일까. 오규 소라이荻生徂徠, 1666~1728의 『정담政談』에서는 오와리尾張의 도쿠가와를 가리켜 "세월이 오래 경과해도 조정을 배려해야 한다는 것은 이 분들이다"고 했듯이 이 시대의 고산케는 막부의 전제를 제약하는 현실적인 세력이라는 측면을 가지고 있었을 것이다.

이 밖에도 승려·신관·직인·예능민 등이 조정에서 관위를 받는 전통이 널리 존재하고 있었다는 점, 피차별민의 유서에 관한 문서 『가와라마키모노河原卷物』 등에 차별 당하는 측이 자신들과 조정과의 관계를 강조하는 사례가 적지 않은 점, 지카마쓰近松**나 사이가쿠西鶴*** 등의 조닌町人 문예에서 조정에 대한 친근감에 의거하여 무가지배에 대한 비판이 보이는 점, 탕무방벌설을 비판한 군신관계의 절대성과 일본은 신국이라는 유서를 결부시킨 스이카파垂加派가 대두하고 있었던 점, 또한 이와는 대조적으로 마스호 잔코增穗殘口****와 같이

* 에도시대 다이묘 격식의 하나로 대대로 도쿠가와 가문에 대한 충성도가 높은 무사들로 분류되었다.

** 지카마쓰 몬자에몬(近松門左衛門). 에도시대 중기의 가부키 작가.

*** 이하라 사이가쿠(井原西鶴). 에도시대 전기의 하이쿠, 통속소설 작가.

민중적인 입장에서 신도설을 전개하는 인물도 출현하고 있었던 점 등을 시야에 두고 볼 필요가 있다. 근세 사회의 질서의식 속에서 조정과 신국론을 축으로 하는 권위적 질서에도 적지 않은 의미와 위치가 있었다는 말이 될 것이다.

소라이는 앞서 설명한 도쿠가와 요시미치의 유언에 대응이라도 하듯이

> 천하의 다이묘들이 모두 신하이지만 관위는 조정으로부터 윤지(綸旨)와 위기(位記)를 하사받는 까닭에 아래에서는 천황을 진정한 군주로 생각하는 무리도 있을 터이다. 당분간은 단지 위세에 밀려 부하가 되었다고 하는 생각을 버리지 않는다면 말세가 되었을 때 안심하기 어려운 일도 있을 것이다.[34]

고 했으며, 곧이어 관위제와는 별도로 막부 측에서 독자적인 '훈계'를 창설하고 그것을 더욱 중시하면 된다고도 주장했다. 그 이유는 "대체로 정무의 수순이 모두 조정의 방해로 장군의 뜻을 제대로 펼치기 어려운 까닭에 이러한 우안에 이른 것"이라고 설명하고 있어서 조정의 의례적 질서로부터 자립한 장군=국왕의 권력과, 여기에 적합한 의례적 권위의 수립을 추구하고 있었던 것을 알 수 있다.

소라이는 사실상 장군을 국왕이라 하고 국토 전체의 상급 영유권이 장군에게 있다는 것을 강조하고 있었는데, 다자이 슌다이太宰春台, 1680~1747는 스승의 학설을 이어받아 "지금의 장군은 전국을 소유하고 계시니 이것이 곧 일본국왕이다"[35]라고 명쾌하게 설명하고 있다. 그리고 이에야스가 왕호를 칭하지 않았던 것은 "교토의 천황을 배려했기" 때문이며, 그 '겸손'의 덕은 칭찬할 만하지만, "일본과 중국의 예제에 보이는 선례를 생각하건대 왕이라고 칭하

**** 에도시대의 국학자 · 희극작가. 교토와 오사카에서 통속도덕 운동을 하고 유교와 불교를 배척했다. 1742년 몰. 향년 88세.

는 것 외에는 더 이상 적합한 호칭은 없다"고 하고, 하쿠세키의 건언으로 조선과 교환하는 국서에 "일본 왕이라고 칭한 것은 영단英斷이며 의에 합당한 일이다. 참칭僭稱이라고 할 수 없다"고 했다. 슌다이의 경우에도 천황에게 특수한 권위적 지위를 인정하고 있는데, 장군=국왕설은 그 경세론의 핵심이 되는 중요한 주장이었다.

이상의 설명에서 소라이나 슌다이가 활동한 18세기 초에는 교토를 중심으로 의례적 질서나 우주론적인 차원에서 조정숭배나 신국론으로 경사傾斜하여 스스로의 사회적 존재를 권위지우는 동향이 존재하고 있었으며, 이와 동시에 이러한 동향과는 대조적으로 장군=국왕설의 입장에서 막부의 전제적 지배권을 명확히 하려는 동향도 존재하고 있었다는 것을 알 수 있다. 이는 권력이 구성하려는 질서나 질서의식과 사회의식의 다양한 흐름과의 사이에 균열이 생기고 있었다는 것을 의미하는데, 여기에 일정한 형태의 새로운 질서관념이 적극적으로 구성되기 위해서는 위기의식이라는 별도의 매개가 필요했다고 생각한다. 다음 절에서는 그것을 민중의 종교의식의 동향과 이에 대항해서 전개되는 제사론을 통해서 살펴보기로 하자.

3. 제사론에서의 전회

앞 절에서 근세 중기의 유자들에게는 장군=국왕설이 상식적인 견해였다는 점을 설명했지만 주제를 정치에서 종교로, 구체적으로는 제사론으로 옮기면 오히려 조정의 위치가 중요한 의미를 가지게 된다. 이 점에서는 소라이와 슌다이의 획기적인 주장이 있다고 생각되기 때문에 이 두 사람의 주장을 좀 더 구체적으로 살펴보자.

소라이는 『변명辨明』에서,

무릇 귀신이란 것은 성인이 서는 바다. 어찌 의심할 것인가. 까닭에 귀신이 없다고 하는 자는 성인을 믿지 않는 자이다.

라고 말하고 있다. 이는 음양 2기에 의해 귀신을 설명해 버리는 주자학적 합리주의나 이토 진사이伊藤仁斎에 대한 비판인데, 그가 말하는 "성인이 서는 바"란, 성인이 출현하여 비로소 귀신의 '명분을 바로 잡는다'는 의미다.[36] 소라이에 의하면 『주역』에 "떠도는 혼이 변을 가져온다"는 말이 있듯이, 귀신은 본래 저주나 재액을 가져오는 성격을 갖는다. 귀신은 "사려하고 공부하는 마음"이 없는 존재이므로 성인이 웅당한 예제를 세움으로서 비로소 "변을 가져오지 않고" 통제되기에 이르렀다. 이와 같이 생각하는 소라이가 "시서예악詩書禮樂은 이를 귀신에게 근거를 두지 않는 바가 없다"고 한 것은, 모든 무질서와 재액의 근원에 예악에 의해 통제되지 않는 귀신이 있다고 보고 질서=예악이라는 제도와 의례가 지배하는 세계와, 무질서=통제되지 않고 귀신이 날뛰는 세계를 대항적으로 파악하고 있다는 것을 의미한다.[37]

소라이가 귀신의 실재와 중요성을 강력하게 주장한 것은 그가 『논어』나 『맹자』보다도 귀신과 제사에 관해서 많이 다루고 있는 『예기』와 『역』에 의거하고 있었기 때문이기도 하지만, 좀 더 세계적으로는 종교적인 것, 특히 음사淫祀와 같은 것이 현실적으로 질서를 위협하고 있다고 생각하고 있었기 때문이다. 『정담』에서는 가즈사노쿠니上總國*에서 수십 개의 마을에 확산

* 현재 지바현 남부의 옛 지명.

된 불수불시파不受不施派,* 나리히라덴진業平天神,** 네즈곤겐根津權現*** 등의 어령신앙과 1727년의 오스기다이묘진大杉大明神과 같은 유행신을 들고 있으며, 소라이는 신사·신사新寺의 금제나 이단사설異端邪說의 금지에도 불구하고 확산되어 버리는 현상 속에서 정치적 지배가 지역사회에 미치지 않는 막번제 사회의 기본적인 결함을 보았다.

이 때 이러한 종교현상은 탁발승, 거지, 망나니, 유녀, 무숙자, 도적, 도박사, 방탕자 등과 같이 평소부터 이미 질서에서 일탈한 사람들의 존재와 결탁하고 있다고 생각되었을 것이다. 예를 들면 탁발승을 지칭하는 도심자道心者는 "우두머리도 없고 단속도 받지 않는 자이다. 그렇지만 이 또한 외롭고 의지할 데 없는 자들로 필경 궁민이라면 어찌할 도리가 없는 자이다 …… 사법邪法과 같은 부류도 민간에 섞여 있으면 알아내기 어렵다"고 하는데, 지역의 지배질서에서 일탈한 궁민들은 언제 거지, 망나니, 떠돌이 등으로 변할지 모르는 존재다. 그리고 "강도에서 봉기가 일어난다"거나, "말세가 될 때는 거지들 사이에서 어떤 일이 일어날지도 모른다"라고 하듯이, 그들은 사회질서를 저변에서 위협하는 위력을 감추고 있는 존재다. 이러한 일탈적인 사회층은 그 자체로서는 당장 큰 문제가 아닌 것처럼 보이지만, 종교적인 것이나 봉기라는 형태를 매개로 하여 지역사회에 생활하는 일반 민중의 마음을 사로잡을 때 사회체제는 토붕와해土崩瓦解의 늪에 빠진다는 것이다.[38]

소라이가 한편으로는 기기신화를 황당무계한 전승으로 배척하고 "신도는 없다"고 하면서도, "조상을 제사하여 하늘에 배려하고, 하늘과 조상을

---

* 불수불시파란 니치렌종(日蓮宗)의 종파로 타종교 신자의 포시와 공양을 받지 않으며 또한 포시하지도 않는다는 종교적 태도를 말한다. 에도 막부는 이를 금지했으며 이후 탄압과 박해를 받으면서 1882년 공인에 이르기까지 지하에 잠복하여 비밀교단으로서 신앙을 지켜왔다.

** 헤이안시대의 가인 아리와라노 나리히라(在原業平, 825~880)를 모시는 신사.

*** 네즈곤겐은 네즈신사라고도 하며 일본신화의 야마토다케루노 미고토가 창건했다고 전해지는 유서 있는 신사.

하나로 하여 만사 귀신의 명으로 행하는" 일본의 신도는 "당우唐虞 3대의 고도古道"39라고 한 것은, 위와 같은 종교사정에 대한 통찰을 바탕으로 귀신론의 입장에서 한 말이었다. 이는 하늘과 조상을 제사지내는 국가적인 제사제도의 주장에 다름 아니며, 이러한 시점에 설 때 조정의 지위는 제사제도의 중핵을 차지하게 되어 있다. 「구사본기해서舊史本紀解序」에서 유교 고전을 인용하여 제천祭天의 중요성을 설명하면서 일본에서 제사제도의 전통을 전개하여,

> 천조(天祖) 하늘을 조상으로 하며, 정치는 제사, 제사는 정치로서 신물(神物)과 관물(官物)에 구별이 없으며 …… 이로서 대대로 왕을 이어와 아직도 바뀌지 않고 있다.

고 할 때, '왕'='천황'을 중핵으로 하는 제정일치를 일본의 전통적인 제도라 하고 그것이 또한 성인의 가르침과 일치한다고 설명하고 있다.

천황의 역할에 중요한 측면이 제사에 있다는 점은 소고나 반잔도 지적하고 있으며, 고미즈노 천황御水尾天皇의 『신한어교훈서宸翰御教訓書』에서는 『금비초禁秘抄』를 인용하여 "무릇 조정의 작법은 신사가 우선이고 다른 일은 그 후다", "조정은 경신이 첫 번째 일"이라 하고, 『도쇼궁어유훈東照宮御遺訓』에서도 "천자가 하시는 일에는 정월그믐의 아침 예배와 매월 제사가 있다. 이는 천자의 가직家職이다"라고 한다. 또한 실제로도 천황과 상황上皇이 세이료전淸凉殿에서 장군의 병이 치유되기를 기원한 일들도 잘 알려져 있다.40 그러나 막번제 국가 속에서 조정·천황의 직분이 제사에 있다고 하는 것과, 제사가 제도와 질서의 중핵에 있어야 한다는 것과는 차원이 다른 문제다. 소라이학이 귀신의 실재성을 강하게 주장하고, 거기서 질서의 바람직한 전체상을 전망하기 시작하면서 천황을 중핵으로 하는 제사제도에는 전혀 새로운 의미가

부여되는 것이다.

슌다이가 "무릇 천지 간에 모든 일이란 사람이 하는 것 이외에는 모두가 신이 하는 일이다. 사람이 하는 일도 인력을 다 한 후 그 일을 성취하는 것과 성취하지 못하는 것과는 신의 도움에 의해 결정된다"고 한 것은, 이 세계는 인간의 힘이 미치지 않는 신위神威로 가득 차 있다는 말이며, 그렇기 때문에 『좌전左傳』을 인용하여 "국가의 대사는 제사와 병사에 있다"는 말이 된다. 천지·산천을 비롯해서 이 세계에 충만하고 있는 신들에게 제각기 상응하여 천자를 비롯한 각 신분을 가진 자들이 담당해서 제사지내는 것이 '정사正祀'이며, 천자 제후도 목욕재계하고 스스로 제주가 되어 신을 제사지내야 하고, 중요한 제사에서는 "천자국군天子國君이 곧 제사왕"이어야 한다. 제사의 내용은 "아동의 소꿉장난 같은 것"으로 보일지도 모르지만 그것이 "귀신의 예측하기 어려운 바"이며, 바르게 제사지내면 반드시 이에 대한 감응이 있어서 복을 가져오고 액을 물리칠 수가 있다. 한편 이러한 제사는 음사淫祀의 배제와 대응하고 있어서 "무릇 민간의 음사를 위로부터 엄격하게 금하는 것을 선한 정치라 한다. 근세에는 미토 의공義公(도쿠가와 미스쿠니德川光圀)이 국내의 음사를 정지하여 수많은 사당을 파괴했다고 한다. 정치의 도를 아는 영웅이라고 해야 할 것"이라고 한다. 1729년에 성립한 『경제록』은 이렇게 해서 이미 백수십 년 전부터 메이지유신 과정에서 발생하는 제정일치, 폐불훼석廢佛毁釋,* 신도국교주의를 전망하고 있었던 것이다.

나카이 지쿠잔中井竹山, 1730~1804의 『초모위언草茅危言』은 간세이寬政개혁** 을 위한 제언이었기 때문에 막부의 존재를 당연한 전세로 하고 있지만, 조정개혁을 추진하여 불교나 이와 관련되는 미신적인 요소를 제거하자는 것이

---

* 메이지유신 직후 정부의 신도국교화정책에 의거해서 발생한 불교의 탄압, 배척, 파괴운동.
** 에도시대 중후기 막부의 개혁정치.

주된 내용이었다. 지쿠잔은 조정이 쇠퇴한 이유를 "거의 반 이상은 숭신영불崇神佞佛에 현혹되어 일어난 일"이라고 보고, 조정이 "신불의 황당한 설로 백성을 해롭게 한 것은 일일이 그 예를 들 수 없다"고 한다. 이에 대체하는 것이 의례적인 제도이며 생략되거나 바뀐 즉위의례를 본래대로 되돌릴 것, 때때로 천황이 직접 행차하여 평민이 천황에 대한 존숭심을 가지도록 노력할 것, 천황이 원호를 칭하는 습관을 버리고 일세일원제로 바꾸어 연호를 시호諡號로 할 것, 일진이나 방각 등의 미신에 가득 찬 민간의 역술을 폐지하고 관제의 '정결력淨潔曆'만 사용하도록 할 것, 황자황녀의 출가를 막아 황족의 수를 늘릴 것, 천황·황족의 혼인 제도를 확립할 것 등을 주장했다.

주자학적 합리주의의 입장에 의거한 지쿠잔은 귀신의 실재성에 관해서는 소라이·슌다이와 대조적인 입장을 취했지만, 민간에 만연한 종교적인 것에서 반질서의 잠재적인 가능성을 보았다는 점에서는 소라이나 슌다이의 문제의식을 계승하여 한층 발전시켰다고 할 수 있다. 위의 조정 개혁에 관한 구상도 민간에 만연하는 황당무계한 종교적 존재에 대항하기 위한 것이며, "왕실의 쇠퇴로 인하여 무속가의 설이 점차 성행하고 갖가지 음사淫祠가 천하에 가득하다"고 말하고 있다. 지쿠잔은 "부처도 또한 일종의 신이다"라고 하는데, 주된 관심은 신도보다도 불교에 있으며, 조정과 불교의 결합에 질서 문란의 근원이 있다고 보았다. 지쿠잔이 "역대 제왕 가운데 불교를 배척하여 사원을 폐하고 승려를 금지한 것은 모두 현군이며 암군은 한 사람도 없다 …… 불교를 믿고 탑을 세우며 불문에 들어간 것은 모두 암군이며 현군은 한 사람도 없다"고 엄격하게 단정한 것도 그런 의미에서다. 불교 가운데서도 특히 폐해가 큰 것은 니치렌종인데, 그것은 한편으로는 잇코잇키 등의 전통을 상기하기 때문이며, 동시에 당시의 잇코종이 호온코報恩講*나 설교 등으로 사람들을 모아 독자적인 집단을 만들고 있었기 때문이다. 고유한 종교 관념으로 결합한 집단은 "당장 눈앞에서는 피해가 없는 것처럼 보이지만 후일 큰 화를 키우는 것이 명백"하며, 비사법문秘事法門* 이나 토장문도土藏門徒** 의 사례가 그것을 말해주는데, 이러한 현상이 한층 일반화 된 것이 잇코잇키라고 보는 것이다.

신도와 불교가 음사의 일종이라면 민속신앙도 모두 음사라는 말이 될 것이다. 그렇다면 수많은 음사가 있다는 셈인데, 실제로 『초모위언』은 오늘날 우리가 종교적인 것으로 생각하는 거의 모든 것을 음사로 간주했다고 할 수 있을 것이다. 각지의 유명한 신사는 그 자체로서는 음사가 아니지만, 예를 들면 고슈江州 히요시산노사日吉山王社의 제례, 이즈모다이샤出雲大社의 용등龍燈, 비추備中 기비스사吉備津社의 가마나리釜鳴り 등*** 과 같이 민중의 관심을 모으는 종교적인 것을 구체적으로 검토해 보면 그 실태는 모두가 음사나 미신뿐인 것이다. 지쿠잔은 또한 제례에서 수레나 가마 행렬을 멘 젊은이들의 싸움, 거리에서 치근대며 시비를 거는 공갈꾼, 결혼식의 이시우치石打**** · 미즈이와이水祝***** 등의 민속적 관행을 들어 그 금지를 요구하고 "이 책에서 논하는 바는 상에 있는 것이 아니라 오로지 벌에 있다. 혹은 이로써 살기가 지면에 가득하지 않은가. 그러나 내가 오직 근심하는 바는 이 땅의 완고하고 나쁜 악습을 제거하고자 하는 데 있다. 그런 까닭에 여기에 편견이 있는 것은 부득이한 일이다"라고 하면서 결론을 맺고 있다.

---

* 종조(宗祖)의 기일에 보은을 위해 불교 각 종파가 불사를 거행하는 것. 근세에는 특히 신슈종신앙이 깊은 지역에서는 민속신앙과 결부되어 전개했다.
* 신슈종의 이단파의 하나로 교의를 비밀리에 전하는 데서 온 말.
** 잇코종의 이단 가운데 하나. 창고(토장)에 숨어서 염불을 외우거나 해서 붙여진 이름이다.
*** 길흉화복 등을 점치는 민속신앙의 사례들이다.
**** 혼례식 날 밤에 이웃이 그 집에 작은 돌멩이를 던지는 습속.
***** 혼례를 올린 신랑신부에게 물을 뿌리는 습속.

이상과 같은 『초모위언』의 입장은 천황의 신권적 절대성을 강조하는 권력이론이 아니라는 점에서 메이지 초년의 개혁이념과 다르며, 조정은 오로지 제사의례 중심으로만 파악하고 있었다. 그러나 종교적인 것, 특히 불교와 민속신앙에서 질서의 적을 발견하고 이 세계 전체의 질서화와 합리화의 선두에 천황을 내세우는 구상이 서구의 충격이나 존왕·반막反幕 의식과는 전혀 무관하게 주자학적 합리주의의 경세론으로서 전개되었다는 점은 흥미로운 사실이다. 더구나 그가 제시한 조정 개혁 구상의 대부분은 메이지유신에서 실현되었던 것이다. 『초모위언』은 막부 개혁을 위한 제언이기 때문에 이 밖에도 많은 문제를 논하고 있기는 하지만 넓은 의미의 종교현상 속에서 사회체제 전체가 직면한 위기의 징후를 읽어내고 있으며, 그것은 민중의 마음을 내면에서 좀먹어 버리는 기괴하고 일탈적인 활력으로 간주되고 있다. 그 개별적인 형태는 별것 아닌 존재지만 그것은 사회의 저변과 주변에 일반적으로 존재하며, 어떤 사정이 가미되어 활성화되면 사회질서를 전도시켜 버릴 정도의 위력을 내포하고 있다고 간주되는 것이다. 종교적인 것이 그러한 위력을 감추고 있는 것은 그것이 인간의 심층적인 것을 표상하는 동시에 그 자체로서 사회의 저변과 주변에 널리 존재하고 있기 때문일 것이다.

사회체제의 전체성과 관련된 위기가 종교적인 것으로서 표상되었다는 것은 사회의 위기가 우주론적인 차원에서 표상되었음을 의미한다. 주연적인 것, 심층적인 것이 불길한 활력을 숨기면서 보편적으로 존재하고 있으며, 그 발전 선상에서 카오스의 도래를 예상하고 불안과 공포의 상념으로 응시하고 있다. 근대 천황제는 이와 같은 시각에서 보면 이러한 위기의식에 의거하여 그것에 대한 대결로서 추진되는 합리화=질서화이며, 혼돈을 억제함으로서 성립하는 억압적인 합리성으로서 전망할 수 있다.(**주2**)

주2 에도시대 사회와 같이 구조적으로 안정되어 있는 것처럼 보이는 사회 속에서 종교적인 것을 매개로 체제적 위기의 징후를 읽어 내고 있었다는 것은 매우 흥미로운 사실일 것이다. 이러한 현상을 이해하기 위해서는 야마구치 마사오(山口昌男), 터너(Turner, Victor), 더글라스(Douglas, Mary), 버거(Berger, Peter), 룩크만(Luckmann, Tomas) 등의 인류학과 사회학 이론이 참고가 된다.

예를 들면 버거와 룩크만은 '상징적의 세계'의 '질서부여적인 기능'을 강조하고 제도적 질서는 "이 질서에서 보면 무의미한 현실의 존재에 의해 끊임없이 위협받고 있다", "사회는 모든 카오스와 마주 대하는 구성물"이라고 한다.[41] 버거와 룩크만의 책에서는 위의 "이 질서에서 보면 무의미한 현실의 존재", '카오스'에 관하여 더 이상 구체적으로 논하지는 않고 있지만 커뮤니타스(communitas)에 관한 터너의 이론은 이 점을 심층적으로 분석한 것으로 주목할 만한 가치가 있다. 즉 사회적인 것의 전체성을 구조(제도화된 질서)와 커뮤니타스(구조의 붕괴에 의해 초래되는 직접적이고 전면적인 공동성)의 긴장과 상호전화로 파악하는 터너의 경우, 커뮤니타스의 가능성과 필연성은 일반적으로 이 사회구조의 경계성, 주변성, 구조적 열위성으로서 존재하고 있는 것이 강조되고 있으며, 사회적인 것의 전체성은 극히 다이내믹한 양상을 띠고 있다.[42] 이 다이너미즘은 발전단계론과는 대조적으로 다른 것이며, 루소, 마르크스, 모건(Morgan, Lewis Henry) 등의 미개사회론은 모든 사회에 존재하고 있는 커뮤니타스의 차원을 발전단계론적인 미개사회와 혼동한 것이라고 한다. 그리고 구조를 위협하는 커뮤니타스에 관하여 "커뮤니타스는 경계성으로서 사회구조의 균열된 부분을 통해 파고들어가고, 주변성으로서 구조의 첨단부분으로 들어가며, 열위성으로서 구조의 아래에서 밀고 들어간다. 그것은 거의 곳곳에서 성스러운 것 내지는 '신성한 것'으로 간주되고 있다"고 한다.[43] 여기서 구조를 위협하는 것은 넓은 의미에서의 종교성으로서 파악되고 있으며, 본문에서 설명한 제사론에도 도움이 되는 시점이다. 그러나 터너는 구조 커뮤니타스의 다이너미즘으로서 사회를 파악하는 입장의 일반화를 서두른 나머지, 예를 들면 "경계성, 주변성, 구조적 열위성은 신화, 상징, 철학체계, 예술작품이 빈번하게 발생하는 제반 조건이다"[44]라는 식으로 간단하게 설명하여 다양한 현상을 하나로 묶어 버리고, 눈 깜박하는 사이에 아프리카 부족사회의 일상적인 의례 분석에서 프란시스코파나 중세 인도의 종교운동 사례 등으로 화제를 옮겨버려 역사연구에서 시사를 얻으려는 나로서는 따돌림을 당한 기분이다. 구조와 커뮤니타스와의 긴장 · 대항 · 적대를 몇 가지 차원이나 단계로 구별해서 이론적으로 전개해 주기를 바라는 나의 입장에서는 사회구조를 위협하는 원천을 '불결(ケガレ)'에 의한 위협으로 파악하는 더글라스의, 예를 들면 "사회구조가 위험하고 또한 애매한 역할을 가지는 사람들을 필요로 하는 경우에는 이러한 사람들은 제어할 수 없는 무의식의, 위험한, 꾸짖을

수 있는 능력—즉 요술이나 사악한 눈과 같은 것—을 가지고 있다고 가정되는 것이다"[45]고 말하는 쪽이 훨씬 설득적이다.

인류학이나 사회학에서의 이러한 구조주의론에 의거한 분석은 얼핏 보면 평범하게 일상적인 양태로 존재하는 사회적인 것이 실은 쉬지 않고 붕괴의 심연을 엿보면서 구성되고 있는 구축물이라는 것을 말해주고 있으며, 역사와 사회를 동태적으로 파악하는 방법을 시사해주고 있다. 사료라는 것은 일반적으로는 기성의 질서나 제도에 입각해서 남겨지기 쉬운 것이기 때문에 사회를 동태적으로 파악하는 방법적인 대비를 하지 않으면 역사가가 전공으로 하는 실증연구의 진전에 따라 오히려 분석의 다이너미즘이 상실되고 널리 설득력을 상실하는 뜻밖의 결과를 가져올 수도 있을 것이다. 그러나 특정한 시대와 사회에 입각하여 다이내믹하게 파악해야 한다고 생각하는 역사가의 입장에서 보면, 아프리카 부족사회의 사례에서 근현대 선진사회의 사례에 이르기까지 자유자재로 소재를 취하여 논해버리는 터너 등의 입장은 논리전개가 지나치게 추상적이고, 사례 선택은 지나치게 융통무애하며, 전체적인 인상이 지나치게 비약적이어서 따라가기 어렵다고 말할 수 있을 것이다.

3장
민속과 질서의 대항

1. 사회적 주변부로서의 민속

근세 사회의 중추부는 제도와 사회관계나 이데올로기도 모두 비종교적이고 세속적인 합리성이 현저했다. 심지어는 히에이산比叡山 엔랴쿠지延暦寺나 혼간지本願寺와 같이 종교적인 세력들조차도 기본적으로는 이러한 지배틀을 수용함으로서 근세 사회 속에 존재하고 있었다. 불교는 슈몬아라다메宗門改め제도*와 사단제寺檀制**를 통해서 그 영향력을 확대했다고 볼 수도 있지만, 이러한 제도하에서는 장례식이나 조상숭배가 불교의 주된 역할이었다. 한편 민속신앙은 대체로 불교와 혼합되어 있었지만, 장례식이나 조상숭배를 중심으로 하는 불교와는 달리 민중의 종교적인 성격을 내포한 현실적인 원망에 대응하는 기능을 하면서 널리 존재하고 있었다. 여기서는 이러한

* 에도시대 개인마다 신앙하는 종파의 사원이 신자라는 것을 증명하게 하여 기독교의 근절을 꾀한 제도.
** 절과 신자의 관계를 이용한 일종의 호적 관리제도.

중층적인 구조 속에서 민속신앙을 중심으로 하는 민속적인 것이 근세 사회의 질서 속에서 어떤 의미를 가지고 있었는지를 개관해 보기로 하자.

민속신앙을 중심으로 하는 민속적인 것을 여기서는 근세 사회의 '주변적 현실태'라고 부르기로 한다.[1] 이 주변적 현실태는 사회체계의 중추부에서 벗어난 위치에 존재하면서 독자적으로 분화 발전하는 활력에 가득 찬 차원이다. 촌락의 수호신과 제례, 와카모노구미若者組, 코講,* 특정한 현세이익을 가져다주는 신불, 가이초開帳**나 엔니치緣日,*** 신사나 사원으로의 참배여행, 마을을 방문하는 하급 종교인, 유행신, 가미가카리神懸り****와 탁선託宣 등은 그 구체적인 사례다. 이러한 주변적인 현실태는 권력지배가 직접 미치지 않는 애매하고 불확실한 영역이며, 그런 까닭에 불안이나 의혹의 대상이 되기 쉬운 영역이기도 하다. 민속적인 세계가 전통화된 활동 범위 속에 있는 한, 그것은 근세의 질서 속에 갇혀 있는 것이기 때문에 권력의 직접적인 관심사가 되지 않는다. 그러나 어떤 사정에 의해 역동적으로 전개하여 문제성을 가진 존재로 전환할 경우 권력은 민속적인 세계에 개입하게 된다. 유행신은 그 전형적인 사례인데, 미야다 노보루宮田登의 『근세의 유행신近世の流行神』에 다수의 사례가 소개되고 있다. 여기서는 그 중에서도 오스기다이묘진大杉大明神을 예로 들어 그 특징을 파악해 두자.[2]

오스기다이묘진은 1727년에 히다치常陸에서 가즈사上総와 시모사下総*****

---

* 동일한 신앙을 가진 사람들에 의한 종교적·경제적 조직으로 원래는 불경을 강독하거나 연구하는 승려들의 집단을 가리키는 것에서 시작되어 중세 이후 민간에 침투하는 과정에서 갖가지 신앙집단에 '코'라는 명칭을 붙이게 되었다.

** 평소에는 닫아두었던 궤를 특정한 날에 한해서 열어 그 안의 비불(秘佛)을 일반인이 참배하게 하는 것.

*** 신불에 대하여 특정한 유서를 가지는 날. 이 날에 참예하면 특히 이익이 온다고 믿어져 왔다.

**** 신령이 인간의 몸에 옮겨 붙거나 또는 옮겨 붙은 사람.

***** 가즈사와 시모사는 모두 현재 지바현의 옛 명칭.

를 거쳐 에도로 확산된 유행신이다. 가즈사와 시모사에서는 오스기다이묘진을 실은 가마가 마을마다 줄을 이어 나타나면서 사람들이 구름처럼 모였으며, 에도에서는 그 해 6월부터 유행하여 거리마다 삼나무의 신목, 기치, 오도리이大鳥居, 지팡이, 철봉, 큰 칼 등을 가마나 수레에 태운 화려한 행렬이 이어졌다. 그 때,

안바(安葉)의 오스기다이묘진, 악마를 쫓아내 좋아, 세상이 좋아 좋아.

라는 노래와 함께 피리소리, 북소리에 장단 맞추고 운집한 민중이 춤을 추면서 "나오지 않는 동네는 수치"라고 떠들어댔다.[3] 오스기다이묘진은 지바현千葉県 이북의 태평양 연안에서 신앙의 대상이었던 어업신 '안바사마'에서 유래하는 것으로, 이바라키현茨城県 이나시키군稲敷郡 사쿠라가와촌桜川村 안바阿波의 오스기다이묘진을 가리킨다고도 한다. 어쨌든 유행신이 된 오스기다이묘진에서 몇 가지 특징을 보기로 하자.

① 오스기다이묘진은 히다치보카이손(常陸坊海尊)*의 어령신앙으로, 지팡이 · 철봉 · 큰 칼 등을 바친 것은 이 영웅의 지참물이라는 의미다. 벤케이(弁慶)**와 함께 요시쓰네(義經)***의 부하로 알려진 히다치보카이손은 악령을 쫓아내기로 유명한 존재인데, 민중이 오스기다이묘진을 유행신으로 삼은 것은 악령을 축출해서 액을 물리

---

* 중세 문헌에 등장하는 전설의 인물로 히에이산의 승려로 전해진다. 요시쓰네의 부하가 된 후 벤케이 등과 함께 요시쓰네를 따랐으며, 그 후 불로불사의 몸이 되어 400년간 살았다고 한다.

** 헤이안시대 말기의 괴력을 가진 승병으로 요시쓰네를 섬겼다고 하나 그 생애에 관해서는 거의 전해지지 않고 있다.

*** 헤이안시대 말기의 무장으로 가마쿠라 막부를 세운 미나모토 요리토모의 동생. 형의 미움을 사서 달아나다가 스스로 목숨을 끊었다. 이후 그의 불우한 죽음을 동정하여 많은 전설이 전해지게 되었다.

치고 복을 가져온다고 믿기 때문이다. 위의 인용 가사의 내용도 그렇게 해서 찾아오게 될 새로운 세상에 대한 기대가 표현되고 있다. 에도에서 유행한 6월이라는 계절도 이러한 악령 축출에 상응한다.

② 제사방식 전체가 마치쿠미(町組)*를 단위로 개최되는 화려한 제례 형식을 취하고 있다. 수많은 군중이 운집한 것도 이러한 제례적인 성격에 의한 바가 크며, 기치, 장식 수레, 피리·큰북 등과 직접 관련이 있는 사람이나 구경꾼도 포함하여 활기차게 북적대는 제례적 상황이 연출되고 있었던 것이다.

③ 막부는 같은 해 9월에 "군중이 무리지어 제례와 같은 행사를 여는 것은 필경 헛소문을 퍼트리는 것으로 몹시 괘씸한 짓"이라고 해서 이를 금지했다. 이는 '헛소문'='기괴한 이설과 같은 것'에 의해 무질서한 제례행사가 발생한다고 보고 "지금까지의 제례나 법사"에서 일탈하는 이와 같은 종교행위에서 반질서적인 이단성을 발견했다는 것을 의미하고 있었다.[4] 오규 소라이(荻生徂徠)도 지역에 권력 지배가 미치지 않는 사례로서 이 사건에 주목했다.[5]

얼마간의 신위神威에 의해 보호를 받아 풍년이 오고 평온한 세계가 실현되는 바로 그것이 가장 행복하고 이상적인 세계라고 하는 심의는 에도시대 민중에게 가장 일반적인 사회적 원망이었을 것이다. 흉작이나 그 밖의 재액을 경험하거나, 커다란 사회변화를 예감한 민중이 마음속에 있는 불안이나 공포감을 떨쳐버리기 위해 화려한 축제적 공간을 만들어 내는 것은 이러한 이상적인 세계를 추구하기 때문이다. 그것은 또한 일단 시작되면 간단하게

---

* 중세 이후 도시의 자치조직.

제어할 수 없는 에너지를 내포하고 있었다. 오스기다이묘진과 같은 유행신에도 그런 특징이 보이지만 '오카게마이리'와 '에에자나이카',* 오구와 마쓰리御鍬祭り,** 호넨오도리豊年踊,*** 스나모치砂持ち**** 등은 한층 대규모의 축제적인 열광을 보이고 있다. 여기서는 예시적으로 호넨오도리와 '에에자나이카'를 들어 보기로 하자.

호넨오도리는 1839년 초에

> 또한 정월 중순부터 교토 이나리(稲荷)에서는 올해는 풍년이 들어 금 100푼·쌀 3되를 팔고 여우가 춤을 추고 있다는 소문이 퍼지면서 교토와 후시미(伏見) 일대에서 흥이 시작되어 참배객이 무리를 이루었다고 한다…….[6]

라고 시작된 모양인데, 정월 하순에는 오사카로 전파되고 3월에서 4월에 걸쳐서 교토에서 대유행했다. 화려한 의상으로 남자가 여장을, 여자가 남장을 하는 등 서로 기이한 복장을 하고 "춤추자 춤추자 춤추지 않으면 손해야. 춤추는 바보에 구경하는 바보"라고 노래부르고 대열을 지어 행진하면서 "시중 곳곳에 야밤까지 춤을 추고 그 중에는 남의 집 안방까지 신발도 벗지 않고 들어가 춤을 추는 소동"이 벌어졌다. 호넨오도리는 1836년의 흉작이 급변해서 쌀값이 안정되는 방향으로 향하고 있다는 감각과 기대를 배경으로 1839년을 '풍년의 해'로 예상하고 이를 축하한 '요나오시 춤'이며, 그 중심적 역할은

---

* 오카게마이리는 에도시대 특정한 해에 발생한 민중의 폭발적인 이세신궁 참배현상으로 대규모의 경우에는 2,300만 명에 달했다고 한다. 에에자나이카는 1867년 8월에서 이듬해 4월에 걸쳐 에도 서쪽 지역에서 발생한 대중난무 현상. 오카게마이리의 변형이라고도 한다.

** 괭이 모양을 한 신체(神體)를 모시는 이세신앙 계통의 제례. 에에자나이카의 원류의 하나라고도 한다.

*** 풍년을 축하하여 농촌의 남녀가 뒤섞여 춤을 추는 것.

**** 신사나 절의 조영을 위해 토사를 나르는 집단적인 제례행사.

'젊은 무리', '젊은 남녀의 무리'였다. 미쓰이三井 · 다이마루大丸 · 시로키야白木屋 등의 큰 상점도 이 춤에 휘말렸으며, 관청에서 금령을 내려도 여전히 멈추지 않다가 "눈에 띄는 즉시 체포"라는 강경 조치를 내리자 간신히 멈추었다. 호넨오도리의 배경에는 1830년의 '오카게마이리'와 곧이어 발생한 오카게오도리, 1831년에서 1838년에 걸쳐서 발생한 오사카의 스나모치 등과 같이 호넨오도리와 유사한 사례가 있었다. 1830년의 대지진, 1833년과 1836년의 대기근, 오시오의 난大塩の乱*과 같은 일련의 재액에서 벗어나 평온한 세계를 갈망하는 민중의 심정이 이러한 집단적 열광을 통해서 표현되었다고 말할 수 있다.

'에에자나이카'에 관해서는 최근에 많은 사료가 발견되어 그 발단, 전파, 활동형태, 통제 등에 관한 갖가지 사실이 밝혀지고 있다. 여기서는 다무라 사다오田村貞雄가 밝힌 발단의 사정[7]에 관해서 설명한 후, 그 약간의 특징을 언급하기로 하자.

1867년 7월 14일과 15일에 미카와三河의 아쓰미군渥美郡 무로촌牟呂村에서 부적이 하늘에서 내려오는 일이 있어 무로촌 대표와 무로하치만궁牟呂八幡宮의 궁사宮司가 상담하여 '2박 3일의 임시휴일'로 행사를 치르기로 결정했다. 다무라에 의하면 이것이 '에에자나이카'의 발단으로, 18일 오후 4시에 고즈텐노사牛頭天王社를 출발한 행렬은 대규모의 운집을 이루고 액막이 부적을 선두로 "300년은 대풍년의 옛 노래"를 부르고 광란적인 춤을 추면서 무로하치만궁으로 행진하여 그 본전 앞에拝殿 액막이 부적을 바치고 2박 3일의 제례행사를 지냈다. '2박 3일 임시휴일'이란, "분세이文政기의 사례를 잣대로 만사를 처리"한다고 해서 정한 것이기 때문에 분세이 연간에도 비슷한 오카게마이

* 1837년 막부의 관리 출신인 오시오 헤이하치로가 오사카에서 민중구제를 내세우며 거병한 사건.

리가 있었다는 말인데, 촌락 대표와 궁사는 임시 제례를 '2박 3일'로 엄격하게 한정했던 것이다.[8] 또한 "300년은 대풍년의 옛 노래"란 1767년의 오쿠와 마쓰리에 즈음해서 이 지방에서 널리 부르던 것으로 다음과 같은 내용이었다.

> 300년은 대풍년
>
> 1속 3파로 5말 8되
>
> 찧어도 빻아도 5말 8되
>
> 풍년 풍년 대풍년[9]

이 해는 이 노래를 부르던 오쿠와 마쓰리의 101년째에 해당하여 100년을 기념하는 제례가 니시미카와西三河 각지에서 열렸으며, 하늘에서 내려온 부적을 제사지내는 제례는 이를 배경으로 치러졌다. 위에서 설명한 무로촌의 '2박 3일 임시휴일'은 일단 3일만에 그쳤지만, 7월 19일부터 가까운 마을에서 잇달아 부적 강하가 발생하여 '2박 3일'의 제례가 연속적으로 개최되면서 '에에자나이카'가 시작되었던 것이다.

이와 같이 '에에자나이카'는 오쿠와 마쓰리나 분세이기에 발생한 '오카게'의 전통을 배경으로 촌락을 단위로 '2박 3일'의 제례를 전파하는 연속 개최로서 시작되었다. '2박 3일'의 제례는 촌락 관리나 신관이 한정한 것이며, 여기에 축제를 둘러싼 대항관계가 있었다. 그러나 각지에서 부적 강하가 잇달아 발생하자 이러한 한정을 넘어서 축제의 내용도 두드러지게 화려해졌으며,

> 남녀가 뒤섞여 상하 불문, 노소를 구별하지 않고 부인은 남자의 모습을 하고 남자는 마음껏 풍체미를 자랑하여 수레를 메거나 상연물을 장식하고 피리와 북으로 연주한다.[10]

는 상황이 각지에서 속출하고 있었다. 이 때 축제를 화려하고 연속적인 것으로 만들어 간 주역은 와카모노구미若者組이며 그것은 근세의 전통적인 제례에 따른 것이었다. 또한 '에에자나이카'의 부적 강하는 지역의 종교 사정에 대응하고 있어서 반드시 이세伊勢의 액막이 부적은 아니었기 때문에 이러한 축제에 이어서 아키하산秋葉山·도요카와이나리豊川稲荷·이세신궁伊勢神宮 등으로의 집단 참배도 이루어졌다. '2박 3일'이라는 제한은 대부분의 경우 간단하게 무시되고, 도카이東海지방에서는 7일 간의 축제가 일반적이었다고 한다. 그러나 각지에서 공통적으로 7일 간 축제가 있었던 것은, 그것이 지방의 번藩 권력이 허용한 기간이었다는 것을 의미하며, "관에 알리고 7일 간 제례를 지낼 것. 단, 사치스러운 행위는 금한다"고 하여 지방 권력에 의한 허용과 제한하에서 행해졌던 것이었다.[11]

이러한 축제는 촌락이나 도시의 공동체를 단위로 거행되기 때문에 일단 시작되면 공동체를 단위로 한 강제력이 작용했다. 촌락 관리층은 축제가 열광적으로 변하지 않도록 억제하려고 했지만, 그럼에도 불구하고 촌락 관리도 축제 속에 포섭되어 버리는 점이 이러한 운동의 특징이었다. 도시에서는 이러한 동향이 종종 부유 상인에 대한 강제력으로 작용하여 대량의 술과 음식을 베풀게 했다. 부적은 부유한 집에 내려오고 가난한 집에는 내려오지 않는다는 말도 있었다.

'에에자나이카'의 이러한 특징은 아마테라스 오미카미를 비롯한 신불의 가호에 의해 실현되는 요나오시*에 대한 기대를 표현하고 있으며, 그것이 막말기 사회상황의 보다 넓은 역사적 맥락과 결합하여 소박한 내셔널리즘적인 관념을 낳는 경우도 있었다.

---

* 世直し, 민중들이 희구하는 새로운 세상의 도래.

에도의 요코하마 돌이 내린다

그것 참 좋지 않으냐

이쪽 부근에는 신이 내린다

그것 참 좋지 않으냐 좋지 않으냐[12]

위의 가요에는 그런 의식이 잘 표현되고 있는데, '이인異人퇴치'라는 글이 새겨진 목판이 내려오는 경우나 사람들이 신사에 참배할 때 "요코하마의 물건은 모두 착용을 금지"하는 경우도 있었다.[13] 후지사와藤沢의 주변 상황을 그렸다고 하는 「신불어영강림지경황神佛御影降臨之景況」은 이러한 시점에서 볼 때 가장 흥미로운 사료다. 예를 들면 10개의 장면으로 이루어진 이 두루마리 그림의 두 번째 그림은 닛코日光 도쇼궁東照宮의 장례식 행렬과 말 탄 외국인이 추방되는 도안으로 되어 있으며, 그림의 설명에도 "일본혼의 정도를 이것으로 알 수 있다"든가, "황공하게도 신대의 옛날로 돌아가는 기분"이라고 적혀 있어 신국관념에 의거한 내셔널리즘과 요나오시 의식이 잘 표현되고 있다.[14] 1866년의 부슈武州봉기*가 "요코하마로 난입하여 국가 환난의 근원을 자르고, 만민 안온을 기원"하려 했다거나, 만민의 '평등 실현'을 내세웠다는 것과 대응하는 의식 형태다.

앞서 예를 든 축제형의 운동에는 이미 설명했듯이 신위에 의해 재액을 물리치고 풍년과 평온한 세계를 실현하고 싶다는 민중의 심의가 표현되고 있었다. 그러한 심의와 그것을 표현하는 형태에는 오랜 전통이 있으며, 근세 후기에는 또한 그러한 전통을 배경으로 한 발전이 있어서 일단 운동이 시작

* 1866년 사이타마현 일대에서 발생한 대규모의 농민봉기. 요코하마 개항 이후의 물가 등귀, 막부의 과세부담 등에 견디지 못한 빈농 소작층이 중심이 되어 상업 고리대자본, 호농과 요코하마 상인 등을 습격하여 450여 가옥을 파괴했다.

되면 일상 속에서는 상상도 할 수 없었던 열광과 활동력이 발휘되며, 누구도 그것을 멈추게 할 수 없었다는 점에 이러한 사례가 가지는 중요한 특징이 있었다. 그러나 그렇다고 해서 이러한 사례는 단순하게 폭발적인 광란은 아니었다. 그것은 기성사회의 제반 관계에 뿌리를 내리고 있어서 제례와 와카모노구미의 전통적인 활동 형태를 배경으로 하고 있으며, 촌락 대표나 지방 권력과도 미묘한 긴장관계에 있었다. 앞서 예를 든 유형의 운동들은 '에에자나이카'에서 출현한 미미하게 징후적인 사례를 별도로 하면 다소간의 윤곽이 있는 세계관이나 사회상은 보이지 않지만, 질서와 통제를 뿌리째 동요시킬 정도로 방대한 에너지가 명백하게 표현되고 있으며, 더구나 그 기저에는 한층 일반적인 민속의 전통이 있다는 점도 시사되고 있었다. 이러한 유형의 운동을 하나하나 개별적으로 보면 극히 드물게 발생하는 진기한 사건이라고도 할 수 있다. 그러나 그것이 근세 민중의 심의에 깊이 뿌리를 내리고 있었다는 점이야말로 주의가 필요한 부분이다.

2. 제례를 둘러싼 대항

앞에서 예를 든 여러 사례의 배경에 농경문화의 계절제에서 나타나는 푸닥거리祓淨 의례와 이에 따른 광란orgy적인 요소가 있다는 것을 명쾌하게 지적한 것은 호리 이치로堀一郎였다. 물론 이러한 지적은 민속학의 입장에서 보면 당연한 일이라고 할 수 있지만, 호리는 1960년대의 대중운동·학생운동을 염두에 두고 사회변혁기에 출현하는 메시아적인 카리스마의 등장과 이를 둘러싼 광범위한 인간들의 '광란적인 고조'가 가지는 중요성을 지적하고, "피억압자, 피압박자의 종교현상도 종교사회사의 입장에서 추구"할 수 있다고 생각했다. 호리는 이러한 현실적 문제의식과 방법적 자각에 의해 "연중행사에서의 푸닥거리 의례와 광란의 밀접한 관련성과 그 의미"에 관해서 논한 것이었다.[15]

호리는 광란적인 성격이 농후한 계절적, 농경적인 축제로서 구라야미 마쓰리暗闇祭り, 오시아이 마쓰리押合祭り, 겐카 마쓰리喧嘩祭り, 시리히네리 마쓰리尻ひねり祭り, 아바레 마쓰리暴れ祭り, 와루구치 마쓰리悪口祭り, 다네모라이 마쓰리種貰い祭り 등*을 들고, 또한 한층 대규모의 광란적인 종교현상으로서 '오카게마이리'나 '에에자나이카'의 예를 들면서도, 오히려 연중행사에서 흔히 볼 수 있는 제반 형태에 주목하고 있다. 섣달그믐과 6월 말에 궁정이나 각 지방의 신사에서 거행된 액막이 행사,** 연말부터 새해에 걸쳐 민가를 찾아와 행운과 경사를 축복해주면서 쌀이나 금전을 구걸하는 직능민들,*** 각종 질병이나 재액을 내쫓는 행사,**** 음력 7월 15일 조상에게 제사를 지내는 오봉 행사***** 등이 그것이다. 이들은 양력으로 바뀌면서 알기 어렵게 되기는 했지만, 해가 바뀔 때마다 농경이 중요한 위기에 처했을 때 거행되는 푸닥거리 의례와 집단적인 광란의 성격을 가지고 있으며, 정월과 오봉의 두 시기에

---

* 구라야미 마쓰리는 야밤에 행하는 제례, 오시아이 마쓰리는 참예자들이 서로 밀어내는 제례, 겐카 마쓰리는 참예자들이 서로 싸우는 제례, 시리히네리 마쓰리는 이날만은 여성의 엉덩이를 꼬집어도 된다는 제례, 아바레 마쓰리는 신위를 실은 가마가 난폭하게 날뛰는 제례, 와루구치 마쓰리는 참예자들이 서로 욕을 하는 제례, 다네모라이 마쓰리는 성의 해방을 의미하여 아이의 씨를 받는 제례.

** 6월과 12월 그믐의 액막이 행사를 오하라에(大祓)라 하며, 6월 그믐의 액막이 행사를 마나쓰기바라에(六月祓)라고 한다.

*** 가마하라이 · 모노요시(物吉) · 세키조로 · 쓰루멘 · 하루고마(春駒) · 반자이(萬歲) · 사자춤 · 사루마와시 등이 있다.

**** '나가시 행사'라 하며 쓰이나(追儺) · 나오이 마쓰리(儺追い祭) · 오니야라이(鬼ヤライ), 음력 정월 보름의 사기초(左義長) · 사이노카미 마쓰리, 다나바타 나가시 · 가시마(鹿島) 나가시 · 네무리(眠り) 나가시 · 네부타 나가시 등이 있다.

***** 우리나라의 짚불 놓기에 해당하는 무카에비(迎火) · 오쿠리비(送火)와 남녀가 모여 춤을 추는 봉오도리 행사 등이 있다.

집중하고 있다. 이 때 타계의 신령神靈, 조령祖靈, 사자령死者靈 등이 인간세계로 찾아오게 되며, 일상적으로는 차별받는 특수한 직능민이 타계에서 오는 방문객을 대신해서 공공연히 금전과 물품을 강요하는 권리를 가지거나, 어린이들이 집집마다 돌면서 물건을 팔아달라고 조르기도 한다. 호리는 여기서 일상적인 규범의 일시적인 정지와 광란을 발견한 것이다.

정월과 오봉 행사는 오늘날 우리들이 볼 때 정월은 신도적, 오봉은 불교적으로 서로 대조적인 성격을 가지지만, 농경문화에서의 계절제로서 매우 흡사한 성격을 가진다는 점은 민속학이 가르쳐주는 중요한 인식이다. 그러나 이 두 가지 계절제를 조상신과 농업신에 대한 신앙과 결부시켜 그것이 자손의 번영과 가문의 영속을 가져다주는 수호신이라는 측면만 강조하면, 광란적인 축제의 측면은 보이지 않게 된다. 그러나 조상신 숭배와 농업신 신앙의 한층 더 깊은 곳에 공동체 속으로 들어와 살거나 외부로부터 공동체로 재액을 가져오는 망령이 있다고 보고, 그것을 악령으로 간주하여 공동체 밖으로 추방하는 심의가 있다고 볼 때 광란적인 축제는 매우 중요한 의미를 지니게 되는 것이다. 이러한 계절제에서 피차별민이 중요한 역할을 하는 것은 그들이 악령을 몸에 지닌 희생양이며, 그들은 그러한 입장에서 물건을 구걸할 권리를 가짐과 동시에 재액의 원인을 물리치고 이에家와 공동체에 평안을 가져온 것을 축하하고 축복하는 양의적인 존재이기 때문이다.

호리에 의하면 오봉 행사에서 조상신이 자손의 집으로 돌아온다고 믿게끔 된 것은 조상신 관념이 확립된 이후의 비교적으로 새로운 종교의식이며, 그 이전의 오봉 행사에서는 "어령御霊이나 아귀餓鬼가 떠돌아다녀서 농경생활을 위험에 빠트리는 경계해야 할 시기"로 믿고 있었다. 이와 같이 떠도는 영혼은 산 자의 '환대'를 요구하며, 그 접대가 마음에 들지 않으면 병충이 되거나 질병을 가져오기도 한다고 생각했다. 예전에는 오봉 행사의 주된 취지가 이러한 영혼을 쫓아내는 데 있었기 때문에 아귀단餓鬼棚을 만들어 호카조라이外精霊*를 달래는 데 중요한 의미가 있었다. 그 때문에 오봉 행사의 중심이 조상의 영혼을 맞이하고 보내는 것으로 바뀐 후에도 징鉦과 큰북으로 정령을 강이나 바다에 버리는 따위의 행사가 잔존하는 것이라고 한다.[16]

진정시켜 내쫓아야 할 영혼들 가운데는 동물령 등도 포함되어 있겠지만, 그러나 그 기본적인 성격은 적절하게 모셔질 기회를 얻지 못한 인간의 망령이다. 중세에는 이러한 망령이 활개를 쳐서 이에 대한 두려움이 사회적, 정치적 의식에 중요한 내용이 되었으며 정치적 사건에 커다란 영향을 미치기도 했다. 그러나 근세에 들어오면서 망령들의 지위가 영락하고 또한 쉽게 성불하여 인간에게 위해를 가하지 않게 되었다. 그 대신에 도요토미 히데요시의 도요쿠니신사豊国神社, 도쿠가와 이에야스의 도쇼궁신사東照宮神社, 그 밖에 각지에 영주들의 조상신을 모시는 신사 등이 세워져 정치 권력자가 신으로 모셔졌으며, 혹자는 살아있는 상태에서 신으로 모셔지기도 했다. "인간을 신으로 모신다"는 이 풍습은 16세기 말 이후 비로소 일반화되고, 서민 차원에서는 무덤이나 불단·위패 등이 만들어져 조상숭배를 중시하게 되었다. 군주나 조상의 영혼은 때로는 노하거나 벌을 주기도 하지만 기본적으로는 보호자로서의 권위를 가지고 스스로의 계열을 잇는 사람들에 대응하고 있으며, 현실의 질서와 신들의 질서의지가 서로 통하는 형태로 조화를 이루어 사람들을 근원적으로 위협하는 신격은 억압되어 버린 것이다.

이렇게 해서 16세기를 경계로 일본인의 종교의식에 커다란 전환이 있었

* 고대부터 일본인은 죽은 자의 '어령'에는 세 가지 종류가 있다고 믿어왔다. 그 하나는 조상의 영혼이며, 또 하나는 1년 내지 3년 안에 죽은 가족의 영혼이며, 세 번째가 제사지낼 자손이 없는 영혼으로 이를 호카조라이라고 부른다.

던 것이지만, 그럼에도 무언가 커다란 불행이 있으면 그것은 한을 남기고 죽은 사람의 망령에 의한 저주라는 인식이 근세에 들어와서도 뿌리 깊게 존속하면서 민중의 종교의식을 규제해 왔다. 기근과 같은 재해나 질병은 그 전형적인 사례다. 예를 들면 1732년 서일본 지역의 기근은 전사자의 망령이 병충이 된다는 고대 중국사상과 결부하여 사이토 사네모리斎藤実盛*의 망령이 병충이 되어 붙어있기 때문이라고 인식되었다. 초여름에 농촌에서 널리 거행되는 무시오쿠리** 행사에는 병충이 되는 망령을 쫓아낸다는 심의가 나타나고 있는데, 그것이 사네모리의 망령을 쫓아낸다는 명칭이나 형식을 취하는 경우가 적지 않으며, 무시오쿠리는 종종 사네모리 축제로 불려왔다.[17]

근세 막번제 사회는 원한을 품고 죽은 사람들의 망령을 결코 두려워하지 않았으며, 신불에 대한 맹세를 부정하고 자신을 지존의 권위로서 떠받드는 것을 주저하지 않던 사람이 강권적으로 만든 사회였다. 그러나 기근이나 질병은 막번제 국가의 권력으로도 제거할 수 없는 절대적인 부정성이며, 여기에 직면한 민중이 망령을 두려워하여 성대한 민속행사로 치닫는 것에 대해서는 이를 전면적으로 제지할 수가 없었다. 여기에 막번제 국가의 세속적 합리성에 의거한 지배가 직면하는 근원적인 한계가 있었다고 말해도 결코 지나친 말은 아니다.

야나기타 구니오에 의하면 축제와 제례는 원래 별도의 계보에 속하던 것으로, 축제에서 제례로 이행한 것이다.[18] 축제의 낡은 형태는 목욕재계하고 칩거하면서 신의 강림을 받들고 신과 음식을 함께 하는 데 있었다. 따라서 신의 강림을 맞이하여 함께 칩거하면서 음복하는 밤부터 아침까지가 축제의 중심이며, 바깥에서 한낮에 미관을 꾸미고 행사를 개최하는 것은 축제가 끝

* 1111~1183. 헤이안시대의 무장.
** 농촌에서 북이나 종을 치면서 횃불 행렬을 해서 농작물의 해충을 쫓아내는 행사.

난 후의 축하식에 해당한다고 한다. 그러나 야나기타는 또한 칩거형 축제와는 별도로 화려한 행사를 중핵으로 하는 제례의 계보도 존재했다고 보고 있으며, 그것을 어령신앙의 계보에서 찾고 있다. 어령신앙 계보의 축제는 도시의 발전에 따라 질병이 유행하는 데 대응해서 도시에서 여름 축제로 행해졌다. 야나기타는 "축제와 도시문화와의 교섭은 상당히 깊은 관계가 있다", "겨울 축제가 추운 산간마을에 성행한 것과는 정반대로 여름 축제는 평지의 경우가 많다. 크고 작은 도회지와 바닷가 마을이나 항구, 특히 물이 가까운 곳은 어디서든 성행한다"고 설명한다.[19] 그리고 제례형 축제의 내용에 관해서 다음과 같이 설명하고 있다.

> 오늘날 평범한 것처럼 보이는 장식 여흥도 본래는 정해진 일정한 신사에서만 하던 것이었다. 그 시초는 교토의 기온(祇園)이었던 것으로 생각된다. 그 밖에는 어령금궁(御靈今宮)과 같이 축제가 시작된 역사를 알고 있는 신사, 다시 말하자면 두려워해야 할 신들, 특히 그 신의 노여움을 달래는 축제만이 원래는 이런 식으로 가능한 한 화려하게 준비를 한 것이 아닌가 하고 생각한다. 즉 적어도 각지에 있는 신사의 신위(神位)에도 이처럼 화려한 가마를 이용하기 시작한 것은 유행이자 개조이며, 근세 평화기 이후에 생긴 문화다. 따라서 또한 주로 도회지에 먼저 들어온 것이다.[20]

여기서 야나기타는 기치幟, 가마神輿, 연극과 그 밖의 행사를 수반하는 축제가 농촌에 들어온 것은 근세적인 현상이라고 생각하고 있는데, 화려한 축제가 서로 경쟁하면서 각지에서 전개되는 것은 근세 중기 이후에 현저해지는 현상이다. 이 때, 위의 인용문에서 야나기타가 설명하고 있듯이 그 기원은 망각되고 와카모노구미가 주요한 역할을 하면서 화려한 제례를 겨루는데

방대한 에너지를 쏟아 넣어 제례는 광범위한 사람들의 욕구를 해방하는 '경사스러움晴れ'의 장이 되었을 것이다. 물론 그렇게 되어도 어령신앙이나 그것과 결부하여 액을 물리치고 복을 가져다주는 민속행사는 독자적으로 존재하고 있으며, 질병을 물리치는 우즈텐노牛頭天王의 내방을 빌어 마을이나 도시의 수호신이 되는 경우도 있었다. 그러나 그 유래는 별도로 하더라도, 근세 중후기의 축제는 인간들이 그 욕구를 해방하는 '경사스러움'의 장에 가장 기본적인 양식이 되었으며, 또한 화려하고 빈번하게 거행하게 된 것이다.

후루카와 사다오古川貞雄의 『촌락의 휴일: 휴일과 와카모노구미의 사회사』는 근세 후기에 전개된 농촌지역의 축제에 관해서 많은 사실들을 밝히고 있다. 후루카와에 의하면 근세의 휴일은 후기에 들어와 점차 증가하는데, 연간 30일대가 대부분을 차지하고, 40일대가 그 다음이며 50일대도 있다. 휴일은 정월, 오봉을 중심으로 그 대부분이 종교성을 가지고 있으며, 휴일의 증가도 대체로 신불의 제례와 관련이 있었다. 이러한 제례가 한꺼번에 연간 10일이나 증가하는 사례도 있는데, 후루카와는 신슈信州 이나군伊那郡 고택의 문서에서 발견한 다음과 같은 사료를 소개하고 있다.

> 신규 휴일 가에이(嘉永) 2년(1849)부터 시작
>
> 2월 그믐 다네모노 마쓰리(種物祭)*
>
> 3월 10일 곤피라 마쓰리(金比羅祭)**
>
> 한게 마쓰리(半夏祭り)*** 비료용 풀을 지게로 두 차례 실을 만큼 벤 후 휴식. 단, 여자는 휴식 없음.

---

* 농작물의 종자를 모시는 제례.
** 곤피라는 해상교통의 수호신.
*** 여름의 계절제.

7월 27일 스와묘진 마쓰리(諏訪明神祭)*

8월 초하루 핫사쿠 마쓰리(八朔祭)**

8월 중 가자 마쓰리(風祭)*** 일자 부정기적. 단, 여자는 휴식 없음.

10월 중 가을 휴일 위와 같음.

10월 20일 에비스코(夷講)****

11월 16일 아키바 마쓰리(秋葉祭)*****

11월 28일 고젠지 마쓰리(光前寺祭)

위의 사항 이외에 해에 따라 우천이 계속될 때에는 날씨 축제[21]

가을 휴일을 별도로 하더라도 그 외에는 모두가 종교성을 가진 축제이며, 가을의 휴일도 수확제라는 점에서는 거의 종교적이라고 할 수 있다. 갖가지 신앙이 촌락으로 들어오거나 활성화되기도 해서 제례가 증가하고 휴일이 비약적으로 증가한 사례다.

이러한 휴일=축제일은 촌락에서 결정하며 와카모노구미가 촌락 관리에게 휴일을 요구하는 경우가 많다. 여기서 휴일의 설정을 둘러싸고 와카모노구미와 촌락 관리가 대립하게 되는데, 후루카와는 와카모노구미가 휴일을 요구하고 촌락 관리가 그것을 허가하거나, 또는 저지하는 등의 사료를 다수 소개하고 있다. 그리고 이러한 동향 속에서 축제일=휴일을 둘러싸고

---

* 신슈(信州) 스와신사에서의 축제.

** 음력 팔월 초하루에 농가에서는 그 해의 햇곡식을 평소 신세진 사람들에게 보내어 서로 축하했다.

*** 바람의 피해로부터 농작물을 지키기 위해 바람신에게 바람이 거칠어지지 않도록 기원하는 농경의례.

**** 상가에서 상업번성을 기원하여 칠복신 가운데 하나인 에비스신을 모시고 친척이나 친구들을 초대해서 축하하는 행사.

***** 방화의 신으로 알려져 있는 아키바신사의 신을 모시는 각지의 축제.

무라카타소동村方騷動*과 같은 움직임도 나타나며, 와카모노구미가 연판장을 돌려 제례 실현을 요구하거나, 즉흥적인 심야축제를 정지시킨 것에 대한 반항으로 와카모노구미가 촌락 관리의 지배를 거부하는 경우도 출현했다.[22] 와카모노구미와 제례를 단속하는 것은 지역 질서를 유지하기 위한 핵심적인 문제가 되며, 와카모노구미의 금지가 이윽고 지방법으로 정해지기도 했다. 후루카와에 의하면 1790년 스자카번須坂藩의 와카모노구미 금지는 이러한 금령으로서는 매우 빠른 사례이며, 신슈信州에서는 덴포기天保期**에 와카모노구미를 금지하는 법령이 잇달아 내려졌다고 한다.

1827년에 간토지방 전역에 내려진 단속 개혁에 관한 시달은 모두 합쳐서 40개조를 넘는 장대한 내용인데, 무숙자·협객·후나코보레船こぼれ***·낭인·탁발승·도박꾼·연공반감을 위한 도당 결성 등의 단속에 관해서 설명한 후, 곧이어 가부키연극 등의 흥행과 와카모노구미에 관하여 다음과 같이 설명하고 있다.

> 곳곳에서 가부키, 윤무(輪舞), 연극, 기타 씨름 등을 이전부터 금지한 바, 이번에 다시 엄격하게 명령을 내리니 위의 사항은 물론이고, 사람이 모이는 일이 결코 있어서는 안 되며, 만일 젊은이들이 행사하는 것을 엄격하게 중지시키는 것에 대해서 촌락 관리를 원망하는 일이 있을 때는 촌락마다 서로 상의하여 다른 촌락에서 중지시킬 것. 만약 이를 위반하면 중심인물은 물론이고 같은 무리 일동의 이름을 적어 은밀히 제출할 것.[23]

---

* 에도시대 중기부터 후기에 걸쳐 각지에서 빈발한 농민의 촌정 개혁운동. 마을 관리에 의한 연공 납입의 부정이나 지위를 이용한 사리사욕 등을 규탄하여 영주에게 호소하기도 했다.
** 1830~1844년의 연호로 에도시대 후기에 봉건지배의 동요가 표면화되는 시대로 알려져 있다.
*** 특정한 주인을 모시지 않는 불안정한 사회층의 하나.

여기서는 연극·씨름 등과 같은 지방에서의 흥행을 전면적으로 금지한다는 원칙에서 그러한 흥행의 담당자가 와카모노구미라는 점, 그 흥행을 둘러싸고 촌락 관리와 와카모노구미와의 사이에 대항관계가 성립되어 촌락 하나의 단위로는 억제하기가 어려운 경우도 있다는 점, 촌락 조합의 설정 등을 통한 단속 개혁은 이러한 사태에 대응하기 위한 지배의 재편성이었다는 점 등을 말해주고 있다. 또한 위의 포고문에서는 혼례 등의 경사스런 날에 젊은이들이 축하주를 강요하는 습속이나, 휴일에도 쉬지 않고 농업에 힘쓰는 농민에 대한 와카모노구미의 훼방·제재 등에 관해서도 지적하고 있으며, 이러한 젊은이들의 동향 전체가 촌락 질서를 붕괴시키는 핵심적인 문제로 취급되고 있었다. 막부는 위의 포고가 나온 이듬 해 "와카모노나카마라고 부르는 것은 앞으로 반드시 금지하고 신사神事·제례 등도 촌락 관리와 농민 대표가 상담하여 결정하며, 젊은이들은 말할 나위도 없고 그 밖에 다수의 조합은 모두가 불길한 일을 상담해서는 안 된다"고 하여 와카모노구미의 금지를 시달했다.[24] 여기서도 신사·제례 등을 둘러싼 와카모노구미와 촌락 관리의 대립에 문제의 초점이 있다는 것을 자각하고 있었다는 것을 알 수 있다.

제례를 둘러싼 대항이 요나오시형의 집단폭동으로 전환하는 사례를 『다카야마 히코구로高山彦九郎 일기』에서 보기로 하자.

1787년 7월 2일은 닛타 요시사다新田義貞*의 450주기였기 때문에 다카야마는 그 날을 닛타군新田郡 일대의 '휴일'로 정하고 지역 민중이 다함께 요시사다를 흠모하고 존경하도록 교도해야 한다고 주장했다. 근왕의 뜻을 품고 전국 각지를 편력한 다카야마는 타지방에서 고향이 어디냐고 물을 때 고즈케

---

* 가마쿠라시대 말기, 남북조시대의 무장. 고다이고 천황의 남조를 도운 충신으로 알려져 있다.

국上野国 닛타군新田郡이라고 대답했더니 닛타 요시사다의 고향이라고 하면서 "타향 사람들이 각별하게 대우해 주는" 것을 체험했다. 위인이 나오는 것은 '지령地靈'의 영험에 의한 것이며, 이러한 인걸을 낳았는데도 그 지방 사람이 그것을 기억하지 못한다면 '지령'도 "공로가 허사"라고 생각할 것이며, 요시사다의 영혼도 탄식할 것이다. 10년 전에도 휴일로 정하여 요시사다를 기념한 일이 있었는데, "금년은 450주기에 해당하므로 이를 추진하는 데 반대해서는 안 되며, 반드시 마을 사람들이 따르게 해야 할 것"이라고 다카야마는 강경하게 주장했다. 그러나 신청을 받은 오타太田의 관리 하시모토 미치야스橋本道恭는 처음부터 발뺌할 생각으로 다카야마의 생각은 지당하지만 마을 사람들이 '경박'하여 도저히 그런 일은 실현될 것 같지 않다, 다른 관리와 상의는 하겠지만 동의를 얻지 못하면 혼자 집에서 '흠경欽敬'하는 것으로 양해를 바란다고 했다. 이렇게 말하는 배경에는 직전에 있었던 기온祇園 제례를 둘러싼 갈등이 있었다. 그 내용은 다음과 같이 기록되어 있다.

> 기온제례 행사도 윗분을 배려해서 교겐(狂言)은 반드시 불필요하다고 금지했는데, 우즈텐노(牛頭天王)*라는 따위의 어이없는 것을 내세워 방화를 예고하는 행위를 우려하여 마을 관리가 상의하여 금령을 깨고 한 곳에서만 교겐을 허락했더니 다른 동네 무리들이 서로 꾀하여 예년의 비용과 다를 바 없이 화려하게 행사를 치렀다. 처음에 윗분을 배려한다고 하면서 나중에는 아랫것들의 방화를 우려해서 교겐을 허락해서는 최초의 계획이 모두 무위로 돌아가 관리들의 보람도 없고 혼자서 이를 갈아도 아무 소용없이 허무하게 아랫것들의 무례함에 져서 분통할 따름이다.

---

* 기온사의 제신으로 질병을 가져옴과 동시에 친절하게 받아들이는 농민에게는 만병통치의 효험을 내린다고 믿어왔다.

오타에서는 6월에 기온사의 제례가 있어 '교겐狂言'* 행사가 열리는 전통이 있었을 것이다. 그러나 1787년은 기근이 있었던 해인데, 5월에는 에도와 오사카 등에서 대규모의 집단폭행이 발생하여 그 소식이 이곳에도 일찍부터 전해지고 있었으며 다카야마 일기에도 에도의 폭동에 대한 관심이 높다. 이러한 배경하에서 같은 해 6, 7월에는 단경기를 맞이한 민중의 궁핍감이 더욱 고조되고 있었다. 그러나 때가 때인지라 기온의 제례를 검소하게 치르라는 관청의 지시도 있고 해서 오타의 관리는 '교겐' 상연을 금했을 것이다. 그러나 지역의 민중은 기온사의 제신 우즈덴노의 이름에 의한 '방화 예고火札'로 관리를 위협하여 금지를 깨고 평소대로 제례행사를 거행한 것이다. 더구나 흉년이기 때문에 재액과 질병을 물리치는 우즈덴노를 더욱 화려하게 모셔야한다는 것이 민중 측의 심의였다면, 축제의 화려한 활기 속에서 재액을 제거하려는 바람과 기쁨이 넘쳤을 것이며, 더구나 흉년이었기 때문에 축제는 한층 활기에 넘치고 있었을 것이다.

이상 요약한 하나의 지역 상황 속에 ① 닛타군 일대에 닛타 요시사다 450주기를 강제로 실시하고자 하는 다카야마, ② 지역 질서가 동요할 것을 우려하는 관리, ③ '교겐' 상연을 강행한 일반 민중이라는 세 가지 입장이 등장한다. 그 가운데 구스노기 마사시게楠木正成나 닛타 요시사다와 같은 남조 측 충신을 모시는 제례일을 연중행사 속에 설정하려는 ①의 입장은 후일 미토학에서도 다루게 되는 구상이며, 메이지 초기의 신도국교화 정책으로 이어지는 성격을 가진다. 다카야마의 일기는 위에서 설명한 바로 앞부분에서 막부정치의 동요를 전하는 풍문을 기록하거나, 복점에 의해 "세상이 바뀐다革物", "세상은 성대聖代로 돌아가야 한다"는 등의 국체론적인 변혁에 관하여 예언적

* 전통적인 예능으로서 연극의 일종.

인 기록을 하기도 하는데, 그러나 요시사다의 연기年忌를 닛타군 일대에서 거행하자는 주장은 지역 사회의 전체적인 정세 속에서 볼 때 아직도 지나치게 빠른 근왕가 다카야마의 독선에 지나지 않는다. 지역 질서는 일단 ②가 장악하고 있지만 제례 행사에 즈음해서는 ③이 요나오시적인 동향 속에서 주도권을 장악하여 일시적이기는 하지만 ②가 장악하고 있는 지역질서를 뒤집는다. 민중의 반질서적인 활력은 제례 행사라는 민속의 형태를 취할 때 그 어느 때보다도 적극적으로 발휘되어 아무도 그것을 억제할 수 없게 되어 버리는 것이다.

민속적인 세계에는 천황제를 수용하는 계기도 있지만, 대부분의 경우 그러한 계기는 지나치게 과장되어 민속적인 세계의 구체적인 문맥과는 동떨어진 차원에서 논의되고 있다고 생각한다.(**주1**) 18세기 후반부터 약 1세기 사이의 역사적인 현실 속에서 제례 등의 민속적 세계는 반질서적인 성격을 가지고 약동하고 있으며, 그것을 질서의 이념에 따라 재편성함으로서 천황제 국가의 질서가 만들어졌다고 생각하는 편이 훨씬 더 역사적 사실에 가깝다. 제례와 거기에 수반되는 갖가지 행사, 연극이나 춤, 유행신, 코講, 와카모노구미 등이 그러한 것이며, 이러한 것들은 일상적인 질서와는 차원이 다른 경사스러움과 제례적·욕구해방적인 측면의 구체적인 형태가 되고 있다. 이러한 민속적인 세계가 관행이나 제도로서 전승되고 있을 때, 그 기능의 일부는 민중의 욕구해방적인 활동을 기성의 질서로 이어주는 측면이 있다. 그러나 근세 후기라는 역사적 현실 속에서 이들의 민속적인 세계가 분화·발전해 갈 때, 거기서 민중은 일상생활 속에서는 용이하게 채울 수 없는 욕구나 원망을 표출하는 구체적인 형태나 루트를 가지게 된다. 그리고 그 형태나 루트가 민속이라는 형태로 존재하는 한, 거기서 표출되는 민중의 에너지는 쉽게 억압할 수 있는 것이 아니다. 근대 천황제 국가의 형성과정이 제사와 제례일의 전환, 음사淫祀와 민속행사의 억압, 와카모노구미의 억압과 코의 재편성 등을 중요한 내실로 하고 있었던 것은 이러한 배경에서 이해되어야 할 것이다. 민속적인 것이 민중의 반질서적인 욕구를 가장 쉽게 표출하는 차원이라고 한다면, 그것이 또한 새로운 지배를 위한 전략적 핵심이 되었다는 점도 당연한 것으로 이해할 수 있을 것이다.

주1 18세기의 습속을 기록한 『담해(譚海)』에 의하면 교토에서는 정월 17일, 3월 3일, 오봉 등의 음력 명절에 서민의 '조정' 관람이 허용되어 이 때 천황을 볼 수 있었던 점, 입춘 전날 밤에 서민이 내시소에 참예하여 12푼을 내고 쓰이나(追儺)*에 사용하는 콩을 받을 수 있었다는 점, 야세(八瀬)**의 여자에게 시녀의 옷을 입혀 조정에서 기우제를 지내는 경우가 있었다는 점 등이 기록되어 있다. 이 가운데 쓰이나의 콩은 특히 잘 알려져 있는데, 매년 이 행사에서는 대두 2~3석이 필요하고 또한 그 때 정원 위의 흰 자갈을 주워두었다가 학질이 발생했을 때 삶아서 마셨다고 한다. 또한 1787년의 기근에 즈음해서 교토에서는 6월에 주변 지역의 많은 사람들이 모여 "천하태평을 궁궐에 기원하는 것은 이나리(稲荷)***에게 복을 기원하는 것보다도 당연한 이치"라고 하면서 운집한 인파가 궁궐의 돌담 주위를 돌아 '입추의 여지'가 없을 정도였다고 한다.[25] 1842년 텐포(天保)개혁에 즈음하여 금은이 융통되지 않아 고통에 빠진 민중이 "누구라고 말할 것도 없이 죽은 천신에게 기도하기보다도 살아있는 천신에게 기도해야 한다는 말이 나돌아 시중의 무리들이 궁궐을 1000번 돌기로 하여 제각기 어려움을 구제받고자 한 소란스런 일"이 일어났다고 하는 것[26]도 비슷한 사례다.

이상의 사례에는 이른바 민속적인 차원의 권위관과 우주관에 의한 천황 숭배가 나타나고 있으며, 여기서 우리는 메이지 초년의 천황 순행에서 살아있는 사람을 숭배하는 천황관으로 이어지는 요소나, 이키가미(生き神)****적인 구제자로서의 천황상을 볼 수 있을 것이다. 그러나 이러한 사례는 교토와 그 주변에 한정되어 있으며, 민중운동사에서 볼 때 그다지 커다란 위치를 부여할 수 없다. 민속적인

---

* 쓰이나는 섣달그믐에 행하는 궁중의 연중행사로 헤이안 시대 초부터 악귀를 쫓아내는 의식 중 하나였다. 오늘날 입춘 전날에 콩을 뿌리면서 귀신을 내쫓는 행사로 그 형태가 남아있다.

** 교토의 지명.

*** 오곡을 관장하는 식물신.

**** 살아있는 사람을 신으로 모시는 민속신앙.

것과 천황 숭배와의 관련성을 파악한다는 시점에서 예를 들면 근세의 이세신앙을 중시하는 견해도 있지만, 이세코(伊勢講)* 등의 신앙 실태는 천황 숭배와는 다른 차원의 문제다. 이세코 등의 근세적인 코가 천황 숭배와 결부되어 가는 사정은 근대종교사가 다루는 범위에 속한다.

또한 농민봉기 가운데 민중 측에서 조정·천황을 대상으로 그 권위에 의거하려 한 사례로 1712년의 다이쇼지번(大聖寺藩)**봉기의 사료가 전하는 유명한 말, 1831년 조슈번(長州藩) 농민봉기에서 교토로 호소하러가자는 방책을 주장한 농민 지도자의 말, 천황에게 '덕정'을 간청하러 가자는 1837년의 노세(能勢)봉기, 번주의 전봉(轉封)에 반대하기 위해서 막부나 번 보다 상위에 있는 간파쿠나 조정의 권위에 기대를 건 1840~1841년의 쇼나이번(庄內藩) 봉기, 1853년의 난부번(南部藩)의 봉기 지도자 미우라 메이스케(三浦命助)***가 니조가(二条家)의 가신으로서 귀향한 사례 등을 들 수 있다. 그러나 이러한 사례는 농민 봉기 전체에서 보면 전혀 예외적인 사례이며, 또한 덴포기를 경계로 이러한 요소는 점차 모습을 감추고 있다.[27] 근세 후기에 농민봉기를 지탱하는 정당화 논리에 발전이 보이는 것은 천하의 농민, 공의(公儀)의 농민 등과 같이 막번제 국가에 대응한 의미에서지, 조정·천황과의 관련에서는 아니었다.[28]

3. 이단異端의 우주론

대체로 18세기 말부터 내외에서 밀려오는 위기를 자각하기 시작하면서 일본 사회를 하나의 전체로 논리지우는 우주론이 민중의식과 교착하는 형태의 차원에서 나타난다. 우주론은 원래 질서를 부여하는 성격이 강하고 정서

---

* 이세신궁 참궁을 목적으로 한 단체가 여비를 적립해 두었다가 추첨으로 대표를 선발해서 교대로 참예했다. 특히 중세 말부터 근세에 걸쳐서 성행했다.

** 다이쇼지번은 현재 이시가와현 남부에 해당하는 지역. 4대 번주 마에다 도시아키라(前田利章)는 1711년 후계자가 되었으나 방탕한 생활을 되풀이하여 번의 재정을 악화시키고 더구나 흉작으로 인하여 1712년 농민봉기가 발생하는 등 무능한 번주의 전형으로 알려져 있다.

*** 1820~1864. 막말기의 의민. 미곡상을 경영. 1853년에 난부번에서 발생한 봉기의 지도자. 중세(重稅)와 신세(新稅)에 반대하여 봉기를 일으키고 센다이번으로 월경하여 센다이번의 알선으로 성공을 거두었다. 이후 1854년 번의 탄압을 피해 탈출하여 불교에 입문하는 등 전국을 방랑, 1856년 교토로 들어가 니조가의 가신이 되어 귀향했으나 공금횡령과 탈번죄로 9년간 옥중생활을 하다가 옥사했다.

적整序的인 환상이며 강력한 통합기능을 가지지만, 특히 위기의 자각과 맞물려 구성되면서 인간들에게 정체성의 근거를 부여한다. 논리화되고 객관화된 우주론은 원래 민속적인 세계와 다르지만, 그러나 그것과 근접하고 교착할 수 있는 위상에서도 갖가지 형태로 우주론이 구성되기 시작했다는 점에 근세 후기의 새로운 정신사적인 정세가 있었다.

예를 들면 후지富士신앙*은 원래 병의 치유와 그 밖에 현세이익을 가져다주는 산악신앙이었는데, 교호기享保期, 1716~1736에 시키교 미로쿠**가 출현하여 새로운 종교적 세계관을 만들어 내고, 그것이 이윽고 고타니 산시***에게 계승되어 19세기 초에 관동 일대에서 커다란 영향력을 가지게 되었다. 고타니의 사상은 효행과 사회봉사를 강조하고 니노미야 손도쿠****나 그 문하생들과도 깊은 교섭이 있었다. 그의 일기에는 다음과 같은 표현이 반복되고 있어서 그가 가진 세계상의 기본적인 틀을 엿볼 수가 있다.

---

* 후지산을 숭배하는 신앙. 센겐(浅間)신사 창건을 거쳐 헤이안 시대 이후 산악수행자나 수험자가 민간에 확산되었다. 에도시대 후지코(富士講)가 조직되고 관동지방에서 다수의 신자를 획득했다. 관동 각지에 후지산을 모방해서 구축한 후지총을 요배소나 대리등반소로 하는 신앙이 정착했으며, 현재도 백색 장속의 복장으로 지팡이를 들고 '육근청정(六根清浄)'을 외우면서 후지산에 오르는 등반형태가 남아있다.

** 食行身祿, 1671~1733. 에도시대 후지코 행자의 지도자. 거지 미로쿠로 불리면서 전국을 편력했으나 특히 에도를 중심으로 근교 농촌에 후지코를 확산시켰다. 1733년 에도에 도시 폭동이 발생하여 막번제의 동요와 사회불안이 고조되는 세태를 배경으로 후지산 정상에서 자살할 것을 예고하고 그 해 6월 입적했다. 이 때 미로쿠의 세상이 도래한다는 것을 후지신앙 속에서 주장했다는 점에서 미래관을 가지는 민중종교의 효시로 평가되고 있다.

*** 小谷三志, 1765~1841. 미신의 형식에 빠져있던 종래의 후지코의 풍습을 개혁하여 가업정진, 검소근면, 부부화합 등의 일상적인 도덕실천을 설파하여 1809년 후지코의 이름을 후지도(不二道)로 고쳤다. 후지도의 특징은 천하국가와 후지(富士)에 대한 보은을 구체적으로 나타내기 위해서 사회공공사업, 토목봉사사업 등을 행하였으며 그의 가르침은 니노미야 손도쿠의 보덕사상에도 영향을 미쳤다.

**** 二宮尊徳, 1787~1856. 에도 후기에 '보덕사상(報德思想)'을 주창하여 '보덕작법'이라는 농촌부흥정책을 지도한 농정가이자 사상가. 통칭은 긴지로(金治郎). 손도쿠는 정확하게는 '다카모리'라고 읽는다.

3천 대천(大千) 세계천지가 융합하고, 비바람이 제때 내리며, 오곡 성취를 기원하여 만물이 은혜롭고 의식주도 풍족하다.

천자님과 장군님이 안태하시고, 만일의 소원이 있을 때는 황송하게도 대신해서 빌어주신다.

관리들과 방방곡곡의 촌장에 이르기까지 청정한 마음을 바라고 코(講)는 모두 신심을 증장하여 미로쿠의 시대를 넓히고 중생의 병고를 대신해서 지켜주고자 한다.[29]

교호기에 형성된 미로쿠의 사상에는 "천지의 지배가 바뀔 것"을 조정에 기원하는 등 조정의 권위와 결합한 요나오시 관념도 존재했지만, 그러나 또한 "천자에게도 지금까지 상당한 잘못이 있다"는 냉정한 비판의식이 있으며, "그 후에는 아마테라스 오미카미의 역할을 그만두고 120개의 말사도 모두 폐지되어" 그 대신에 후지신앙의 중심 신격인 센겐仙元 대보살의 직접 지배가 실현된다고 하는 반反신국·반反신도적인 사상도 있었다.[30] 이러한 미로쿠의 사상과 달리 위에 인용한 산시의 말은 천자·장군의 지배를 자명한 전제로 풍요롭고 안온한 세계를 기원하고 있다. 이 세계는 어느 정도 정리된 조화로운 전체로 충족된 질서이며, 만일 천자·장군에게 질병 등의 사태가 발생하면 산시는 이에 대신해서 이 세계를 지키려고 하는 것이다. "관리들과 방방곡곡의 촌장에 이르기까지 청정한 마음을 바라고"하는 점에 미로쿠의 비판정신의 희미한 잔영이 있다고나 할까. 또한 인용한 부분에는 없지만 산시는 매일같이 신자들의 안산, 화재 예방, 질병 치유 등을 기도하고 있으며, 정신착란에 빠질 정도로 열심히 기도하기도 했다. 이러한 점에서 산시의 활동은 민속신앙의 세계와 거의 겹치고 있지만, 그의 활동도 이 세계 전체에 대한 우주론의 일환이 되어 신자들에게 정신적으로 의지할 곳이 되고 있었던 것이다.

어쨌든 산시의 이러한 우주론적인 질서 속에서는 반드시 '천자님 장군님', '천자님 천하님'이 병칭되고 있으며, 천황과 장군은 또한 "일월日月님, 천자천하님의 은혜가 깊은 것은 천도님과 마찬가지로 감사하게 받들어야 할 것"이라고 하듯이 지극히 성스럽고 고고한 존재로 파악되고 있었다. 또한 문무백관들도 이 세계를 수호하는 '살아있는 신生神'이며 그 "본존은 장군님"이라고 한다.[31] 막말유신기가 되면 산시의 제자들이 국체관념을 강화하여 천황제 국가를 아래에서 지탱하는 운동의 일익을 담당하게 되는데, 그것은 시대 상황에 대한 적응이기도 하지만 산시의 이러한 세계상에서 유래하고 있었다고도 말할 수 있는 것이다.

근세 일본의 사상은 일반적으로 삼교일치론의 경향이 있으며, 신도가 주자학의 천리·인성론을 차용하거나, 불교가 유교의 세속논리에 접근하는 것은 지극히 흔한 일이었다. 이러한 사상사적인 배경 아래 계보를 달리하는 제반 사상이 이 세계 전체를 하나의 상징적 전체성으로서 표상할 때 사유양식의 공통성이 현저해지게 되는데, 근세 후기가 되면 여기에 신국론·국체론의 색채가 더욱 짙어진다. 물론 그렇다고 해서 갖가지 사상의 계보가 모두 신국론·국체론의 입장에서 기존의 막번제 국가를 옹호하거나, 근대 천황제 국가의 질서관과 직결하는 것으로 보아서는 안 된다. 제각기 사상 형성이라는 경험의 장의 특질에 의해 신국론이나 국체론으로 경사하면서도 미묘한 이단성을 내포한 사상들도 형성되었다는 것을 약간의 사례를 들어 지적해 두기로 하자.

『권농교훈록』은 1821년 마에바시번前橋藩의 농민투쟁에 연루되어 종신형 처분을 받은 하야시 하치우에몬林八右衛門, 1767~1830이 사건의 경위를 남긴 진귀한 기록인데, 그 첫머리에는 다음과 같이 적혀 있다.

무릇 사람은 곧 천하의 영(靈)이라고 아마테라스 오미카미도 선언했다. 그렇다면 위로는 천자님 한사람부터 아래로는 만인에 이르기까지 사람은 사람이며 사람이라는 글자에는 차별이 없을 터이다. 따라서 귀천상하의 차별이 있다고 하더라도 이는 정치의 도구에 지나지 않는 것으로 천하를 평온하게 만들기 위해서다.

"인간은 곧 천하의 영"이란 모든 인간이 지고한 신령을 내재한 '영'을 가지고 있다는 말이며, 그것은 유교의 천리·인성론이나 불교의 '유심미타기신정토唯心彌陀己身淨土'와 같은 논리를 신도적인 어휘로 표현한 것에 다름 아니다. 농민생활에 즉응한 규범의 실천에 대한 확신을 중핵에 두고 여기서 이 세계 전체를 하나의 상징적 전체성으로 통합하여 이미지를 그려볼 때 이러한 논리구성이 성립하는 것이며, "신유불의 가르침이 다르다고 하지만 모두 같은 것이 아닌가"한 것도 이러한 입장에서의 말이었다. 하치우에몬이 막번제 사회와는 다른 사회를 구상한 것은 아니지만, 농민투쟁에 관여한 자로서의 긍지는 "사람이라는 글자에는 차별이 없을 터"라는 말로 충분하게 표현되고 있으며, "군자와 소인은 귀천상하로 구별하는 것이 아니다. 삼도의 가르침에 응하는 자라면 필부라 할지라도 군자가 아닌가"라고 한 것도 같은 맥락에서 긍지 높은 정신을 표현한다. "무릇 인간은 곧 천하의 영"이라는 신도의 교설은 여기서는 번의 권력과 관리를 비판하고 기존의 질서를 상대화하여 농민적인 자립성을 근거지우는 논리가 되고 있다. 또한 하치우에몬은 이러한 자립의 논리가 농민생활에 입각한 구체적인 내실을 가지고 있었다는 것을, "농사일은 곤궁만 막을 수 있다면 가장 자유로운 것이다. 그 중에도 일반농민平百姓이 그러할 것이다. 상하의 격식에도 차별이 없으며, 남에게 머리를 숙이는 일도 없다 …… 그저 자기 집에 있으면서 하고 싶은 말을 할 수 있는 사람은 농민뿐이다"라고 하는 확신에 넘치는 말로 자손에게 교훈을 남겼다.

오시오 헤이하치로大塩平八郎와 같은 인물이 "동해의 성인은 아마테라스 오미카미를 두고 누가 여기에 해당할 것인가"하는 신교일치론을 취하고, 그의 저서 『세심동차기洗心洞箚記』를 이세의 미야자키宮崎와 하야시자키林崎의 두 문고와 후지산 석실에 봉납한 것도 시대정신의 동향을 이해할 수 있는 흥미로운 사실일 것이다.[32] 헤이하치로는 봉기를 호소하는 격문에서도 천황의 역할을 중시하여,

> 천자는 아시카가 씨(足利氏) 이래 거의 은거 생활을 하여 상벌의 권력을 상실함으로서 하민이 원망을 호소할 방도가 없으며, 사람들의 원망이 하늘에 통하여 매년 지진 화산이 무너지고 물이 넘치는 외에도 갖가지 천재지변이 유행하여 끝내 오곡의 기근을 가져오고 있다.

고 하고, 봉기에 의해 실현되어야 할 정치사회를

> 모든 중흥은 진무(神武) 천황의 정치로 돌아가 관인대도(寬仁大度)로 다루고 …… 요순과 아마테라스 오미카미의 시대로 돌아가기는 어렵다 하더라도 중흥의 기상(진무 천황의 정치—인용자)을 회복해야 할 것.

이라고 했다. 격문의 이러한 내용에 대응하여 봉기 세력은 중앙에 '아마테라스 오미카미', 양측에 '탕무의 성왕'과 '하치만八幡대보살'이라고 적은 깃발과, '구민救民'이라고 크게 적은 깃발을 내걸고 전진했다. 일반 민중의 '노여움'이 하늘에 통하여 천재지변과 기근을 초래한 것은 유교의 계보에도

존재하는 사고방식이지만, 이러한 생각이 아마테라스 오미카미와 진무 천황의 치세에 대한 복고적인 주장과 결부될 때, 비로소 독자적인 세계상이 만들어지게 된다. 도쿠가와 나리아키는 오시오의 난에 심각한 위기의식을 느끼고 로주老中 미즈노 다다쿠니水野忠邦에게 산릉 수복을 건의한 서한에서 "오사카의 간적奸賊이 예사롭지 않은 기도를 꾀함에 있어서도 과연 교토의 일을 구실로 삼을 것이다. 만일 그들이 산릉 수복 등을 기도한다면 더더욱 용이하지 않은 일이 될 터이니"라고 하여 오시오의 난과 조정숭배가 결부되어 반질서적인 기운을 자아낼 가능성을 우려하고 있었다고 한다.[33]

오시오의 난 그 자체는 두 차례의 소규모 충돌을 거쳐 하루 만에 괴멸되었으나 그 후에도 오시오는 죽지 않았다고 하면서 오시오의 출현에 관한 풍문이 나돌았으며, "에도의 인심 모두가 오시오를 애석해 한다. 도카이도東海道를 내려오는 사람이 말하기를 가는 곳마다 오시오를 칭하고 있다"는 상황이 발생했다.[34] 오시오의 난과 같은 해에 발생한 노세能勢봉기는 '덕정 오시오 아군'이라는 기치를 세우고 마을마다 회람시켜 봉기에 동조를 구하면서 '대차시절貸借是切'의 덕정을 "천자님이 각별한 인덕을 가지고 직접 지방관에게 명령"하도록 간파쿠에게 호소하려 했다.[35]

또한 오시오의 난을 전후해서 에도에서는 도큐술淘宮術, 도오카미코吐菩加美講, 우덴烏伝신도 등의 이단적인 신도교설이 전개되고 있었다. 도큐술은 1834년 막부의 관료 요코야마 마루미쓰横山丸三에 의해 창시된 일종의 정신수양법이다. 도큐란 본심이 머무는 궁宮을 도야하는 것을 말하는데, 개인이 태어난 간지에 따라 성격을 분류하고, 각각 개인의 성격에 맞추어 정신수양을 꾀하는 점에 특색이 있었다. 이노우에 마사카네井上正鉄, 1790~1849에 의해 시작된 도오카미코는 복식호흡에 의해 기식氣息을 갖추고 축문을 읽어 마음의 안정을 꾀함으로서 병을 치유하는 수행법으로, 후일 미소기교禊教가 되었다. 우덴신도는 우메쓰지 노리기요梅辻規清, 1798~1861에 의해 시작된 주술성을 부인한 독자적인 신도설이다. 이상은 모두가 막번제 국가와는 별도의 사회체제를 구상한 것은 아니지만, 뒤의 두 가지는 이단설로 규정되어 이노우에와 우메쓰지는 유배 처분을 받았다.

이노우에 마사카네의 교설은 '아마테라스 오미카미의 법, 신국의 신도'로 규정되고 있는데, 호흡법과 목욕재계를 결부시킨 교설로 병의 치유가 실현되면 "환희한 나머지 축문을 외치면서 춤을 추는" 자도 있으며, 그 종교활동이 "모두 하나의 버릇을 가지고 시라카와가白川家에서 전래되지 않는 새로운 해석과 의식으로 백성을 현혹시키는 까닭에 유배"되었던 것이다.[36] 우메쓰지의 교설은 이자나기와 이자나미를 음양 2기로 보고 자연과 만물의 모든 것을 이 '신의 활용'이라고 보는 범신론적인 신도설이다. 이러한 입장에서 일본서기의 신대권神代巻은 "비유를 통해서 천지의 이치를 적어 나눈 것"으로 사실이 아니며, "나무에 눈과 코가 붙은 신불"에 대한 기도나 "종이에 붓글씨로 적은 부적"으로 백성을 현혹시키는 것은 철저하게 부정되었다. 덴포의 기근*도 살아있는 자의 영혼과 죽은 자의 영혼의 저주로 발생한 것이 아니라, 부덕한 인군의 탓이며 신대권의 야마타노오로치八岐大蛇**는 이러한 재액을 가져온 부덕한 인군을 비유한 것이라는 식으로 설명하여 이러한 교설에 포함되어 있는 정치비판 때문에 유배 처분을 받은 것이다.

히라타 아쓰타네平田篤胤, 1776~1843가 『오도변悟道弁』에서 공격하는 혼고시키베本郷式部라는 인물은 에도 산짓켄호리三十間堀***에서 7일간에 걸쳐 '도학'

---

* 덴포기(1830~1844)에 1833부터 1836에 걸쳐 발생한 전국적인 대기근.

** 일본 신화에 등장하는 전설의 생물. 거대한 몸체에 8개의 머리와 8개의 꼬리를 가졌다고 전해진다.

*** 현재 도쿄 주오구에 있는 하천의 이름.

을 설파했는데, 그 내용은 신유불은 물론이고 가도歌道·의도醫道를 포함한 절충적이고 통속적인 것이었다. 그러나 교설의 중핵은

> 모두 깨달음에 설을 이루고 그 말하는 설교 가운데 역시 인간의 최초는 벌레에서 탄생한 것과 같은 까닭에 천자나 고귀한 자라 하더라도 모두 백성과 다른 것은 감사한 일도 아니니다. 다만 의관장속(衣冠裝束)을 아름답게 치장한 것일 뿐이지 같은 인간이 아닌가.

라고 하는 인간 평등관에 있다. 아쓰타네는 이것을 두고 "천자를 무시하는 것"이며 "제대로 처벌한다면 교수형"이라고 분개하고 있다. "단지 깨달은 자가 존엄하다"고 하는 이 교설에서는 "신도 부처도 없고 모두가 자신의 일심"에 있다는 것이며 조상에 대한 제사도 부정하여 실제로 불단을 치워버리거나 신단을 강물에 버리는 자도 출현했다고 한다. 다분히 기성의 질서를 수용한 통속불교의 가르침으로 설파된 이 교설은 그 논리의 틀을 파헤치고 들어가면 개인의 내면성에 궁극적인 가치를 둠으로서 기성 질서와 규범을 상대화하고 기존의 습속을 부정하기에 이르며, 강렬한 이단성을 내포해 버리는 것이다. 아쓰타네의 사상은 후술하듯이 이러한 이단성에 대항하기 위해서 구상된 질서의 논리였다고 할 수 있다.

이미 말했듯이 에도시대의 사상은 삼교일치적인 성격을 가진 경우가 많으며 유교나 불교의 전문 지식인과 거리가 있을수록 이러한 특징이 현저했다. 그리고 이러한 제반 사상의 사회상이나 규범의식의 큰 틀은 전통주의적이며, 일반적인 경향으로서는 기존의 권위와 질서를 수용하여 그것을 아래에서 지탱하는 것과 같은 성질을 가지고 있었다고 보는 것이 좋을 것이다.

그러나 그럼에도 제각기 사상형성의 모티브에 대응하여 신국관념이 강해지거나 그 합리화가 진행되기도 하여 막번 권력의 정책이나 규범의 구체적인 실태를 비판하거나, 민중의 '마음'이라는 내면성을 강조하게 되면 거기에는 많든 적든 이단성이 포장되어 나타나는 것이다. 이러한 경우에 사회상과 이단의식이나 '마음'의 관념도 모두가 전통을 계승하여 오히려 그것을 표면적으로 파헤쳐 가는 특징이 보이며, 바로 여기에 전통에 뿌리를 내린 혁신, 정통의 내부에서 탄생하는 이단이라는 성격이 두드러진 제반 사상이 형성된다.

위에서는 이러한 시각에서 몇 가지 예를 들었는데, 이노우에나 우메쓰지는 물론이고 오시오와 같은 위대한 지식인이나 혼고 시키베와 같은 시정의 설교자도 제각기의 방식으로 이단성을 포장하고 있었다고 한다면, 이단적인 것이 다양한 형태로 존재하여 정통을 위협하게 되며 여기서도 거대한 카오스를 전망할 수 있게 될 것이다. 예를 들면 막말기의 민중사상으로서 주목받는 간노 하치로管野八郞, 1810~1888(무쓰노쿠니 다테군陸奧国伊達郡, 현재 후쿠시마현의 농민. 장군 후계 문제에 관여하여 안세이安政 대옥에 연루, 하치조지마八丈島섬으로 유배. 1866년의 신다치信達봉기에서는 주범으로 지목되었다—야스마루)의 경우에도 그가 가진 사회상의 기본 틀은 막부와 장군에게 강력한 권위가 있고 그 아래에서 만백성이 풍요를 즐기는 천하태평의 세계이며, 그 규범의식의 중핵은 효를 중심에 둔 생활규율이었다. 그러나 하치로는 이러한 전통주의적인 질서관과 규범의식을 절박감 넘치는 위기의식에 자극받아 실천하게 되며 안세이 대옥에 연좌되어 유배되거나, 신다치信達 봉기*의 주모자로 지목되어 '요나오시 하치로 대명신'이라는 평판을 받기도 했다. 전통주의적인 질서관이나 규범의식을 가지는 것과 기존의 권력이나 권위를 받아

* 후쿠시마현 일대 180개 마을에서 5만여 명이 참가해서 발생한 대규모의 요나오시형 농민봉기.

들이는 것이 명백하게 분절되어 별도의 차원에 속하는 것으로 바뀌어 갈 때 정신사적인 카오스가 찾아오며, 행방을 알 수 없는 정신적 비등沸騰이 시작되는 것이라고 할 수 있을 것이다.

이 장에서는 근세 사회를 위협하는 반질서의 갖가지 계기가 촌락 속의 극히 일상적인 민속에서 시작하여 이단의 우주성을 구상하기에 이르기까지 다양한 형태로 중층적으로 존재하고 있다는 것을 지적했다. 이러한 반질서의 제반 계기는 대부분의 경우 그 자체로서는 당분간 질서의 내부에 속하고 있는 것처럼 보이지만, 그 발전 방향을 전망해 보면 기성 질서의 토붕와해라는 가공할만한 카오스가 모습을 나타내는 그런 성격의 것이다. 근대 천황제는 이러한 반질서의 제반 계기와 토붕와해의 공포에 대응하는 질서의 논리로서 가장 잘 이해할 수 있는 성질의 것이다.

■ ■ 4장

위기의식의 구조

1. 모토오리 노리나가

무라오카 노리쓰구村岡典嗣는 기기記紀신화의 재해석에 의한 합리화를 첫째로 기기 결집 당시, 둘째로 중세 신도론의 전개, 셋째로 근세 초기 유학의 융성이라는 3단계를 거쳐 진행되었다고 했다.[1] 먼저 일본서기에서는 이자나기와 이자나미를 음양의 두 원리를 상징하는 것으로 보고 국가탄생의 신화를 설파하기도 했으나, 중세 신도론에서는 태극설과 음양오행설에 의한 설명이 더욱 발전한다. 예를 들면 『신황정통기神皇正統記』는 삼종의 신기神器와 '천양무궁天壤無窮의 신칙神勅'을 근거로 천황의 만세일계와 일본이 신국인 까닭을 설명하고 있는데, 신대神代에 관한 기술은 음양설로 시작하여 거울은 '정직의 근원', 구슬은 '자비의 근원', 칼은 '지혜의 근원' 등으로 설명하고 있다. 근세에 들어와 유학이 발전하면서 기기신화의 신유일치적인 해석이 한층 발전한 결과 아라이 하쿠세키新井白石에 이르러 하나의 정점에 도달하는 신화사실설Euhemerism*을 낳게 된다. 여기서는 천지개벽 이래의 신화는 국토경영을 "비유해서 설명한 것"으로 신이란 위인과 영웅을 말하며, 다카마가하라高天原나 네노쿠니根國는 일본 국토 안의 어느 지명이라는 식으로 설명하여 황당무계한 요소가 제거된다.[2]

그러나 근세 전기의 신유일치설은 하쿠세키 등의 지나치게 합리적인 신화 해석과는 반대로 스이카신도垂加神道**의 천인유일사상도 낳게 된다. 천인유일이란 천·지·인을 통하여 일관된 이치와 법이 존재한다고 보는 것으로 그 자체는 송학의 우주론적인 원리이지만, 야마자키 안사이山崎闇斎의 경우 신비화의 경향이 더욱 강했다. 천인유일설은 천지에 일관하는 이치가 존재한다는 것을 강조한다는 의미에서는 중국식의 가장 심한 부회설이지만, 그러나 이러한 신비화가 더욱 추진되어 가면 그것은 이윽고 모토오리 노리나가本居宣長의 신 관념으로 이어진다. 그것이 가지는 이데올로기적인 의미는 아마테라스 오미카미로부터 이어지는 만세일계로서의 천황을 신으로 보고, 천황의 상위에 존재하는 천도天道·천리天理와 같은 추상적인 원리를 거부하여 탕무방벌설湯武放伐說을 부정하는 데 있다. 이렇게 해서 스이카신도의 입장에서는 "어두워도 천자는 천자", "어리석어도 종묘를 종령宗領으로 받드는 것"이 일본의 도이며, 보편적인 규범원리를 잣대로 천자를 그르다고 하는 것은 "모두가 난적"이라고 보는 데 있다.[3] 호레키宝暦사건***의 다케우치 시키베竹内式部도 공경을 상대로 한 것이기는 하지만 대대로 천황은 "인간의 종자가 아니라 아마테라스 오미카미의 후예로서 곧 신이시다"라고 하여 천황에 대한 절대적인 추종과 헌신을 설파했다.[4]

---

* 신이란 존재는 과거에 실존한 영웅이라는 '신화사실설'.
** 야마자키 안사이의 신유일치에 의한 신도설. 스이카는 안사이의 호(이 책 31쪽 각주 참고).
*** 대의명분론의 입장에서 막부의 정치를 비판한 다케우치 시키베(竹内式部)와 그의 강의를 듣고 같은 견해를 가지게 된 공경들이 1758년에 막부에 의해 처벌을 받은 사건.

이렇게 볼 때, 앞서 지적한 근대 천황제를 구성하는 네 가지 기본관념 가운데 천황을 만세일계의 현인신으로 보는 가장 핵심적인 관념은 스이카신도에서 유래하는 바가 크다고 할 수 있지만, 예를 들면 위의 인용에서도 천황이 우둔할 경우가 특히 강조되고 있는 점들로 볼 때 유학적 합리주의가 영향을 미치고 있다고도 말할 수 있을 것이다. 이러한 안사이의 사상은 유학적 합리화를 일체 거부한 노리나가의 신과 국체에 관한 생각과의 사이에 커다란 거리가 있으며, 근대 천황제와 관련되는 제 관념을 검토하기 위해서는 먼저 모토오리 노리나가에 관해서 살펴볼 필요가 있다.

노리나가는 아마테라스 오미카미는 일본의 국토를 통일한 태조라고 하거나, 다카마가하라는 그 수도라고 하는 등의 "다른 나라 식의 이치"에 의한 설명을 거부하고 아마테라스 오미카미는 태양 그 자체이며, 일본은 그 아마테라스 오미카미가 태어난 곳이기 때문에 "만국의 근본"이고, '천양무궁의 신칙'에 기록되어 있듯이 만세일계의 천황이 존재하고 있는 것이 그 증거라고 주장했다.[5] 이러한 노리나가의 주장은 기기신화를 그대로 세계관에 적용하여 성립한 것으로 유학적인 합리주의와는 정반대의 성격을 가지고 있었다.

노리나가가 이렇게 신화를 그대로 세계관으로 전화할 수 있었던 배경에는 "마음과 일과 말이란 모두가 서로 통하는 것으로 …… 모든 마음이나 일도 말을 가지고 전하는 것이기 때문에 글은 그 기록하는 말이야말로 주가 된다"[6]고 하는 독자적인 언어중심주의가 있으며, 이로써 고전의 문맥에 입각한 문헌학적인 연구가 가능해지면서 고전연구에 새로운 길이 열리게 되었다. 그리고 고전연구의 문헌학적 방법론과 자신의 세계관을 일체화시켜 더욱 발전시킨 점에 노리나가의 특징이 있으며, 신화는 그대로 노리나가 자신의 세계관이 되어 오늘날의 우리는 물론이고 동시대의 지식인이 보더라도 기괴하고 비합리적인 주장이 곳곳에서 전개되었다. 예를 들면 우에다 아키나리上田秋成는 천황가의 조상인 아마테라스 오미카미가 세계 만국에 조림하고 있다는 것은 "속담에 친척이 제시하는 증거와 같은 것이기 때문에 그 어느 것도 근거로 삼을 것이 없다"고 야유했으나, 노리나가는 일본서기에 그렇게 기록되어 있다는 사실만을 근거로 "일본서기 한 책에 아마테라스 오미카미가 천지 전체를 비추고 있다고 기록되어 있는 것이 바로 명백한 증거"라고 확신에 가득 찬 태도로 반론했다.[7]

이러한 입장에서 노리나가가 가장 공을 들여 공격한 것은 "이국의 약은 소견", 즉 유학자들의 '이치'였다. 천지에는 어느 나라에도 공통된 '단 한 줄기'의 '진정한 도'가 존재하지만, 거기에 작용하는 "진정한 이치란 사려가 미치기 어려운 것으로서 인간이 생각해서 헤아리는 것과는 크게 다른 점이 있는 것"이다. 그렇다면 왜 '진정한 도'는 인간의 사려가 미치기 어려운 것인가. 그것은 결국 모든 일은 인간의 업을 초월한 '신의 사려'이기 때문이며, "겉으로 보이는 일顯事이라 하더라도 필경은 신의 일幽事"에 다름 아니기 때문이다. 그리고 신은 반드시 선한 신만 있는 것이 아니라 신들 사이에도 존비尊卑, 선악善惡, 사정邪正의 갖가지 신이 있기 때문에 세상에 길한 일이나 선한 일만 있는 것이 아니라 흉하고 악한 일도 있으며, 후자는 특히 마가쓰히노가미禍津日神*가 주재하는 일이라고 한다.[8]

이러한 노리나가 사상의 특징은 첫째로 이 세계 전체를 인간의 지식이나 인위를 넘어 근본적으로 신들에 의한 종교적인 것으로 파악한 점, 둘째 이로 인하여 인간은 신들의 지배를 받으면서 살아갈 수밖에 없는 수동적인 존재로

---

* 마가쓰히노가미는 신도의 신이다. '마가'는 재액을 의미하며 '쓰'는 조사 '의'를, '히'는 신령을 의미하므로 '마가쓰히'는 재액의 신령이라는 의미가 된다.

파악하고 있는 점, 셋째 이 때 이 세계에는 흉한 일이나 악한 일도 불가피하다는 점이 강조되어 인간의 불행·불운·부도덕 등에도 인위적으로 미치기 어려운 근거가 있다고 보는 점에 있다. 이러한 세계인식의 비합리성과 인간관의 수동성은 얼핏 보면 사상사적인 발전에 역행하는 것처럼 보일수도 있다. 그러나 실은 유교적 규범주의에 대항하여 근세 사회 내부에 성숙되고 있던 다양한 인간성의 리얼리티를 옹호하려는 것이었다. 예를 들면 "모두 기뻐해야 할 일도 그다지 기뻐하지 않고, 슬퍼해야 할 일도 슬퍼하지 않고, 놀라야 할 일도 놀라지 않으며 아무튼 사물에 동요하지 않는 것을 좋은 일이라고 받드는 것은 이국풍의 허위(이쓰와리가자리)로서 인간의 실정이 아니다"라고 설명하여 '인간의 실정', '진실의 성정性情'을 존중하라는 노리나가의 주장은 위와 같은 입장의 자각에 있어서 지극히 명쾌하고 전투적이었다.

노리나가는 도쿠가와 이에야스부터 시작되는 도쿠가와徳川 씨의 치세를 극찬하고, "지금 이 세상의 국정은 또한 현세의 모양에 따라 막부의 법도를 위반하지 않고 전해오는 그대로의 모습을 무너트리지 않은 채 그것을 지켜 집행하는 것이 곧 진정한 도의 취지"라고 긍정했다. 이와 같이 막번제 사회의 현실은 기본적으로 현상을 긍정하는 입장에서 받아들이고 있지만, 그러나 그것은 한편으로는 단순한 현상 추수와는 구별되어야 한다. 『비본 다카라쿠시게秘本宝くしげ』에서는 "특히 근래 세상의 분위기가 오로지 눈앞의 이해득실만을 꾀하고 근본을 생각해서 말하는 소견"이 결여되어 있는 것은 "크게 도리에 어긋난 일"이며, "오늘날 눈앞의 이익을 생각한다면 먼저 그 근본부터 바로 잡아야 한다". 그러나 그 "근본부터 바로 잡는다"는 개혁의 내용은 막번정치의 개혁 이념과는 다분히 정반대의 입장이다.

> 대체로 신은 매사에 대범하여 용서할 일은 용서하고 세상 사람들이 관대하게 격의 없이 즐기는 것을 기뻐하시기 때문에 그다지 나쁘지 않은 자까지도 엄하게 가르치는 일은 없다. 이처럼 인간의 행위를 너무 사소한 일까지 바로 잡아 숨 막히게 하는 것은 황국 신들의 뜻이 아니다…….

라고 말한 것은 그 하나의 예이다. 『비본 다카라쿠시게』가 농민봉기를 논하여 "모두가 아래의 잘못이 아니라 윗사람의 잘못으로 발생하는 것"이라고 한 것도 이러한 주장을 배경으로 한 말이며, 강권에 의한 수탈과 압박은 불가피하게 봉기를 불러일으킨다고 하여 번 권력에 "그 발생하는 요인을 바로 잡도록" 요구한 것이다. 상인과 농민에 대한 헌금의 강제를 비판하거나 뇌물에 관한 긍정적인 발언도 포함하여 권력의 강제에 대하여 순조롭게 통치되는 '치세' 속에 성숙해 온 생활세계의 리얼리티를 옹호하려는 자세에는 강인한 일관성이 있으며, 오히려 노리나가의 학문 전체가 그러한 입장을 위해 공을 들인 변증이었다고 보는 편이 좋을 것이다.

칼 만하임은 보수주의적인 체험과 사고의 본질적인 특징으로서 "직접적으로 현존하는 것, 실천적이며 구체적인 것에 대한 집착"을 들고 그것은 또한 "일체의 '가능성이 있는 것', '사변적인 것'에 대한 극단적인 혐오를 의미한다"고 설명하고 있다.[9] 만하임이 말하는 "실천적이며 구체적인 것"이 노리나가가 옹호하는 생활세계의 리얼리티에 해당하며, '가능성이 있는 것', '사변적인 것'이 유학의 규범에 해당한다고 본다면 노리나가의 사상은 만하임이 말하는 보수주의에 적합한 것이라고 생각된다. 만하임은 또한 보수주의의 특징으로서 혁명적 자유의 개념과 대립하는 '질적인 자유'의 개념을 들고 있는데, 그것은 "모든 사람들이 제각기 그 가장 내적인 원리에 상응하는 자신의 고유한 성장 법칙을 발전시키는 것"으로 형식적이며 외적인 평등개념과 엄격하게 대립한다.[10] 노리나가는 현실을 긍정하는 기본원리에 입각해서 현실 속에 '질적인 자유'를 확보하려고 했기 때문에, 그런 의미에서는 보수주의인 까닭에 자유주의라는 것이야말로 노리나가학의 진수라고 말할 수 있다. 그리고 이러한 보수주의=자유주의는 이 세상 전체를 인간의 지혜를 초월한 신비로서 긍정하고 수용하는 수동성과 경건한 향유를 전제로 하고 있다. 만하임은 보수주의에 대하여 "원래 자기가 사는 세계의 구조에 관해서는 고려하지 않는다"[11]고 말하고 있지만, 그것은 '세계의 구조'를 주지적·합리적으로 사변하지 않는다는 말이며, 이 세계 전체를 심오한 의미에 가득 찬 코스모스로서 수용하는 것은 보수주의에 어울리는 감수성과 사유방식이다. 근대 천황제를 구성하는 제 관념은 전체적으로 보면 위기의식을 앙진시키는 선동적인 언설이지만, 한편으로는 이러한 생활 보수주의=자유주의를 바탕으로 형성되었다는 것은 근대 천황제의 특질을 생각할 때 매우 흥미로운 논점이다.

민중의 생활세계 속에 있는 리얼리티를 옹호하려는 노리나가의 입장은 민속적 종교행사를 긍정하는 것에서 단적으로 표현되고 있다. 이러한 점에서 노리나가는 민속적 종교행사에 대하여 적대감을 보였던 소라이徂徠·슌다이春台·지쿠잔竹山과 그 밖의 경세론자들과는 대조적인 입장에 있는 드문 사상가다. 이 점은 노리나가에게 특유한 마가쓰히노카미禍津日神의 관념과 관련이 있으며, 또한 아래와 같은 민속적인 신 관념을 바탕으로 한 것이었다.

아랫사람들도 매사에 복을 추구하면 선한 신에게 기원하고, 화를 면하려면 악신

도 달래서 제사지내며, 또한 때때로 몸에 부정이 타면 정화하는 등은 모두가 인지상정이다.[12]

3장에서는 근세 후기의 지역사회에서 질서에 대한 대항 축으로서 제례를 중심으로 하는 민속행사가 있었다는 점을 설명했는데, 노리나가는 민속적인 신 관념을 긍정하는 입장에서 제례에 대한 막부의 통제를 다음과 같이 비판했다.

당시는 일반적으로 신사의 제례 등에 대한 윗사람의 취급이 심히 소홀하여 마을의 제례 따위는 쓸데없는 일처럼 생각하고 이를 억압해서 가볍게 하도록 주문을 하고, 사람들 가운데서도 제례에서 많이 차리는 것은 무익한 낭비로 생각하는 자가 있는 것은 모두가 심히 잘못된 일이다. 무슨 일이든 신의 은혜와 보호가 없으면 세상에 좋은 일이란 없다. 곤궁하여 어려울수록 더욱 신을 두텁게 모셔야 한다. 그런데 세상에서 검약이라고 하면 먼저 첫째로 이 제례나 조상에 대한 제사부터 생략하려는 것은 어찌된 일인가 …… 또한 제례에 풍류배우 등을 부르거나, 혹은 술을 마시고 즐겁게 노는 것을 무익한 일이라고 생각하는 것도 크게 잘못된 일이다. 신에게 공물을 바쳐 제사지낼 뿐만 아니라, 인간도 같이 음식을 먹고 마시며 재미있고 요란스럽게 즐기며 노는 것을 신은 기뻐하는 것이다.[13]

이는 당시의 제례 행사를 실제로 있는 그대로 긍정한 진기한 주장으로, 여기서 우리는 노리나가 리얼리즘의 본령을 읽어낼 수도 있다. 거기에는 위기의식을 앙진시키는 유형의 경세론자와는 달리 민중 생활의 실태를 직시한 지식인의 풍부한 감수성이 숨 쉬고 있다고 말할 수 있을 것이다.

2. 히라타 아쓰타네와 재야의 국학

고어古語에 대한 문헌학적인 연구를 바탕으로 구축된 노리나가학과, "먼저 천지 세상의 모습을 잘 관찰해서 이를 다 이해한 후에 신전神典을 배독"[14]한다는 히라타 아쓰타네平田篤胤와의 사이에는, '황국'에만 진정한 도가 전해지고 있으며 그것을 주석을 달아서 밝힌다는 점에서는 공통적이지만 방법적인 자세는 전혀 반대다. 이러한 입장에서 아쓰타네는 주석할 대상을 선정하여 『고사성문古史成文』을 만들고, '국학적우주형성론cosmogony'[15]을 정리해서 『영의 진주靈の眞柱』를 지었다. 이렇게 해서 구성된 것은 현세와 유명계가 한 덩어리로 체계화된, 지나치게 합리적인 까닭에 기이하게 비합리적인 질서의 체계였다. 여기서는 아쓰타네가 그의 독자적인 사상체계를 처음으로 세상에 내놓은 『영의 진주』를 중심으로 그 사상적인 특징을 살펴보기로 하자.

『영의 진주』는 핫토리 나가쓰네服部中庸*의 『삼대고三大考』에 의거해서 모든 것이 아직도 미분화된 '거대 허공'에서 천 · 지 · 황천이 분화되고 세계 각국과 만물이 분화 · 생성하는 과정을 신대에서의 전래에 의거해서 조리 있게 설명한 것이다. 『삼대고』는 노리나가가 『고사기전 17권』의 부록으로 삼은 점에서 볼 때 노리나가도 높이 평가하고 있는 모양인데, 서양에서 도래한 지동설에 관해서 "중국인의 설보다 훨씬 뛰어난 점이 많다"고 하면서도 그러나 그것은 "측량과 계산이 미치는 한"에서라고 하여 진정한 우주형성론이 전해지고 있는 것은 일본의 고전설 뿐이라는 입장에서 집필되었다. 당시

---

* 1757~1824. 1785년 노리나가 문인으로 입문. 『삼대고』를 집필하여 노리나가의 『고사기전 17권』 부록으로 실렸다. 노리나가 사후에는 히라타 아쓰타네와 교류하였으며 만년에는 교토에서 의사업을 했다.

에는 불교 측에서도 지동설과 같은 서양의 자연관에 대응하여 수미산須弥山*설에 의거한 불교우주론이나 불교천문학·역산학 등이 전개되었는데,[16] 『삼대고』와 『영의 진주』도 같은 의미에서 응답을 시도한 것이었다.

『삼대고』와 『영의 진주』는 모두 천·지·황천의 관계를 10개의 그림으로 명쾌하게 그려내고, 일본은 천에 가장 가까운 특별한 위치를 차지하고 있기 때문에 황국은 '천지의 근본'이며, 천황은 '사해 만국의 대군'이라고 한다. 아쓰타네에 의하면 다른 외국은 스쿠나히코나노가미少彦名神와 오쿠니누시노가미大國主神**가 건너가서 만든 나라이기 때문에 이윽고 "산물을 가득 바쳐" 일본에 신종할 것이라고 한다. 예를 들면 의술은 원래 이 두 신이 시작한 것인데, 외국은 말단의 나라들로 악병이 많기 때문에 이 두 신의 역할로 외국에서 특히 발전했으며, 그것이 이윽고 외국에서 공물로서 황국에 전해진 것이다. 지동설에 관해서도 실은 고전에 기록되어 있는 사실에 의해 아쓰타네가 생각해 낸 것이지만, "그것이 때마침 외국인의 설과 닮은 것은 그들이 생각한 설을 고전에 맞춘 것이지 우리 설을 그들에게 맞춘 것은 아니다"고 하는 등 억지와 독선에 의한 문화적 에스노센트리즘은 그칠 줄을 모른다.

그러나 『영의 진주』에서 전개되는 우주형성론의 진정한 목적은 '야마토고코로大倭心'를 견고하게 하기 위해 '영혼의 행방의 안정'을 분명히 하는 데 있다. 아쓰타네에 의하면 노리나가는 신도 인간도 선도 악도 모두 죽으면 황천에 간다고 했지만 그것은 전혀 잘못된 생각이며, "중대한 왜곡"이다. 그렇다면 사람이 죽으면 어떻게 되는 것일까. '형체'는 땅으로 돌아가고, '영혼'은 유명계幽冥界로 가서 오쿠니누시노가미의 지배를 받으며, 현세에서의 선악에 관한 심판을 받는다. 현세에서는 그 어떤 명군이라도 인간 내면의 악이나

---

* 불교의 우주론에 나오는 상상의 산으로 세계의 중심에 솟아 있는 거대한 산.
** 두 신 모두 전국을 돌면서 국토를 개척한 신으로 전해진다.

숨겨진 악행까지 벌할 수 없지만, 유명계에서는 선에는 반드시 복이, 악에는 반드시 벌이 주어진다. 이 세상은 인간들의 선악을 시험하기 위해 한동안 살려두는 "잠시 머무는 세상"이며, 유명계야말로 "우리의 본래 세상"이다.[17] 그러나 이 유명계는 현세와 별도의 장소에 있는 것이 아니라, "현세의 어디에도 있지만 희미하게 떨어져 보이지 않으며 …… 저승보다는 인간이 하는 짓이 잘 보이지만 이승보다는 그 유명幽冥을 볼 수 없다"고 한다. 황천국은 "온갖 화나고 나쁜 일이 머무는" 곳이지만, 오쿠니누시노가미가 다녀온 이후 신들의 '왕래'가 없어졌다. 간혹 드물게 죽은 자의 혼이 하늘로 올라가는 일은 있지만 황천국으로 가는 일은 없으며, 지금은 천과 지와 황천은 서로 멀리 떨어져 버렸기 때문에 "이 국토의 사람이 죽어 그 혼의 행방은 영원히 이 국토에 있게 된" 것이다. 사당이나 사우祠宇 등은 그러한 영혼이 머무는 곳이며, 그것이 없을 경우에는 무덤 주변에 혼은 머물고 있다. 인간이 죽으면 영혼은 껍질을 떠나지만 그 주변에 머무는 것이며, 그렇기 때문에 영혼이 "무덤 주위에서 신령스럽고 기이한 현상을 나타내는" 사례도 적지 않은 것이다.[18]

이렇게 해서 영혼은 자신이 생전에 생활한 집이나 마을 주변에 머물면서 가족이나 자손의 생활을 지켜보고 보호하고 있지만, 그 밖에도 질병 신, 포창疱瘡 신, 목매어 자살하는 신 등과 같이 꺼림칙한 신도 있다. 이들 신은 마가쓰히노가미禍津日神의 뜻으로 재액을 받은 자가 갖가지 병으로 괴로워하다가 죽거나, 집도 없이 방랑하고 혼이 머물 곳도 없이 죽은 것을 원망하여 "자기가 당한 일을 남에게도 보이려고 귀신이 된 것"이다. 덴구天狗는 오만하고 마음의 한을 품고 죽은 자의 영혼이며, 에도 아사쿠사浅草의 치질신은 치질에 시달린 자가 같은 병에 걸린 자를 도우기 위해 "마지막 일념"으로 효험을 가져다 준 사례다.

이 치질신*은 에도시대의 유행신으로 잘 알려진 사례인데, 『귀신신론鬼神新論』에서도 이누가미犬神, 덴구天狗, 고리狐狸, 호교鮑魚 등**의 많은 속신이 등장하고 있다. 이들의 대부분은 아라이 하쿠세키의 『귀신론』에 의거하고 있으며, 하쿠세키는 『포박자抱朴子』, 『오잡저五雜俎』 등과 같은 도교 계통의 저작을 인용해서 논하고 있다.[19] 이 때 하쿠세키는 이러한 방탕한 제사도 "신령에게 빌면祈禳 반드시 영령의 응답이 있는" 것은 왜인가를 묻고 그것은 "저 받들어 모시는 사람의 정령이 모여서 영령이 있는 것"이라 하고, 또한 "충신의사가 죽어 그 영령과 혼백이 아직도 흩어지지 않은 것"이 특히 영험이 크다고 한다. 여기서는 도교계의 신도 포함하여 광범위한 속신俗信의 세계를 다루고 있는데, 그 특징은 다양하고 잡다한 신령의 실재에 있으며, 그 중에서도 특히 어령신앙적인 사자령死者靈이 차지하는 위치가 압도적으로 크다.

아쓰타네에 의하면 일본에서 신이라고 할 때 그것은 "반드시 실물을 가리키는 것"이며, 천지의 신들과 인간, 조수초목, 산과 바다 등은 모두가 "심상치 않은 뛰어난 덕이 있어 외경해야 할 신"이다.[20] 이는 노리나가설을 계승한 신 관념인데, 민속신앙의 세계를 포섭한 신 관념이라고도 말할 수 있다. 이 신 관념 가운데는 사악한 신도 포함되어 있지만, 다양한 신들은 결국은 황통신과 조상신을 중심으로 안정적인 질서를 구성하도록 정리되어 있다고 보는 점이 노리나가와 다르다. 또한 이와 관련해서 노리나가와 아쓰타네의 신 관념의 차이를 집약하는 위치에 있는 것이 마가쓰히노가미에 관한 견해차라는 것은 잘 알려져 있다. 즉 노리나가는 이 세계의 갖가지 불행이나 부조리와 악을 마가쓰히노가미의 활동 때문에 불가피하다고 보았지만, 아쓰타네는

---

* 에도시대 치질을 치유하는 신은 슈잔지운레이진(秋山自雲靈神)으로 알려져 있다.

** 악령이 된 개, 상상의 괴물, 여우나 너구리, 썩은 악취를 의미하는 소금에 절인 생선 등 모두가 인간에게 나쁜 일을 가져다주는 속신을 의미한다.

"이 신은 더러운 것을 심히 싫어하여 더러운 것이 있으면 거칠어진다"고 하며, 저승에서 인간의 이승에서의 선악을 심판하는 오쿠니누시노가미과 함께 이승의 질서를 수호하는 역할을 담당하고 있다고 한다.

아쓰타네는 노리나가와 마찬가지로 막번제 국가의 지배를 자명한 전제로 하여 그것을 배경으로 실현되는 안온과 행복을 옹호하려 했다. 그 구체적인 내용은 "청정을 본으로 하여 더러운 것을 싫어하고 군주와 부모에게 충효로 섬기며, 처자식을 보살피고 자손을 많이 낳으며, 친족 간에 화목을 도모하고 친구 간에는 신의를 오로지하며, 노비를 불쌍히 여기고 가문의 번영을 생각한다"[21]라고 하는 평범한 생활세계다. 그것이 근세 민중의 평범한 생활세계라는 점에서는 노리나가가 지키려고 한 세계와 거의 다르지 않다고도 말할 수 있다. 그러나 노리나가가 '이치'나 '도리'보다도 '진실된 성정性情'이 소중하다고 말하고 "모든 일에 관대해서 용서할 수 있는 것은 대체로 용서하고 세상 사람들이 원만하고 격의 없이 즐기는" 것이야말로 황조신의 가르침이라고 하는 점과 대비해 볼 때, 아쓰타네가 지키려 한 생활세계의 내실은 크게 다르다. 아쓰타네는 신령적인 세계의 장대한 코스모로지를 그려냄으로서 사람들이 마음속에 품고 있는 망설임을 잘라버리고 '영혼의 행방'을 명백히 하여 생활세계의 질서에 근거를 부여하려 한 것이다. 이 때 아쓰타네의 신 관념이 민속신앙의 세계를 송두리째 포섭하면서 여기에 질서를 부여하려 한 것은 특히 유의해야 할 점이며, 신령적인 세계 전체가 질서를 향해 동원되고 있는 것이다. 나는 앞서 근세 사회에서 사회체계의 중추부는 제도와 이데올로기가 합리화된 질서로서 구성되고 있었지만 그것과는 다른 차원에서 사회 주변부에는 민속적인 것이 널리 일반적으로 존재하며, 그것이 때로는 활성화되어 질서를 위협하고 있었다고 지적했는데, 이제는 이러한 민속적인 세계에 뿌리를 내린 질서화야말로 과제가 된 것이다. 그것은 질서가 민중 심의의 심층에 근거를 두어야 한다는 새로운 이데올로기의 등장을 의미하며, 지금까지는 서로 다른 차원에서 존재하던 두 개의 세계를 가교하는 것을 의미하고 있었다. 그렇게 하기 위해서는 아쓰타네 특유의 '망상'과 '기개',[22] 다시 말하자면 맹렬한 심리적 에너지가 필요했다.

신령적인 세계에 뿌리를 내린 질서화의 논리인 까닭에 아쓰타네의 사상이 가지는 방패의 한 면은 종교적 이단에 대한 공격이었다. 왕권의 교체를 정당화하는 탕무방벌론은 가장 중요한 공격 대상이었는데, 여기서는 『출정소어부록出定笑語附錄』에서 '신적이종神敵二宗'이라고 지목한 잇코종一向宗과 니치렌종日蓮宗에 대한 공격을 예로 들어보자.

잇코종이 공격받는 이유 가운데 하나는 아미타불 하나에 대한 귀의를 설파하면서 아미타불이 아마테라스 오미카미의 본지불本地佛이라고 하여 아마테라스 오미카미 신앙을 아미타불로 바꾸어 버린 점에 있으며, 또한 "툭하면 도당을 만들고 공도公道에 적대하는" 잇코잇키의 전통에 있었다. 또한 잇코종이 천신지기에 예배하지 않는 신기불배神祇不拜의 전통은 "대신궁의 축문조차도 집에 두고 모시지 않으며 기리시탄과 마찬가지로 이국외도異國外道의 불佛에 추종하여", "자기 몸에 붙어있는 혈맥의 몸채를 소홀하게 다루는 것"이라고 하여 아마테라스 오미카미를 정점으로 하는 혈연의제적인 질서의 입장에서 공격하였다. "기리시탄과 마찬가지"라든가, "기리시탄 도당에도 뒤지지 않는 형세"와 같이 말하는 것은 막번제 국가가 강력하게 배제하고 있는 '이단=적'에 필적하는 것으로 파악하고 있다는 것을 의미하고 있으며, 배제와 공격의 이데올로기에 어울리는 표현이었다.

니치렌종은 신기신앙을 적극적으로 받아들이고 있는 점에서 잇코종과 다르지만, 일본의 신들은 니치렌이 권청한 경우에 한해서 믿는 것이기 때문에 습속적인 종교 관념으로부터의 자립성이라는 점에서는 잇코종과 비슷하다고도 말할 수 있다. 아쓰타네가 공격하는 것은 이러한 종교 관념의 독자성이라는 측면이다. 예컨대 "니치렌이 권청하지 않는 신들은 천황의 시조신 아마테라스 오미카미를 비롯하여 800만 신, 그리고 장군가의 시조신 도쇼대신군東照大神君도 …… 모두 사악한 신"으로 보기 때문이다. 또한 니치렌종에는 그 종교 관념의 독자성으로 인하여 이단이 많았다. 아쓰타네는 불수불시파不受不施派, 비전파悲田派, 후지문도富士門徒, 삼초파三超派, 연화왕생蓮花往生*과 같은 니체렌종의 종파들을 차례로 들어 공격하고 있다. 그리고 니치렌종을 신앙하는 사람들의 일상생활에도 이단성이 나타나고 있어서 "좌우간 니치렌종 신도는 시골 사람이라 하더라도 자기오만이 강하며, 마음이 비뚤어지고 심보가 나빠져 …… 세상살이 교제조차 좋지 않은 자가 많다"고 한다.

유교, 불교, 기독교는 제각기 군신·부자 등의 상하 질서를 지키는 속세의 규범을 설파하고 있지만, 천리天理, 아미타불이나 달마, 갓God 등을 내세워 속세의 질서와 인륜관계를 상대화하고 있으며, 그런 의미에서 반질서성을 내포하고 있다고도 말할 수 있다. 유교의 '혁명'설, 아미타불에 대한 신앙이나 탈세속적인 생활의 가치화, 갓에 대한 절대적인 신앙 등은 그 어느 것도 질서의 입장에서 보면 반질서의 원리로 의심할 수 있는 내실을 갖추고 있다. 이에 대하여 아마테라스 오미카미로부터 현존하는 천황에 이르는 황통의 연변성만이 계층적 질서의 절대성·불변성을 표상하고 있으며, 황통신화의 우주론이 이 세계를 지배하는 원리가 된 경우에만 계통적 질서의

* 모두 니치렌종의 분파로 에도시대 이단으로 탄압받았다.

절대성과 그것에 의해 비로소 가능해지는 안온한 생활이 확보된다. 노리나가와 아쓰타네가 구상한 국학적 세계관은 대체로 이와 같은 모티브로 관철되고 있으며, 그것은 사회질서에 관한 위기의식의 산물이었다. 그러나 노리나가의 주도면밀하게 변증된 보수주의=자유주의와는 달리, 아쓰타네는 감상적인 긴박감에 사로잡혀 지나치게 합리화된 종교적 우주론의 체계를 구성하며 민속적인 세계까지도 포함하여 질서를 재편하려는 과제로 지향한 것이었다.

히라타학의 계통적 질서의 이념을 지역사회에서 수용한 것이 재야의 국학國學이다. 재야국학에는 지역사회의 질서에 책임을 져야 할 촌락지배층의 입장이 잘 나타나고 있다. 그 몇 가지 예를 들어보기로 하자.

에치고쿠니越後国 니쓰新津의 촌장 가쓰라 다카시게桂誉重, 1816~1871의 저작『제생요략濟生要略』은 "모든 향리·촌장의 마음가짐은 신과 군의 어진 뜻을 마음에 새기고 농민들을 자신이 낳은 자식과 같이 사랑하고 가르쳐야" 한다는 혈연의제적인 공동체원리로 지역사회를 재편성하려는 촌장의 사명감에서 집필되었다. 다카시게에 의하면 "인민은 신神들의 인민, 즉 천자의 인민"이지만, 인민은 천황→장군→다이묘 ……→촌장으로 순차적으로 위임되어 있다는 위임론의 입장에서 촌장이야말로 민중교화의 현장책임자인 것이다. 실현되어야 할 질서는 아마테라스 오미카미를 정점으로 하여 일반 민중을 저변에 두고 격의 없는 일체성·공동성을 실현한다는 성격을 가지는데, 그것을 "남녀부부의 길"에 기초지운 점에 다카시게의 사상적 특색이 있다. "남녀부부 상호 간에 서로 생각하는 지극한 심정과 진실한 정을 누구라도 생각해 보라 …… 그 진정을 기본으로 하여 오늘날의 만사를 행하는 것이 인간이다. 그 진실한 정으로 군주와 부모를 섬기면 충효이며, 신하와 자식에게 대하면 인자다. 형제의 친하고 먼 사이나 자타관계 모두가 서로 이와 같이 되어야 한다"는 것이며, 그것을 상고上古부터 전해오는 '대동무위의 세상'이라고도 한다.

부부의 길이라 해도 중매인을 세워 혼례를 치른 결혼이어야 하며, "사랑에 빠져" 자식을 '고식姑息'하게 키우면 안 되며, 아이를 팔거나 낙태를 해서도 안 된다. 또한 마을·조합에서 일가족과 함께 "무엇이든 사소한 일도 격의 없이" 다른 의견을 서로 말하는 것이 중요하며, 그것은 가업을 게을리 하는 자, 가정이 불화한 자, 방탕·무뢰·도박 등에 탐닉하는 자에 대한 촌장의 가장 중요한 역할이다. 지역사회의 안정이라는 견지에서 다카시게는 부호에 의한 수탈을 비판하고 있지만, 그러나 빈곤의 더 큰 원인은 일반 민중의 사치에 있으며 사치를 추구하여 꿈틀거리는 인간들의 욕망에 있다고 보았다. 질병·화재·수해 등의 재액은 사치에 노한 신들이 수호를 게을리 했기 때문이라 하고, 기근도 천신이 사치를 혼내주기 위해서 가져온 것이라 한다. 이 사치의 문제에 가장 중요한 의미를 가지는 것이 와카모노구미이며, 젊은이들의 휴일 요구나 주색·도박 등을 어떻게 받아들일 것인가는 지역 질서를 유지하는 데 가장 핵심적인 의미를 가지는 문제다.

> 그런데 젊은이들은 오봉과 정월 15, 16일에는 지옥의 솥뚜껑도 열린다고 해서 제멋대로 행동하고 법에 어긋나는 행위를 해도 벌을 받지 않는다고 하여 자기들의 행위를 정당화한다. 그런 것을 부형·주인·촌장 등이 휴일이라고 해서 꾸지람도 가르침도 하지 않는 까닭에 제멋대로 휴일을 늘리고 갖가지 나쁜 장난을 일삼는다. 그런 마음가짐으로 자라는 까닭에 한 집안의 주인이 되어도 버릇을 못 고치는 자가 많다. 따라서 이런 휴일에는 촌장들이 젊은이들을 불러 모아 신도를 가르치고 교도하면 신을

배우는 일이 안 되는 일은 없을 것이다. 나쁜 일에 익숙해지는 것과 인간의 인간다운 대도(大道)에 익숙해지는 것과의 차이는 이와 같다.

여기서는 와카모노구미와의 휴일을 둘러싼 대항을 질서문란과 곤궁의 원인으로 파악함과 동시에 교도를 베풀어야 할 대상과 기회로도 받아들이고 있다. 이렇게 해서 휴일, 축제, 와카모노구미라는 민속의 차원은 지역사회의 질서를 유지하는 데 있어서 전략적 핵심이 되는 것이다.

시모사쿠니下總国 가토리군香取郡 마쓰자와촌松沢村의 촌장 미야오이 야스오宮負定雄, 1797~1858의 경우에도 히라타학의 종교 관념을 받아들여 당시의 기근·화재·질병 등의 재액은 "모두가 귀신의 꾸지람에 의한 것"이라고 보았다. 이 때, "윗사람이 아랫사람 것을 빼앗는 일은 드물지만 아랫사람이 윗사람을 속이고 공적인 규정을 어기며 다른 사람의 약점을 노려 재산을 뺏는 짓을 일삼고……"와 같은 '인민'의 생활태도에 귀신이 꾸지람을 하는 근거를 찾고 '인민'에 대한 교도를 그 과제로 삼았다.[23]

그런데 야스오의 저작 『민가요술民家要術』과 『국익본론』에서는 이러한 문제 상황을 설명한 다음 곧이어 혼인이나 생식 문제로 옮겨가는 점에 두드러진 특징이 있다. 그것은 아마도 농촌 황폐의 원인이 되는 낙태나 영아살해에 의한 인구 감소에 대처하기 위한 것이기도 하지만, 성에 관해서 지극히 구체적으로 언급하여 "남자로 태어나 남근을 가지고 있는 이상 남녀의 정을 통하고 자손을 낳아 세상에 인민을 번식시키라는 신의 명령을 받든 징표"라든가, "대체로 사람의 몸 중에 성기만큼 소중한 것은 없다"는 등의 설명과 함께, 날씨나 일진 등을 들어서 성교에 관한 금기를 상세하게 논하기도 한다.[24] 예를 들면 "나쁜 마음이 싹트는 시절에는 반드시 교합을 삼가야 한다.

자손의 종자를 뿌리는 소중한 교합을 근심을 떨치는 위로로 삼는 것은 심히 잘못된 생각"이라는 말은 성교할 때의 마음가짐조차도 질서화를 지향하고 있었음을 잘 나타낸다. 또한 민속적인 남근숭배를 인종을 늘리는 '우부스나신産霊神'*이 대신 모습을 나타낸 것이라 하여 적극적으로 받아들이기도 한다.[25] 일반적으로 농경의례에는 생식기 숭배를 농업사회의 풍요와 결부시키는 주술적인 발상이 강하며, 야스오의 사상에 이러한 특징이 현저하다는 점이 지적되고 있는데,[26] 야스오의 농업기술론도 이러한 발상과 밀접하게 결부된 초목자웅론(벼의 경우에는 자혜웅혜설)으로 전개되었다.[27]

성을 중시하는 점에서는 무토베 요시카六人部是香, 1806~1863의 『현유순고론現幽順考論』이 흥미롭다. 요시카에 의하면 남녀 간의 '애련의 정'은 우부스나신이 인간에게 준 것으로 부부는 일체다. 따라서 "부부 정합에 이르러서는 조금도 존비의 차이가 있어서는 안 된다"고 한다. 부부유별이라는 유교도덕은 황국에서는 불필요하다는 것이다. 요시카의 사상은 우부스나신을 중심으로 하는 종교성이 강한데, 일본인은 이 신의 은혜에 의해 특히 뛰어난 성기와 정력을 갖추고 있다고 한다. 서양인의 음경은 가늘고 귀두부가 오그라들어 연약하기 때문에 "부부의 교합도 황국인과 같은 절정에 이르지 못할 터"이며, 일본인의 뛰어난 성기와 맛있고 기름진 식물, 깊고 섬세한 색정에는 도저히 미치지 못한다고도 한다. 기이한 자민족중심주의지만 요시카는 매우 진지하다. "남녀의 교합은 유명정幽冥政의 한 부분으로서 멈출 수 없는 신의 기술"이며, "부부의 교합만은 현세에서 유정幽政의 한 부분을 허용한 것"이기 때문에 성의 환희를 통해서 비로소 현세에 돌출하고 있는 종교적인 것을 실감적으로 느낄 수 있다는 말이 된다.[28]

---

* 태어난 토지의 수호신.

근세 후기의 황폐한 촌락에서 재야국학, 세키몬심학石門心学,* 호도쿠사報德社,** 후지코, 오하라 유카쿠大原幽学*** 등이 지도하는 촌락부흥운동이 전개되었던 점과, 이러한 운동의 배경에는 촌락지배층들에 의해 제각기 자발적으로 시작된 지역질서를 재편성하기 위한 광범위한 노력이 있으며, 호도쿠사 등은 그러한 기반 위에서 수용되고 보급되었다는 점, 그리고 이러한 운동은 '통속도덕'형 생활규범과 노농형老農型 농업기술을 결합시켜 나름대로 유효성을 가지고 있으며, 이윽고 막말유신기와 마쓰카타松方 디플레이션****의 격동을 빠져나와 그 중의 일부는 '모범촌'으로서 근대 일본의 지역질서에 모델이 되었다는 점 등은 이미 논한 적이 있다.[29] 재야국학은 이러한 동향의 일부로서 호도쿠사報德社나 후지코와도 관련이 깊으며, 촌락지배층에 의한 지역질서 재건 운동을 신국관념과 천황의 권위에 결부시킴으로서 정당화한 전형적인 사례다. 근세 후기부터 근대 초기에 이르는 촌락부흥운동은 지배체제를 아래에서 지탱하는 형태의 성격을 가지며, 근대 천황제하의 지역질서와 결부되기 쉬웠지만, 처음부터 국체 관념을 기축으로 지역질서의 재편을 꾀한 점에 재야국학의 특색이 있으며, 천황제 관념이 지역에서 수용되는 경우의 전형적인 사례가 되었다.

---

* 이시다 바이간(石田梅岩, 1685~1744, 에도 중기의 心學者)의 서민교학. 학문의 강령은 만물의 성을 아는 데 있으며 그것은 마음에 의해야 한다는 주장. 유교, 불교, 신도, 도교의 설을 혼합하여 일상의 비근한 생활 속에서의 도덕의 실천을 설파했다.

** 니노미야 손도쿠의 사상을 실천하고 농촌의 구제와 재건을 목표로 조직된 결사. 자영농을 기반으로 하는 농민조직으로 발전했다. 메이지 초기에는 전국에 1000여 개의 결사 성립.

*** 1797~1858. 에도 후기의 농민지도자. 그의 사상은 신유불을 혼용하여 조상의 제사와 지족안분의 생활을 강조하고 근면저축으로 농촌의 황폐를 구하려 했다.

**** 1880년대에 재정 담당 장관 마쓰카타 마사요시(松方正義)가 추진한 재정 정책. 지폐정리, 태환제도의 확립, 일본은행의 창설 등으로 근대적 신용제도를 정비했다. 특히 이전의 인플레이션에 대한 대책으로 디플레이션 정책을 채용하고 군비확장을 강행하여 물가와 금리하락을 초래하고 상업적 농업과 농촌 공업을 압박하여 몰락한 농민들이 소작인으로 전락하거나 도시로 유입되었다. 또한 타격이 컸던 양잠업과 제사업을 하던 지역을 중심으로 격화사건과 부채반환 소요가 빈발했다.

3. 미토학

후지타 유고쿠藤田幽谷부터 시작되는 후기 미토학水戸学(이하에서는 미토학이라 부른다)은 근세 후기의 위기의식을 바탕으로 구축된 대표적인 정치사상이며 '존왕양이', '대의명분', '국체'와 같은 흔하디 흔한 어휘도 유교의 고전에 의한 것이 아니라 미토학에서 유래하는 일본의 독자적인 용어법이다.[30] 도쿠가와 나리아키德川斉昭가 번주가 되고 미토학의 중심 멤버가 번의 정치에 등용된 덴포天保 초년부터 미토학은 널리 알려지게 되었으며, 요시다 쇼인吉田松陰이나 마키 이즈미真木和泉와 같이 존왕양이운동을 대표하는 사상가에게 커다란 영향을 미쳤을 뿐만 아니라, 간노 하치로(3장 3절 참조)나 이코타 준도伊古田純道, 1802~1886(무사시노쿠니武蔵野国 지치부군秩父郡 고다무라古田村의 의사. 일본 최초로 제왕절개수술을 했다. 1866년에 부슈잇키武州一揆에 관한 뛰어난 기록을 남긴 것으로도 알려져 있다—야스마루)와 같은 민중적인 사상가도 미토학에 매료되었다. 정치세력으로서의 미토번은 안세이대옥安政大獄*을 경계로 처절한 '당쟁'과 고산케御三家로서의 입장 등으로 인하여 전국적인 정치 상황 속에서는 발언권을 상실했지만, 국체사상으로서의 미토학은 막말의 정치운동이나 메이지유신 이후의 천황제 관념을 형성하는데 커다란 영향력을 미치고 있었다. 따라서 우리는 미토학과 히라타국학에서 나타나는 위기의식의 실체를 탐구함으로서 근대 천황제 형성과정의 사상사적인 문맥이 가지는 가장 중요한 부분을 이해할 수 있는 것이다.

『정명론正明論』은 후지타 유고쿠가 18세에 지은 것으로 짧은 문장이기는 하지만 "천지가 있는 다음에 군신이 있으며 군신이 있고 그 다음에 상하가

---

* 1858년 에도 막부의 존왕양이운동에 대한 일대 탄압.

있다"고 하여 군신 상하 질서의 절대성을 논한 것이다. 유가의 정명사상은 명분을 바로잡는다, 즉 군주는 군주답고 신하는 신하다우며 그 도덕적 책무를 추구한다는 의미이지만 『정명론』에서는 명분, 즉 군신의 명名과 상하의 분分이라는 차별적인 원리를 강조하는 데 초점이 놓여 있다고 한다.[31] 이러한 상하질서의 절대성은 일본에서는 만세일계의 천황의 지위를 그 누구도 범하지 못한다는 사실로 표현되고 있으며, "위로 천자를 받들고 아래로 제후를 거느리는" '패왕의 업'으로서 실현되고 있다. 『정명론』이 존왕사상의 대표적인 저서라는 것은 이러한 상하 질서의 절대성을 표상하는 존왕이라는 의미 때문이며, "막부가 황실을 존중하면 곧 제후가 막부를 섬기며, 제후가 막부를 섬기면 곧 공경대부가 제후를 존경한다"고 하여 신분제 규범을 제각기 신분에 맞게 준수하는 데에 존왕의 의미가 내포되어 있다. 존왕과 현존질서에 대한 공순을 결부시키는 이 테제는 막말 정치사의 격동을 목전에 둔 당시의 미토학에서는 『정명론』 이상으로 강조되었으며, "사람들이 천조·도쇼궁의 은혜를 갚으려고 잘못 생각해 목전의 주군을 제쳐두고 곧바로 천조·공경에게 충성을 다하려 한다면 오히려 참란僭亂의 죄를 면하기 어려울 것"[32]이라고 했다.

그러나 유고쿠 사상이 가지는 또 다른 측면은 학문과 정치를 통일시키고 직언을 서슴지 않는 강직한 실천성에 있었다. 이러한 입장에서 유고쿠는 "후세의 유자는 헛되이 도덕인의를 논하고 공리를 꺼려 말하지 않으며 부국강병을 물리치는 것을 으뜸으로 한다"고 비난하고, "그 사실은 어찌 공리를 꺼릴 것인가"하고 명언했다.[33] 『대일본사』의 편집방침을 둘러싸고 유고쿠가 그의 스승 다치바라 스이켄立原翠軒을 비판한 것도 이와 관련이 있으며, 인물본위로 도덕적 평가를 주로 하는 기전紀傳에서 제도사적인 지표志表 편찬에 중점을 옮기도록 주장하고 “역사의 뼈대는 지류志類에 있다 …… 기전 따위에 현명하거나 불초한 군신이 있는 것은 어느 세상에도 있는 일로 드문 것이 아니다”고 했다.[34] 유고쿠는 원래 유학자이기는 했지만 그 유학에는 ‘변통신화의 도’도 포함되어 있으며, 제자백가를 흉내 내어 ‘음모비책’을 사용해도 좋다고 한다. 자기 한 몸만을 청렴하게 하려는 도덕주의보다는 “호방하게 술을 마시고 미친 서생이라는 소리를 듣는” 편이 훨씬 나으며, ‘비분강개’하여 “설령 오이 밭에서 신발 끈을 고쳐 매고 남들의 욕을 들어도” 그•본심을 잊어서는 안 된다는 것이다. 『정사봉사丁巳封事』는 이러한 입장에서 시세를 비판하고 자신은 ‘미친 서생’이며 “규범에 얽매여 규칙에 따르는 순정한 학자는 아니다”라고 하는 거만한 긍지의 자세를 보였다.

광기나 우둔은 막말기의 지사들이 즐겨 이용하던 자기규정이며, 성패를 뒤돌아보지 않는 일탈자이기를 두려워하지 않고 분투하는 것을 의미하였다. 후지타 도코藤田東湖가 『논어』에서 말하는 ‘광견狂狷’*을 칭송하여 “광견은 국가의 원기”, “광견으로 수행하는 중용에 있지 않으면 중용도 가짜다”라고 한 것도 같은 의미이며, ‘광견’이란 표면적으로 도덕가인 척 하는 ‘향원鄕原’**과 달리 ‘중용’에는 도달하지 않았지만 큰 뜻을 품고 한결같이 살아가는 인간을 말한다. “주자의 표면적인 것만을 받아들여 근신 견고만을 오로지 하고 자연과 광견의 선비를 기피하고 향원의 기풍에 빠지기 쉬운 상태가 되어서는 결코 주자의 본뜻에도 맞지 않으며”, 더욱 필요한 것은 사소한 것을 되돌아보지 않고 대담하게 활동하는 실천형의 인물이다.[35] 이렇게 해서 상하의 질서를 절대화하기 위해서야말로 국체론을 내세우고 ‘참란의 죄’를 범해서는 안 된

* 논어 자로편의 “狂者進取, 狷者有所不爲也”에서 나온 말로 ‘광’은 뜻이 높아 진취적이라는 의미이며, ‘견’은 절의를 지켜 뜻을 굽히지 않는다는 말.

** 논어 양화편의 “鄕原德之賊也”에서 도덕가인 척하며 향리의 평판을 얻으려는 속물을 의미하며 도덕가를 치장하는 자는 오히려 덕을 해치는 자라는 말.

다고 주장한 미토학은 또 다른 한편으로는 이러한 국체론적인 과제의식 때문에 변혁을 추구하고 규범을 일탈하는 심성에 상황 돌파의 활력을 추구했다. 미토학은 현상적으로는 모순되는 이 두 가지 측면을 함께 갖춤으로서 한 시대의 위기의식을 대표하는 사상이 될 수 있었다고 생각한다.

1829년 장군 이에나리家斉의 아들을 세자로 맞이하려는 중신들의 책동에 대항하여 후지타 도코를 비롯한 나리아키 옹립파 수백 명이 에도로 향했으며, 이들의 실력행사에 의해 나리아키는 제9대 미토 번주가 되었다. 그 직후 나리아키는 종래의 중신들을 파면하고 후지타 도코, 아이자와 세이시사이会沢正志斎 등의 쇼코칸彰考館 관계자를 발탁하여 번정 개혁에 착수했다. 원래 미토번의 번주는 에도에서 근무하게 되어 있어 초대 번주 요리후사頼房와 2대 번주 미쓰쿠니光圀는 각각 열한 차례 미토로 내려가서 번의 정치를 지도했지만, 그 후의 번주는 미토로 갈 기회가 적고 기간도 짧았으며 나리아키 앞의 제8대 번주 나리노부斉脩와 같이 한 번도 미토 땅을 밟지 못한 번주도 있었다. 이러한 역대 번주에 비하여 나리아키는 유난히 미토에 갈 기회가 많았으며, 몸소 선두에서 번정 개혁을 추진했다.[36] 그 개혁책의 중심은 검약령, 농민보호, 무예 장려 등과 같이 전통적이고 상투적인 것이기는 했지만 문벌제도에 구애받지 않는 과감한 인재등용과 자기 자신도 개혁의 선두에 서려는 의욕과 실행력이 두드러지고 있었으며 현상타파적인 실천성을 가지고 있었다. 야마카와 기쿠에山川菊栄의 『각서 막말의 미토번』은 이러한 나리아키의 파격적인 개성과 실천성을 다음과 같이 전하고 있다.

> 부하를 데리고 다녀도 따돌리는 기술이 뛰어나 길가에서 잠시 기다리게 하고는 자기 혼자서 아무 집이나 들어가 보는 일도 종종 있었다. 그럴 때에는 현관 밖에서 큰 소리

로 '실례'라고 한 마디 내지르고는 응대도 기다리지 않고 척척 걸어 올라가 버린다. 안방까지 들어가는가 하면 어느새 부엌까지 들어가 냄비 뚜껑, 관 뚜껑까지도 열어 들여다본다. 어떤 집에서는 새까만 보리밥을 먹고 있었다고 해서 검약을 칭찬받았으며, 어떤 집에서는 냄비 안에 죽이 끓는 것을 보고 고개를 갸우뚱거렸다. "이건 뭐냐?"는 물음에 주부가 찬밥을 데워 먹는 방법이라고 설명하자 과연 감심한 모양이었다. 아무리 '찬밥 영주'라도 영주가 죽이 뭔지도 모른다고 해서 화제가 되었다. 그처럼 서민 생활이 신기하고 하나하나 호기심의 표적이 된 모양이었지만 인민들의 입장에서도 영주님이 신기한지라 가까이서 보거나 질문을 받는 것을 모두 기뻐했다. 그러나 그중에는 갑자기 모르는 남자가 제멋대로 집으로 들어왔는데 나중에 영주님이라는 것을 알고는 깜짝 놀라 목욕탕으로 달아나 빈 욕조 안에서 뚜껑을 덮고 숨을 죽인 채 돌아가기를 기다리는 주부도 있었다.[37]

분명 "어떻게 보면 명군이기도 하고 어떻게 보면 반미치광이 같기도 하여 실로 파격의 연속"[38]이었다. 나리아키는 "전원 면복 착용"을 포고하고 자기도 면복을 입었으며, 교토에서 자라면서 가난한 생활에 익숙한 아리스가와노미야가有栖川宮家의 공주를 부인으로 선택했다. 그렇지만 일반 무사 이상은 띠나 속옷은 명주를 사용해도 상관없다고 했기 때문에 "겉옷은 면직물인데 안감이나 안단, 소맷자락, 속옷, 저고리 등은 명주나 견직물"이라는 기묘한 복장이 널리 이용되었다. 분세이기文政期, 1804~1830의 미토는 무사들도 유흥을 즐기는 여유로운 사회였으며 긴박한 문제를 논의하는 것은 후지타파와 같은 지사적인 사람들에게 한정되어 있었다. 그러나 나리아키가 번주로 취임하여 개혁을 시작하자 번사의 기풍이 일변하고 인재등용은 녹봉의 가감과 결부되어 이해관계가 얽힌 격렬한 '당쟁'이 시작되었다. 야마가와는 "유신 전의 미토에서는 나리아키 공과 도코라면 모두가 눈엣가시처럼 여겨졌고, 저 두 사람이 미토를 휘저었기 때문에 세상이 나빠졌다. 연극유예의 금지, 무예의 장려와 검약 일변도로 완전히 세상이 어두워지고 불경기가 되어 기질이 거칠어졌다"라고 전하고 있다.[39] 그래도 도코가 살아있을 때는 통제가 먹혔지만 1855년에 도코가 죽자 증오와 피비린내 나는 복수의 처참한 악순환이 되풀이되어 미토번은 많은 인재를 잃고 세력을 실추시켰다.

『신론新論』은 미토학을 대표하는 저작으로 1825년에 저술되었다. 그 전해에 미토번 오즈大津해변에 영국인 12명이 상륙하여 땔감과 물을 요구하는 사건이 있었으며, 『신론』의 저자 아이자와 세이시사이도 필담역으로 임명되어 현지에 급파되었다. 세이시사이는 그때까지만 해도 북방 문제에 관심이 있었지만 이 사건을 계기로 대외적인 위기의식이 일거에 팽배하여 『신론』을 지었던 것이다. 막말의 위기의식은 18세기 말에 제정러시아의 남하에 의한 북방문제로 시작되었으나 19세기 초에는 영국이나 미국을 포함하여 더욱 일반화 되었으며 아편전쟁을 계기로 한층 절박해졌다. 이러한 상황에 대처하고자 하는 위기의식의 특질을 표현한 저작으로서 『신론』에 관해서 살펴보기로 하자.

『신론』은,

> 삼가 살피건대 신주(神州) 일본은 태양이 떠오르는 곳, 원기가 시작되는 곳으로 태양신의 자손이 대대로 황위를 계승하여 영원불변하다. 우리 천황은 처음부터 세계의 머리 부분에 해당하며 만국의 기강이다.

라고 하는 장중한 선언에서 시작된다. 곧이어 인간의 몸을 비유해서 일본은 하늘에 가까우며 이 지구상에서는 '머리'에 해당하는 위치에 있기 때문에 폭은 작지만 만세일계의 천황이 존재하므로 세계에 질서를 부여하여 "만방에 군림하는 까닭"이라고 한다. 이에 비하여 서양 오랑캐들은 '하체'에 해당하므로 이동에 뛰어나서 선박을 이용하여 세계 각지를 다니며, 미주대륙은 등에 해당하기 때문에 이루는 일이 없고 백성은 어리석다는 식으로 설명한다. 세계는 신체의 비유로 표현되는 하나의 질서이며 그것이 질서일 수 있는 것은 하늘에 의거한 우주이기 때문에 "만물은 하늘에 의거하고 본은 조상에 의거하며 몸을 조상으로부터 이어받고 기를 천지로부터 받고"있다. 이 '기'는 '천지의 마음'이기 때문에 인간에 내재하는 그 마음이기도 하다. 그러므로 인간은 '천지의 마음'이며, '마음'을 순수하고 활동적으로 다스림으로서 커다란 에너지가 생긴다. "태양이 뜨는 곳, 원기가 시작되는 곳"인 일본이야말로 이러한 활력에 가득 찬 나라다.

천지의 본질을 받은 존재가 인간의 마음이라고 하는 것은 유학사에서 볼 때 천인상관설에 해당하지만, 주자학적인 이기론이 아니라 오히려 신령설의 일종이라고 해도 좋을 정도로 종교화되어 있는 것이 특징이다. 아이자와 세이시사이가 '천의 신도神道'라고 하는 것도 이러한 종교적 의미에 가깝다. 제사의례, 특히 '관천盥薦의 사이'(손을 씻고 깨끗이 한 후 공물을 바치는 행사가 끝날 때까지의 사이로 제사의 가장 엄숙한 시간—야스마루)에 신과 인간이 '서로 감응'하여 인간은 하늘의 정기를 받는 것이라고 한다. 『신론』의 국체론은 무엇보다도 이러한 제사론으로서 전개되고 있으며, 제사의 정점에는 천황의 즉위식에 해당하는 다이조사이가 있다. 그리고 천황은 다이조사이를 거쳐 "천조의 유체遺體을 가지고 천조의 일에 임"하게 되는 것이기 때문에 천황은 아마테라스 오미카미와 일체가 되는 현인신이라는 것이다.

『신론』은 이러한 제사론을 『고사기』와 『일본서기』, 『고금습유古今拾遺』 등의 일본 고전과 『역』, 『예기』, 『중용』 등의 유교 고전을 인용하여 논하고 있으며, 그런 의미에서는 신유일치설이라고 할 수 있다. 그런데 제사를 통해서 실현되는 신유일치적인 질서가 시대의 변화와 함께 사악한 종교의 피해로 어지러워졌다는 것이 그 위기의식이며, 먼저 불교 가운데서도 특히 잇코종이 주군을 섬기는 충효의 도를 파괴하는 것으로 비판되고 있다.

그러나 이러한 위기의식은 대외적인 위기를 기독교에 의한 민심 선동과 현혹의 위기로 파악함으로서 일거에 급박한 내실로 표상되었다. 즉 서구열강의 침략에 대하여 "그들이 믿고 기량을 왕성하게 하는 바의 근거는 오로지 야소교에 있을 뿐"이며, 열강의 침략은

> 남의 국가를 무너뜨리려 하면 곧 반드시 먼저 시장을 통해서 그 허실을 엿보고, 가로챌 것이 있으면 곧바로 병력을 이용해서 이를 습격하며, 만약 이것이 불가능하면 곧 이교(夷敎)를 주창하여 이로써 민심을 현혹시킨다. 민심이 한번 움직이면 음식을 싸들고 서로 맞이하여 금하지 못한다. 이리하여 백성은 오랑캐의 신을 위해 죽으며 서로 기뻐하고 선망하여 이로써 영광을 이루고 그 용기는 이로써 싸우기에 족하다. 자산을 기울여 이로써 오랑캐의 신을 받들고 그 재산은 이로써 병사를 일으키기에 족하다.

는 경위를 거친다. 민중은 어리석어서 "이익을 추구하고 귀신을 경외하는데 빠지기 쉬우며", 일단 그 마음이 움직이면 어떤 '엄벌준법'이라도 전혀 통하지 않는다. 그것은 시마바라의 난*과 같은 기독교 문제의 역사에 잘

나타나고 있지만 그것만은 아니다. 민심을 장악한 종교가 권력의 입장에서 볼 때 얼마나 감당하기 어려울 정도로 귀찮은 것인지에 대해서는 잇코잇키의 역사에서도 표현되고 있으며, 불수불시파不受不施派, 연화왕생蓮華往生, 후지코富士講 등과 같이 현실적으로 존재하고 있는 종교적 이단의 사례를 보더라도 명백한 사실인 것이다.(**주1**)

주1 『신론』이 이렇게 주장하는 배경에는 막번제 국가에서의 종교사정과 그 자각화라는 사태를 상정할 수 있을 것이다. 즉 막번제 국가를 정치와 종교와의 관계에서 규정하면 그것은 히에이산(比叡山) 엔랴쿠사(延暦寺), 잇코종, 기리시탄 등의 종교 세력과의 격렬한 투쟁을 통해서 단일한 질서를 형성하고 가쿠레기리시탄,* 가쿠레염불,** 불수불시파 등으로 대표되는 이단을 금압함으로써 질서를 유지했다고 할 수 있다. 속세의 인륜적인 질서를 지키기 위해서 막번제 국가가 이러한 사악한 적을 강력하게 배제하고 있는 것은 근세 사회를 살아가는 사람들의 암묵적인 양해이며, 권력에 대한 은혜와 정당화의 근거가 되고 있었다고 할 수 있을 것이다. 이러한 시각에서 근세 후기의 위기를 파악하면 막번제 국가가 구축하고 있는 질서와 종교적 제 세력과의 갈등이 재차 활성화되어 심각해지고 있다는 구도가 떠오를 것이다. 이러한 위기의식의 실태에서 보면, 적대적인 종교 세력들의 모습은 상상력 속에서 지나치게 과장되어 기이한 양상을 드러냄과 동시에 너무 넓고 막연해서 한정하기 어려운 곳까지 확장되어 간다.

먼저 질서를 위협하는 종교적인 세력들 가운데 가장 사악하고 무서운 상대는 기리시탄이지만, 근세 사회에서의 기리시탄에 대한 이미지는 실태와는 동떨어진 기괴하고 악마적인 것이며, 또한 기리시탄과 아무 관계도 없는 사건이나 인물도 이른바 그 이단성의 표상으로서 기리시탄이라든가 기리시탄이나 마찬가지로 간주하게 되었다.[40]

요컨대, 기괴한 사설(邪說)이나 요술에 의해 인심을 현혹시키는 것은 일반적으로 기리시탄적인 것이며 기리시탄이란 그러한 이단적인 언설 · 집단 · 행동을

---

* 1637~1638년에 걸쳐 시마바라 지역에서 농민이 기독교 신자들과 결합하여 일으킨 대규모의 봉기. 봉기에 참가한 자들은 전원 학살당했다.

* 기리시탄은 '切支丹'으로 표기하며 기독교 또는 그 신자를 말한다. 가쿠레기리시탄은 막부의 기독교 탄압으로 인하며 표면적으로는 기독교를 믿지 않는 것처럼 보이면서 은밀하게 신앙을 지켜온 자들을 말한다.

** 넓은 의미에서는 에도시대 막부나 종문에 의해 이단으로 금지된 불교종파. 일반적으로는 가고시마에서 금지된 진종의 문도들이 당국의 눈을 피해 신앙을 지켜온 것을 말한다.

집약하는 표상이었다. 그리고 불시불수파나 가쿠레염불 등의 이단은 거의 기리시탄과 같은 부류이고, 잇코잇키 등의 경험과 독자적인 신앙·습속을 가지는 잇코종이나 니치렌종도 기리시탄에 가까운 존재이며, 더욱 일반화해서 생각해 보면 모든 불교나 민속신앙도 어딘가 기괴하며 기리시탄과 비슷하거나 또는 거기에 휘말리기 쉬운 불안정한 존재였다. 이렇게 생각해 보면 근세 사회의 모든 종교적인 것은, 기독교 ≧ 불수불시파, 가쿠레염불 ≧ 잇코종, 니치렌종 ≧ 고료신앙, 유행신 ≧ 민속신앙 일반 ≧ 불교 일반이라는 서열로 반질서성 내지는 이단성을 내포하고 있다는 말이 된다. 이렇게 해서 고조되는 위기의식 속에서는 V. 터너가 구조를 위협하는 경계성·주변성·구조적 열위성으로 규정한 차원은 왠지 기괴하며 반질서성을 품은 종교적 존재로서 보편적으로 존재하고 있다는 말이 된다.

근세의 불교는 일반적으로 세속윤리를 설파하여 사회질서를 지탱하는 사상이었다는 점, 잇코종을 믿는 농민은 근면·검약의 정신에 투철한 모범 농민이었다는 점, 이단으로 간주되기도 했던 후지코나 석문심학(石門心學)은 오히려 사회체제를 아래에서 지탱하는 도덕운동이었다는 점, 그리고 가쿠레기리시탄조차 탄압의 구실을 피하기 위해서라도 연공과 부역을 솔선해서 부과하는 근세 사회의 양민이었다는 점들을 고려하면, 위와 같은 이단성에 관한 이미지는 극단적으로 과장되어 기괴한 인상을 주고 있다. 그러나 이러한 이른바 적대성·반질서성에 관한 선동적인 과장이야말로 위기의식을 부추겨 새로운 이데올로기적인 전략의 확립을 서두르게 만들었다고 할 수 있다.

1862년 간노 하치로(菅野八郎)는 유배지 하치조지마(八丈島)에서 「자손심득지사(子孫心得之事)」를 고향의 가족에게 적어 보내 교훈을 남겼는데, 그 내용은 기리시탄에 빠지지 말라고 요약할 수 있는 것이었다. 여기서 하치로가 기리시탄이라고 부르는 것은 독실한 생활 규범에 위배되는 그런 행동이나 태도·습관 모두를 말하며, 예를 들면 남을 속여 금은을 탐하거나, 소매치기와 도둑은 기리시탄 '마법의 제일'이었다. 이렇게 해서 기리시탄이라고 해도 "별도로 특별한 것은 아니다", "오늘날 우리가 나태에 빠져 늦잠을 자고 좋은 음식을 먹으며 화려한 것을 좋아하고 일하기를 싫어하여 사치하면서 돈을 밝히는 것은 모두가 마법 기리시탄의 부류로 천벌을 받을 것"이라고 한다. 기리시탄이란 반질서적인 '타자성'='적' 일반을 의미하며, 그것은 실은 인간의 내면에 숨어있는 어두운 욕망의 움직임이며, 자의식을 위협하는 어두운 그림자라는 말이 된다.

> "외국인을 살피려면 먼저 자기 자신을 살피는 것이 좋다. 자신의 성가신 타자성을 해명할 것. 우리가 분명하게 자신들만의 '우리'로 해 두고 싶은 것의 한가운데에 그림자와 같이 출현하는 타자. 그것은 악마와 같이 위협과 불안을

낳는다. 그러나 이 때 출현한 것이야말로 우리 자신의 타자성에 다름 아닌 것이다 …… 기이한 것은 자기 안에 있다. 우리는 모두 외인(外人)인 것이다."[41]

천황제는 이러한 시각에서는 모든 '타자성'에 대항하는 질서화이며, 마음속에 싹트는 불안과 공포에 의한 대상(代償)적인 구제이자 참된 내면의 목소리에 대한 배신의 기도(企圖)다.

『신론』의 이러한 위기의식은 한편으로는 시마바라의 난이나 잇코잇키 등의 역사적 경험에 의거하고 있기는 하지만, 다른 한편으로는 오히려 신의 권위와 여기에 속박된 민심이 이윽고 이 세계의 질서를 전복시킬지도 모른다는 것을 전망하는 체제적인 위기의식이라고 할 수가 있다. 이러한 형태로 인간들의 상상력에 호소하는 것이 그 당시 사람들에게는 근원적인 위기의 도래를 인상 지우기에 적합했던 것이다. '요교', '궤술詭術', '유혹', '전멸顚滅', '탄진呑盡', "준우蠢愚한 마음이 한 차례 기울면 곧 천하를 다스리기 어렵다", "어찌 오랑캐의 지혜를 우리가 살피지 못하는가", "마음이 흔들리고 눈이 어두워 서로가 오랑캐의 술책에 넘어가 스스로 깨닫지 못하고" 등이 반복되는 선동적인 언설은 이러한 위기의식에 어울리며, 눈에 보이지 않는 신위의 세계는 인간들의 내심에 싹트기 시작한 불안과 공포에 불을 붙여 평범한 일상의식을 넘어서게 하는 데 가장 적합한 영역이었다. 위기의식의 이러한 특징에서 『신론』의 마지막 장 「장계長計」도 제사론을 중심으로 전개되고 있다. 이 때 사후에 제사로 모셔지지 못하는 '떠도는 혼'이 "변을 이루는 것"이라 하여 "사자로 하여금 의지할 바가 있어 이로써 신을 안심시키고, 산 자로 하여금 죽어서 의지할 바가 있음을 알고 그 마음을 어긋나지 않게 하는 것"이 중시되고 있는 것도 유의할 점이다. 그것은 "혼의 행방의 안정"에 관한 문제를 그 사상적인 영위의 핵심으로 하는 히라타국학과 함께 민속적인 어령신앙도 포함하여 이 세계에 질서와 안정을 부여하려는 논거였다고 할 수 있다.

유신정권이 신정神政국가라고도 할 수 있는 이념을 내걸고 등장하여 제정일치나 신도국교주의의 이념을 추진하려 한 것은 얼핏 기묘하고 시대착오적인 정책으로 보인다. 그러나 그것은 위와 같은 막말기의 위기의식의 구조에서 보면 결코 당돌한 일이 아니며, 오히려 사상사적인 문맥을 확실하게 파악할 수 있는 성질의 사항이다. 미토학과 국학은 대다수 사람들의 불안과 공포에 확장된 내실을 부여하여 어느 정도 한 덩어리의 체제적인 위기의식을 구성하고, 그것이 하나의 시대사조가 되어 역사의 흐름을 규정한 것이다.

『신론』은 마지막 부분에 천지도 인간도 '활물活物'이며 한없이 변통한다거나 순식간에 변통에 대응함으로서 광범위한 인간들의 활기를 살릴 수가 있다고 하여 상황의 유동성과 가변성을 강조하고, "때에 임하여 난관을 극복하고 변화에 대처하는 것"은 곤란한 사태에 대처하는 능력을 가진 '그 사람'에 의해서만 가능하다고 말한다. 미토학은 신분제 질서를 절대화하고 '참란의 죄'를 범해서는 안 된다고 하지만, 체제적인 위기의식을 바탕으로 상황을 유동적이고 가변적인 것으로 바꾸어 파악하고, 천지와 인간의 '활기'를 살림으로서 시대를 움직일 수 있다고 믿는 '참란'의 '영웅'을 역사의 무대 위로 등장시켜 버렸다고 말할 수 있을 것이다.

■■ 5장

정치 카리스마로서의 천황

1. 존왕양이운동의 천황상

페리가 내항했을 때 로주老中* 아베 마사히로阿部正弘는 대외정책을 제후와 유사에게 자문하고 조정에 그 상황을 보고했다. 또한 강경한 양이론과 막정개혁론을 주창하고 있던 도쿠가와 나리아키德川斉昭를 막부의 고문으로 맞이하고 웅번 다이묘의 대표라고 할 수 있는 마쓰다이라 요시나가松平慶永와 시마즈 나리아키라島津斉彬 등과도 긴밀한 관계를 맺었다. 이렇게 해서 페리 내항을 계기로 하는 막말의 정치적 격동이 시작되는데, 페리 내항 직후 수년간에 이르는 정치과정의 초점은 막부의 정치개혁, 특히 장군 후계 문제에 있었으며, 급진파는 아직도 독자적인 정치세력을 형성하지 못하고 있었다. 그러나 안세이대옥安政大獄에 의해 개혁 노선이 좌절되고 히토쓰바시파一橋派**의 유력한 영주들도 보신책으로 사태를 관망하는 입장을 취하면서 막부

* 장군 직속으로 정무를 총괄하는 막부의 최고위직.

** 13대 장군 이에사다(家定)의 후계자로 도쿠가와 나리아키의 아들 요시노부(慶喜, 후일 15대

와 번의 지도와 통제에서 일탈한 지사들의 독자적인 행동이 시작되었다. 요시다 쇼인吉田松陰은 그러한 방향으로 앞장 선 대표적인 인물로, 그가 만년에 쓴 서한에는 재야의 지사를 정치 주체로 하는 새로운 정치의식이 뚜렷하게 윤곽을 드러내고 있다. 천황에게 지존의 권위를 추구하고 정치 주체의 논리를 탐구한다는 견지에서 잘 알려진 사례인데, 여기서는 먼저 쇼인에 관해서 살펴보기로 하자.

쇼인은 1856년 우쓰노미야 모쿠린宇都宮默霖과의 왕복서한[1]에서 "나는 모리毛利 가문의 신하다. 까닭에 밤낮으로 모리 가문을 섬기는 것을 연마해왔다. 모리 가문은 천자의 신하인 까닭에 밤낮으로 천자에게 봉공한다. 우리 주군에게 충성하는 것은 곧 천자에게 충성하는 것이다"라고 하여 모리 가문의 신하로서의 입장을 강조했다. 당시 쇼인이 가진 '충의忠義 철학'[2]의 결론은 근왕에 관해서 막부와 번에 모두 큰 죄가 있지만 "우리 주군에게 이를 알리고 또한 주군과 같은 서열의 사람들에게 모두 그 의를 알리며, 이로써 막부에게 지난 죄를 남김없이 알게 하고 천자에 대한 충성을 다하게"하여 "일본 전체를 충의의 회전으로 메워"버린다고 하는 것이었다. 그러나 이러한 충성 원리를 앞뒤 가리지 않고 맹렬하게 실현하려고 하면 할수록 쇼인의 좌절은 더욱 명료해지며, 1859년 옥중에서 형 집행을 기다리던 쇼인은 막부와 조슈번 당국은 물론이고 동지들에 대해서도 강한 불신을 표하면서 초망굴기론草莽崛起論을 전개했다.

> 나는 의를 알고 때를 기다리는 사람이 아니다. 초망굴기에 어찌 타인의 힘을 빌릴 것인가. 황공하게도 천조도 막부도 번도 필요 없다. 단 하나 6척의 미진한 몸이 필요할 뿐이다.

장군)를 추대하려 한 일파. 기슈(紀州)의 도쿠가와 요시토미(徳川慶福, 후일 14대 장군. 도쿠가와 이에모치[家茂]로 개명)를 추대하는 남기파(南紀派)와 대립했다.

이처럼 결연한 재야의 지사의식은 정치적으로는 완전한 고립을 가져왔지만 충성이라는 전통적인 관념을 순수하게 파고들어가 추궁한 곳에서 발생하는 반역정신을 이념형적으로 결정화結晶化했다는 점에 특징이 있으며, 그러한 점에서 그 후의 정치운동에도 커다란 사상적 영향을 미치게 되었다. 하긴 이러한 의식에 도달했다고 해서 쇼인이 조정은 물론이고 조슈번에 대한 충성과 귀속의식을 버린 것은 아니다. 그것은 "번주에게 즉시 존왕양이를 시행하라고 하는 것은 무리다. 존왕양이를 할 수 있는 일을 만들어서 바치는 것이 좋다"고 한 점에서도 알 수 있다. 그러나 "정부를 상대로 했지만 일생의 실수다. 앞으로는 반드시 재야의 지사와 계획을 세워 한 번 더 수단을 사용해 보자"고도 말하고 있듯이 명백하게 기성의 정치지배와 정치지도에 대한 결별을 선언하고 있으며, "천하를 두루 돌며 농민봉기가 일어나는 곳에 가담하면 기책奇策이 있을까", "나폴레옹을 다시 일으켜 자유를 주창하지 않으면 우환을 고치기 어려울 것"이라고 하는 말들에서 기성의 질서관념에서 이탈하여 방황과 거대한 모색을 시작하는 정신이 표현되고 있었다. 그러나 한편으로는 이러한 정치적인 고립과 무력감은 일방적으로 외곬에 빠진 존왕의식에 매진하면서 간신히 보상받고 있으며, 죽음을 눈앞에 둔 쇼인은 '천양무궁의 신칙'을 들어 "신칙이 틀리지 않다면 일본은 아직 망하지 않는다. 일본이 망하지 않으면 올바른 기가 다시 발생할 때가 반드시 올 것이다. 지금의 시세에 괘념하는 것은 신칙을 의심하는 죄로 결코 가볍지 않을 것이다"고 거의 묵시록적으로 신국관념에 의거하여 스스로를 격려하고 구제했다.

분큐기文久期, 1861~1863의 존왕양이운동은 이러한 재야의 지사의식을 축으로 하여 위로 조정을 받들고 막부나 번이라는 기성의 정치단위를 이탈하여

전개되었다. 구자카 겐즈이久坂玄瑞가 다케치 즈이잔武市瑞山에게 보낸 서한의 한 구절에

> 이윽고 제후 공경에게 의지할 바가 없으며, 재야의 지사가 규합하여 의거하는 외에는 도저히 대책이 없다고 우리 동지 모두 말하고 있습니다. 실례이오나 당신의 번이나 우리 번도 멸망해서 대의를 이룬다면 전혀 괴롭지 않으며, 두 번이 모두 존속해도 황공하게 황통 연면한 만세일계 천황의 예려에 맞지 않는다면 신국에 살면서 밥을 먹는 보람이 없다고 친구들과 말하고 있습니다.[3]

라고 한 것은 그러한 새로운 정치의식의 표현으로서 잘 알려져 있다. 이와 같이 말한 구자카도 "다른 번에 기회를 뺏기면 유감천만"이라 하고, 번주 세자의 설득에 감격하여 따를 정도로 자기 번에 대한 귀속의식을 가지고 있었으나, 그것도 '존양의 대의'에 힘쓴다는 입장에서의 일이었다. 그리고 이러한 입장에서 동지 결합을 중시하여 "비밀에 관해서는 부모형제라 하더라도 누설해서는 안 되며, 만일 체포되어 육신이 찢어진다 하더라도 발설하는 일이 있어서는 안 된다. 동지 가운데 한 사람이라도 치욕을 당하면 그것은 우리 모두의 치욕이다. 서로 사력을 다해 구제하고 동지에게 오명을 입혀서는 안 된다"[4]고 하여 그 당파성을 명백히 했다. 그러나 협소한 정치기반밖에 없었던 지사들에게 천황의 절대적인 권위성이라는 환상을 만들어 내는 것은 기성의 정치질서와 정치지도에 대항하여 그들의 활동을 자립시키기 위해서도 불가결한 일이며, 분큐기의 구자카는 1858년 고메이 천황孝明天皇이 미일수호통상조약의 조인에 반대한 것을 근거로 천황의 '총명영단', '신성영무神聖英武'를 찬양했다.

히라노 구니오미平野国臣는 후쿠오카번 출신의 지사로 1863년 사와 노부요시沢宣嘉를 옹립하여 이쿠노의 변生野の変*을 일으켰다가 실패하고 긴몬의 변禁門の変** 와중에 교토의 옥중에서 참수당한 인물이다. 그도 또한 "군신관계는 천하의 공도公道이며 주종관계는 후세의 사사私事라고 했다 …… 조정이 있고 각 번이 있다. 신주神州가 있고 각국이 있다. 어찌 그 말末에 구애되어 그 본本을 구하지 않을 것인가"하여 번을 상대화하고, 천황이야말로 '군주'라고 하는 조정 중심의 입장을 명확히 밝히고 "막부를 아무리 도와도 허사"라고 하여 천황친정親征에 의한 막부 타도를 주장했다.[5]

1862년 히라노 등의 막부타도파는 천황이 막부 타도의 칙명을 내리면 사쓰마번을 비롯하여 전국의 각 번이 이에 호응하여 천황을 받들고 먼저 오사카성으로 들어간 후, 곧이어 천황이 친히 동쪽으로 정벌을 시작한다는 계획을 상책으로 삼았다. 그러나 이것은 당시 각 번의 동향이나 천황 자신의 의향에서 볼 때 전혀 현실성이 없는 공상적인 기대에 지나지 않는 정책론이었다. 이러한 계획에 정치적 가능성을 걸기 위해서는 혜성의 출현에 '혁명'의 징조를 읽어내고 현실의 천황을 '고금불세출의 명천자'이며, 이 고난의 시대에 이처럼 영명한 천자가 출현한 것은 우연이 아니라는 식의 환상적인 구성력이 필요했다.[6] 그것은 천황이나 조정의 현실과는 단절된 곳에서 성립하는 사이비 종교적인 천황상이며, "아득한 천도, 천조의 명맥이 아직도 끊이지 않고 찬연하게 이어지고 있다"[7]라고 하는 것과 같은 환상이었다.

절대적인 권위와 위력을 갖춘 천황상과 이를 바탕으로 실현되어야 할

---

* 1863년 10월 덴추쿠미의 거병에 호응하여 히라노 구니오미 등의 존왕양이파가 약 2000명의 농병들을 동원하여 관청을 점거했으나, 막부 토벌군과 거병 측의 내분으로 3일만에 진압되었다. 이는 이후의 토막운동에 커다란 영향을 미쳤다.

** 1864년, 지난해의 8·18정변으로 교토에서의 지위를 실추한 조슈번이 세력만회를 위해 거병 상경했으나 사쓰마와 아이즈번에 의해 패배하고 막부의 1차 조슈 정벌의 발단이 되었다.

새로운 정치에 관하여 처음으로 체계적인 이미지를 제시한 것은 마키 이즈미 真木和泉, 1813~1864였다. 마키는 에도와 미토에 유학하여 아이자와 세이시사이 会沢正志斎의 영향을 받고 번정 개혁에 착수했지만, 실패로 유폐되었다가 후일 탈번 상경하여 존왕양이운동의 지도자가 되었다. 『경위우설經緯愚說』(1861)은 마키의 구상을 정리해서 설명한 강령적인 문헌이다.

이 책은 먼저 '천황의 천하 지배를 기할 것'이라 하여 천황에 의한 세계지배의 사명을 논하고 "권위는 항상 천자에게 있으며", "대사는 하나도 빠짐없이 천자 스스로 영단하시는" 능동적인 정치 주체로서의 천황의 등장을 추구했다. 같은 존왕론이라 해도, 예를 들면 후지타 유고쿠가 "천자 수공垂拱(옷을 드리우고 팔짱을 끼는 것, 아무것도 하지 않고 다스리는 것—야스마루)하여 정치를 친히 하지 않고" 막부가 "천자의 정치를 섭정한다"[8]고 한 것과는 대조적인 천황상이다. 양이에 관해서도 천황이 선두에 서서 금기錦旗*를 휘날리며 "이놈들 가증스러운 금수들아, 한 놈이라도 달아나지 못한다고 하면서 용감하게 나아가신다면" 병량미, 군용금, 무기가 부족해도 사기가 충천하여 "이처럼 기풍이 한차례 진작하여 죽을 각오로 싸운다면 지혜와 재주가 뛰어난 인물이 나타나서 갖가지 계략을 짜내고 의외로 방어를 위한 대책이 생길 것"이라고 한다.

『경위우설』은 천황친정 외에도 기강, 상벌, 검약, 언로통개, 구폐타파, 그리고 예로부터 전해오는 충신의사에게 신의 호를 부여할 것, 복장服章을 바로 잡을 것, 이세와 오와리에 있는 신기神器의 취급(아마도 궁중으로 옮기는 것을 의미—야스마루), 조세 감면 등에 관해서 설명하고, 그 밖에 『오사건책五事建策』 등에서도 개력, 토지인민지배권의 장악, 오사카로의 천도, 조세

* 조적을 토벌할 때 조정, 또는 관군의 표장으로 사용하는 깃발.

감면 등에 관해서 논하고 있다. 이러한 정책구상은 아직도 구체성이 결여된 시대착오적인 것도 적지 않지만, 전체적으로 보면 유신정권의 정책구상으로 이어지는 방향성을 가지고 있으며, 절대적인 정치적 권능을 가지는 천황상을 등장시킴으로서 여기에 상응하는 정책체계로서 이러한 정책이 구상된 것이었다.

마키에 의하면 "천지는 만물이 소생하는 것을 덕"으로 삼고 있는데, 불교와 기독교는 '적멸'을 가르치고 있다. 이에 대해서 "우주 간에 모두 생생한 도道로 돌아가도록" 하는 것이 천황의 사명이며, 천황이 그 역할을 하지 않으면 "천지도 끝장"[9]이라고 한다. 이 세계에는 '기세'라는 것이 있는데, 그것은 "불현듯 천운에 의해 생기는 것"이며, 천황이 그 '기세'를 잡고 "한층 더 몰아가면" '기세'는 "더욱 치열"해진다. '기세'를 빌려 사람의 의표를 찌르고 "질풍노도처럼 신속하게"일을 치르면 "나라의 기운이 발흥하고 인심이 진작하여" 외환도 즉시 해결할 수 있다고 한다.[10] 마키는 이러한 정치구상에 안이한 전망을 세우고 있었던 것은 아니다. '백패 일승'을 논하고 있듯이, 이 길이 곤란에 가득 찬 가시밭길이라는 것은 익히 알고 있었다. 1861년의 서한에서도 마키는 풍부한 전투경험을 비롯하여 열강이 일본보다 우월하다는 점을 10개조에 걸쳐 열거하면서도 일본에는 단 한 가지 뛰어난 점이 있다. 그것은 "천황의 총명예지 영열무용"이라는 점이며, 그것만으로도 열강의 10가지 우위성에 대항할 수 있다고 했다.[11] 이러한 천황상이 현실의 천황 개인과는 전혀 무관한 환상이라는 것은 아마도 자각하고 있었을 것이다. 그러나 마키는 현실적인 정치세력으로서는 거의 소수파에 지나지 않는 자신의 입장을 우주론적인 우위성과 결부시킨 천황의 절대적인 권위성으로 메우고 상황돌파의 확신을 짜내려고 했던 것이다. 얼핏 광신적인 비합리성으로밖에 보이지 않는 이러한 확신은 잘 생각해 보면 상황을 유동화 시키고, 아직도 잠재적인 사회적 정치적 활력을 조달하는 데 있어서 하나의 전회축이 되었던 것이다. 이러한 환상형성력이 능히 현실이라는 것과 길항할 수 있었다는 점에 변혁기의 고유한 특징이 있는 것이라 할 수 있을 것이다.(**주1**)

주1 이 시기의 존왕양이파 사상은 일반적으로 편협한 도덕주의로 비합리적이고 광신적이며, 15년전쟁기의 초국가주의나 '성전'을 외친 결프전쟁의 사담 후세인과도 닮은 점이 있다. 그러나 존양파의 이러한 주장을 편협한 도덕주의나 광신성으로 인한 공허함과 비현실성으로 간단하게 간주해 버리면 우리는 그들이 만들어낸 이데올로기적인 장치에 한방 당하는 결과가 될 것이다.

예를 들면 마키는 긴몬의 변 직전에 올린 상서에서도,

> "황송하게도 천조의 자손이 다스리시는 황국으로서 군신의 의, 화이의 변이 명석하게 서 있는 국체이므로 지난 해 이래 필승의 승산은 없다고 하더라도 대의가 있는 곳으로서 성단이 있기 때문에 전쟁의 승패에 구애받으면 안 된다. 원래 국가의 영욕은 승패에 있지 아니하고 국체의 확립 여부[12]에 있다고 해야 할 것"

이라고 했다. 이는 1863년 천황의 가모사(賀茂社)·이시시미즈사(石清水社) 행차와 야마토(大和) 행차 계획, 양이기한의 결정 등의 동향을 배경으로 한 주장이지만, 여기서 말하는 것을 문자 그대로 이해하면 야마구치 무네유키(山口宗之)가 규정했듯이 "현실적인 국토방위론"이라기보다 성부를 뒤돌아보지 않는 "관념적 도덕적인 국체호지론으로 고조시킨" 것이다.[13] 그러나 "더 높은 도덕적 관념적인 인륜국가의 호지"와 천황의 의지에 대한 절대 복종을 "최고의 궁극적인 도의"로 삼는 것처럼 보이는 존양파야말로[14] 가장 허무적인 마키아벨리스트이며, 태연하게 천황의 의지를 짓밟는 따위에 관해서는 나중에 다시 언급하겠다. 여기서 마키가 말하는 것의 실천적인 의미는 천황의 솔선하는 행동과 양이의 결행에 의해 천하의 사기를 진작시키고 백성들도 '환희용약'하여 국난에 임하게 된다는 식의 정신사적인 상황이 성립해서 그것이 지배적이 되면 정치적으로 극히 약소한 기반밖에 없는 마키 등의 입장을 메워주게 되며, 상황 돌파의 실마리를 도출해 낼 수 있다는 것이며, 이데올로기라는 것이 부과하는 현실적인 역할의 중요성이다. 얼핏 보면 광신적이며 독단적으로 보이는 마키의 사상에는 맨손으로 역사를 헤쳐나간 사람의 번뜩이는 예리함이 있다고 생각한다.

야마구치는 또한 범용한 천자라도 "일천만승의 지존에 누가 그 그릇됨을 그릇되다고 꾸짖을 것인가"하는 하라노 구니오미의 말에 '천황절대관'을 발견하고 있는데,[15] 이것도 원문에서는 곧이어 근년의 천황은 '유폐'와 같은 상태이며, '영명'한 천황이 출현하는 조건이 없는데도 불구하고 "천기기묘라 할까, 금상 황제 총명예지, 고금에 없는 성덕을 갖추시어……"[16]와 같은 주장으로 이어지는 말이다. 이것은 고메이 천황이 실제로 어떤 인물인가 하는 점을 감히 무시하고 전개되는 말이며, 히라노는 천황의 "총명예지, 고금에 없는 성덕"을 강조함으로써 막번제 국가의 기존의 정치질서와 정치지도를 타파하여 이에 대결하는 새로운 정치주체를 만들어내려 했던 것이며, 더욱 단적으로 말하면 그들은 천황의 이름으로 상황을 조작하려 했던 것이다. 지존의 영명한 천황이라는 카리스마적인 천황상은 존양파가 필요로 해서 역사의 무대 위로 불러낸 것이며, 그 뻔히 보이는 허구성이 거의 자각된 이데올로기적인 작품이었다는 점에 주의할 필요가 있다.

분큐기의 존왕양이운동은 '천주天誅'의 위협으로 기성의 제반 세력을 압박하고, 과격파 지사와 일부 소장파 공경이 조의를 좌우하게 되었다. 교토에 대한 막부의 지배력이 상실되고 사쓰마, 조슈, 도사 등의 세력이 신장하여 교토는 에도에 필적하는 정치적 중심지의 양상을 드러내고 있었다. 1863년 3월에는 장군 이에모치가 230년 만에 교토로 상경했으며, 천황은 장군과 영주들을 거느리고 가모사·이시시미즈사로 행차하여 양이를 기원하고 막부는 5월 15일을 양이 기한으로 할 것을 포고했다. 이러한 경위 속에서 천황의 권위가 상승하고 그 권위를 명목으로 일부 소장파 공경과 존왕양이파가 정국을 움직이고 있었지만, 그러나 그것은 어디까지나 조정·막부·번이라는 막번제 국가의 권위와 권력의 시스템을 통해서 이루어지고 있었다. 명목이나 원칙과 실제상의 역관계가 복잡하게 교착하고 권모술수가 소용돌이치는 상황이 연출되고 있었던 것이다.

1863년의 8월 18일 정변*을 전후해서는 이러한 상황의 극한에서 존양파의 의향에 따른 조칙과 사쓰마·아이즈번의 쿠데타 계획에 따른 조칙이라는 두 개의 조칙이 나왔다.[17] 그리고 정변 전후의 천황은 지사와 결합한 존양파 공경 산조 사네토미三条実美 등에게 노골적으로 혐오감을 나타내고 "겉으로는 조정의 권위를 세운다고 하지만 실은 짐의 뜻을 거슬러 제멋대로 만들어낸 예려뿐이다. 추호도 짐의 뜻을 관철하지 않고 있으며 실로 물리치고 싶은 바를 전부터 각자에게 말해왔는데, 지난 18일에 이르러 바라는 대로 꺼리는 자들을 물리쳐 깊이 기뻐하게 되었다"[18]고 했다. 그러나 정변이 천황의 의지에 의한 것인지의 여부를 둘러싸고 의혹이 끊이지 않았기 때문에 천황은 또한 친필 문서로 "지금까지는 이것저것 진위가 불분명한 부분이 있었지만 지난 18일 이후 나오는 것은 실로 짐의 뜻이기 때문에 이 점에 대해서는 제번이 모두 착오 없기를 바란다"[19]고 했다. 그러나 8·18 이후의 조칙이 오히려 위칙이라고 의심하는 자가 있으며, 천황은 "작년 8월 18일의 일건 간파쿠를 비롯하여 짐이 생각하는 바를 속여서는 안 되며, 또한 그 후 나오는 조칙은 모두 진실이다. 위칙이라는 풍설이 있지만 반드시 잘못 받아들이는 일이 있어서는 안 된다"[20]고 변명을 거듭했다.

그러나 한편으로 8·18정변부터 긴몬의 변에 이르는 기간에 조슈번과 존양파는 8월 18일 이전의 예려가 '진정'한 예려이며, 그 이후의 예려는 가짜라고 믿고 행동했다. 마키도 정변의 진상을 전적으로 자화자찬이라고 이해하고, "옥체에 접근하는 방식이 완전히 횡포에 가까우며 위협에 의한 것이 명백한 것은 전후 3일간 부단하게 눈물을 흘리셨기 때문이다. 그 후 18일 이전의 예려는 모두 거짓 명령으로 진정한 예려가 아니라는 취지를 말씀하신 까닭이다"[21]고 말했다. 천황의 의사라는 것을 자기들의 형편에 유리하게 멋

---

* 1862년 8월 18일 아이즈와 사쓰마를 중심으로 하는 공무합체파가 조슈번을 중심으로 하는 존양파를 교토에서 추방한 사건. 이 사건으로 존양파의 세력이 일시적으로 쇠퇴하였다.

대로 조작하는 것은 지사들에게는 다분히 자명한 전략이었다. 후일 오쿠보 도시미치大久保利通도 "지당한 논리를 가지고 천하 만민이 당연하다고 생각해서야말로 칙명이라고 말할 수 있는 것이며, 대의에 있지 아니한 칙명은 칙명이 아닌 까닭에 받아들여서는 안 된다"[22]고 명쾌하게 단언했다. 수구적인 정치의식의 소유자였던 고메이 천황이 1866년 12월에 사망하고, 아직 아무런 정치적 식견도 없는 15세의 젊은 천황이 즉위한 것은 존양·토막파의 손으로 천황의 의사를 자유롭게 조작할 수 있게 되었다는 것을 의미하며, 그 자체가 메이지유신이라는 정치변혁에 하나의 전제가 되었다. 고메이 천황이 독살되었다는 풍문이 끊이지 않았던 것도 당연한 일이었다고 할 수 있을 것이다.

2. 결단 주체와 마키아벨리즘

미토학은 이미 설명했듯이 한편으로는 신분제 질서의 절대성을 강조하면서도, 또 다른 한편으로는 이러한 질서이념에 헌신하는 자신을 "호방하게 술을 마시고" '비분강개'하여 '음모술책'도 불사하는 자로 규정했다. 분큐기의 존왕양이운동은 미토학에 포함되어 있는 이러한 양면성을 제각기 그 극한까지 발전시켜 천황의 권위와 위력을 극대화하는 전회 축을 매개로 기성의 정치질서와 정치지도에서 일탈한 정치세력을 만들어내고 말았다. 메이지유신은 이러한 정치세력과 정치적 사유의 연장선상에서 실현되었으며, 그 권모술수의 정신은 메이지 국가의 지도자들에게 계승되었다. 그러나 그들의 권모술수는 왕정복고 이후 정치사의 무대 뒤로 숨어버린 것이며 그들이 아직도 권력에 도달하지 못했던 막말의 정치과정에야말로 가장 솔직하게 고백되었다고 말할 수 있다. 이렇게 볼 때 그들의 권모술수를 막말 정치사상사에서 검증해 두는 것은 특별한 의미가 있다고 할 수 있을 것이다. 오하시 도쓰안大橋訥菴은 이를 검증하는 데 안성맞춤의 인물이다. 도쓰안의 저서 『벽사소언闢邪小言』은 페리 내항 직전인 1852~1853년에 집필되었다. 이 책에서 일관하는 특징은 적과 아군, 선과 악, 시시비비를 철저하게 이분법으로 나누어 기독교는 물론이고 기술이나 사유방식도 포함하여 서양문명 전체를 거부하고 배격하는 점이다.[23] 도쓰안에 의하면 서양의 오랑캐는 이익을 추구하여 탐욕스러운 마음이 그칠 줄 모르고 항상 타국을 엿보면서 뺏으려고 노리고 있으며, 요교妖教와 기독교는 이를 위한 최대의 수단이다. 서양의 학술이 '경첩편리'하다고 채용하는 자가 있지만, 그러나 일단 그런 방향으로 진행하면 "하나부터 열에 이르기까지 서양의 설이 아니면 선을 다하지 못하는 것처럼 생각되어" 끝내는 "국체도 서양과 같지 않으면 진정한 국체가 아니라고 생각"하게 되어 버리는 것이다. 도쓰안에 의하면 "서양에서 나오는 것은 무릇 백이 넘는 기술도 필경은 요교의 한 부분일 뿐"이기 때문에 때마침 기독교를 금지해도 서양의 기술을 받아들이거나 무역관계를 가지게 되면 앞문의 늑대를 막고 뒷문의 호랑이를 넣는 결과가 된다. 그것이야말로 오랑캐의 술책에 넘어가는 것이기 때문에 의학이나 군사기술도 포함해서 서양문물의 도입은 전부 금지해야 한다.

도쓰안의 이런 주장은 쇄국체제를 취하면서도 서양의 과학기술은 필요에 따라서 받아들인다는 상식론과는 전혀 다르며, 그런 의미에서는 도전적인 주장이다. 이 단순명쾌한 적과 아군, 선과 악, 시시비비의 이분법은 적을 명확하게 대상화함으로서 서양에 대한 강박적인 공포감을 부추기고 아군에게 긴장과 단결을 강화하려는 선동적인 언설이다. 그러나 이러한 주장이 설득력을 얻기 위해서는 서양의 과학기술이나 군사력이 일본보다도 뛰어나다는 상식론에 대항하여 그것은 지엽적인 현상론에 지나지 않으며 실은 우리가 훨씬 뛰어나다는 것을 세계상을 제시하여 설명해보이지 않으면 안 된다. 「서양을 논하여 궁리를 알지 못한다」와 「서양을 논하여 천天을 알지 못한다」는 두 절로 구성된 『벽사소언』의 제2권은 그 논거라 할 수 있을 것이다. 서양은 '궁리'를 알고 있으며 따라서 천지자연에 관해서도 잘 알고 있다. 그것을 배워야 한다는 것이 양학자의 주장이었기 때문에 이에 대항하는 도쓰안은 '궁리'와 '천'에 관해서도 전혀 다른 견해를 제시하여 그 우위성을 증명해보여야 했던 것이다.

도쓰안은 주자학적인 이기론에 의거하고 있는 것이지만 "기의 주재가 되고 추유근저樞紐 根柢*가 되는" 이치理를 강조하여,

> 일리(一理)가 즉 만리(万理)가 되고 만리가 즉 일리로서 그 이름도 또한 한결같지 않다. 혹은 칭하여 태극이라 하고, 혹은 불러 지선(至善)이라고 하며, 혹은 지성(至誠)이라 하고 중(中)이라 하며, 혹은 인의예지라 하며, 혹은 친의별서신(親義別序信)이라고 하며, 혹은 효제충신이라 하고, 혹은 당연한 규칙이라고 하는 것과 같다. 일에 따라 사물에 의해 그 이름은 각기 다르지만 그 실은 다만 이 일리의 또 다른 이름일 뿐이다.[24]

라고 한다. 그러나 속세의 유자들은 보이기 쉬운 것만을 보고 이를 알지 못하며, 리理는 기氣에서 생긴다는 따위로 말한다. 그러나 천지만물은 일리라는 것을 '명쾌하고 단적'으로 깨달을 때 "활발한 땅의 기상"을 얻을 수 있으며, 그 일리를 가지고 삼라만상에 즉각 대응할 수 있는 것이다. 그것은 대상을

---

* 주자학에서 말하는 "이치는 그 뿌리 밑이 기초적으로 묶여 있다"는 의미의 말.

도쓰안의 이분할론

일본	서양
의(義)	이(利)
성도(聖道)·윤리	요교(妖敎)·사교(邪敎)
묵식신회(黙識神會)	분석술
양기	음기
정신·활물(活物)	형질(形質)·사물(死物)
생기(生機)	살기(殺機)
활기(活機)	죽은 껍질(死套)

"하나하나 부수고 분쇄하여" 비교 관찰하는 서양의 '분석술'과는 대조적으로 다른 원리이며, 리는 '묵식신회黙識神會'* 에 의해 얻어진다. 서양의 '분석술'은 바람을 찾는 데 부채를 부수어 관찰하고 문자를 찾는 데 붓을 쪼개어 구하는 것과 같이 전혀 바보스러운 일이다.

만사만물을 일관하는 이러한 보편적인 리와, 다음으로 논하는 기를 파악하는 방식과의 관계는 나로서는 이해하기 어렵지만 보편과 개별의 차이로 보이며, 발상은 전혀 같다. 즉 리에 관하여 서양의 '분석술'을 물리친 도쓰안은 서양인의 학문은 기의 차원에서는 상세하고 적확하지만 그들이 파악하고 있는 것은 그 '형상'이며 '조잡한 흔적'에 지나지 않는다고 한다.

기의 세계에는 물질적인 형상과 그 '주재'가 되어 "자유자재로 운동시키"고 있는 '영적인 것'이 있으며, 후자를 이름 붙여 '정신'이라 하고, 그 '작용'을 가리켜 '활기'라고 하는 것이며, 형질로서의 기는 그것만으로는 '죽은 것'에 지나지 않는다. '정신활기'는 속어로 '사물의 급소コツ', '예리한 총기サエ', '좋은 기세グアヒ' 등에 해당하며, "곡예사가 공이나 팽이를 돌리는 것"과 같은 교묘한 기술에 비유되는 것이다. "우리 신주神州는 동쪽에 위치하며 아침 해

* 말로 표현하지 않고 사물의 도리를 깨우치는 것을 말한다.

의 울창한 발기를 모은 용감하고 강하며 결단력 있고 기력이 뛰어난 나라이므로 만사에 정신을 주로 하는 경우가 많으며, 무릇 백가지 기예와 같은 것도 활기에 합치하는 것을 오로지 하는 것이 우리 동방의 나라"다. 이에 대하여 "무릇 서양에서 나오는 것은 의학이나 서화나 또는 전투술 등에서도 정신활기를 주로 하는 일이 없으며 일체 모두 죽은 껍데기일 뿐이다". 사체는 해부해도 그 살아있을 때의 움직임을 알 리가 없으며, 지상에 놓인 대포는 "하나의 죽은 물건일 뿐" '신기충실'한 인간이 이용하는 '이기'에 이길 수가 없다. 사생화를 주로 하는 서양의 그림보다 '우아하고 고상한 기골'을 주로 하는 셋슈雪舟와 단유探幽*의 그림이 훨씬 뛰어나다. 특히 이러한 대비는 군사상에서 중요한 의미를 가지며, 사람들을 '사지死地'에 던지면 '죽을 각오'로 맹렬한 정신력이 발휘되고 이 "정신 허실의 묘용妙用"에 의해 승리가 얻어진다는 것이다.[25]

페리 내항 직후에 집필된 장문의 『가에이상서嘉永上書』는 『벽사소언』의 이러한 논리를 구체화한 것이다. 도쓰안은 "무엇보다도 인심 일치해서 일찍부터 각오를 정하는 것이 가장 중요하며, 갑옷이나 무기 등의 종류는 부차적인 일이다"고 하며 '필사의 각오'만 있다면 '계책'도 그 속에서 나오는 것이라고 한다. 무모한 것처럼 보여도 이쪽에서 먼저 적선에 공격을 가하면 굳은 결심이 생기며, 한 두 번의 패전은 오히려 '분격'을 북돋아서 '고집불통', '필사의 각오'가 굳어진다. 일에는 '때나 계기'라는 것이 있어, 그것을 '기회'라고도 하며 "일의 기회에 임하는 것은 이것이 성스러운 까닭"이며, 국운의 명맥이 걸린 '기회'를 잡은 자가 '영걸'이다.

도쓰안은 유자로서 입론하고 있기 때문에 『벽사소언』에서는 '성인'의 도를 배운 '유생'이 이런 역할을 한다는 논지가 되는데, 분큐기가 되면 도쓰안

---

* 셋슈 도요(雪舟 等楊, 1420~1506)는 무로마치시대의 수묵화가, 가노 단유(狩野 探幽, 1602~1674)는 에도시대의 화가.

은 '영명한 천자'가 존재하고 있다면서 "인심이 도쿠가와 씨를 떠나기를 지금은 십중팔구"라 하고, 십년 이내에 막부는 멸망할 것이며 '조정이 회복'할 기운이 되었다고 강조하게 되었다(일견 독선과 광신덩어리처럼 보이지만 막부 붕괴에 대한 예언의 정확성에는 놀라지 않을 수 없다. 광신을 매개로 할 때 인간은 멀리까지 내다볼 수 있는 것일까). 이러한 정세 속에서 가장 큰 '관건'이 된 것은 천황이 막부를 버릴 결의를 가지고 양이의 조칙을 내린 일이며, 이 조칙에 의해 '신국의 사기'가 일거에 떨쳐 일어나는 것이다. 페리 내항 이전에 집필된 『벽사소언』에서도 "천자가 계시는 나라야말로 중심이 되는 나라"라는 국체론이 나타나지만, 아직도 정치 카리스마로서의 천황은 등장하지 않고 있다. 그러나 분큐기의 존양운동 속에서 영명한 천황의 역할이 '일대 관건'이 되고 천황의 권위를 매개로 하여 '정신활기'에 통달한 영걸, 즉 도쓰안과 같은 인물이 수완을 떨치는 구도가 되어 있다.

존양파로서의 도쓰안이 생각한 중심적인 행동계획의 하나는 1861년 린노지노미야輪王寺宮*를 옹립하여 쓰쿠바산筑波山에서 거병하고 이를 신호로 양이의 조칙을 내리게 하려는 것이었다. '호지루시法印'라는 암호로 불린 린노지노미야에 관하여 도쓰안은 "호지루시를 수령으로 세워도 그것은 일시적인 권모일 뿐"이라 하고 "돈으로 호지루시의 마음을 사는" 매수책을 취했다. 지사들의 대부분도 매수되어 모인 사회적 탈락자이며 실제로 장악할 수 있었던 것은 18, 9명에 지나지 않았지만, 그들은 또한 "술을 좋아하는 까닭에 한번 취하면 기루와 찻집도 구별 못하고 고성으로 호언장담"하여 기밀을 누설해 버리는 그런 무리들이었다. 도쓰안은 이러한 '배우'를 이용해서 성패가 불분명한 '연극'을 상연시키려 한 것이며 그 자신의 역할은,

* 린노지노미야는 에도시대 역대로 린노지의 문주를 역임. 여기서는 메이지 천황의 숙부에 해당하는 기타시라가와노미야 요시히사 친왕(北白川宮能久親王)을 가리킨다.

모두에게 연극을 시키고 나는 아무쪼록 관람석으로 돌아가 구경할 생각이지만 그렇게 되면 좌중의 기가 빠지는 까닭에 심히 곤란하다. 그렇다고 내 자랑을 말하자면 나 같은 인물이 한 번의 연극을 그르쳐 그와 동시에 멸망해서는 그 후의 연극이 엉망이 되는 까닭에 그것은 유감천만이다. 이처럼 균형을 맞추기가 참으로 어려우며…….[26]

라고 말하고 있다. 인용문에서 '나 같은 인물'은 정신활기에 통달한 영걸이라고 크게 가슴을 펴고 있지만, 막번제 국가의 지배제도와 정치지도 속에 활동기반이 없는 도쓰안은 나름대로 음모술수를 펼치다가 끝내 작은 사건을 일으켜 체포되고 말았다.

『벽사소언』은 '때와 계기'를 파악하는 결단 주체의 등장을 재촉하는 이론서이며, 당시 도쓰안의 활동은 정치 카리스마로서의 천황의 권위를 이용해서 이러한 결단 주체가 권모술수로 역사를 움직이려고 시도한 하나의 사례일 것이다. 도쓰안의 분큐기의 활동이 사소하고 조잡한 사건으로 끝나버린 것은 거대한 역사 형성력과 결합하지 못했던 권모술수의 독선성을 말해주고 있으나, 권모술수야말로 역사를 움직인다고 믿고 거기에 모든 것을 던지는 결단 주체의 논리가 『벽사소언』과 같이 체계화된 이론서로서 제시된 사실은 놀랄만한 일일 것이다. 순식간에 기회를 잡고 권위도 규범도 민심도 모두 조작의 대상으로 인식하는 엄청난 기회주의가 큰 손을 흔들면서 역사의 무대에 나타나서 저야말로 시대의 전철수라고 선언하고 있는 것이다.

이미 말했듯이 분큐기는 존왕양이운동이 전국적인 정치 정세를 이끈 시기이며 과격파 지사가 일부의 소장파 공경을 통하여 조의를 움직이고 막부와 번도 여기에 순응하지 않을 수 없는 상황이 발생하고 있었다. 그러나 조정·막부·번으로 구성된 기성의 정치시스템에서 분리되어 버리면 존왕양이파는 거의 소수의 무력하고 독선적인 인간들의 집합에 지나지 않았다. 번의 권력 측에 의한 실력행사에 해당하는 데라다야소동寺田屋騷動*이나 8·18정변에서 존왕양이파는 거의 대항도 하지 못했고, 그들만으로 궐기한 덴추구미天誅組의 변**과 이쿠노의 변은 고립된 소규모의 반란사건으로 비참한 결말을 맞이했다. 조슈번과 결합한 존양파만이 8·18정변 후에도 명맥을 유지하고 이윽고 긴몬의 변을 일으켰다. 이렇게 해서 분큐기의 존양파는 책모에 뛰어난 듯이 보이지만 실은 독선적으로 호언장담하는 색채가 진하며 과격파 지사만으로는 역사의 무대에 근본적인 전환을 가져올 수 없다는 것이 분명해졌다. 이에 대신해서 등장한 것이 이와쿠라 도모미岩倉具視 등의 공경그룹과 사이고 다카모리西鄕隆盛와 오쿠보 도시미치를 지도자로 한 사쓰마번, 그리고 두 차례에 걸친 막부의 토벌을 극복한 조슈번이 연대한 정치세력이며, 두말할 나위도 없이 이들이 왕정복고를 준비했다.

분큐기보다도 막번제 국가의 해체가 더욱 진전한 1866, 7년의 단계에는 훨씬 냉철하게 준비된 복잡한 합종연횡책이 추진되었지만, 1866년 9월에 사이고·오쿠보에게 자문한 '시무책'의 마지막 부분에서 이와쿠라는 다음과 같이 그 책모의 정신을 나타내고 있었다.

> 밖으로부터 곧은 길만 걸어 나가 공명정대한 일을 꾀할 때는 노력에 비해 얻는 것이 적을 뿐 아니라 그 사이에 갖가지 장해에 조우할 것이다. 예를 들면 병풍을 세우는데 이를 직립시키면 반드시 넘어질 것이다. 이것을 약간 굽히지 않을 수 없다.

---

* 1862년 4월 23일 교토 근교의 데라다야 여관에 거병 계획을 세우고 결집한 사쓰마번의 존양파 지사들이 살해당한 사건. 사쓰마 번주는 이들의 거병을 저지하기 위해 부하들을 파견했으나 양자들 사이에 난투극이 벌어져 6명이 사망하고 중상을 입은 두 명은 이튿날 할복자살을 명받았다.

** 무력 토막의 선구적인 사건. 토막존양운동의 급진과격파가 1863년 8월 야마토에서 거병하여 관청을 습격했으나 8·18정변 이후 정세가 급변하여 토벌군의 공격을 받고 궤멸했다.

> 그런 까닭에 그때그때의 형편에 따라 관계 요로에 두세 명의 공경 가운데 심지가 든든한 자와 극비리에 숙의하여 내외로 서로 응하고 음양으로 함께 행동할 때 힘은 극히 적게 들지만 공을 거두기는 빠를 것이다. 지금의 형세는 바야흐로 춘추전국 시대와 같다. 권모술수를 이용하여 대사를 이루어도 또한 이상한 일이 아니다.[27]

이와쿠라는 자신의 본심을 나카야마 다다야스中山忠能와 오기마치산조 사네나루正親町三条実愛와 같은 극소수의 공경과 사이고·오쿠보와의 연락책이었던 이노우에 이와미井上石見 등에게밖에 말하지 않았다. 다른 사료에서도 자신의 설이 막부 측은 물론이고 '과격파 양이론자' 들에게도 새나가지 않도록 주의를 주고 '경거망동'을 경계하면서 "아무래도 평범한 수단으로는 이 위급한 사태를 도저히 구할 수 없다", "표면상으로는 정정당당하게 논리를 주장해도 그 안에 필승의 계략이 없으면" 성공할 수 없다고 되풀이해서 말하고 있으며, "순식간에 성공을 주효시키는" 계략을 짜내고 있었다. 그러나 책모에 의해 얻은 천하가 또 다른 책모에 의해 전복되어서는 아무 소용이 없다. 일단 정권을 장악하면 막말의 정치적 다원성을 극복하고 "대정 통일의 확고부동한 제도"를 확립해야 하는 것이며, 그것은 본래 조칙에 의해서만 실현되는 것이 아니라 "요컨대 병력을 필요로 한다"는 자각이 있었다.[28] "때와 경우에 따라서는 혀가 두 개라도 사용 못 할 리가 없는 분"이라는 평가를 받았던 이와쿠라는 "왕정복고의 음모성을 한 몸으로 체현한 책사"[29]이며, 그런 의미에서 '유신의 정신'이었다.

분큐기의 존양파에서 시작되는 권모술수와 천황 이용론의 연장선상에 『영장비결英將秘訣』의 유명한 한 구절을 두고 볼 필요가 있을 것이다.

세상에 활물이란 것은 모두 중생이기에 그 어느 것도 상하 구별을 정하기 어렵다. 이 세상의 활물로서는 자신을 최상이라 해야 할 것이다. 그렇다면 천황을 지향해야 할 것이다.

또 다른 구절에서는 "일본에서는 천지개벽부터 천자는 죽이지 않았기 때문에 이것만은 살려두었다. 장군이 될 마음으로 궁리해야 할 것이다. 천자도 마찬가지다"라고 하는데, 여기서는 천황도 존경의 대상이 아니다. 이와 같이 철저하게 각성된 천황관은 "의리 따위는 꿈에도 생각지마라. 몸을 구속하는 것일 뿐"이라고 큰소리치는 이 신랄한 작품으로 보면 당연한 견해일지도 모르지만 노부나가·히데요시·이에야스와 조정과의 관계도 같은 시각에서 극히 현실적으로 파악하고 있으며, 예를 들면 이에야스에 대해서는 다음과 같이 기록하고 있다.

이에야스는 이미 천하를 천하로 돌려준 것과 같다. 천자를 두드려 이를 공격하면 자기 천하로 삼을 수 있다는 것을 알고 행한 일이다. 까닭에 입으로는 충을 말하면서 몸으로는 자유자재로 행한다.

『영장비결』은 히라타국학 특유의 영혼관에 관한 기술이 많은 점으로 보더라도 히라타 가네타네平田鉄胤나 혹은 히라타파 지사그룹의 작품으로 보아야 하겠지만, "악인의 영혼에 빌면 나에게도 지혜가 잘 따라 붙는다. 먼저 석가, 알렉산더 대왕, 히데요시, 진시황. 이렇게 해서 샘처럼 책략도 또한 솟아나온다"고 하는 구절을 접하면, 선악의 피안에 서서 권모술수를 조작하려는 이 글의 필자는 악마의 화신과 같이 강인한 정신의 소유자라고 생각하지 않을 수 없다.

3. 정치 전략과 민심

『영장비결』의 마키아벨리즘 가운데는

一. 남에게 먼저 이익을 주고 난 후에 책략을 꾸미면 보통사람은 다 넘어간다.

一. 천하 만민을 구한다는 명분이 있으면 부끄러울 일이 없다는 각오로 일에 임할 것.

과 같은 잠언도 포함되어 있으며, 막말기의 경제변동과 민중 생활이 궁핍해지는 가운데 민심수렴을 꾀하는 것이 전략적으로 중요하다는 것을 자각하고 있었다. 마키도 추상적이지만 천황을 "천명을 받들고 인심을 따르며 인정仁政을 천하에 펼치려는 자"[30]로 규정하고, "먼저 세금을 감소하여 민심을 위로하고 또한 그 마음이 향하는 바를 거두어야 할 것"[31]이라고 하여 감세를 주장했다. 특히 개항 이래의 물가등귀가 초래한 도시 주민의 생활 곤궁은 분큐기의 존양운동에 가장 적합한 구실이 되어 환전상·고리대·미곡상·무역상 등의 부정행위를 고발하는 벽보와 투서 등이 나돌고 그들은 종종 '천벌'의 대상이 되었다.

도야마 시게키遠山茂樹에 의하면 이러한 사건이 빈발한 것은 1862년 7월 경부터이며,[32] 예를 들면 같은 해 10월에는 오사카에서 '시호모야'라는 이름으로 "전적으로 안민을 위해 새로운 정치를 펼쳐야 할 것"이라는 벽보가 나돌았는데, '시호모야'란 '시嶋·호細·모毛·야山'를 의미하며, 이는 각각 사쓰마·구마모토·조슈·도사 번주들의 이름 첫 글자를 지칭하는 것이라고 한다. 이러한 벽보는 "사민평등의 이치에 거스르며 천리에 위배되어 우려해야 할 일", "세상의 평등과 사민평등을 위해서"라는 등의 글이 보이며, '천벌'이라는 위협으로 쌀값이나 금융상장이 하락하고 "시민 백성의 무리는 삿초의 두 번을 실로 신처럼 모셔 막부는 크게 입이 닫힌 상태"라고 하기도 했다.[33] 조정 측이 민중 구제를 시도한 드문 사례로 1861년 2월 천황의 사유 재산을 교토 인근의 궁민들에게 하사하려다가 막부에 의해 저지된 사실이 있었으나, 이듬해 12월이 되어 그것을 폭로한 벽보가 나온 일도 있었다. 이러한 정세의 일환으로 1863년 2월경의 교토에 관해서 언급한 한 사료는,

> 요즈음 교토에 오샤리코부시라는 노래가 유행하여 거지가 노래를 부르는데 이를 들어보니,
>
> 만약에 이 아이가 남자 아이라면 존왕양이를 시킵시다. 오샤리코 오샤리코.
>
> 거지조차 이런 말을 하는 세상에, 어느 쪽이든 존왕양이를 하지 않으면 감당하기 어렵다고 생각합니다.[34]

라고 존양파의 서민적인 인기를 전하고 있다.

1862년 8월에 교토에서 나온 약 광고를 빗댄 낙서를 보면 '매매소 사라시야 보타로さらしや棒太郎', '본가 조합소 삿초당薩長堂 제조'*라고 적혀 있으며, 그 효능서에는,

> 각성제는 물가등귀를 내리고 도리에 맞는지의 여부를 알게 해주며 …… 모든 모략에 의한 증상에 사용하면 즉시 효능 있음.[35]

이라고 적혀 있었다. 개국으로 무역이 시작된 이후 물가등귀로 서민 생활이

---

* '사라시'는 효수를 의미하며, '삿초당'이란 사쓰마와 조슈의 존양파가 매점상인 등을 처벌한다는 의미의 낙서.

어려워졌다. 이는 무역이나 매점매석으로 이득을 얻고 있는 상인들 탓이며, 막부의 정치도 이와 결합되어 있다는 식의 논리는 서민에게도 받아들이기 쉬운 존양파의 선전이며, 그것이 삿초 두 번에 대한 기대나 '천벌'이라는 위협과 결합되어 있었던 것이다. 이러한 입장에 의한 천벌의 위협은 1863년 이후에도 계속되어 예를 들면 그 해 7월, 교토 산조三条에 상인들을 효수한 벽보에는,

> 위의 자들에게서 금은을 차용한 자는 일체 반환할 필요가 없다. 자연히 마치부교(町奉行)*로부터 징수하지 말라는 분부가 있었으니, 여기에 그 적도(賊徒)의 이름을 기록하여 산조와 시조(四条)의 다리 위에 벽보를 내걸어 알리는 바다.[36]

라고 하는 개혁적인 내용이 포함되어 있었다. 8·18정변 후에도 에도나 요코하마에서 무역상에 대한 '천벌'이 횡행하고 '안민구세 지사'를 자칭하면서 존왕양이를 주장하는 자나 "물건 값을 내려 팔도록 자신의 당번들에게 속히 각각 전해둘 것, 만약 앞으로도 신령을 위반하고 위와 같은 행위를 고치지 않는 자는 즉시 신명에 따라 칼로 베어 주륙할 것이다"라고 위협하는 자들이 출현했다.[37]

신추구미真忠組는 1863년 11월부터 이듬해 1월에 걸쳐서 구주구리하마九十九里浜 지방에서 발생한 요나오시적인 동향을 내포한 존양운동의 사례다.[38] 1863년 11월 12일 구스노기 온지로楠音次郎를 비롯한 수명이 가즈사국上総国 야마베군山辺郡 고제키촌小関村의 여인숙 오무라옥大村屋을 강제로 빌려 "신추구미지사 여관"이라는 간판을 내건 이후 낭인들이 모여 11월 24일에는

* 에도시대 에도, 오사카 등 시중의 행정 사법, 소방, 경찰 따위의 직무에 임한 관직.

187명이 되었다고 한다. 그들은 마을 관리에게 자금을 조달하도록 명령하고 부잣집에 금품을 요구하여 모은 쌀과 돈 가운데 565섬 정도의 쌀과 200냥을 궁민에게 베풀었다. 그들 가운데는 '구민관救民館 신추구미'를 자칭하고 '보국 구민관 신추구미 임시주소'라는 간판을 내거는 자도 있었으며, 그들에게는 "지방 부호에 대하여 반감을 품은 자"들의 호소장이 날아왔다. 그들은 "우리는 보국적심의 동맹 지사로서 국가를 위해 신명을 바치고 만민을 도탄에서 구하는 일 외에는 없다"는 자들도 있었다. 신추구미는 존왕양이와 막부에 대한 충성을 주장하고 자신들을 '비분강개의 지사', '진충真忠무사'로 자칭하는 의식 속에 빈민을 구제한다는 과제를 품고 대담하게 실천에 옮긴 드문 사례였다.

덴추구미의 변(1863년 8월)은 고조五条의 관청을 습격하여 지방관 이하 5명의 수급을 거둔 후 앞으로는 고조 관청의 지배하에 있는 자들은 "천조 직할의 백성"이 된다고 하며 그것을 '축하'하는 의미에서 금년은 연공을 반감할 것, 덴추구미에 가담하면 성씨의 사용과 칼을 차는 것을 허용하고 5석과 두 명을 거느릴 수 있으며, 호소할 일이 있으면 신고할 것 등을 포고하고, 또한 촌민의 호소에 의거하여 고리대와 지주에게 헌금을 명령하여 촌민들에게 분배했다. 이 때문에 농민들이 덴추구미에 가담하여 지역의 지배자 층에 대해 "평소의 원수라고 기뻐하면서 파괴행위"를 부추기는 경우도 있었다. 이쿠노의 변(1863년 10월)에서도 이쿠노 관청의 지배지를 비롯한 100만 석이 천조의 직할지가 된다고 선언하여 3년간 연공 반감, 제반 과세의 정지, 칼 착용의 자유 등 포고하여 농민동원을 꾀했다.[39]

그러나 이 두 가지 반란 사건에서 보이는 민심에 대한 배려와 민중동원은 처음부터 그 봉기 논리의 중심적인 내용이 아니었다. 민심의 동향에 대한 배려는 그들의 운동을 정당화하는 데 중요한 근거가 되기는 했지만, 그러나 그것은 천조 숭배를 중심에 두고 기성 권력을 공격하기 위한 방편이기도 했다. 그 때문에 덴추구미의 변이나 이쿠노의 변에서도 낭사들이 열세가 되면 오히려 농민들의 습격을 받았으며 농민들은 '낭사 놈들'이라고 부르면서 지사들을 잡아 죽였다.[40] 무명의 한층 더 일탈적인 자들로 구성된 신추구미의 사건이 어느 정도 지역에 뿌리를 내리고 요나오시적인 동향을 내포한 활동을 전개한 것은 흥미로운 일이지만, 그들의 경우에도 천조 중심의 질서관이나 무사적인 충성 관념을 순수하게 체현하고 있다는 점에 주요한 긍지를 가지고 있었을 것이다. 덴추구미의 변이나 이쿠노의 변에는 천황과 민중을 일군만민적인 방향에서 결부시키고, 천황의 권위를 매개로 하여 민심을 중시하고 민중생활에 안정을 꾀한다는 계기가 내포되고 있기는 했지만, 그러나 그것은 어디까지나 지사들의 정치 전략의 한 측면에 지나지 않는 것이며, 마키아벨리즘적인 음모나 이용과는 구별하기 어려운 차원의 것이었다.

1864년부터 이듬해에 걸쳐 조슈번은 긴몬의 변에서 패하고 4개국 함대의 시모노세키下関 포격을 받았으며 제1회 조슈정벌*에 굴복하는 등의 역경에 직면했지만, 반막부적인 자세를 취하는 단 하나의 유력한 세력으로서 일반 민중의 불안이나 불만의 돌파구가 되고 있었으며, 반막부적인 기운과 결부한 조슈번 편들기가 상당히 광범위한 지역으로 확산되고 있었다. 이러한 기운은 66년에 이르러 더욱 확산되어 '에에자나이카'의 전신으로 보이는 '조슈승리춤'이 시모노세키에서 아카시明石, 효고兵庫에 이르기까지 퍼졌으며, '에에자나이카'에서도 "조슈가 승리하면 쌀 3되, 막부가 이기면 쌀 1합 얻어먹고 죽을 것이다. 조슈 이겨라 조슈 이겨라"고 하는 노래가 미노美濃지방에

* 긴몬의 변에서 조슈군이 황거에 포격한 것을 이유로 1864년 7월 막부에 조슈번 토벌명령이 내려졌으며 조슈번이 막부에 공순을 표하여 막부군은 12월 철병했다.

서 불렸다고 한다.[41] 1866년 도사에서도 무사 계급은 좌막파가 많았지만 "민간은 촌장이나 촌로를 비롯하여 인민은 조슈 편이 많으며, 결코 조슈는 지지 않는다고 하면서 남몰래 웃고 있다"[42]고 하여 2차 조슈정벌에서 조슈번의 승리를 확신하고 있었다는 사실이 전해지고 있다.

'잔넨상残念さん'은 이러한 조슈번 편들기가 어령신앙의 계보에 속하는 현세이익적인 유행신 신앙이라는 종교의식의 전통과 결부되어 확대한 사례다.[43] 그 하나는 긴몬의 변에서 패주한 조슈번의 하급무사 야마모토 분노스케山本文之助가 아마가사키번尼崎藩에 체포되어 할복한 이듬해 2월부터 오사카 상인들이 "어떤 큰 병이라도 기원하면 쾌유된다"고 하면서 그의 무덤에 군중이 운집하여 참배한 사례다. 이 '잔넨상'은 5월 17일을 기한으로 금지되었지만 이어서 5월 하순부터 그 전해 2월에 오사카 히가시혼간지東本願寺의 동어당東御堂 문 앞에서 두 명의 조슈번사가 할복한 현장과 무덤으로 참배가 시작되었으며, 제2차 조슈정벌 때 장군 이에모치家茂가 오사카 성으로 들어간 5월 25일에는 긴몬의 변 직후에 철거된 조슈번의 오사카 창고부지에 있는 버드나무=무념불無念佛에 대한 참배가 시작되었다. 이 세 가지가 조슈번 편들기로 이어지는 '잔넨상'인데, 1864년 쓰쿠바산에서 거병한 후 에치젠越前으로 진출하다가 체포되어 사형당한 미토번 무사나, 텐추구미의 변에서 전사한 요시무라 도라타로吉村寅太郎 등도 유사한 신앙 대상이 되었다. 그 어느 것도 한을 품고 죽은 인물이 사람들에게 복을 가져오는 착한 신으로 모셔져 유행신이 되는 어령신앙의 계보에 속하는 종교현상으로, 그것이 존양파와 조슈번에 대한 기대나 지지와 결합하여 일정한 정치성을 띄면서 전개되었다는 점에 커다란 특징이 있다. 그러나 이노우에 가쓰오井上勝生는 이와 같이 전통적인 종교의식에 뿌리를 내린 현상의 배후에도 처절한 권모술수가 숨어있다는 것을 밝혀 보였다.

이노우에가 선명한 필치로 발굴해 보인 것은 위에서 본 '잔넨상' 신앙의 두 번째 사례에 해당하는 두 사람의 조슈번사가 할복한 사건의 배후다. 흥미로운 사례이므로 간단하게 소개하기로 하자.

이 사건의 발단은 1864년 2월 12일 오사카에서 매입한 비단과 면포를 실은 사쓰마번의 정치상인 하마자키 다이헤이지浜崎太平次의 배가 가미노세키上関에 정박하고 있을 때, 가미노세키 의용대가 난입하여 사쓰마인 오타니大谷仲之進를 살해한 일이었다. 외국과의 무역으로 폭리를 탐하는 상인에 대한 존양파의 '천벌'사건 가운데 하나가 되는 셈인데, 오타니를 살해한 후 그 수급을 그대로 버려두는 것도 유감이라고 하여 이 사건에 가담한 야마모토 세이이치로山本誠一郎와 사건에 참가하지 않은 미즈이 세이이치水井精一가 오타니의 수급을 오사카로 가져가 효수하기로 하고 2월 19일 오사카에 도착했다. 이때까지도 두 사람의 할복은 예정되어 있지 않았지만 23일에 도키야마 나오하치時山直八 등의 세 명이 교토에서 오사카로 찾아와서 "자네들이 불명예스러운 오명을 입지 않도록 조치가 있어야 한다"는 이유로 두 명에게 할복을 권했다. 두 사람이 할복 대신에 사쓰만번으로 신병인도를 부탁했지만, 그렇다면 조정에 "사쓰마의 죄상을 폭로"하고 죽으라고 하자 두 명은 일단 가미노세키로 달아났다. 그러나 교토에서 노무라 와사쿠野村和作와 시나가와 야지로品川弥二郎가 따라와서 두 사람이 죽고 싶지 않다면 "다른 사람이 대신해야 한다"고 으름장을 놓자 결국 두 사람은 "이 일을 모면하면 죽음을 두려워했다고 후세까지 웃음거리가 될 것이며 그야말로 유감스런 일"이라고 하여 2월 25일 밤부터 이튿날 새벽에 걸쳐서 오사카 히가시혼간지東本願寺 동어당 문 앞에서 오타니의 수급과 참간장을 내걸고 할복한 것이었다. 25일 새벽 4시부터 "검은 장속에 등롱을 든" 10여 명의 무사들이 순찰병을 붙잡고 사람들의 왕래를 중단시킨 이후 동틀 무렵까지의 사이에 일을 진행시킨 것이다.

할복한 두 명은 활동 경력이 없는 무명의 하급무사였지만 그들에게 죽음을 강요한 것은 교토에서 활동하고 있던 도키야마, 노무라, 시나가와, 스기야마 마쓰스케杉山松介, 구자카 겐즈이久坂玄瑞 등으로 그들은 조슈번 존양파의 핵심적인 활동가이며 노무라와 시나가와는 후일 메이지 정부의 고관이 되었다. 두 사람은 이렇게 해서 강요당해서 죽은 것이지만 참간장에는 "양이의 예려를 관철하기 위해 할복한다. 우리들의 충심을 천지신명이 비쳐줄 것을 삼가 기원하노라"고 맺고 있다. 두 사람이 할복한 장소에는 사건 직후부터 많은 구경꾼이 몰려 "교토 인근의 수만 명이 감격해서 소리 내어 울었다"는 상황이었으며 이듬해 5월 하순부터는 다시 '잔넨상'이라 하여 참배자들이 운집한 것이다. 1864년 2월의 사건과 이듬해의 '잔넨상'과의 사이에 1년 반 이상의 시간이 있으며, 처음에는 반드시 '잔넨상' 신앙은 아니었던 것 같은데, 이노우에의 논문은 억울하게 죽은 미즈이의 형에게 보낸 서한 등을 발굴하여 이 사건의 진정한 경위를 밝히고 충성과 자기희생의 미명에 감추어진 존양파 지도자들의 엄청난 권모술수의 실태를 폭로해 보인 것이다.

왕정복고 직후에 간노 하치로는 처음에는 이국인을 싫어하고 혐오했던 삿초도*의 번이 이국과의 교역을 성행시키고 신정부가 "만민의 대부분이" 신앙하는 불교에 대하여 배불정책을 취한 것을 비판하면서,

> 진실로 새로운 정치를 생각한다면 천하에 대사면을 내려 공납을 면제하고 널리 천하에 인덕을 베풀어 만민의 마음을 거둔 후에야말로 위의 일(외국교역, 신불분

---

* 사쓰마, 조슈, 도사를 합쳐서 부르는 말.

리—야스마루)을 명령할 수 있지 않을까. 지금 제후의 마음도 안정되지 않았는데 무익하게 백성의 마음을 잃으면 무엇으로 새로운 정치의 태평을 볼 수 있을 것인가.[44]

라고 말했다. 이코타 준도伊古田純道도 "신정의 처음에 먼저 지방을 살펴 유실된 땅을 면하고 세금을 간분寬文* 이전으로 되돌리면 천하 인심이 일거에 안정될 것"이라 하여 '과세복고'를 논했다.[45] 두 사람은 모두 미토학에 호의를 가진 전통적인 질서관의 소유자였지만 민심 장악의 중요성과 이를 위한 조세감면이라는 시점에서 유신정권을 상대화하는 비판적인 안목을 가지고 있었다고 할 수 있을 것이다. 히라타파의 입장에서 유신정권의 비전을 구상한 야노 하루미치矢野玄道의 『헌근첨어献芹詹語』도 '에에자나이카'를 왕정복고 실현에 '길조'라 하면서 그 정책론의 일부로 "2~3년 사이에 연공 반감"을 시행하여 민중의 '심복'을 얻어야 한다고 논하고 있으며, 여기에도 다소간의 민중적인 입장이 포함되어 있었다.

왕정복고의 포고도 또한 "최근 물가 각별하게 등귀하여 손쓸 바도 없으며 부자는 더욱 부를 축적하고 빈자는 더욱 궁핍해지는 경향"이라는 것을 지적하고 그것은 결국 "정령이 바르지 않은 데"서 발생한 일이라고 하여 민정의 중요성을 강조했다. 그러나 민중생활의 안정과 민심 지지의 중요성도 존양토막파에서 메이지 국가의 건설에 이르는 계보의 인물들이 권력을 장악하기 위해 조작한 전략의 일부며, 그것은 또한 그들에게도 분명히 자각되고 있었다. 이러한 전략의 권모술수는 그들이 기성의 정치질서에 도전하여 권력 장악에 매진하는 과정에서 가장 노골적으로 발휘되었으며, 일단 권력을

* 에도시대 초기의 연호. 1661~1673.

장악해 버리면 그 중요한 부분은 무대 뒤로 숨어버린다. 그리고 민중생활의 안정과 민심존중을 표방하는 정치세력이 현실의 민중운동과 결부되어 독자적으로 발휘되기 시작하는 것은 유신정권의 지도자들이 가장 우려한 일이었다. 왕정복고 직후에 연공반감령을 내걸고 진군한 사가라 소조相楽総三 등의 세키호다이赤報隊*에 대한 유신정권의 엄격한 대처는 그것을 입증해주고도 남을 것이다.[46]

* 유신 당초에 결성된 일종의 민병대 가운데 하나. 사가라 소조를 대장으로 200~300명의 대원으로 구성. 간토지방의 탈번 무사와 호농상이 중심. 1868년 1월 동해도진무사의 지휘하에서 연공반감을 내세우고 진군했으나 3월에 '가짜 관군'으로 간주되어 탄압, 처단되었다.

■ ■ 6장

권위와 문명의 심별

1. 유신변혁의 정통성 원리

메이지유신이 천황을 권모술수의 수단으로 삼고 '옥玉'이라고 부르면서 '옥을 품는다'거나 '옥을 뺏는다'는 등의 노골적인 은어를 사용한 지사들에 의해 수행되었던 것은 잘 알려진 사실이다.[1] 근대 천황제는 18세기 말 이래의 존왕론과 국체론의 발전을 배경으로 하면서도 직접적으로는 이러한 권력정치의 와중에서 성립했다. 그들은 자신들의 노골적인 권모술수를 숨기기 위해서라도 누구도 정면으로 반대할 수 없는 초월적 권위로서의 천황을 전면에 내세우고, 권위에 가득 찬 중심을 만들어내야 했던 것이다. 그러한 사정을 엿보기 위해 여기서는 잘 알려진 에피소드를 들어보기로 하자.

왕정복고의 포고가 발포된 1867년 12월 9일 밤부터 이튿날 아침에 걸쳐서 천황을 앞에 두고 장시간의 회의가 열렸다(小御所會議). 회의의 초점은 이미 장군직을 사퇴하고 대권을 반납한 15대 장군 도쿠가와 요시노부德川慶喜

를 정치에 참여시킬 것인가의 여부에 있었으며, 에치젠번越前藩의 전 번주 마쓰다이라 요시나가와 도사번土佐藩의 전 번주 야마노우치 도요시게는 요시노부의 참여를 강력하게 주장했다. 요시노부를 참여시키면 구막부를 포함한 웅번의 연합정권이라는 방향으로 진행되고, 서구열강의 입헌제도를 모방한 공의정체론이 그 이론적 틀이 될 것이었다. 그러나 이와쿠라 도모미 등의 일부 공경과 사쓰마번의 주장처럼 도쿠가와 씨를 배제하는 방향을 관철하면 천황의 권위를 전면에 내세운 절대주의적인 정권에 근접하게 될 것이었다. 막말의 정치과정에서 잠재하고 있던 두 가지 정치노선의 대결이 결정적인 순간에 도달했다는 점에 이 회의의 역사적인 위치가 있었다. 하긴 이 회의는 궁궐의 모든 문을 사이고 다카모리가 지휘하는 병력이 지키는 상황에서 열렸으며, 이와쿠라는 야마노우치 등에 대한 실력행사도 불사하겠다는 각오로 회의에 임했기 때문에 회의장에서의 승패는 이미 판가름이 난 것이나 다를 바 없었다고 할 수 있다. 그러나 회의의 절정은 이와쿠라와 사쓰마파의 획책에 격노한 야마노우치가 이와쿠라 등에 대하여 "어린 천자를 품에 안고 권력을 탈취하려는 것"이라고 격노하면서 비난한 데 대하여, 이와쿠라가 천황은 '불세출의 영재'이며 왕정복고의 대업은 "모두가 천황의 영단에서 나오는 것"이라고 오히려 야마노우치를 호통 치는 장면에 있었다.

회의는 그 후에도 중단을 거듭하면서 이튿날 아침까지 이어졌지만, 이러한 응수를 계기로 요시노부에게 모든 직책과 토지 반납을 요구하는 방향으로 진행되어 이와쿠라 등이 유신변혁의 주도권을 잡게 되었기 때문에 "(천황은 '불세출의 영재'라는) 이 한마디가 왕정의 기초를 결정하고 일본이 다음 시대로 들어가는 문을 열었다"[2]고 해도 과언이 아니다. 그러나 여기서 기묘한 것은 이와쿠라가 '불세출의 영재'이며 왕정복고의 대업은 모두 그의 판단에 의거하고 있다고 한 천황은 실제로는 얼굴을 희게 화장하고 눈썹을 그린 15세 소년이며, 아직 아무런 정치적 식견이나 판단력도 없었다는 점이다(천황은 이듬해 정월 15일 성인식을 하면서 아동복을 벗고 성인의 표식으로 얼굴에 화장을 했다). 현실의 천황이 그러한 존재며 천황의 의사라는 것도 실은 정치적 실권을 장악하려는 자들의 의사에 다름 아니라는 것은 모두가 알고 있었다. 그렇기 때문에 야마노우치의 비판이 훨씬 진상에 가까운 것이지만, 회의장에서는 이와쿠라의 고압적인 매도가 야마노우치를 압도해버리고 역사는 새로운 문을 열었던 것이다.

왕정복고의 포고는 천황의 의사에 의거하여 왕정복고가 실현된 것을 강조하면서 신분의 차별 없이 '지당한 공의'를 다할 것, 구폐를 일신할 것, 언론의 길을 열고 인재를 등용할 것, 물가등귀로 고통 받는 서민을 구제할 것 등을 들었다. 또한 같은 문서에 "모든 일은 진무 천황 창업의 기원에 의거하여"라고 있는 것은 히라타파 국학자 다마마쓰 미사오玉松操가 "왕정복고는 힘써 도량을 넓게 하고 규모를 크게 할 필요가 있다"고 하면서 진무 천황 기원의 정치를 근거로 '모든 것의 유신'을 주장한 점에 의거하여 이와쿠라가 특별히 써 넣은 것이었다.[3] '진무 천황 기원의 정치'가 어떤 것이었는지 아무도 몰랐지만, 그것은 천황의 권위에 대한 강조와 맞물려 뭔가 근원적인 대변혁을 약속하는 것과 같은 반향을 불러일으켜 '지당한 공의公議' 이하의 애매한 공약과 서로 호응하고 있었다. 사쓰마와 이와쿠라 등이 천황의 권위를 전면에 내세울 수밖에 없었던 것은 그들이 명확한 지지기반이 없는 찬탈자였기 때문이지만, 그만큼 그들은 기성의 정치권력에서 자유로울 수 있었으며, 천황의 권위라는 이름으로 변혁적인 제반 계기를 조작할 수 있는 가능성을 잡았다고 말할 수 있을 것이다.

그러나 왕정복고 직후에는 공의정체론에 의거한 도사번과 에치젠번 등의 세력이 여전히 제거되지 않고 있었으며, 사쓰마와 토막파의 주도권은 쉽게 확립되지 않았다. 도바후시미鳥羽伏見의 전투*를 눈앞에 두고 오쿠보 도시미치가 말했듯이, "부화뇌동으로 공론을 이루고 주선에 진력하는" 세력에 밀려 "황국의 대업 십중팔구는 실패할 것"이라는 상황에 있으며, 오쿠보와 이와쿠라는 '좌우를 돌아보지' 않고 '중론'에 사로잡히지 않는 '확고한 결단'이 필요하다고 결의하고 있었다.[4] 그 당시 특히 사쓰마번을 중심으로 한 '간신배 무리의 음모'가 공격의 표적이 되고 있었으며, 이와쿠라와 오쿠보는 삿초의 전횡을 비난하는 목소리에 겁내지 말라고 주장하면서 막부 측을 도발하여 새로운 세력의 확립으로 향했다. 그 성패 여부가 일대도박이었다는 점은 천황의 히에이산 퇴거와 서국西国행이 검토되었다는 점에서도 표현되고 있을 것이다.

그러나 천황의 지고한 권위성을 정면에 내세운다고 해도 그것이 화장을 한 흰 눈썹의 15세 소년에게 어울리지 않는다는 것은 말할 나위도 없다. 천황의 권위는 개인 카리스마로서는 존재할 수 없기 때문에 전통 카리스마에 의거하지 않을 수 없으며, 이를 위해서는 아마테라스 오미카미의 신성을 계승한다는 점과 제정일치를 통하여 천황의 신권적 권위성이 강조되어야 했다. 막말의 신기관神祇官** 재흥론은 처음에는 반드시 정치적인 변혁과 결부되어 있지 않았지만, 1866년에는 천황의 신권적 절대성에 정통성의 근거를 두는 이와쿠라 등의 구상 속에 편입되어 그 후의 역사에 커다란 영향을 주었다.

---

* 토막세력과 구막부와의 내전인 보신전쟁의 발단이 된 전투. 1868년 1월 1일 요시노부 장군은 삿초 토벌의 뜻을 발포하고 진군을 개시하여 3일 교토 남쪽 근교의 도바후시미에서 삿초군과 교전했으나 패주했으며 이 전투를 계기로 토막파는 정세의 주도권을 잡았다.

** 고대 율령제하에서 국가권력의 최고의 기관. 메이지유신 직후 제정일치 정책에 입각하여 천신지기에 대한 제사를 관장했다.

막말의 정치과정에서는 방류에 지나지 않던 국학자나 신도가가 급거 등용되어 메이지 초년의 종교정책을 추진했던 것도, 그들의 신도설과 국체론이 유신정권의 지도자들이 필요로 하는 천황의 절대적 권위성의 변증을 추구하고 있었기 때문이었다.

이렇게 해서 국학자나 신도가에게 뜻밖에 커다란 활동 무대가 주어진 것이지만, 이 시기의 히라타파 등이 제시하는 신도설이 신령의 실재관과 결부된 종교성이 농후한 것이었다는 점은 유의해야 할 부분이다. 야노 하루미치矢野玄道, 1823~1887의 『헌근첨어獻芹詹語』는 이러한 종교 관념과 유신정권에 상응하는 정책구상을 결부시켜 전개한 대표작인데, 여기서는 먼저 왕정복고는 "황천에서 황조신이 보살펴주신 은혜에 의해" 실현된 것이며, 그것은 이미 '에에자나이카'에서 "신의 부적이 하늘에서 내려와 백성이 춤을 추고 노래를 부르는 상서로운 징조" 속에서 표현되고 있었다고 했다. 야노는 또한 이러한 신령 실재관에 의거해서 "천하 제일의 정책은 천신지기의 제사"라 하고, 특히 원념을 남기고 죽은 사람들의 영혼을 모시는 어령신앙 관념의 계보에 입각해서 후지와라노 히로스구藤原広嗣, 다치바나노 나라마로橘奈良麻呂, 다치바나노 하야나리橘逸成, 남조의 군신 등의 영혼이 이승에 재액을 가져오고 있다고 하여 그들의 공적을 표창하고 관위를 내려 궁중에 신전을 세우고 제사지내야 한다고 주장했다. "아무튼 세상의 흥망성쇠 모두가 황천에 있는 대신大神들의 마음에서 나오는 것"이기 때문에 제사를 결코 등한시해서는 안 된다는 입장이다.

메이지 초년의 종교정책에 깊이 관여한 쓰와노번津和野藩 그룹의 제정일치에 관한 건언은,

> 천황은 만물의 주재로서 천지가 둘로 갈라진 이래 천통이 끊이지 않고 천지와 함께 자연스러운 이치로 만물을 만들어 키우고 대성(大成)의 모령(妙靈)을 자연스럽게 모두 갖추신다. 까닭에 천황이 홀로 천의(天意)를 내려 받으신다. 따라서 국내의 신민 모두 천의를 받들어야 한다. 천황, 천의를 들으려면 반드시 하늘에 제사지내며…….[5]

라고 하여 천天·천의天意라는 신유합일적인 관념에 의거하여 제사를 통해서 천의를 내려 받는 것이 천황에게 전능의 활동성을 부여하고 있다는 것을 강조하고 있었다. 그리고 천의는 인심에도 부여되고 있기 때문에 "천황이 국민의 공의를 다하는 것이 곧 천의이다"는 말이 되며, 천황은 천의를 느끼고 바로 잡음으로서 국민의 공의를 파악할 수가 있다고 한다. 여기서는 간쟁·직소·상서 등을 '국민 자유의 권리'라고도 부르고 있으며, 신권적인 천황의 권위하에서의 묵시록적인 해방환상의 분위기조차 느끼게 한다. 또한 천황은 하늘과 하나이기 때문이라고 해서 그 명칭을 "천황의 칭호로 통일할 것"과, 같은 이유로 '천'이라고 칭하는 것도 좋다고도 하고 있다. 이미 말했듯이 중세와 근세에는 미카도帝, 다이리內裏, 천자天子, 원院 등과 같이 갖가지 명칭으로 부르던 것을 천황이라는 칭호로 통일하게 된 것은 메이지유신을 커다란 획으로 하고 있으며, 그 명칭이 선택된 종교이데올로기적인 근거를 잘 이해할 수 있을 것이다.

1868년 3월 13일의 포고는 이러한 쓰와노번 그룹의 견해에 따른 것으로,

> 이번의 왕정복고는 진무 천황 창업의 기원에 의거하여 모든 정치적 일신을 제정일치의 제도로 회복함에 따라 먼저 첫째로 신기관을 재흥한 연후에 제반 제사도 부흥하도록 명령을 내릴 것.

이라고 하여 제정일치·신기관 재흥의 이념을 강조하고, 곧이어 전국의 신사와 신관이 재흥된 신기관에 부속하도록 정했다. 이는 왕정복고의 명령서를 신도神道중심주의적인 방향으로 발전시킨 것이며, 이 포고를 내린 다음날에 개명적인 성격이 진한 '5개조 서문'이 발포된 것은 일견 균형이 맞지 않는 모순처럼 보일지도 모른다.

그러나 이 의문은 5개조 서문의 발포 의식에 주목함으로서 해소된다. 이 의식은 후쿠오카 다카치카福岡孝弟가 작성한 원안에서는 '의사소議事所'에서 장래의 정치방침인 국시 5개조를 천황과 총재·의정·제후가 '서약'한다는 것이었지만, 그것은 진무 천황의 과거로 돌아가 천황이 친히 정치를 한다는 이념에 반하는 것이라는 의견이 있었다. 그 결과 자신전紫宸殿에 신좌神座를 세우고 천황이 "공경·제후 이하 백관을 이끌고 직접 천신지기를 모셔", 그 앞에서 국시를 서약하고 신속하게 천하의 백성에게 제시한다는 형식이 채용되었다. 서문의 내용이 공의정체론을 근거로 한 열후회의적인 것에서 더욱 근대 국민국가적인 것으로 고쳐지고 발포의 형식은 제정일치의 이념에 상응하여 신도식으로 고쳐 만든 것이었다. 이 날 부총재 산조 사네토미가 신좌에 제문을 주상奏上한 후, 천황이 신 앞으로 나아가 절을 하고 폐백을 올렸으며, 이어서 산조가 서문을 낭독하고 곧이어 산조 이하가 신좌와 옥좌에 절을 한 후 성지봉대聖旨奉戴의 서약서에 서명했다. 산조 이하의 배례와 서명은 공경·백관·제후의 천황에 대한 복속의례를 의미하며, 천황은 천신지기의 신의에 의거한 신권적인 통치자로 간주되었던 것이다.

5개조 서문은 또한 동시에 나온 천황의 직필문서宸翰와 함께 이해할 필요가 있다. 즉 천황의 문서는 조상들의 대통을 잇는 자로서의 천황의 사명과 장기간의 조정 쇠퇴에 관하여 설명한 후, "이번 조정 일신에 즈음하여 천하

억조 한 사람도 자신의 뜻을 얻지 못할 때는 짐에게 모든 죄가 있으며, 오늘의 일은 짐 스스로 각고의 노력으로 난관에 앞장선다"[6]고 하는 능동적인 군주상을 강하게 어필하고 있다. 이 때 "천하 억조 한 사람도 그 뜻을 얻지 못할 때는 짐에게 모든 죄"가 있다고 하여 천황의 책임을 강조하고 있는 것은 주의할 부분이며, 이는 아마도 이와쿠라의 발상일 것이다. 이와쿠라는 1865년 9월의 '전국합동책'에서도 전국의 합동을 꾀하기 위해서는 천황이 "직접 죄를 이끌고" 가모賀茂신사와 이와시미즈石清水신사로 행차하여 조칙을 환발하고 천하 백성과 '맹약'을 맺어야 한다고 주장하면서 '욕'을 참고 '자신의 죄'를 내세울 것을 새로운 국시확립을 위한 비책으로 보았기 때문이다. "계축癸丑*이래 빈번한 사건들"이 모두 천황의 '죄'라고 하는 것은 천황만이 모든 책임을 질 수 있는 초월적 권위라는 것을 의미한다. 이를 위해서 천황은 "구중심처에 안거하여 나날의 안위를 탐하는" 존재여서는 안 되며, "짐 스스로 만기를 통솔하여 학문을 닦고 무를 강구하며 정령일도政令一途로 천하 인심으로 하여금 그 향하는 곳을 알게 하는" 그러한 존재로 전환해야 한다.[7] 천황은 모든 차원의 제반 기성세력을 초월하는 권위가 되어야만 상황타파의 전철축이 될 수가 있는 것이다.

그러나 현실적으로는 누가 보더라도 삿초와 일부 공경이 어린 천황을 등에 업고 정권을 찬탈한 것이었다. 외국과 '화친개시'한 막부를 공격한 자들이 정권을 잡자마자 외국에 '아첨'하여 그 사절을 궁중에 초빙하고, '공론'으로 '죄안罪案'을 결정하고 그 후에 병력을 움직여야 하는데도 불구하고 막부를 무너트려 사적인 원한을 풀기 위해 병력을 이동시키는 등 '황건 적미' 보다도 심한 난적이라는 내용의 좌막군에 의한 '토살討薩격문'에서 증오심이 노골적으로 드러났던 것[8]도 지당한 일이었다.

---

* 1853년 페리가 내항한 해.

이러한 불신과 의혹에 대항하여 새로운 국가권력의 정통성을 확립해야 했으며, 그것은 또한 천황의 초월적 권위로 실현된다는 것을 사람들에게 납득시킬 수 있는 도리여야 하며, 당시의 말로는 공론이나 공의라는 것에 상응하는 것이어야 했다. 1868~69년 단계에서의 메이지 정부는 아직 삿초 세력을 중심으로 한 배타적인 권력이 아니라, 유력한 번들의 발언권을 중심으로 잡다한 제반 세력이 서로 각축을 벌이는 과도적인 상황이었다. 그렇기 때문에 한편으로는 다양한 세력의 위에 선 '정령일도'에 의한 초월적 권력임을 추구하면서도, 또 다른 한편으로는 '천하공론'과 '공의여론'을 강조하고 공의소를 세우거나 관리의 공선입찰 등을 통해서 공론·공의에 의한 정당화를 꾀했다.

예를 들면 1869년 정월의 이와쿠라의 건언은 만세일계의 천황을 받들고 군신의 도·상하의 분을 확정하는 것을 고래로부터 변하지 않는 일본의 고유한 '국체'라 하면서도, '정체政体'를 그것과 구별하여 "명석한 천자나 현명한 재상이 나오기를 기다리지 않더라도 저절로 국가를 지킬 수 있는 제도를 확립"해야 한다고 한다. 그리고 이 건언에서 의사원은 시대에 상응하는 '정체'의 중심적 제도이며 "공론을 채택"하는 제도도 실은 일본의 신대神代부터 시작되었던 것이라고 한다.

> 의사원을 설치한 것은 서구 각국의 풍습을 모방한 것처럼 말하지만 결코 그렇지 않다. 우리 황국에서 공론을 채용한 것은 이미 신대부터 시작되었다. 속히 의사체제의 조사를 명하여 그 규제안을 상신케 하고 이리하여 속히 의사원을 설치해야한다. 대체로 유신의 홍업은 무엇에 의해 성취되었는가를 말하자면 곧 천하의 공론에 의해 성취되었다고 말해야 한다 …… 신하의 분수로 이를 말하기는 황송하지만 주상천자

총명영지하시지만 아직도 젊은 나이에 몸소 중홍을 꾀하시기는 어려우며, 천하의 공론을 들으시어 그 귀착하는 바를 성스러운 판단으로 이를 정하시어 실로 공명정대한 성업을 이루도다 …… 대체로 의사원을 설치하는 것은 5개조 서문의 취지를 확충하는 데 있다.[9]

왕정복고의 포고에 이어 궁중회의에서 "유충의 천자를 옹립하여 권력을 탈취"한 것이라는 비판에 대하여 천황은 "불세출의 영재"이며 "오늘의 거사는 모두가 천황의 판단에 의한 것"이라고 고압적으로 상황을 돌파한 이와쿠라는 간단한 거짓말로 공론정치를 자기편으로 차지해 버리고 있다. 천황의 절대적인 권위성은 공론정치를 열어 나간다는 논리와 결부시킴으로서 지배의 정통성을 확립할 수 있는 것이다.

그러나 1860~70년경의 시점에서 갖가지 정치세력이 그 사회적인 원망을 제각기 입장에서 공론으로서 자유롭게 표현할 경우, 논의가 백출하여 복잡한 대립과 갈등에 의한 혼란이 불가피했다.[10] 실제로 공의소 등에서의 논의는 전통사상이나 양이사상의 입장에서 신정부의 제반 정책을 비판하는 것이 많으며, 대학교, 집의원, 신기관, 탄정대彈正臺* 등과 같이 삿초파의 세력이 크게 미치지 않는 관아도 적지 않았다. 미야치 마사토宮地正人는 유신정권에서 배제되어버린 존양파나 재야 세력들에 관해서 방대한 사료를 발굴하여 상세하게 논하고 있는데, 그들 가운데는 "간신을 베어야 하며, 이적을 물리쳐야 한다"고 공언하여 정부 고관의 암살을 기도하는 자도 있으며, "시대의 흐름을 거스르는 자는 그 마음이 항상 불평"이며, "과격한 언행을 일삼는" 수밖에 없다고 위압적인 태도로 나오는 자도 있었다. 메이지 초년에 정부

* 메이지 초년의 경찰기관. 1871년에 폐지.

고위직에 있던 요코이 쇼난横井小楠이 1869년 1월에 존양파 그룹에 의해 암살당했을 때도 정부 내에서는 관대한 처리를 주장하는 쪽이 유력하여 이례적으로 어전회의를 되풀이 한 끝에 같은 해 12월에 "난폭한 자는 처분하기 전에 회견한다"는 식으로 결정되는 상황이었다. 오쿠보가 개탄했듯이 신정부는 내외의 세력들에게 모욕당하고 있었으며, "천하인심 정부를 불신하여 원망하는 목소리가 거리에 가득하며 막부의 옛 정치를 그리워한다"[11]는 것이 1869~70년경의 정세였다.

미야치에 의하면 1870년 9월경부터 이듬해 3월까지는 이와쿠라, 오쿠보, 기도 등이 이러한 상황에 목숨 걸고 대결하면서 권력의 확립에 매진하던 중요한 시기였다. 70년 9월에 집의원이 폐원되고, 그때까지 처분이 보류되어 있던 요코이 쇼난의 암살자는 10월에 처형되었으며, 또한 존양파계 정부고관의 대다수가 파면, 좌천 등의 처분을 받았다. 11월에는 다이라쿠 겐타로大樂源太郎 등의 부대 이탈소동이 발생하고, 곧이어 발생한 히타日田봉기에서는 탈적 부랑의 무리와 농민봉기의 결합이라는, 정부가 가장 우려했던 사태가 목전에 닥쳐오는 것처럼 보였다. 반정부 단체 가운데는 사쓰마번과 사이고의 동향에 기대를 걸고 도쿄와 관서지방에서 대규모의 반란계획을 세운 그룹도 존재하고 있었다고 한다.

1871년 정월에는 참여 히로사와 마사오미広沢真臣가 암살되었으며, 이와쿠라와 오쿠보는 "저런 난폭한 행위를 일삼는 무리는 수만 명이 있더라도 이번에야말로 뿌리를 뽑아야 할 것"이며,"확실하게 응징해서 영혼을 위로해야 한다"[12]고 철저한 탄압책을 취했다. 히로사와를 암살한 것은 오타기 미치데루愛宕道旭·도야마 미쓰스케外山光輔 등의 반정부 음모사건 그룹이었다. 병력을 이끌고 정치체제를 바꾼 후 천황을 교토를 데려오려 한 이 그룹은 71년

3월에 백 수십 명이 체포되어 오타기, 도야마의 할복과 엄중한 처벌이 내려졌다. 같은 달 병부대신兵部大輔 야마가타 아리토모山県有朋는 기도木戸에게 진언하여 "단지 배울 것은 진시황제이다. 그 밖에 좋은 수단은 없다. 난폭과 폭행을 내세워 전국 인심이 일시 전율할 정도가 아니면 큰일을 치르지 못할 것"이라고 했다. 당시의 국가 건설자들은 갖가지 반대세력이 소용돌이치는 상황을 강권으로 극복함으로서 '정령일도'의 국가권력을 확립하려 했던 것이다. 삿초도薩長土의 병력을 결집해서 시행된 폐번치현*은 "지금의 정치체제로 와해의 환을 피하려 하기보다는 오히려 대혁신을 단행하여 붕괴의 화를 취하는 것이 낫다"고 하는 결의 아래 "명실상부 정령일도"의 권력 확립을 목표로 단행되었다.[13]

문명개화를 추진하는 메이지 정부의 제반 정책이 일제히 전개되는 것은 폐번치현을 전후해서였다. 문명개화에는 전통지향의 사회의식을 바탕으로 하는 반정부 세력들에 대결하여 새로운 정통성 원리를 제시한다는 의미가 있으며, 극히 이데올로기적인 성격이 강한 정책이었다는 점을 미야치는 강조하고 있다. 그리고 신도파의 교화사료를 인용해서 "사족은 안중에 없고 농상과 국가의 일체감, 그것을 결합하는 매개로서의 '자유의 권리'가 정치학자가 창조하는 도식과 같이 선명하게 호소되었다"고 설명하고 있다.[14] 이 시기 이후의 메이지 국가에는 계몽을 위한 전제지배라는 성격이 강하게 되는데, 그 계몽 속에는 기술이나 과학은 물론이고 '자유'나 '권리'의 관념도 포함되어 있었다는 점에 유의할 필요가 있다. 천황제는 문명개화를 선두에서 추진하는 초월적이며 계몽적인 새로운 권위=권력으로서 재구축되었던 것이다.

---

* 1871년 분권적 성격을 가지는 전국의 번을 폐하고 부현으로 통일하여 중앙집권적인 국가권력의 성립에 획을 그은 정치개혁.

2. 신도국교주의의 전개

메이지 초년의 제정일치를 내세우는 신정국가적인 관념이나 신도국교주의는 오늘날 우리들의 눈으로 보면 시대착오적인 독선으로 보일지도 모른다. 그러나 그것은 오히려 내외로부터 밀려오는 위기에 대하여 선동적으로 호소하면서 천황의 신권적인 권위성을 중심으로 새로운 국가통치를 실현하려는 대담한 실험이었다고 생각하고 싶다. 이러한 실험이 현실의 역사과정에서는 정치상의 갖가지 요청과 편의나 힘의 관계, 또는 종교사회사적인 현실상황에 규정되어 지그재그의 운명을 거쳐야 했으며, 반드시 정책입안자나 이데올로그가 의도한대로 진행되지 않았던 것은 당연한 일이다. 오히려 메이지 초년의 신정국가적인 관념이나 신도국교주의는 불교세력의 저항과 문명개화의 시대사조 속에서 크게 후퇴하여 근대 일본 특유의 '신교의 자유'로 양보했다고 할 수 있지만, 그래도 천황의 권위를 아마테라스 오미카미 이래의 신성한 계통성에 의해 근거지우고, 그 권위 있는 중심을 아르키메데스의 지점으로 삼고 국민국가로서의 통합을 실현하려는 큰 틀은 관철되었다.

이러한 시각에서 볼 때 왕정복고 직후부터 국가신도체제가 형태를 갖추는 1890년경까지의 종교사적인 과정에는 근대 일본에서의 권리나 자유의 실태를 생각하는 데 있어서 특별한 의미가 있다고 할 수 있을 것이다. 이미 다른 책에서 논한 바가 있지만 여기서는 2절과 3절에서 이러한 과정을 검증하는 장으로 삼고 근대 일본에서의 천황의 권위와 국민국가적인 동합에 관해서 생각해 보기로 하자.[15]

1868년 3월 13일의 제정일치와 신기관 재흥의 포고와 곧이어 발포된 신불분리령*은 이러한 종교정책을 추진한 쓰와노번津和野藩 그룹의 구상에서 보면 종래의 불교에 대신해서 각 마을의 수호신을 지역 주민들이 공동으로 모시게 하고 장례는 신도식으로 고치며 불교는 사적인 신앙만 인정하여 "황국 내의 종교를 복고신도"로 통일하려는 장대한 종교체계 편성의 출발점이 될 터였다. 일반적으로 지역에서 신불분리가 실시된 것은 더 나중의 일이지만 국가적인 제사는 왕정복고 직후부터 새로 등용된 신도가들의 지도하에 있었다. 따라서 5개조 서문의 발포식이나 같은 해 8월의 메이지 천황 즉위식은 그들이 지도하는 독자적인 양식으로 거행되었으며, 12월의 고메이孝明 천황 3주기는 황실의 장례식을 신도식으로 바꾼 최초의 사례가 되었다. 또한 같은 해 9~10월에 걸쳐 도쿄로 행차東幸**하는 과정에서 메이지 천황은 황조신과 유서 있는 신궁에 직접 참배했으며, 도바후시미 전투 이래의 전사자를 제사지내고, 역대 천황에 대하여 충성을 바친 신하를 제신으로 하는 신사의 창건이 일찍부터 추진되었다.

종교정책을 관리하는 관아는 1868년 1월 17일에 정무를 분장하는 태정관 아래에 신기과를 두었으나 곧이어 신기관으로 개칭되었으며, 1869년 7월 8일의 관제개혁에서 신기관은 태정관에서 분리 독립하여 형식상으로는 가장 권위 높은 정부기관이 되었다. 69년 5월의 '신기관 상신'에 의하면 신기관은 제전을 관장하는 일, 능묘를 관리하는 일, 선교를 통감하는 일을 주된 직무로 하고 있으나, 이러한 업무규정은 고대율령제에서의 신기관과 전혀 다르며, 선교를 중시하는 점에 '신기관 상신'의 적극적인 과제의식이 있었다. 선

* 메이지 초기 천황의 신권적 권위를 확립하기 위한 제정일치의 종교정책의 일환으로 종래에 신도와 혼합되어 있던 불교를 분리하는 정책. 이로 인하여 신사에 소속된 승려를 환속시키고 신사 안의 불상, 불구를 제거하였으며 전국 각지의 불상 불탑 등을 파괴하는 폐불훼석운동으로까지 파급되었다.

** 새로운 권력자로서의 천황상을 관동지역에 어필하기 위해 메이지 천황이 최초로 도쿄로 행차하는 행렬은 3300여 명에 이르렀다.

교란 "대교를 선포하고 사람들의 심령을 밝혀 크게 격려하는 길"이며, 보다 구체적으로는 "천신지기 황령과 만민의 심혼도 모두 저승의 일로서 이를 다스리는 것이 신기관의 가장 중요한 일이며 …… 이 직무를 다스리면 비바람이 제때 내리고 천도와 인사가 서로 도와 정령도 또한 이루어진다"고 한다.

이와 같이 규정되는 신기관의 업무는 신령의 실재관과 내세 관념에 커다란 비중을 둔 종교성이 농후한 것으로, 신기관은 천황의 "손을 대신해서 널리 제사를 총괄"하며, 천황을 교주로 하는 '대교'의 교권집행 기관이었다고 할 수 있다. 제정일치의 이념에 의거한 '황도융성'의 방책에 관한 하문(1869년 5월 21일), 신기관에 신좌를 설치하여 거행된 국시 확정의 봉고제奉告祭(같은 해 6월 28일)는 이러한 국교제도의 이념에 의거한 것이며, 70년 1월 3일의 '진제鎭祭의 조칙'과 '대교선포의 조칙'은 '간나가라惟神의 대도大道'*를 내세운 신정국가적인 이념을 선언한 것이었다. 1869년 3월에 설립한 교도국과 7월에 설치한 선교사는 이러한 '대교'=국교를 선포하여 국민교화를 꾀하는 국가기관이며, 지방의 부현에도 신기조神祇曹와 선교계가 설치되어 전국이 일제히 선교하는 체제를 지향했다.

이렇게 해서 메이지 초년에는 장대한 국교체제의 수립을 목표로 대담하고 참신한 종교정책이 추진된 것이다. 그러나 제정일치의 국교체제라 해도 실상은 교의의 내실이 막연하고 다의적인 것이어서 하나의 교설이 전개되면 또 다른 교설이 대치되어 분규가 끊이지 않는 것이 현실이었다. 당시 신도계의 상황을 전하는 도코요 나가타네常世長胤의 『신교조직이야기神教組織物語』에서는 교도국에서의 '교무'에 관한 회의 상황이 저명한 학자들이 모인 가운데 지극히 혼란스러웠다는 것을 전해주고 있다.

---

* 인위를 가하지 않고 신의 뜻대로 하는 것.

> 먼저 다카마가하라(高天原)의 소재를 결의하고 또한 아마테라스 오미카미는 진정한 태양신이 아니며, 다카미무스비노가미(高皇産霊神)야말로 태양이며 참된 태양신이라는 등의 이설도 발생하여 포복절도할 소리만 들렸다.[16]

신기관에서의 교의 확립을 위한 노력에는 기독교 침투에 대비하여 국민이 정신적으로 의지할 수 있는 국교를 수립하려는 의도가 내포되어 있었으나, 기독교 신학이나 불교 교학에도 대항하면서 만민이 납득할 수 있는 종교관념을 인위적으로 만들 수 있을 리가 없다. 교도국과 선교사에서 중심적인 역할을 한 것은 조슈번 출신의 오노 즛신小野述信이었는데, 오노는 조화삼신과 오쿠니누시노가미의 역할도 아마테라스 오미카미와 일체가 되는 아마테라스 오미카미교라고 할 수 있는 신학을 공인 교학으로 만들려 하다가 히라타파로부터 '어리석은 소견'이라고 비판받았다. 교의 확립을 둘러싸고 전개된 대립의 배경에는 유신정부의 관료와 결부된 종교행정 추진자들과 히라타파와의 대립이 있으며, 신령의 실재를 믿고 조화삼신과 오쿠니누시노가미의 역할을 중시하는 히라타파의 교설은 과거 존양파나 재야인사들의 사회적 원망에 대응하고 있었다. 그러나 1870년대 말부터 이듬해 3월에 걸쳐서 막말기의 존양파와 히라타파가 탄압 당하자 시라카와 스케노리白川資訓와 히라타 노부타네平田延胤를 비롯한 히라타파 계열은 신기관에서 쫓겨나고 후쿠바 비세이福羽美静나 오노와 같은 종교 관료의 지배권이 강화되었다. 이렇게 해서 신령실재관이 농후한 종교사상으로서의 교의 확립을 위한 노력은 1871년의 단계에서 포기되었으며, 천황에 대한 충성만을 절대화하고 아마테라스 오미카미는 황조신으로서의 신격에 한정한다는 방향이 정착하게 되었다.[17]

그러나 신도에 의거해서 천황의 신권적 권위성을 강조하고 국민교화를 꾀한다는 방침 그 자체가 포기된 것은 아니다. 1871년까지도 지역에 따라서는 격렬한 폐불훼석이 전개되어 장례식을 신도식으로 치르는 사례도 보이지만, 전국적으로 보면 신사제도가 정비되고 제식祭式이나 신직神職이 결정되어 신도가 국가적인 제사제도로서 확립하는 것은 1871년부터 1873년경의 일이다. 종교적 교의를 둘러싼 논쟁이 진정되고 폐불훼석의 태풍이 지난 후 문명개화 노선이 정착하는 과정에 상응해서 신사·신도와 관련되는 제반 제도가 확립되어 가는 점에 유의할 필요가 있는 것이다.

신사제도의 정비는 먼저 1871년 5월 14일의 태정관 포고가 이세신궁을 정점으로 하는 전국 신사의 위계와 신직의 지위, 보임 방법을 정하면서 시작되었다. 이 포고는 신사는 "국가의 제사로서 개인이나 한 가정이 사유하는 것이 아님은 물론"이라고 하여 신직의 보임 방법을 정한 같은 날의 포고와 서로 보완하는 것으로, 두 개의 포고에 의해 전국의 신사·신직에 대한 국가의 지배와 체계화의 원칙이 명시되었다. 같은 해 7월 4일의 '향사정칙鄕社定則'은 5월 14일 포고에서는 명확하지 않았던 향사와 촌사의 관계를 구체적으로 정한 것으로, 하나의 호적 구에 하나의 향사를 두고 같은 지역에 속하는 다른 신사는 향사의 부속으로 할 것, 향사에는 사관祠官을, 촌사에는 사장祠掌을 두고 모두 향사의 소속으로 할 것 등을 정했다. 같은 날 불교의 사원에 대신해서 신사에서 발급하는 증명서와 부적에 관한 규칙과 선교 내용에 해당하는 「대교어취의大教御趣意」도 포달되었다. 이들은 모두 법령 차원의 문제로 어떤 신사를 부번현사·향사·촌사 등으로 정하고 누구를 신직으로 임명할 것인가 하는 등의 구체적인 제도화와 정비에는 많은 어려움이 있으며 선교 내용의 확정에는 더욱 커다란 곤란이 있었다. 그러나 신사와 신직의 위계를 질서정연하게 정하여 국가에 소속시키고 선교 내용도 국가가 정해서 지배한다는 큰 틀은 명시되었다.

구체적인 신사 개혁은 먼저 이세신궁에서 이루어졌다. 내궁과 외궁에 '차등'을 두고 국가의 최고신으로서 내궁의 지위를 명확히 함과 동시에 제주祭主·대궁사 이하의 직제를 정하여 단호하게 승임과 강등을 결정했다. 또한 예를 들면 1871년 12월의 '좌원 건의'가

> 一. 아마테라스 오미카미의 신전을 황궁 중앙에 세우고 국가 대사는 신 앞에서 논의하여 정할 것.
> 一. 이세신궁에 안치한 거울(神鏡)을 궁중으로 옮기고 삼종의 신기를 한 데 모아 아마테라스 오미카미의 신칙에 의거할 것.[18]

이라고 한 주장은 1871년부터 1873년경에는 실현 가능성이 높은 유력한 의견이었다. 제정일치론에 의거한 이러한 정점의 제사는 그것에 대응하는 지역의 제사와 상응하는 것으로, 1873년 1월의 '교부성사敎部省司'도 이세의 거울을 궁중으로 옮기고 각 부현의 대사大社에도 거울을 분사分祀하여,

> 一. 2부 70현의 각 관청 근처의 대사(大社)에 새롭게 황대신궁을 진제(鎭祭)하여 니니기노미고토와 진무 천황을 배사(配祀)하고 매월 17일에 봉사(奉祀)할 것.
> 一. 부현 모두 1, 6일(1과 6의 날. 정휴일에 해당—야스마루) 이외에 매월 17일을 대휴일로 정하고 관원은 물론이고 만민이 모두 참예하여 제사장에는 설교소는 물론이고 연극, 가무, 군담사 등도 각기 개장을 허락할 것.[19]

을 주장했다. 아마테라스 오미카미가 전국의 부현에 분사되고 이세신궁의

예제일에 해당하는 17일을 '대휴일'로 하여 호화로운 제례를 거행하자는 것이다. 이 구상은 마을의 수호신과 모든 민가의 "집안에 있는 신단"에 아마테라스 오미카미를 모시게 하여 아마테라스 오미카미 신앙을 국민적인 정신생활의 기축으로 삼으려는 구상과 결부하고 있으며, 매월 그믐의 수호신 참배와 일을 시작하기 전에 하는 신단 예배를 정하여 "수호신 참배를 빠지거나 게을리 하는 자에 대해서는 참배 한 번 빠지는 데 벌금 약간, 참배를 게을리 할 경우 하루의 벌금 약간을 정하여 이 새로운 법률에 가입해야 할 것"이라는 벌금 규정까지도 예정되었다.[20] 이세신궁의 부적이 지방관청을 통하여 전국 각호에 강제 배부된 것은 이러한 구상의 일환으로 이해할 수 있을 것이다.[21]

그러나 이미 1871년 7월 4일의 「대교어취의」가 "대교의 요지는 신명神明을 존경하고 인륜을 밝히며 억조로 하여금 그 마음을 바르게 하고 그 직무를 다하여 이로서 조정을 받들어 섬기는 데 있다"고 했듯이 이 시기의 신도국교주의는 세속적인 질서와 규범의 교설이라는 성격이 강하며, 아마테라스 오미카미는 오로지 황조신으로서 자리매김 되고 있다. 위에서 인용한 1871년 12월의 '좌원 건의'가 삼종의 신기를 궁중으로 옮길 것을 주장하면서도 다른 한편으로는 교부성을 두고 유교와 불교도 교화체계에 동원하자고 주장하고 있는 것은, 세속적인 질서와 규범의 수립이라는 입장에서 불교나 유교에도 '인민을 선도'하는 데 유효성이 있다고 판단하고 이들의 전통적인 교설과 신도가 손잡고 추진하는 방향이 성립된 것을 의미하고 있었다.

이세신궁과 아쓰다신궁의 신체를 궁중으로 옮기려는 전통을 파괴하는 정책은 결국은 실현되지 않았지만 황실제사의 개혁도 중요한 부분은 1871년에 이루어졌다. 먼저 5월 30일 교토 궁중의 불단에 안치되어 있던 황령의 위패 등을 호코지方光寺로 옮기고 9월 2일에는 궁중에서의 불교식 행사를 폐지했다. 이에 앞서 69년 12월 17일에는 신기관 가신전假神殿이 준공되고 지금까지 시라카와白川·요시다가吉田家에서 모시고 있던 8신과 천신지기, 역대 황령을 모시는 3신좌가 설치되어 있었으나, 1871년 9월 14일 황거에 신전이 설치되어 거울과 역대 황령을 모시고, 이듬해 3월 18일에는 8신과 천신지기도 신기성 신전에서 황거 안의 신전으로 옮겨 지금과 같은 궁중 3전이 성립했다. 신기관은 1871년 4월에 신기성, 1872년 3월에는 교부성으로 개칭되고 그때까지 신기관의 관할이었던 제사는 시키베료式部寮로 옮겨졌으며, 교부성은 신유불을 결집하여 교의에 관계되는 일체의 사무를 통합 관리하는 기관이 되었다.

교부성이 설치되자 14급의 교도직제와 3조의 교칙이 정해졌다.

一. 경신애국의 취지를 체득할 것.

一. 천리인도(天理人道)를 밝힐 것.

一. 황상(皇上)을 받들고 조정의 뜻을 준수할 것.

이와 같이 3조의 교칙은 신학적인 교설을 피하고 현세의 질서와 규범을 주된 내용으로 하고 있는 것이 그 특징이다. 그러나 제1조의 '경신'은 내용 여하에 따라서는 두드러지게 종교성을 띨 가능성이 있는데다가, 원안에서는 신도와 불교에 각각 별도로 교도직을 두기로 했던 교도직이 통일되어 대교원의 신전에 시메나와注連縄*를 치고 조화삼신과 아마테라스 오미카미를 모셨으며 교도직 승려도 법의를 입은 채로 신도식 예배를 하는 양식이 채용

* 신 앞이나 신도식 제사를 할 때 부정한 것이 들어가지 못한다는 표식으로 치는 새끼줄.

되었다. 이러한 상황은 불교 측에서 볼 때 당연히 만족스러운 것이 아니었지만, 불교 각파에도 공적인 활동의 장이 제공되어 문명개화와 국민국가 형성을 위한 교부성 · 대교원 체제의 장대한 계몽이 시도되었다.

1873년 8월부터 9월 사이에 정2품 히라야마 쇼사이平山省斎 등이 시즈오카현에서 순회 설교한 실태를 보면 다음과 같은 것이었다.

> 오늘날 사람들이 이해하지 못하는 것은 교역에 관한 일이지만, 널리 교제하면 국가가 부유해지고 지식이 열린다. 한 나라와의 교제보다 3개국과의 교제가 좋다. 또한 전신기는 때때로 음신을 통해서 급한 일을 알린다. 텔레그래프를 걸면 곧바로 말이 통한다. 또한 기계는 범선보다 증기선이 좋다. 또한 화로 곁에서 노파가 실을 짜는 것보다 기계로 두 사람이 붙어서 200명분 정도의 일을 할 수 있는 것도 또한 기쁜 일이다.[22]

히라타 · 오쿠니파의 교설에서 보면 서구의 근대문명도 원래 그 근원을 찾아보면 스쿠나히코나노가미少彦名神 등에 의해 황국의 대도가 전해진 데서 비롯된 것이며, 따라서 지금 그것을 채용하는 것은 오히려 황국의 대도에 따르는 것이라는 말이 되는데, 이와 같이 기묘한 에스노센트리즘은 이러한 계몽주의를 지탱하는 국체론적인 논거가 되었다. "변혁이 이루어진 것은 비단 외국인이 오고 나서의 일이 아니다"[23]라고 한 것도 이러한 입장에서의 말이며, 조화삼신에 의해 천지만물이 창성된 국토인 까닭에 오곡을 비롯한 산물이 풍족한 것을 인증하여 바야흐로 전개되기 시작한 개화와 계몽이 전통과 결부되었다. 이 때 예를 들면,

못 배운 까닭에 호적은 피를 뽑는 것이고 17세 여자아이를 잡아간다거나, 대신궁의 부적을 받으면 죽는다고 하는 것은 모두가 부모 마음을 모르는 아이와 같다. 산발 · 양복 등을 하는 편이 편리하다. 부디 천조의 깊은 뜻을 감사하게 생각해야 할 것이다.[24]

라고 했듯이 국가의 개화정책과 지역민중의 습속과의 대항관계를 구체적으로 언급하여 문명화의 선두에 선 국가의 입장에서 혈세 잇키* 등에 대한 우매한 민중의 오해를 풀고 근대 문명으로 계몽하는 방향으로 지향했다. 그것은 장점을 채용하고 단점을 보완하거나 서양의 기술을 받아들인다는 화혼양재和魂洋材와는 전혀 성격을 달리하는 것으로, 문명화를 전적으로 권위와 문명의 이름으로 추진하려는 것이며, 그 중에는 자신의 자립에 의하여 자기 스스로 "입신 처세해야 할 것"이라는 후쿠자와 유키치福沢諭吉를 상기시키는 것과 같은 명제도 포함되어 있었다.

교부성 · 대교원 체제하에서의 신도계의 핵심적인 설교는 위로부터의 계몽이라는 점에서 위의 사례에 가까운 내용이었을 것이다. 그러나 신도가 가운데도 "저승을 핑계 삼아 혹은 근거 없는 괴설"을 설교하는 자가 있으며, 승려의 경우에는 "공석에서 3조의 교칙을 생략하여 독해하고 사석에서는 법담을 설파하여 오로지 불교의 교리만을 설교하는 등 3조의 교칙에 위배되는 일이 적지 않은" 상황은 72년 12월 교부성이 하달한 내용에서도 지적되고 있었다.[25]

교도직 약 10만 명 가운데 신도계는 2만여 명으로 소수였을 뿐만 아니라, 그들 가운데는 승려에서 환속한 자, 산에서 수도를 하던 자나, 코講의 선학자

---

* 메이지 초기 징병제에 반대하는 농민봉기로 징병반대 잇키라고도 한다.

등이 다수 포함되어 있으며, 신도학적인 지식이나 설교의 경험이 부족한 자가 많았을 것이다. 이에 대하여 불교 측의 교도직은 인원수가 압도적으로 많았을 뿐만 아니라, 설교에 관한 오랜 전통을 가지고 있으며 교묘한 설교자도 적지 않아서 교부성·대교원 체제는 이러한 승려들이 활동의 장을 되찾는 기회를 제공한다는 의미도 가지고 있었다. 교도직 제도하에서는 "3조의 교칙을 습득한 후에 교설을 교도"하도록 되어 있었지만, 그것을 어디까지, 또한 어떻게 '설교'할 것인가는 미묘한 문제이며 불교 측 설교의 대부분은 위에서 인용한 교부성 포달에서 지적했듯이 전통적인 설교에 가까운 내용이었을 것이다. 그렇기 때문에 지방관이나 신도 측은 이러한 승려들의 설교를 비판했지만, 지역 민중은 오히려 그러한 설교를 요구하는 경향이 적지 않아 지역에서는 갖가지 갈등이 발생하게 되었다. 특히 설교의 오랜 전통을 가지고 일반 민중의 생활의식 내면에 깊숙이 파고 들어가 있던 신슈종이나 니치렌종의 경우, 교부성·대교원 체제가 내세우는 원칙과 현실적인 설교와의 사이에는 거의 상반되는 대항관계가 존재하고 있었을 것이다.(**주1**) 이렇게 해서 불교나 근세적인 코講까지도 총동원해서 전개된 교부성·대교원 체제하에서의 설교는 3조의 교칙 등을 중심으로 국민의식을 통합하고 계몽하려는 장대한 실험이기는 했지만, 지역의 종교사정과 접촉함으로서 파탄에 직면하고 국민통합은 또 다른 방책에서 구하지 않을 수 없게 되었다.

주1 예를 들면 우쓰노미야현(宇都宮県)에서 신슈종 다카다파(高田派)의 어느 승려가 했던 설교는 "그 주된 의미는 오로지 천당·지옥·허무적멸의 설을 주장하고 부처의 공덕을 지나치게 과장하며 그 심한 경우에는 신은 즉 부처이며 부처의 모습으로 나타난 까닭에 부처에게 절하면 신에게 절하지 않아도 되며, 만약 예배하면 반드시 미타(彌陀)의 이름으로 하라. 설령 너희들이 불량한 일을 범하더라도 한 차례 부처의 이름으로 염불하면 죄과는 즉시 소멸된다"는 등의 내용이었다고 한다.[26] 이는 3조의 교칙이나 신불분리의 포고에도 위배되는 전통적인 내용인

데, 이러한 내용의 설교가 있었기에 염주를 손에 들고 남녀노소가 '파리 떼처럼 모인 것'이며, "거의 십중팔구는 오늘 들은 것은 어릴 때부터 들은 것으로 오랜만에 귀에 익은 말이라 기뻐하는 바다. 혁혁한 성명(聖明)의 유신개화라는 말은 귀에 익숙하지 않으며 또한 크게 꺼리는 바다"[27]라고 하는 것이 그 실태였을 것이다. 서일본 각 현에서는 구로스미교(黒住教)가 금지되거나 통제가 강화된 사례가 많은데, 그 경우에는 주술기도에 의한 병의 치유가 개화를 방해하는 것으로 간주되었기 때문이다. 덴리교(天理教), 곤코교(金光教) 등과 같은 민중 종교에 대한 탄압이 강화된 것도 민간의 미신이나 주술을 단속한다는 입장에서 1873년 이후의 일이었다.[28]

3. '신교의 자유'와 국가

1871년 9월의 교부성 설치를 요구하는 청원서에서 시마지 모쿠라이島地黙雷는 신도의 우위를 승인하면서도 기독교의 침투에 대항하고 '우매한 백성을 인도'하기 위해서는 오랜 전통을 가지는 불교의 역할이 중요하며, 신유불이 일체가 되어 임할 필요가 있다고 주장했다. 그러나 이듬해 1월에 외유한 시마지는 서구 각국의 종교 사정에 강한 인상을 받았으며, 그 성립의 유래에서 볼 때 자신의 주장을 받아들였다고도 할 수 있는 교부성의 대교원 체제를 격렬하게 비판하게 되었다. 시마지가 외유에서 강한 인상을 받은 것 가운데 하나는 서구에서는 종교가 국가권력으로부터 독립되어 있는 점이며, 이에 비하면 교부성의 대교원 체제에 편입된 불교 측의 태도는 지나치게 비굴하다는 것이다. 따라서 그는 "정치와 종교는 원래 별도인 까닭에 관의 눈치를 엿보는 것은 지극히 졸렬한 식견이다. 대체로 이제까지의 추세는 실로 어쩔 도리도 없으며 눈을 우주로 돌려 보면 실로 부끄러운 일"[29]이라고 비난했다. 시마지는 교부성이라는 국가권력이 통일적인 교설을 만든다는 것은 무릇 종교가 뭔지도 모르는 자들의 소행이라고 하면서 "종교를 만든다는 소문이 있지만 기계를 만들듯이 인간을 만드는 것은 아닐 터이다. 창시자가 없는 종교는 전 세계에 없는 일이다 …… 이를 바보천치라 한다"[30]고 심하게 비판한다.

한편 시마지의 이러한 비판은 신슈종의 근대성에 대한 확신과 결부되어 있으며 여기에 외유를 통해서 얻은 또 하나의 성과가 있었다. 시마지는 종교 진화론적인 입장에서 "일본에서 신슈 이외에는 종교다운 것이 없다. 일신교가 아니면 세계에서 말도 못 꺼낸다. 다행히 신슈는 부처 하나만을 믿는다"고 하여 신슈종의 근대성에 긍지를 가지고 신도는 "야만국과 마찬가지로 수화초목 백신을 섬기라 하고 서양인의 비웃음을 생각지 않는가"하고 신도를 비판했다.[31] 아메노미나카누시노미고토天御中主命 등을 세워 조화신의 역할을 강조하는 교의를 만들어도 그것은 기독교의 흉내에 지나지 않으며 "기독교에 들어오라고 길 안내하는" 것과 같을 뿐이다.[32] 그러나 이러한 시마지의 신념은 메이지 국가가 추진하는 위로부터의 계몽과 모순하지 않는 것으로, 시마지는 "가이초·기도·복점 등을 일삼는 종교는 참된 종교가 아니며, 신슈종에서도 법화경으로 이를 짓누르는 궁리가 중요하며" 그것이야말로 교부성의 직무라고 주장했다. 아울러 한편으로는 그의 사상이 가장 고조된 1872년의 단계에서도 "신은 조상이라고만 말한다면 그래도 나은 편"이라고 하여 후일 신도비종교설로 이어지는 주장을 동시에 말하고 있었다.[33]

시마지는 또한 민중은 어리석기 때문에 종교에 의해 교화해야 하며, 그렇게 하지 않으면 서구문명의 도입과 함께 반드시 기독교가 침투하여 사회적으로 커다란 혼란이 발생한다고 생각하고 있었다. 서구에서는 어리석은 자를 가리켜 '무종교자'라고 부르는 점을 지적하고 안목을 갖춘 자는 무신론자라도 종교를 존중하고 있다고 한다. 외유 중에 있던 기도 다카요시木戸孝允는 15차례나 시마지와 만나 고국의 종교 문제에 관해서 서로 논의하면서,

> 우리나라의 무리들이 제멋대로 개화 개화하면서 떠들고 교법도 멋대로 험담을 한다. 개화란 벌거숭이가 되어서 종교도 가르침도 없다고 생각하는 것은 짧은 생각이다. 교부성이 있으면서 그것을 금지하지도 못하고 승려가 있으면서 그것을 책망하지도 못하는 것은 한심한 일이다. 우민의 마음을 무엇으로 다스릴 것인가.[34]

라고 말했다고 한다. 이것은 곧 시마지의 입장이기도 하며 시마지의 논리는 기도를 비롯한 조슈 출신자들을 매개로 하여 정부 중추부에 설득력을 발휘하고 있었던 것이다.

신슈종이야말로 민중을 계몽하여 근대국민국가 형성의 사회적 기반을 만들 수 있는 것이며, 그 과제를 실현하기 위해서는 대교원이라는 "원숭이 머리에 뱀 꼬리의 괴물 사원"을 폐지하고 '신교의 자유'를 실현해야 한다. 유럽에 체재하면서 신도를 미개야만의 다신교라고 공격한 시마지도는 귀국 후 신도의 신들은 "혹은 황국 역대의 조상신, 또는 우리 각자의 조상, 국가 유공의 명신을 모시는 것"이라고 하여 신도비종교설을 적극적으로 전개함으로서 신도국교주의와 타협했다. 국가신도와 '신교의 자유'를 양립시키기 위한 천황제 국가의 공식 견해로서의 신도비종교설이 시마지와 같은 신슈계의 '신교의 자유론'의 일환으로 제기되었다는 것은 근대 일본에서의 '신교의 자유'의 특징을 생각하는 데 있어서 유의해야 할 점이다.

왕정복고 직후부터 1872년경까지의 종교 상황은 얼핏 보면 신도가 우세하며 배불적인 동향이 현저했던 것처럼 보이지만, 신도가 시세에 편승하는

기세였다고 한다면 불교에는 전통에 의거한 저력이 있었다. 불교 측의 호법론은 배불론에 대항하여 불교의 사회적 역할, 특히 민중 교화에 임하는 역할을 강조하여 기독교를 막는 데 중심적인 역할을 하는 것은 불교라고 주장하고, 막말에는 그러한 입장에서 기독교 탐색이나 근왕운동도 전개되었다. 그 중심적인 역할을 한 것은 니시혼간지西本願寺 계통의 개혁파 승려이며, 시마지도 그 계보의 한 사람이었다. 또한 왕정복고 직후에는 배불적인 기운에 대처하기 위해서 불교 측에서도 각 종파 간의 협력 관계와 개혁과 계몽을 위한 노력을 통해서 신시대에 대한 대응이 추진되고 있었다. 그리고 왕정복고 직후의 신정부는 재정적으로 니시혼간지에 의존하는 바가 컸으며, 내전을 극복하기 위해 니시혼간지에 지방 말사에 대한 지도를 명하기도 했다. 폐불훼석에 즈음해서도 신슈종이 뿌리를 내린 지역에서는 말사 승려와 문도 농민의 끈질긴 저항이 있었으며 메이지 정부는 일방적인 폐사폐불을 금지한다는 포고를 내렸다. 시마지 등의 '신교의 자유'론의 배경에는 이러한 갖가지 사실이 있으며 불교 측에는 나름대로의 사명감과 자신감이 있었다. 시마지는 신시대의 과제를 이해하지 못하고 "자칫하면 우민을 선동하여 조정의 명령을 따르지 않는 것을 기뻐하는" 말사의 폐풍을 '일신'하여[35] 신슈종을 신시대에 적합하게 개편함과 동시에 일신교적인 종교 관념과 민중교화라는 전통과 실적을 바탕으로 근대국민국가의 형성에 적극적인 역할을 다하려 한 것이다.

시마지 등의 불교 측과 니시 아마네西周 등의 계몽주의자들이 영국과 프랑스 등을 모델로 정교분리를 주장한 데 대하여 신도 측은 러시아를 모델로 정교일치를 주창하고 신기관 재흥과 국교 확립을 주장했다. 그들의 주장을 대표하는 것으로서 74년 5월 이즈모다이샤出雲大社의 대궁사 겸 대교정 센케 다카토미千家尊福 외 2명이 제출한 신기관 재흥의 건백서를 들어 보기로 하자.

센케 등은 한편으로는 신정부의 정책을 오해해서 혈세 잇키를 일으키거나 하는 자가 '십중팔구' 있다고 하면서 그 계몽의 과제를 제시하고 있다. 그러나 한편으로 도회지에서는 삼척동자도 문명개화를 입에 담는 오늘날 신기관 재흥이라는 것은 '고루'하다고 생각하는 자도 있겠지만 그렇지 않다. 신기관 재흥과 국교수립이야말로 "문명개화의 내실을 찬성하는 까닭"이라고 한다. 두 가지 논점 가운데 센케 등의 중점은 후자에 있는 것처럼 보이는데, 그렇다면 왜 문명개화의 오늘날 신기관 재흥과 국교 수립이 필요한가에 대해서 센케는 다음과 같이 말한다.

> 일찍이 듣건대 서양인이 우리를 보고 동양의 프랑스인이라고 한다. 그 말이 명예와 폄훼의 어느 편인지 알 수는 없지만 권리자유 또한 제한하는 바 없고 인정이 경박하고 교만하여 친밀해지기 쉽고 떨어지기 쉬우며 당파 분열과 화란이 그치지 않는 프랑스 인민과 유사한 것을 신(臣)들은 실로 우려한다. 이는 오직 신들만이 우려하는 바가 아니라 이전에 이른바 애국자, 조정을 위해 우려하는 자 모두 또한 이와 같다. 까닭에 지식을 여는 것은 곧 용(用)이며 국교를 믿는 것은 곧 몸체다. 체와 용이 하나가 되어 문명개화에 이르는 것을 안다면 국교를 과연 확충하지 않을 수 없으며 신기관이 과연 부흥하지 않을 수 없는 것도 또한 명백할 것이다.[36]

여기서 반면교사로 인증되고 있는 것은 1789년의 프랑스혁명과 그 후의 혼란이다. 프랑스 혁명이 이러한 시점에서 파악되고 있는 점에 메이지 변혁의 세계사적인 위상이 있다고 할 수 있을 것이다. 센케 등의 신도계를 대표하는 사람들의 입장에서 볼 때 이 시기에는 자유나 권리도 포함하여 문명화의 신시대에 돌입한 일본의 과제라는 것은 이미 자명한 일이며 오히려 자신들은 그것을 위해 계몽의 선두에 있다고까지 자각하고 있었다. 그러나 센케 등은 그 문명화가 권리나 자유의 방자한 추구가 되어 질서가 근원부터 무너지는 것을 우려하고 경고하고 있는 것이다. 문명화는 천황을 정점으로 받드는 국교 제도하에서 질서를 유지하면서 실현되어야 하며 그것이야말로 '참된 문명 참된 개화'다. 같은 무렵 역시 신기관 재흥에 관해서 건백서를 제출한 재야의 국학자 기타하라 이나오北原稲雄가 "남녀동권의 주장으로 문벌을 폐하고 점점 거슬러 올라갈 때는 천황폐하의 지존에 이를 것"이라고 한 것도 같은 의미로서, 일단 남녀동권이라는 권리 평등의 논리를 승인하면 그 전개가 궁극적으로 도달하는 것은 천황 부정이 되며 '황국의 고유한 대도'가 폐절한다고 본 것이었다.[37]

1875년 1월 신슈종 4파는 대교원을 이탈하고 5월에는 대교원에서 신불 각파의 합동 포교가 정지되어 각 종파마다 포교활동을 하도록 바꾸었다. 그리고 같은 해 11월 27일의 교부성 시달을 종파 마다 관장의 책임으로 교의를 정하여 포교활동을 하도록 했다. "정부로부터 신불 각 종파에게 신교의 자유를 보호하여 이로 하여금 창달시킨다"고 하는 이 시달은 또한,

> 종교에 종사하는 자는 신교의 자유를 얻어 행정상의 보호를 받는 이상은 능히 조정의 뜻을 인정하고 다만 정치의 방해가 되지 않도록 주의할 뿐만 아니라 힘써 이 인민을 좋은 길로 선도하여 교화를 도우도록 해야 할 것.[38]

이라고 하고 있다. '교화를 도우는' '신교의 자유'! 메이지 정부는 신도파의

국교론을 물리치고 시마지 등의 주장을 선택한 것이다.

근대국가는 국민의 자유를 매개로 하여 통치를 실현해야 한다는 점, 그리고 '신교의 자유'는 그 중에서도 핵심적인 위치에 있으며 국가가 특정한 종교 교설을 국민에게 강제하거나 특정 종교만을 지지한다면 한없는 분란을 야기한다는 점을 메이지 국가는 초기의 복잡한 종교 문제의 추이와 서구 선진국의 경험에서 배웠다고 할 수 있다. 그러나 이러한 '신교의 자유'는 근대적 국민국가의 형성이라는 시대적인 과제를 주체적으로 담당한다는 점에 자신들의 존재 증명을 추구한 개혁파 종교인들이 요구한 것이며 그런 의미에서 실로 근대 일본에 어울리는 '자유'였다. 말할 나위도 없이 이 '자유'는 천황의 권위와 거기에 집약되고 있는 국가적 가치의 지상성을 결코 의심하지 않는 것이며, 신도비종교설은 천황을 중심으로 하는 권위·질서와 이 '자유'와의 사이에 절충이 성립되었다는 것을 의미하는 역사적인 기념비였다. 일찍이 시마지 등의 불교 측에서 제시한 '신교의 자유'라는 입장에서 제창된 신도비종교설이 후일에는 신도 측에서도 신사신도와 국가와의 특권적인 결합을 근거지우는 이론적 배경이 되고, 신사는 국가의 제사이며 그것은 "세간에 행해지는 종교주의 신도나 기도, 복상卜相적인 신도"와는 다른 '진정한 천신지기의 도道'라고 주장하게 되었다.[39](**주2**)

주2 근대 일본 종교사 연구에 많은 업적을 남긴 무라카미 시게요시(村上重良)는 국가신도를 아예 국교라 하고, 그것이 "메이지유신부터 태평양전쟁의 패전에 이르는 약 80년간에 걸쳐서 일본인을 정신적으로 지배했다"고 규정했다.[40] 국가신도는 제사와 종교의 분리를 거쳐 "종교로서의 내실을 결여한 형식적인 국가종교"로서 성립한 것인데, 이러한 형식=제사가 국민정신을 지배했다고 말할 수 있는 것은 교파신도·불교·기독교가 국가신도에 충실하게 종속하여 교설의 측면에서 그 내실을 충족한 점, 또한 교육칙어가 "국가신도의 교전으로서의 기능을 담당"했기 때문이라고 한다.[41] 즉 무라카미설은 황실신도와 신사신도를 국가신도라 부를 뿐만 아니라 여기에 공인종교로서의 교파신도·불교·기독교, 그리고 교육칙

어를 합친 복합체를 '국가신도체제'라 부르고 이를 넓은 의미에서의 국가신도라고 보는 것이다.

이러한 견해는 15년전쟁기의 초국가주의와 신도 강제를 주요한 시대 경험의 장으로서 되돌아볼 때 나름대로 설득력을 가질 것이며 근대 일본에서는 갖가지 변용에도 불구하고 천황과 국가의 권위라는 기본틀의 지배가 관철되었다는 의미에서는 타당하다고도 할 수 있다. 그러나 이러한 견해는 근대 일본 종교사 전체를 '국가신도체제'로 이해해 버리는 결과가 되어 다양한 종교 현상을 하나의 울타리 속에 몰아넣는 것과 같은 성급한 느낌을 준다. 국가신도가 국교이면서도 교의를 결여한 제사로서 성립했다는 것은 생각해 보면 상당히 기묘한 일이며, 나는 왜 그런 결과가 되었는지를 추구함으로서 무라카미설을 극복해야 한다고 생각한다.

메이지 초년의 제정일치나 신도국교주의와, 15년 전쟁기의 초국가주의나 신도의 강제라는 두 시기 사이에 고유한 근대 일본이 있었다고 생각해 보면 또 다른 구도가 또 오른다. 무라카미보다 젊은 세대에 속하는 나카지마 미치오(中嶋三千男), 사카모토 고레마루(阪本是丸), 아카자와 시로(赤沢史朗) 등은 실증연구를 심화시켜가는 과정에서 이러한 방향에서 새로운 역사상을 그리게 되었으며, 무라카미설과는 대조적인 역사상을 제시하고 있다. 그 논점은 다방면에 걸쳐 제시되고 있지만 국가신도 성립기를 다루는 나카지마와 사카모토의 연구에서 예시해 보면 메이지 10년대부터 청일전쟁까지의 국가에 의한 신사보호정책은 이세신궁을 별도로 하면 지극히 희박하며, 국가신도라 부를 만큼의 내실은 존재하지 않았다는 점, 제국헌법 제28조의 '신교의 자유' 규정이 신도국교제를 전제로 하고 있다는 것은 적절하지 않으며 신도를 믿지 않는 자유도 포함되어 있었다는 점 등이 주장되고 있다. 무라카미설과는 달리 메이지 국가의 지배체제와 신사신도와의 사이에 거리를 두고 '신교의 자유'에 실질적인 내용이 있었다는 것을 강조하는 입장인 것이다.[42]

그런데, 신도파의 이론가 아시즈 우즈히코(葦津珍彦)에 의하면 신도비종교설은 시마지 등이 황실의 신도와 민간의 신도를 분리하여 후자를 "봉쇄하기 위한 불교도의 신도에 대한 정략"으로서 전개한 것이며 그것이 이윽고 정부의 공식견해로 계승되어 근대 일본의 종교 정책을 이끈 것이다.[43] 과연 왕정복고 직후에는 히라타파의 신도가들이 신정부에 등용되어 활약했지만 그들은 1871년을 획으로 메이지 국가로부터 추방·탄압되어 메이지 10년대에는 거의 그 영향력을 상실해 버렸다. 그 이후 국가와의 관련에서 신도는 오랜 하강선을 그은 것이며, 이러한 역경 속에서도 일반 국민에게 잠재적으로 계승된 신국사상·민족의식과, 그것을 대변한 재야의 신도가들에게 신도의 진수가 있었다. 일본 패전 후 점령군이 탄압의 대상으로 한 신도란 실은 국가의 제도로서의 국가신도가 아니라 "'신사의 바깥에서' '신사를 상징'으로 하여 신사에 결집해 온 재야의 국민에게 잠재하는 일본인의 신국사상"=민족의식인 것인데, 외국인에게는 그 구별이 되지 않기 때문에 국가신도에 대하여 맹공을 퍼부었으며 대부분의 역사연구도 여기에 동조하거나 추수하는 입장에서 이루어져 왔다.[44]

대강 위와 같이 요약할 수 있는 아시즈설은 전술한 무라카미설과는 정반대로 메이지 초년 이래 재야에서 불우한 경지에 있는 존재로서의 신도가라는 입장을 대변하는 분노가 표현되어 박력이 있다. 또한 이 아시즈설에는 메이지 초년의 제정일치나 신도국교주의 시대와 15년 전쟁기를 안이하게 직결시켜 그 사이에 있는 시기의 구체적인 연구를 외면하기 쉬웠던 경향을 비판하는 의미가 있으며, 앞서 나카지마, 사카모토, 아카자와 등의 주장과도 통하는 경청할만한 논점을 포함하고 있다. 물론 아시즈가 참된 신도라고 칭송하는 재야의 신도가와 일반국민에게 계승된 신국사상=민족의식이라는 것이야말로 이 책의 입장에서 보면 이데올로기적인 작위의 결실에 다름 아닌 것이기는 하지만 말이다.

메이지 국가 제도의 입안자라고 할 수 있는 이노우에 고와시井上毅는 국교주의도 '종교의 완전한 자유'도 반대하여 "'관용'이라고 할 수 있는 주의"를 취해야 한다고 주장했다.[45] 이노우에는 종교의 '열화熱火'가 반정부적인 기운의 결절점이 되거나 종파 간의 싸움이 쟁란을 야기하는 것을 우려하고 "일국에 성행하고 국민 대다수가 믿는 바의 종교를 조종하고 존중하는" 종교의 인가제도가 서구에서도 행해지고 있는 '관용'제도이며, 메이지의 국가제도에 상응하는 것이라고 했다. 이 제도의 목적은 "종교를 조종하여 이로서 치안의 도구"로 삼는 것이며, 전혀 "종교의 옳고 그름에 관한 것은 아니다"라고 한 것은 이노우에다운 명쾌한 단언이다. 그리고 현재 시점에서 '조종'해야 할 주요한 대상은 불교이지만, 장래에 기독교가 발전하면 기독교에 대해서도 같은 대응을 취할 수 있다고 한다. 이노우에에 의하면 신도, 불교, 기독교에는 각각 국가적인 과제를 이어받아 신도와 교단을 지도해 가는 '명망가'가 있으며, 그들을 적극적으로 활용함으로서 이러한 종교 이용이 가능해지는 것이다.

대일본제국헌법 제28조는 "일본 신민은 안녕질서를 해치지 않고 또한 신민으로서의 의무에 위배되지 않는 한에서"라는 애매한 제한을 두면서도 '신교의 자유'를 규정했다. 이 규정은 그 전후의 자유나 권리에 관한 규정과 함께 일본이 우여곡절 끝에 국가제도상으로 근대국가의 형태를 취했다는 것을 표현하고 있으며, 그 배경에는 메이지 초년 이래의 종교적인 갈등과 투쟁의 역사가 있었다. 하나의 신념체계로 국민의식을 통합하려는 것은 변혁기에 권력을 장악한 사람들을 사로잡기 쉬운 망상이지만, 그것은 이윽고 광범위한 사람들이 이제까지 달성하고 있던 것과 갈등을 겪으면서 수정되어 간다. 제정일치·신기관 재흥의 포고에서 시작되어 '신교의 자유'와 병존하는 국가신도의 수립에 이르는 과정은 강력한 국민국가의 통합이 종교적 사회적인 제반 세력의 '자유'를 매개로 실현되어 가는 지그재그의 과정이었다. 이때 국민국가적인 통합의 중심에는 항상 초월적인 권위로서의 천황이 있으며, 천황의 권위는 또한 항상 국체론과 신국론으로 인증되고 있었다. 그리고 사람들은 제각기의 '자유'를 이러한 권위 있는 중심과 결부시킴으로서 자신의 욕구나 원망에 정통성과 보편성을 부여하여 스스로를 격려하며, 권위 있는 중심은 또한 갖가지 사회적인 세력으로 부터의 '자유'를 매개로 한 헌신을 받아들임으로서 더욱 유효한 통합을 실현해 간다. 대일본제국헌법의 얼핏 애매하게 보이는 '신교의 자유' 규정에는 근대 일본에 있어서 권위와 자유의 이러한 관계가 거의 집약적으로 표현되고 있었던 것이다.

7장

근대 천황상에 대한 대항

1. 메이지 초년의 민중운동과 천황

1866년부터 77년까지는 일본 역사상 봉기·소동형 민중운동이 가장 격렬했던 시기에 해당한다. 에도시대의 민중운동은 막번제 국가 전체를 믿고 의지할 수 있는 하나의 질서로 상정하고 민중생활을 억압하는 특정한 악역과 그들의 정책, 그리고 그것과 결부된 악덕상인 등을 제거하여 '인정仁政'적인 세계를 재구축할 것을 요구하고 있었다. 이에 비하여 1866년부터 77년까지의 민중운동에는 막번제 국가와 같이 믿고 의지할 수 있는 질서가 붕괴되었다는 감각에 뒤따르는 독자적인 행동이나 의식의 고조가 보인다. 봉기·소동의 건수가 비약적으로 증가하고 규모도 커지며, 나아가 무장에 의한 살상이나 파괴와 방화 등의 사례가 많아지고 요나오시 관념이나 신정부의 정책 전체를 거부하는 의식도 현저해진다.

이러한 민중운동과 재야의 민병대나 사족반란은 그 행동양식이나 의식도 별도의 차원에 속하는 것이지만, 이 두 가지 계보의 운동이 결합하여 아직도 유약한 메이지 국가를 붕괴시켜 버릴지도 모른다는 우려가 당시의 국가 건설자들을 괴롭혔던 악몽이었다. 그러나 에도시대 이래의 전통을 배경으로 한 봉기·소동형의 운동은 세이난西南전쟁*의 구마모토熊本봉기를 마지막으로 종언하며, 그 후의 민중운동은 새로운 시대로 접어들었다. 여기서는 먼저 66~77년이라는, 권력지배가 가장 불안정한 전환기의 민중운동에서 나타나는 천황·조정의 이미지는 어떤 것이었는가를 살펴보기로 하자.

1868년 1월부터 2월에 걸쳐서 사가라 소조가 이끄는 세키호다이는 연공반감령을 내걸고 전진했는데, 같은 해 4월 신슈 지쿠마군筑摩郡과 이나군伊那郡의 각 촌락에서는 "새로운 정치를 펼침에 따라 어떤 소원도 들어줄 것"이라든가, "지금의 시세에 어떤 것에도 의지하지 않고 농민들이 원하는 것은 모두 뜻에 따라 들어 준다"는 등의 소문이 나돌고 "도당을 결성하여 불온한 소행을 일삼는 자"가 있으며, 비슷한 풍조가 다른 촌락에도 전파되어 "농민들이 현혹되고 혼란에 빠지는" 상황이 되었다. 이러한 사례는 지역의 각 촌락에서 지난해 어떤 '비행'을 저질러 '견책 중인 자'나 또는 "본래 인간의 소질이 나쁘고 말을 듣지 않는 자"가 "시대가 바뀐 틈을 타서 황송하게도 포고의 취지를 구실삼아" 농민들을 선동한 요나오시적인 무라카타 소동이었다. 이 경우에는 막부의 영지에서 조정의 지배지로 바뀐 것이 일탈적인 자들의 요나오시적인 원망을 분출시키는 계기가 되고 있으며, 사유지의 농민을 얕보고 토지를 함부로 뺏기도 했다.[1] 새로운 권력에 기대를 거는 일방적인 환상을 배경으로 발생한 이러한 사태(**주1**)는 본디 신정부가 실현하려 했던 질서와는 다르며,

* 1877년 사이고 다카모리를 중심으로 한 불평 사족들의 반정부 폭동. 정부의 개명 정책과 사족 해체 정책에 반대하여 구마모토 진대 공격으로 전쟁이 시작되었으나 정부군에 의해 진압되었으며 사이고는 전사 또는 자살한 것으로 추정된다.

촌락 지배층은 관군의 지방관청에 신고해서 이러한 자들을 단속하도록 요구하여 지역질서 회복에 힘썼다.

주1 유신변혁에 관한 하나의 극한적인 이미지는 제약이 없는 욕구해방의 승인이라는 점이며, 그것이 지역에서의 요나오시적인 동향과 결부하게 되면 위와 같은 상황이 된다. 에치고(越後)에서 "새로운 정치라고 하면 무엇이든 원하는 대로 실현되는 것으로 생각하고 사소한 일도 참지 않고 소원"[2]했다는 것도 같은 맥락의 사례다. 그러나 제약 없는 욕구해방은 별도의 문맥도 있으며, 처세술사로 알려진 사콘 구마타(左近熊太)가 전하는 이야기 가운데, 5개조 서문의 "각기 그 뜻을 이루어 게을리 하는 일이 없도록 할 것"을 오해하여 곳곳에 "남의 아내를 훔치러 갔다"는 기록이 있다. 이 밖에도 사콘에 의하면 가와치국(河内国) 미나미가와치군(南河内郡) 시키촌(磯城村)에서는 법회하는 날 밤에는 남녀가 모두 아무하고나 자도 괜찮았는데, 메이지 원년에는 "그것이 아무 때나 아무하고 자도 좋다고 하여 대낮부터 집 안에서도 산 속에서도 자기가 좋아하는 여자와 자는 것이 유행했다"고 한다.[3] '어일신(御一新)'이라는 '새로운 정치'에 이러한 의미해석의 인플레이션이 있었던 것은 정부도 알고 있었다. 예를 들면 나가사키재판소의 고유서에서는 "'어일신'이라고 하면 무엇이든 지금까지 하던 것이 다 바뀌어서 아무것도 하지 않고도 돈을 벌수도 있다는 식으로 오늘은 되나, 내일은 되나 하면서 생각하는 자도 있지만 이것은 크게 잘못된 생각이다"라고 훈계했다.

시나노信濃·고스케上野·시모스케下野에서 비슷한 요나오시 소동이 발생한 것은 같은 해 2월부터 4월에 걸쳐서의 일이었다. 에도성 함락을 앞두고 신정부군과 좌막군이 대치하여 진퇴를 거듭하는 과정에서 지역에서는 권력의 공백상태가 생기고 그것이 요나오시 소동을 유발했다. 시모스케의 쓰가군都賀郡 시모사와촌下沢村의 요나오시에 관한 기록이 그 표지에 "게이오 4년 진4월, 천하가 어지러운 난세로 인하여 촌락의 난리를 적어 남긴다"고 한 것과 같은 정세였다. 이 마을에서는 촌락 사람들이 빈농·세입자에 이르기까지 모여서 덴사에몬伝左衛門 등 세 명을 상대로 저당 잡힌 토지의 반환과 300냥

· 곡물 200섬을 차출할 것을 약속받았다. 요나오시의 기세는 요나오시다이묘진世直し大明神의 방화예고와 우치고와시로 덴사에몬을 협박하고 또한 스데지로捨治郎라는 자가 선두에 서서 "관군으로부터 미곡 개정"이 있으니 그 전에 '항복'하라고 협박했다. 그들은 기원소에 모여 집으로 돌아가지 않고 마을 관리의 말도 일체 듣지 않은 채 폭음을 하고 "이런 판에 요나오시라면 촌장 관리도 마찬가지일터, 위와 아래가 없다"고 까지 하게 되었다. 그러나 요나오시 세력이 시모사와촌를 지배한 것은 4월 27일부터 윤 4월 13일경까지의 일이었다. 윤 4월 14일부터 우쓰노미야번宇都宮藩 관리에 의한 취조가 시작되어 일단 도주한 주모자들이 체포되었으며, 마을에 할당된 돈도 반환되어 체포된 주모자들을 취조하는 비용으로 충당되었다.[4]

규슈에서는 1868년 3월 15일부터 막부의 히타日田 주둔지에서 요나오시 소동이 발생하여 "이제부터 조정의 땅이 되기 때문에 과거와 같이 세금을 반면"할 것, "이제 조정의 땅이 됨으로서 덕정을 펼쳐" 도쿠가와시대에 빌린 것은 모두 폐기할 것, 덕정을 펼쳐 수년 전부터 건네 준 논밭을 그것에 상당하는 대금을 지불하고 되찾을 것, 도쿠가와시대의 촌장은 모두 퇴진하고 새로운 촌장은 마을의 소원에 따라 결정할 것 등을 호소했다.[5]

아이즈会津의 요나오시 봉기는 아이즈 낙성 직후인 1868년 10월부터 11월에 걸쳐서 발생했으며 촌락 연합조직에서 요나오시의 규정을 만들었다. 그 내용을 보면 연합조직 단위로 봉기를 일으킬 것, 촌장을 모두 갈아치울 것, 촌장이 가지고 있는 장부·증빙서류를 모두 거두고 무이자·원금의 연부상환으로 저당 잡힌 땅을 되찾을 것 등이었다. 아마도 이러한 아이즈의 봉기는 민중들이 스스로 요나오시를 표방한 최후의 운동이었을 것이다. 일상적으로는 질서에서 일탈하고 있는 것처럼 보이는 사람들이 선두에 서서 지역사회의 지배권이 일반 민중에게로 이동하고 지역사회의 질서가 완전히 전복되어 버리는 요나오시의 세계는 권력의 공백상태에서 실현되는 질서의 일시적인 역전현상이며, 일상적으로는 억압되고 있던 원망이 전면적으로 표현되어 버리는 커뮤니타스*적인 상황[6]이다.

그러나 두말할 나위도 없이 유신정권은 이러한 요나오시를 지지하지 않았으며, 신정부군이 도래하면서 요나오시 봉기는 종언했다. 유신정권은 천황이라는 새로운 권위를 전면에 내세우고 부분적으로 민중의 해방환상을 끌어안으면서도 지역에 새로운 권력지배를 수립해야만 했다.

1868년 9월 20일 천황은 3300여 명에 이르는 행렬의 보호를 받으면서 도쿄로 출발했다. 여행에서는 연도의 식내사式內社에 폐백을 바치고 고령자에 대한 금품 하사, 효자·열녀의 표창, 병원·극빈자에 대한 진휼 등을 시행했다. 10월 13일 천황은 '수천만' 인민들의 환영을 받으면서 에도성에서 도쿄성으로 이름이 바뀐 황궁으로 입성했다. 같은 날, 무사시국武蔵国 히에신사日枝神社 이하 12개 신사에 관폐사를 보내고 같은 달 17일 조칙을 내려 "황국은 하나이며 동일본과 서일본에 구분이 없다"는 입장에서 내외의 정치를 친히 다스리므로 문무백관은 만사 천황에게 직접 간하도록 했다. 같은 날 제정일치의 이념을 강조하여 오미야大宮의 미나토신사氷川神社를 무사시국의 진수사鎭守社로 삼고 매년 봉폐사를 보내는 취지의 조칙을 내렸으며 28일에는 천황 자신이 미나토신사에 참배했다.

천황의 도쿄 행차에는 공경들을 중심으로 강한 반대의견이 있었으며, 도쿄가 수도로 확정되는 것은 훨씬 후의 일이다. 그러나 반대론을 물리치고 강행된 도쿄 행차는 "황국은 하나이며 동일본과 서일본에 구분이 없다"는

---

* communitas. 카니발이나 농민봉기 등과 같이 일상적인 질서가 역전, 해체된 비일상적인 사회상황을 가리키는 말로 문화인류학자 터너가 사용한 말.

이념의 적극적인 표현이며, 또한 능동적인 천황상의 표상과 선전이었다. 1868년 1월 오쿠보 도시미치가 제출한 오사카 천도의 건백서에서는 천황은 "백성의 부모다운 천부적인 군주의 도를 이행"해야 하며, 이를 위해서는 "국내 일심합체, 한 하늘의 주인이라는 것은 이처럼 감사한 것이며, 아래로 창생이라는 것은 이처럼 의지할 바가 되는 것이며, 상하 하나가 되고 천하 만민이 감동하여 눈물을 흘릴 정도의 실행을 하시는 것이 오늘날 급무 중의 급무"[7]라고 했으며, 천황의 도쿄 행차는 이러한 이념을 실천해 보인 퍼포먼스였다. 11월 4일에는 도쿄 행차를 축하하여 도쿄시민에게 일제히 술과 안주가 하사되었으며 거리마다 술통을 수레에 싣고 큰북과 징으로 장단을 맞추면서 동네를 돌아 "하사한 술을 받으려고 대체로 가업을 멈추고 화려한 수레와 춤 등을 개최하여 밤낮을 가리지 않고 집집마다 가무음곡으로 동방의 밝음에 놀라는 자도 많았다"는 상황이 "마치 신도의 축제행사와 같았다"고 한다.[8] 도쿄에서는 민속적 축제 분위기 속에서 천황의 권위가 받아들여지고 있었던 것이다.

1869년에 전국 각지에 하달된 「인민고유」는 예를 들면,

> 천자님은 아마테라스 오미카미 님의 자손으로서 이 세상 시작부터 일본의 주인이시다. 신위 정1위 등이 지방마다 있는 것도 모두가 천자님이 허락하신 것으로 실로 신보다 존엄하시며, 한 치의 땅도 한 사람의 인민도 모두 천자님의 것으로서 일본 전국의 부모님이시다…….[9]

라고 하여 천황 통치의 신성한 절대성을 강조했다. 이러한 절대성에 관한 이미지는 왕정복고 이전에도 예를 들면 재야의 국학자들에게도 보이지만 일반 민중의 생활의식에는 지금까지 없던 것이며, 교토의 「고유서」가 말하

고 있듯이 민중의 일상의식에서 보면 "이렇게 말하면 한 푼어치도 도움을 받은 일이 없으며, 한 점의 폐를 끼친 일도 없이 내 마음대로 세상을 살아왔으니 더더구나 국은을 입은 기억이 없다"는 말이 된다. 그러나 권력 측에서 보면 그것은 "크게 잘못된 생각으로 속담에서 말하기를 등롱을 빌린 은혜는 알지만 해와 달이 비춰주는 은혜는 모른다"는 것과 같다.

> 국은은 광대하여 끝이 없다. 잘 생각해 보라. 천손이 여신 나라이니 이 나라에 있는 모든 만물은 모두가 천자님의 것이다. 태어나면서 천자님의 물로 씻게 되며 죽으면 천자님의 토지에 묻히고 먹는 쌀도 입는 의복도 갓이나 지팡이도 모두 천자님의 토지에서 만든 것이다. 또한 이 세상 살아가기 쉽도록 통용하는 금전을 만들어 벌어들이는 돈도 소비하는 돈도 모두 천자님의 제도로 만들어진 것.[10]

이라고 한다. 도적이나 폭력을 두려워하지 않아도 되는 것이나 기원에 의해 질병으로부터 보호받고 있는 것도 모두 천황의 덕분이라는 것이다.

사람들의 일상생활을 에워싸고 이 세계 전체에 질서와 안정을 가져다주는 권위는 에도시대라면 반드시 도쇼궁東照宮 이에야스와 장군을 들 수 있겠지만, 그 일부는 번의 영주나 갖가지 종교적 권위에도 공유되고 있었을 것이다. 그러나 이제는 그것이 천황에게 집약되고 천황의 권위는 아마테라스 오미카미를 비롯한 신들의 세계와 결부되었다. 시대의 거대한 전환기에는 일상생활 속에서 막연하게 예감되고 있을 뿐이었던 이 세계의 우주론적인 의미가 의식화되고 통합되어 가는 것이며, 그것이 이제는 천황→아마테라스 오미카미를 축으로 구성되어 자연·사회·인사의 모든 것에 대하여 포괄적이고 절대적인 권위성을 가지고 광범위한 사람들을 장악하려고 하는 것이다. 유력한 대항적인 우주론이 존재하지 않는 한, 대부분의 사람들은 지존의 권위로서 부여된 우주론적인 전체성을 수용할 것이다. 위에서 인용한 「인민고유」는 권력 측에서 천황의 권위를 강요한 것이며, 흔히 민중의식의 실태와는 크게 동떨어진 것이라는 사실을 말해주는 유력한 증거로 인용되어 왔지만, 나는 오히려 유력한 대항 이데올로기가 없는 민중 측에서 볼 때, 내심의 갈등을 애매하게 경험하면서도 수용되어갈 수밖에 없는 것이라는 점을 강조해두고 싶다.

그러나 천황의 권위성을 전면에 내세우면 내세울수록 유신정권의 새로운 정책을 강권에 의한 억압·강제로 받아들이는 민중 측에서의 비판은 천황에게 집약되는 결과를 가져오지 않을 수 없게 된다. 미야치 마사토가 소개한 1870년 2월 오사카 '빈민'의 글을 인용해 보기로 하자.

> 一. 소원하는 조항 아래와 같음. 오늘부터 정하지 않으면 오사카 시중의 백성 모두 정부의 원수가 될 것. 만약 아래 조항을 오늘부터 정해주면 과거의 포고대로 양민이 열심히 일할 수 있을 것. 천자에게 빈말이 없다면 백성에게도 빈말이 없을 것. 천자가 거짓말을 하면 백싱은 그 열배 백배 더 큰 거짓말을 할 것
>
> 一. 백미 한 되 500전
>
> 一. 금 시가 64돈
>
> 一. 지폐 폐지
>
> 一. 2부금*은 정가대로 통용시킬 것
>
> 一. 2부(分)는 2보(步)로 속히 되돌리고 그 제조인은 능지처참할 것**

* 1부는 금 한 냥의 4분의 1.

** 2부금은 메이지 원년에 만들어진 질 나쁜 악화를 말한다. 이러한 악화가 발행되고 물가가 등귀하여 민중생활이 어려워졌기 때문에 이부금을 원래의 액면 그대로 바꾸라고 비판하는 의미.

一. 정치는 도쿠가와

一. 공경들은 당상관으로 부활

一. 천지자연의 이치에 따라 바른 학문을 하고 만국공법은 폐지할 것

一. 교역조약 개정

一. 신사와 사원(社寺)은 사원과 신사(寺社)로 칭호를 바꿀 것

一. 신불합체 이전과 같음[11]

여기서는 서민생활에 입각해서 쌀값, 금 환율, 지폐제도 등이 거론되고 있는데, 정치체제 전체와 관련되는 "정치는 도쿠가와", "공경들은 당상관으로 부활"이나 신불분리정책에 대한 비판 등도 중요한 위치를 차지하고 있을 것이다. 그러나 그러한 구체적인 비판은 천자의 '거짓'과 이에 대항하는 민중의 '큰 거짓'이라는 커다란 대항 구도 속에서 파악되고 있으며, 정책에 대한 조목조목의 비판은 신 정권의 권위를 집약하는 천황에게 확실하게 초점을 맞추고 있다.

1870년 7월의 에치고越後栃尾郷 소동은 "이보게 여러분 들어주지도 않는다. 천조의 취지는 무서운 것이야"로 시작되는 「아호다라경阿保駄羅経」에 의해 알려져 있다. 이 「아호다라경」은 봉기세력으로부터 공격을 받은 촌락 관리의 입장에서 "제멋대로 소동을 부리는" 농민들의 행동을 비판적으로 기록한 것이지만, 위의 인용부분에 이어서 "신불 혼합 안 된다니 웬 말이냐. 부처님도 아미타도 지장보살도 부동명왕도 애초부터 문제 삼지 않는다 …… 다카마가하라에서는 목구멍도 못 적신다. 멋진 일이지만 당장 먹고살기 어렵다"고 신정부를 비판하고 신정부의 정책이 소동을 초래했다고 비난하고 있다.[12] 같은 해 3월부터 4월에 걸쳐서 발생한 우와시마번宇和島藩의 노무라野

村소동에서 농민들은 "일본 3천하, 히도쓰바시一橋 나와, 태정관太政官 그만둬, 삿초薩長 내려와"*라고 신정부를 거부하는 태도를 취하고, 진압하러 온 참사관大參事에게 "다이산지大参寺**라는 절은 지금까지 성 안에서 들어본 적이 없다. 그런데 스님이 뭣하러 오는가. 보자 하니 옛 지방관의 살찐 얼굴, 또 백성의 기름을 짜러 왔는가. 모두 죽여라"라고 욕했다 한다.[13] 1871년 2월의 후쿠시마현 가와마타川俣 지방의 소동에서도 가혹한 공조 징수에 적의를 품고 "현의 지배를 싫어하고, 옛 번을 그리워하는 인정을 낳아" 현지사가 농민들의 집합소에 출장갔다가 달아나면서 떨어트린 "국화 문양의 깃발"을 태워버렸다.[14] 신정부가 통일권력으로서의 형태를 갖추게 되면서 봉기·소동의 공격 대상은 현이나 지방 관리에서 국가권력으로 향하게 되며, 전통적인 질서를 파괴하는 '적'으로서 천황이나 태정관이 크게 부상하게 되는 것이다.

2. '이인異人'과 '야소교耶蘇教'

1871년 8월 4일 상경을 위해 히로시마 성문을 나선 히로시마번의 영주 아사노 나가쿠니浅野長訓의 가마는 성문 앞에 집결한 농민들의 저지로 성 안으로 되돌아가고 출발이 연기되었다. 6일에는 농민들을 설득하기 위해 각지로 관원들이 파견되고 9일에는 영주의 설유서과 상경 연기의 포고가 하달되었다. 이에 대하여 11일에 농민 측이 제출한 탄원서에서는 "수십 대에 걸쳐 이곳을 다스려 오신 정2위(영주) 님이 계속해서 정치를 하시기" 바란다고 하면서, 만약 탄원이 받아들여지지 않으면 "굶어죽어도" 성문 앞을 떠나지

---

* 히토쓰바시는 막부의 마지막 장군 도쿠가와 요시노부가 장군이 되기 전의 성씨. 태정관은 신정부, 삿초는 신정부의 중심세력으로 이들을 거부하는 심리가 구 막부의 정치에 대한 향수로 이어지고 있다.

** 일본어로 '大參事'와 '大參寺'는 발음이 같으며, '大參寺'는 참사관(大參事)을 은유하는 말이다.

않을 것이라고 했다. 한편 영주의 설유서는 "일본에 태어난 자, 귀한 자도 천한 자도 조정의 칙명에 결코 등을 돌려서는 안 된다"고 천황통치권의 절대성을 강조하고,

> 그런데 지금까지 인민을 다스린 것도 모두 조정의 명령에 의한 것이다. 그러므로 일본이 열린 이래로부터 조정의 은혜를 입었으며, 그 은혜는 높고 크며 끝이 없어 겨우 250년간의 막부통치와 비교가 되지 않는다 …… 오로지 우리를 조정의 칙명에 위배되지 않도록 하는 것이야말로 너희 인민들의 진정한 보은이다.[15]

라고 호소했다. 9일에는 죽창과 깃발을 든 농민들이 성 앞으로 몰려와 설득을 위해 파견된 관원을 죽창으로 찔러 중상을 입히는 사건이 발생했으며, 12일에는 성 현관에 걸려있는 국화 문양의 장막을 제거하라는 요구를 현당국은 '임시방편'으로 받아들였다. 12일부터 13일에 걸쳐 지방관·촌장 층에 대한 우치고와시가 시작되었으며, 현 당국은 13일에 성문 앞에 소총부대를 동원해서 사상자 20여 명을 내고 농민들을 쫓아냈다. 그러나 그 후 우치고와시는 지방에서 더욱 격화되어 불과 일주일 사이에 히로시마현 전역이 거의 '무정부 상황'이 되었다. 이 봉기는 폐번치현 이후 영주의 상경을 저지하여 발생한 봉기의 전형적인 사례로서 그 파급으로 9월 21에는 이웃의 후쿠야마번福山藩에서도 같은 사례의 봉기가 발생했다.

이 봉기에서 농민들은 태정관 정부의 지배하에서는 "정치가 가혹해져 인민의 생계가 곤란에 빠진다는 소문을 믿고" 봉기한 것인데, 그 '소문'은 다음과 같은 내용이었다.

① 영주님은 도쿄로 이주하시고, 칼 차는 것이 금지되며, 종전과 같이 에타(穢多)*가 비상경계를 서는 것이 중지되어 도적이 백주에 날뛰게 된다. 세상은 암흑이 되고 장년층은 멀리 나가면 변사를 당한다고 해서 집집마다 죽창을 준비하고 여기에 짚신 한 짝을 갖추어 눈에 띄기 쉬운 곳에 둔다. 또한 도둑을 잡아 응징하기 위해 야산에 깊은 구멍을 판다고 한다.

② 위자료 삼천 냥을 베풀어 농민에게 은혜를 내렸는데 지방관이 중간에서 가로챘다는 소문.

③ 상부에서 지방관들에게 오동나무 상자를 건네주었는데, 그 상자 안에 야소교의 십자가가 들어 있어 관리들은 완전히 태정관의 앞잡이가 된다는 등의 소문.

④ 앞으로 연공 징수 1말 2되의 3배가 되어 살길이 막막하다는 소문.

⑤ 15세부터 20세까지의 여자와 소는 이인에게 팔아넘긴다고 지방관들에게 은밀하게 전달되었다 운운하는 소문.

⑥ 소유하고 있는 논밭은 앞으로 8이랑 비율로 연공 징수한다는 소문.

⑦ 태정관은 이인이 정치를 하는 곳으로 이인은 여자의 피를 짜 마시고 쇠고기를 먹으며 항상 원숭이와 같은 옷을 입고 있다는데, 이미 어디어디에서는 여러 명의 서양인이 와서 실제로 피를 마시고 있는 것을 본 자도 있다 운운하는 소문.

⑧ 주조장, 양조장, 기름 장사, 말 장사 등의 잡세 및 수리조합에서의 불편은 신고하라는 등의 소문.[16]

①은 폐번치현으로 인한 권력의 공백상태에 대한 불안을 나타내고 있다. 이제까지는 번 권력의 강제력이 도적이나 기타 부정적인 폭력을 배제함

* 중세, 근세의 천민계급으로 소나 말의 사체 처리, 죄인의 체포·처형에 종사했다. 1871년 태정관 포고로 신분이 해방되었으나 사회적 차별은 간단하게 해소되지 않고 오늘날까지도 그 흔적을 남기고 있다.

으로서 지역의 안정이 실현되고 있었지만 이제는 그러한 강제력이 상실되었다는 것을 나타내고 있다. ②④⑥⑧은 경제문제, ④⑥⑧은 노골적인 수탈강화, ②는 대조적으로 구 영주의 온정과 지방관에 대한 불신. 연공징수가 1말 2되의 3배로 3말 6되가 된다거나④, 10이랑 분의 연공을 8이랑 비율로 징수한다고 하여⑥, 장량 단위의 일방적인 변경으로 과세가 오르는 단계에서 새로운 권력에 대한 불신과 의혹이 표현되고 있다. ③은 지방관·촌장들이 영주의 귀국을 기원하는 목적으로 지장보살의 판화를 분배해서 강물에 흘려보냈다는 사실이 의혹의 대상이 된 것이다. 지장보살의 판화가 '야소교의 비불'이며, 그것은 태정관에서 촌장에게 분배된 것이라고 하여 농민들은 "인형을 내 놓아라"라고 소리치면서 지방관과 촌장에게 폭행을 가했다. ⑤⑦은 징병령 반대봉기와 호적조사에 관련된 봉기에 널리 보이는 문제로 압도적으로 강한 무서운 '적'에게 위협당하고 있다는 것을 선명하게 표상하는 이미지다.

그런데 위에서 설명한 농민투쟁의 주장이 모두 근거 없는 풍문이며, 이러한 풍문에 의거하고 있었기 때문에야말로 이 지방 최대의 봉기가 발생했다는 사실은 주목해야 할 부분이다. 메이지 초년의 제반 개혁이 민중에게는 정체를 알 수 없는 강제력에 의한 생활세계의 위협으로 느껴지고, 여기에 새로운 권력에 대한 근원적인 불신과 의혹이 증폭되는 상황에서는 사소한 계기만 있으면 전혀 엉뚱한 환상이 형성되어 버리는 것이었다. 이 때, '야소교'나 '이인', 그리고 사람의 피를 마시고 기름을 짠다는 것들이 외부로부터 인간들의 생활세계를 노리는 무시무시한 '타자'=적으로 간주되는 것은 민중의 민속적 상상력에 어울리는 일이며, 그러한 상상력이 그들의 봉기를 지탱하고 있었던 것이다.(**주2**)

주2 이 봉기에서 젊은 여자를 '이인'에게 매매한다거나, 태정관은 '이인'이 정치하는 곳이며 '이인'은 여자의 피를 짜서 마신다는 소문은 신정반대봉기에서 종종 보이는 '피짜기'와 '기름짜기'의 전형적인 사례다. 사다케(佐竹)는 이와 같이 기괴한 풍문은 민중의 무지에 의한 '오해'가 아니라 민속전승을 배경으로 한 것이며, '피짜기'나 '기름짜기'의 민속담에는 극히 오랜 유래가 있다는 점을 밝혀냈다.[17] 또한 최근에는 가와무라(川村)가 여기서 '민속 지(知)'를 발견한다는 입장에서 다시 논하고 있으며,[18] 우리는 신정반대 봉기의 특징을 이른바 '민속 지'의 깊이에서 이해할 것을 요구받고 있다. 그러나 그럼에도 기독교에 대항하기 위한 국체론을 정면에 내세운 유신정권 자체가 오히려 '이인' '야소교'로 간주되었다는 점이 참으로 기묘하며, 바로 여기에 이러한 사례의 역사성이 있다. 새롭게 형성된 국가를 전통적인 민중의 생활세계에 전혀 낯선 억압적인 권력으로서 군림하려는 것으로 간주할 때, '민속 지'는 일거에 활성화되고 확대되는 것이며, 여기서 민중운동을 지탱하는 거대한 에너지가 분출되는 것으로 이해하고 싶다. 그것은 민속학·인류학 등의 성과에 배우면서도 역사적인 문맥에서 독해함으로서 고유한 풍요로움에 근접할 수 있다고 믿는 것이 역사가의 입장이라고 생각하기 때문이기도 하다.

막번제도에서의 민중도 정체를 알 수 없는 강력한 '타자'=적에 의해 끊임없이 위협받았을 가능성이 있다. 그러나 근세의 민중은 '타자'=적을 설정하고 배제하는 역할을 권력에 맡기고 그 보호하에 있었다고 할 수 있다. 그러나 신정부가 민중들이 전혀 예상하지도 못한 신정책을 강권적으로 실시한 것은 민중이 보호받고 있던 세계에서 정체를 알 수 없는 세계로 내던져지게 된 것을 의미하며, 엄청난 불안과 공포가 엄습하여 이로부터 달아나기 위해 전통적인 세계에 범형을 구하는 대항적인 우주론을 구성해 버린다. 기묘한 풍문은 이러한 우주론을 형성하는 회전축이며, 그것이 확신적인 것으로 전파됨으로서 메이지 국가와 민중은 두 개의 적대적인 존재로 명백하게 나누어진다. 이러한 대항적 분할은 예를 들면 봉기하는 민중 측에서는 구 영주의 지배를 떠난 상태가 '암흑 세상'이 되지만, 권력 측에서는 "백성이 제멋대로 나쁜 짓을 하는 것이야말로 암흑 세상"이라 할 수 있으며, "설령 각자 아무리 암흑 세상을 좋아해도 위에는 결코 암흑 세상이 되지 않는다"[19]는 식으로 표현되었다. 그러나 수일간의 격렬한 봉기와 파괴행위 이후, 집단을 해체하고 마을로 돌아간 민중들에게는 군대와 관리가 기다리고 있었다. 이들에 의해 수모자와 난폭한 행동을 일삼은 자들에 대한 탐색이 시작되면서 민심이 흉흉해지고 새로운 권력은 폭력을 매개로 권위성과 정통성을 받아들이도록 강요하게 된다.

신불분리를 비롯한 종교정책을 '이인'과 '야소교'의 것이라고 한 것은 신정부의 의도에서 보면 기묘한 역설이지만, 이는 신슈信州 지역에서 불교의 수호를 주장하면서 일으킨 호법護法봉기의 공통된 의식형태였다. 1871년 3월 미카와三河의 오하마大浜소동에서는 신전神前 축사, 사원폐합, 슈몬아라다메宗門改め제도의 폐지라는 3개조를 '야소교'의 강제로 본 농민들이 관청에서 진정시키러 온 관리들을 '야소가 나타났다'고 하면서 잔혹하게 찔러 죽였다. '야소'='타자'=적이라는 것이 잔학한 살해와 결부된 것이었다. 이러한 행위에 나선 농민의식의 동태와 지도적 입장에 있던 승려들의 의식 사이에는 커다란 차이가 있었다. 그러나 농민들의 상상력에 호소한 '야소'=적이라는 이미지가 승려들의 의도를 넘어서 하나의 소요사건을 발생시켜 버린 것이다.

1873년 3월의 에치젠 호법봉기도 사원을 병합하여 3조의 교칙을 중심으로 하는 국교제도에 불교도 포함시키려는 동향에 대한 대항이다. 봉기세력은 "유신 이후의 일 …… 모두 이를 야소에 맡기고", "조정이 야소교를 좋아한다. 단발과 양복은 야소의 풍속이다. 3조의 교칙은 야소의 가르침이며 학교의 서양 글은 야소의 문자"라고 주장했다.[20] 이 봉기는 신슈종 승려와 신자 농민들에 의한 호법봉기였는데, 지권地券의 폐기, 군청의 방화와 파괴, 태양력의 거부 등 신정부의 정책 전체에 반대하는 신정반대 봉기의 성격을 가지며, 봉기 세력은 돈가현敦賀縣이 진정을 위해 부여한 증서에 음력으로 일월을 기록할 것을 요구하고, 양복 차림으로 왕래하는 자를 잡아 폭행을 가하기도 했다. 전반적으로 전통 옹호를 지향하는 봉기 세력에 지역사회의 일반적인 지지가 있으며 "곳곳에 염불을 대서하고 이를 집집마다 내걸어" 봉기에 동조한다고 써 붙이고 있었다.

메이지 초년의 제반 개혁 전체를 야소교에 의한 것으로 보는 것은 오늘날의 상식에서 보면 참으로 기묘한 오해다. 그러나 그러한 착오를 매개로 했기 때문에 메이지 정부와 명쾌하게 대항하는 이원적인 세계상이 형성되었던 것이며, 여기에 봉기의 신속한 전파력과 엄청난 활동성이 성립하는 요인이 있었다. 그리고 일단 봉기가 시작되면 압도적으로 우세한 군사적인 제압만이 민중의 환상 형성력을 진압하고 분쇄할 수 있었던 것이다. "20일 새벽 각 촌락에 돌입하여 수모자를 포박하고 속속 군대가 들어오자 마을 전체가 숙연히 전율하여 도주할 바를 알지 못한다. 이는 전적으로 군사력에 의한 바, 끝내 한 사람도 저항하지 못하고 체포된 자가 80에 이르자 이미 재연할 세력도 없는 형세가 되었다"와 같은 관청 기록의 즉물적인 기술에서 민중이 만들어 낸 대항적인 세계상이 눈 녹듯이 괴멸하는 상황을 엿볼 수가 있을 것이다.

모든 논밭을 일단 정부가 거두어 한 집에 6석씩 균등하게 나눈다는 풍문은 때로는 덕정 풍문과 결합하면서 1868년부터 1872년에 걸쳐서 광범위하게 확산되었다. 이 풍문은 연구사적으로는 요나오시 봉기의 요구와 함께 새로운 국가권력에 대한 기대를 표현한 것으로 이해되어 왔다. 그러나 토지의 균등 분배는 요나오시 봉기의 요구가 아니었으며, 현재까지 발견된 모든 관련 사료는 토지 균분의 풍문에 대한 불안을 나타내고 있다. 예를 들면 이 풍문을 전하는 사료 가운데 하나는 폐번치현에 관한 소문이 있지만 "그렇게는 되지 않을 것"이라고 했는데 실시되어 버리자 "백성들 책임도 없다고 말하기 어려울 것"이라고 우려했던 것[21]은 토지를 소유한 농민의 입장에서 불안을 나타낸 사례다. 새롭게 등장한 권력의 정체를 알 수 없는 강권성에 대한 불안과 공포가 판적봉환, 폐번치현, 토지장량과 지권교부 등 일련의 토지제도 개혁의 사실과 결부되어 이러한 풍문이 발생하고, 1871년부터 1872년 사이에 가장 널리 확산되었다.

1871년 11월, 지방 관리로서 지역사정에 밝으며 심학자로서도 알려진 미야모토 이사지宮本亥三二는 자신의 일기에 다음과 같은 풍문을 써 남겼다.

> 같은 달 15일 밤 주지로(忠次郎)가 와서 풍문에 관한 이야기를 해주었다. 아래에 이를 기록해 둔다.
>
> 一. 논밭을 평등하게 나눈다는 것은 낭설이다.
>
> 一. 피혁을 취급하는 에타의 체력을 조사해서 강한 자는 홋카이도로 보낸다.
>
> 一. 4학을 폐하고 마법의 세상이 되어 인륜이 무너지게 된다.
>
> 一. 도사(土佐)와 당국의 농민 교대가 있다는 것.
>
> 一. 4학 휴직으로 인하여 신관이 황학을 쉬고 있다는 것.
>
> 一. 태양 2체가 나와 천자님 동서로 갈라진다.[22]

여기서는 토지개혁의 풍문이 에타라는 천민의 체력을 조사해서 홋카이도로 보내고, 4학(황학, 한학, 양학, 의학)을 폐지하고 마법이 판을 쳐서 인륜이 상실된다거나, 도사국土佐国과 아키국安芸国의 농민이 서로 바뀌고 또한 천자가 동서로 갈라진다는 식의 기괴한 유언과 함께 전해지고 있으며, 국가적인 강권하에서 전통적인 질서의 붕괴가 우주론적인 전면성으로 그려지고 있다. 토지개혁의 풍문은 이러한 상황의 일환이며, 왕정복고 직후의 요나오시 봉기와는 차원이 다른 문제였다는 것을 시사한다.

1871년 12월의 신궁동좌神宮動座 저지운동은 이세신궁의 신체神體를 황거로 옮겨 제정일치를 실현하려는 움직임에 대항하는 실력행사로 전개되었다. 이 운동의 중심인물인 사사키 한사부로佐々木半三郎와 모리야 요시로守屋義郎는 천황의 양행에 즈음해서 이세신궁의 신체도 함께 가져가려고 정부 수뇌가 계획한 것으로 보고 있었다. 그들은 "이전부터 외국과의 교제에 불만을 품었던" 수구파로서, 천황과 신궁의 신체가 양행하는 것은 서양 오랑캐에 대한 완전한 굴복이며, 정부수뇌는 그러한 정치노선을 취하고 있다고 보았다. 이는 교무성 등에서 계획하고 있던 제정일치를 위한 신궁동좌론과는 전혀 다른 이해이며, 전통적인 질서의 해체에 대한 강렬한 위기의식을 그 질서의 상징인 신기神器와 천황의 양행문제에 집약한 형태로 표현한 사례라고 할 수 있다.[23]

1872년 5월 요코하마에서는 일본이 이윽고 프랑스에 양도되어 에도성에는 프랑스 국기가 게양된다, 천황은 5월 23일에 출발해서 배를 타고 사쓰마로 갔다가 거기서 외국으로 간다는 등의 소문이 나돌았다.[24] 5월 23일이란, 천황이 서국 순행*에 출발한 당일로, 이날 천황은 처음으로 유럽 황제들의 군복을 모델로 한 양복을 입고 사람들 앞에 나타났던 것이다.

같은 1872년 5월, "7월 25일에 이르면 천지가 일변해서 세상이 진흙바다가 된다"는 풍문이 퍼졌다. 이 풍문은 "이러한 대변혁의 시기이므로 천지의

---

* 1872년 5월 23일부터 7월 2일 까지 사이고 다카모리 등 사쓰마 출신의 군인들이 주축이 되어 천황의 오사카와 사쓰마로의 순행이 전개되었다.

변혁도 당연히 있을 것"이라고 믿은 '우민'들 사이에 전파되었으며, 이를 선전한 것은 "점쟁이 불자, 또는 수행승, 후지코, 온다케코御岳講* 등의 부류"로, 그들은 "지금 문명개화에 이르러 자신들의 종법이 통용되지 않자 생활이 어려워질 것을 우려하여 이와 같은 황당무계한 소문을 퍼트려 인심을 현혹" 시키려 한 것이라고 한다.[25] 7월에도 하늘이 무너져 세상이 잿더미가 된다는 풍문이 있으며, 이를 믿은 자들이 "가업을 거두고 요릿집에 가서 방탕하게 마셨다"고 한다.[26] 메이지 정부의 개명 정책하에서 억압의 대상이 된 민속적인 제반 신앙에서 세계 멸망의 종말관이 생겨나는 것은 충분히 있을 법한 일이며, 근대 일본의 국가권력이 확립되어 가는 과정을 그 이면에서 비추어내는 민중의 심성 세계가 표현되고 있는 것이라고 할 수 있을 것이다.

1872년 2월 18일의 온다케코 행자들의 황거침입사건은 오랑캐가 도래한 이래 육식을 하여 국토가 더럽혀졌으며 신의 거처도 없어졌다고 보고, "천하 신불을 함께 하여 경전과 염주로 모두가 예배하고 또한 오랑캐를 물리쳐 신사불각·제후의 영지를 복구하고자"하는 복고적인 요소를 내세워 천황에게 직소하려 한 사건이었다. 이날 아침 온다케코 행자 구마자와 리헤이熊沢利兵衛 등 백의를 입은 10여 명이 황거의 규혼마루旧本丸 오테몬大手門 앞에 나타나 문을 열라고 요구했다. 그들은 어디서 왔느냐고 묻는 보초병에게 "우리는 다카마가하라高天原의 하늘에서 내려온 행자"라고 하면서 천황에게 직소하고자 하니 통과시켜달라고 큰소리로 외쳤다. 그들은 구마자와가 손을 품안에 넣고 주문을 외우면 아무리 총이나 화살을 쏘아도 맞지 않으며, 백의를 입고 있으면 상대방 눈에 보이지 않는다고 믿는 광신자들로 문을 부수고 통과하려다가 총에 맞아 5명이 사망하고 나머지는 체포되었다.[27] 이는 천황제

---

* 후지코와 온다케코는 산악신앙. 에도시대에 후지산과 북알프스의 활화산을 영봉으로 보고 집단 등산하는 사례가 확산되었다.

국가의 권력 형태와 정책이 체계적으로 구축되어가는 과도기에 이와는 전혀 대조적인 세계상을 대치했던 전형적인 사례다.

전통적인 정통성 관념을 역으로 이용하여 이와 같이 이른바 역정통성이라고 할 수 있는 표상을 권력 측에 강요하는 민중운동은 이 시기의 특유한 현상이며, 그러한 사례는 결코 적지 않다. 그러나 근대 천황제 국가의 정통성 원리에 대항하는 전혀 별도의 우주론을 일정한 형태와 지속성을 가지고 제시해 온 것은 메이지 초기의 덴리교天理教, 메이지 10년대 중반부터 20년대 전반에 나타나는 마루야마교丸山教, 메이지 중기 이후의 오모토교大本教 등과 같은 민중 종교의 계보뿐이다. 예를 들면 마루야마교는 문명개화가 지역에 침투해 가는 시대상을 "문명은 사람을 죽인다"고 하여 그 전체를 부정적으로 파악했다. 그 반문명개화의 사상은 극히 철저해서 서양인이나 야소교는 물론이고 국회, 자유당, 양복과 양식, 가로 문자, 양력 등의 모든 것을 거부했다. 그리고 천황은 이러한 개화정책의 선두에 선 권위적인 존재인 까닭에 "천자님도 외국 세력에 휘말려 서양에 문호를 개방하고 개화라고 하여 서양 모자를 쓰고 기뻐하는 것도 모두 천자님의 생각이 나쁜 탓이다",[28] "천신의 세상도 바뀌어 시신의 세상이 되고 지신의 세상도 바뀌어 인황의 세상이 되었다. 지금 인황의 세상도 바뀔 때일 것이다. 전 세계를 암흑으로 만들었다"[29]고 하여 비판과 공격의 초점에 놓였다.[30] 근대화되어 가는 일본사회 전체를 '악의 세상', '짐승의 세상', '강한 자가 이기는 세상', '이기주의의 세상'이라고 한 오모토교의 경우에도 그 비판은 역시 천황에게 집약되고 있었으며, "왕의 천하는 오래 가지 않는다"거나 "도쿄는 허허벌판이 된다"고 저주했다.[31]

신정반대봉기 속에서 형성된 천황과 메이지 국가를 거부하는 우주론은 그러한 운동과의 관련 속에서만 설득력을 가지는 것이며, 군사력과 경찰력에 의해 운동이 해체되고 "인민이 공포에 떠는" 상황에서 질서가 회복되면 의식의 밑바닥에 애매하게 침전되고 억압되어 민중의 일상의식의 표면에서는 사라져 버린다. 이에 대하여 민중종교의 교조들은 오랜 고난 속에서 소외된 생활경험과 생활사상을 바탕으로 사상을 형성한 우주론의 전문가이며, 국가권력에 의한 탄압은 오히려 그들의 신학체계를 더욱 예리하게 연마하고 단련하게 만드는 매개가 된다. 구로누시교黒主教, 곤코교金光教, 마루야마교, 오모토교 등의 민중 종교는 근대 일본의 사회체제 전체에서 보면 주변적인 존재지만, 그러나 결코 무시할 수 있을 정도로 소수의 세력은 아니었다. 오늘날의 시점에서 개략적으로 회고해 볼 때, 문명화를 지향한 훌륭한 성공담처럼 보이기 쉬운 근대화된 일본사회가 그 주변에 이러한 이단의 우주론을 끌어안고 있었다는 사실, 그리고 그것은 1880년대의 마루야마교나 1910년대부터 30년대에 나타나는 오모토교와 같이 광범위한 사람들의 소원을 받아들이는 매력을 가지고 있었다는 사실은 주목할 만한 가치가 있는 역사적 사실이다.(**주3**)

주3 근대 일본사회에서 나타나는 갖가지 반대파적인 언설은 천황의 권위나 국체론을 전제로 하고, 또한 종종 그것을 권위의 근거로 삼아 그러한 정통설 속에서 생긴 이단설로서 전개되는 것이 일반적이었다. 이러한 입장을 정통(orthodox) 속의 이단이라는 의미에서 O이론이라고 부른다면, 여기서 예를 든 민중종교는 원래 천황제적인 정통설과는 전혀 이질적인(heterogenous) 사상의 계보에 선 것이라는 의미에서 H이론이라고 부를 수 있다. 그러나 H이론으로 출발한 사상이나 운동도 이윽고 근대 일본의 현실과 접하면서 O이론이 되거나, 정통설과 구분이 애매한 것으로 변하기도 한다. 그리고 1910년대 이후의 오모토교나 거의 동시기에 전개된 덴리본도(天理本道)는 국체론적인 급진주의가 되면서 광범위한 사람들을 포섭한 것이므로 전형적인 O이론이었다. 민속신앙과 민중의 생활사상을 바탕으로 성립한 민중종교가 원래는 천황제나 국체론과는 전혀 무관했던 것은 당연한 일이지만, 이러한 계보도 이윽고 정통설에 이끌리는 형태로 교의를 만들어 갔던 점에 주목할 때, 원래 그것은 권력에 의한 강제의 계기가 중요하다고는

하지만 국민국가에 의한 통합의 무게를 통감하지 않을 수 없다. 그리고 이 절의 설명은 국민국가로서의 통합이 아직도 두드러지게 불충분한 메이지 10년경까지는 국체론과 다른 이질적인 민중의 세계상이 여전히 풍부하게 존재하고 있었다는 예증이 된다고 생각한다.

그런데 야나기타 구니오(柳田国男)는 전통적인 요나오시 관념 내지 메시아니즘으로서 미륵의 세상이라는 관념에 주목하고, 그것이 불교의 미륵하생(弥勒下生) 신앙으로서 대륙에서 건너왔을 뿐만 아니라 더욱 기층적인 민속전승으로서 존재하고 있음을 민속학의 입장에서 밝혔다.[32] 미야다 노보루(宮田登)는 이러한 야나기타설을 이어받아 훨씬 상세하고 체계적인 미륵신앙론을 전개했는데,[33] 그 결론에 해당하는 부분에서 "단지 말할 수 있는 것은 일본에서는 메시아를 대망하는 의식이 극히 희박하다는 점이다. 그것은 곧 메시아를 필요로 할 정도의 변혁관이 성립하지 않았다는 것을 의미하는 것이기도 하다"[34]라고 설명하고 있다. 그러나 이러한 결론이 도출되는 것은 메시아니즘의 민속적 형태에 사로잡혀 그 변화된 양태에 관해서는 가볍게 언급해 버리는 민속학적 수법의 특질에 유래하는 것이 아닐까. 근대사회에 들어오면 국민국가에 의한 통합이 민중생활의 내면에 깊이 침투하게 되며, 민속적인 것은 낡은 형태 그대로는 급속하게 영락해 간다. 그러나 그럼에도 민속적인 것은 형태를 바꾸면서 끈질기게 생존하면서 새로운 활력을 발휘해 나간다고 생각하는 편이 알기 쉽다. 그리고 이렇게 파악하기 위해서는 지배적인 문화와의 접촉 속에서 형성되는 전통적이고 심층적인 것의 새로운 형태를 발견하고 여기에 분석의 초점을 두어야 한다. 아마도 메시아니즘은 1910~30년대의 오모토교나 1930년대 전반의 초국가주의에 핵심이 되는 의식이며, 이러한 운동 속에서 우리는 근대국가의 통합원리와 접촉함으로서 활기를 불어넣고 조직화할 수 있었던 거대한 심층적인 구제원리를 읽어낼 수가 있을 것이다.

3. 민속을 둘러싼 대항과 재편성

민속행사나 습속에 대한 권력의 규제는 17세기까지 거슬러 올라갈 수 있으며 18세기 말 이후에도 있지만, 그 가장 획기적인 계기는 메이지유신 이후의 근대화 과정이었다. 넓은 의미에서의 '민속적인 것'이 근세에도 질서의 적으로 간주된 사정에 관해서는 이미 설명했지만, 메이지유신 이후에는 일본의 근대화=문명화라는 과제하에서 '민속적인 것'은 가치와 질서의 정반대편으로 평가절하되고 분할되어 영락해 갔다. 이러한 시각에서 보면 근대화란 '민속적인 것'으로서 구성되어 있던 민중의 생활 세계 속에 문명화된 질서라는 일상적인 권력이 뿌리를 내려가는 과정이었다고 할 수 있을 것이다.

민속적인 것에 대한 금지나 규제를 지방에 하달한 포고령을 통해서 살펴보면 1868년 고치현高知県의 이시즈치야마石鎚山 수행자의 기도 중지와 무시오쿠리 행사 규제, 1869년 야마나시현山梨県의 도조신道祖神* 축제의 금지와 같이 유신 직후의 단계에서 나타나는 사례도 있다. 그러나 이러한 규제가 전국적으로 강화되는 것은 1871년 이후, 특히 72~73년에 걸쳐서의 일이다. 와카모노구미에 대해서는 68~69년에도 상당수가 금지되었지만 여기에는 근세 후기의 금지와 연속적인 측면이 있을 것이다. 또한 1868년 가나가와현神奈川県에서 처음으로 창부·나체·노상방뇨 등이 금지되고 있는 것은 "특히 외국인에 대하여 수치스럽기 때문"이었다.[35]

예를 들면 1872년 아오모리현青森県에서는 "문명의 시대에 임하여 다른 지방에서는 이미 볼 수 없는 변두리의 누습은 실로 수치스러운 일"이라고 하여 노상방뇨, 도로상에서의 나체, 처마 아래 화장실을 두는 일, 길가나 도랑에 쓰레기를 버리는 일, 요강을 침실에 두는 일, 화로에 침을 뱉거나 코를 푸는 일, 욕탕에서 머리부터 물을 붓는 일, 도로나 집안에서 보자기를 머리에 이는 일, 이나 빈대를 눌러 죽이는 일 등을 금지했다. 이러한 계몽적인 풍속교정은 위식괘이조례違式詿違條令(도쿄는 72년, 73년 이후 각 부현)에서 체계

---

* 촌락의 경계나 마을의 중심, 사거리나 삼거리 등에 주로 석비나 석상의 형태로 모셔지는 신으로 마을의 수호신. 자손번영, 또는 교통안전의 신으로 신앙되고 있다.

화되어 각 지방으로 시달되었으며, 그 내용은 현재에도 경범죄법 등의 법령으로 계승되고 있다. 당시의 민중에게는 극히 일상적인 습속이나 습관이었던 것이 외국인에게 수치스러운 '누습'이라고 하여 문명의 이름으로 억압되었던 것이며, 봉오도리나 간마이리寒参り*도 "풍속을 흩트리고 건강을 해친다"는 계몽적인 이유로 금지되었다. 또한 '자유'나 '권리'라는 말조차도 처음에는 이러한 계몽적인 개화의 원리로서 정부 측이 선전한 어휘였다. 예를 들면 1873년 아이치현愛知県의 거지를 금지하는 포고에서는 돈을 구걸하는 행위는 "첫째로 인민의 자유 권리를 잃는 것"이라고 했으며, 71년 오사카부의 남자 연극배우를 금지하는 포고에서는 "인간이 유용한 직업에 종사하여 자유의 권리를 가지고 세상을 살아가는 것이 긴요한 일"이며, 남자 연극배우는 지극히 수치스런 것이므로 "속히 다른 직업으로 바꾸어 각자 자신의 힘으로 살고 오늘날의 개화에 위배되지 않도록 노력할 것"이라고 한다. 근대적인 자유와 자립의 권리라는 관념이 거지나 나태한 자의 민속에 대치되어 민속적인 세계의 재편성을 강요하고 있는 것이다.

민속적인 것에 대한 규제에서 특히 제례와 그 행사, 거리의 사당·불상, 봉오도리, 민속명절, 도조신축제, 무시오쿠리 등과 같이 넓은 의미에서의 민속신앙적인 것이 중시된 것은 지금까지의 설명으로 명백할 것이다. 1872년의 우라봉회의 금지(교토), 음경 모양을 한 곤세이진金精神의 철거(효고현兵庫県 외), 관상 금지(교토 외), 수행하는 신성한 장소에 여자의 출입을 막는 것의 금지(태정관 포고), 기요미즈데라清水寺의 무대**에서 뛰어내리는 것의

* 추운 겨울에 30일간 신심 단련과 기원을 위해 매일 밤 나체나 흰 옷을 입고 신사에 참배하는 일.
** 기요미즈데라의 무대란 139개의 기둥으로 세워진 본당 앞의 12미터 높이의 넓은 공간을 말한다. 못을 하나도 사용하지 않고 기둥을 세웠으며, 기도 일수를 다 채운 날에 여기서 뛰어내리면 죽지 않고 소원이 이루어진다고 믿는 사람들이 많았다. 절의 일지에는 에도시대 약 150년간 약 233명이 뛰어내려 이 가운데 34명이 죽었다고 한다. 사망률은 14.6%이다.

금지(교토), 가이초의 금지(와카야마현和歌山県 외), 나체로 신사에 참배하는 간마이리의 금지, 죽은 사람을 묻을 때 관 속에 6푼의 동전을 넣는 것*의 금지(시가현滋賀県), 여우에게 홀렸다고 차별하는 것의 금지(시가현, 돗토리현鳥取県 외), 네부타** 금지(아오모리현青森県) 등도 같은 계열의 규제다. 일을 마치고 쉬면서 사람들이 모여 회식을 하는 데 따르는 경제적 손실도 이러한 금지의 근거가 되었지만, 사람들을 미신에 빠지게 하거나 남녀가 섞여 풍속을 문란하게 하는 것, 그리고 밤새도록 춤을 추고 건강을 해치는 것 따위도 중시되고 있으며, 이러한 민속적인 습속이 날로 개화가 진행하는 오늘날에는 어울리지 않는다는 점이 종종 강조되었다.

이러한 민속신앙적인 것과 메이지 국가가 수립하는 신사·신도 체계와는 거의 전면적으로 대항적인 존재였다. 메이지 정부는 궁중제사와 이세신궁을 정점에 두고 신사의 위치와 제사의 체계를 정함과 동시에 국가적인 제사를 지역에서 수용하여 전국적으로 일제히 거행하도록 하려 했다. 이러한 지역에서의 제사는 먼저 1871년 3월의 진무 천황 요배식을 '전국 일제히 거행'하라는 포달이 내려지고, 이 요배식을 각 지방 관청에서 거행함과 동시에 각 마을의 수호신이라도 마을 사람들을 모아 거행하도록 했다. 같은 해 11월에는 교토에서 다이조사이를 거행하자는 복고파의 주장을 "개화를 방해하는 무리"로 배척하고, 도쿄에서 새로운 양식의 다이조사이를 거행했는데, 이때에도 "천하 만민 삼가 취지를 받들어 당일 인민 휴업하고 각자 지역의 수호신을 참배하여 천조신의 덕을 우러러 융성한 복을 감축해야 할 것"[36]이라고 하여 마을의 수호신 차원에서 받아들이도록 했다. 72년 11월 23일에는

---

* 로쿠도센(六道錢)이라고 하며, 저승에 가는 여비라 하지만 금속의 주술력으로 악령이 오지 못하게 하려는 것이 기원이었다.

** 음력 7월 7일에 동북지방에서 거행되는 민속행사. 악귀나 짐승 등을 만들고 그 안에 등불을 넣어 수레에 싣고 행렬을 이룬다.

원시제元始祭* · 고메이 천황 제사의 요배식 · 진무 천황 즉위일의 요배식을 지방의 향촌사에서 거행하도록 정하고, 1873년 1월에는 양력으로의 전환에 맞추어 폐지한 민속명절에 대신하여 진무 천황 즉위일과 천황의 생일인 천장절天長節을 축일로 결정했다. 같은 해 10월에는 원시제 이하 8개의 제례를 국가의 축제일=휴일로 정하고, 후에 봄 · 가을의 황령제를 더하여 축제일의 기본 틀이 정해졌다. 양력 대 음력, 국가의 축제일 대 민속명절 등의 대항은 축제에서 거행되는 행사를 둘러싼 대항도 포함하여 지역에서의 권력과 민속과의 대항 축으로서 중요한 의미를 가지며 그 후의 역사에도 커다란 상흔을 남기게 되었다. 신불분리와 함께 신사의 신체神體를 바꾸거나 예배 · 축사 등의 제식祭式이 규격화되었던 점도 중요하며, 지역의 신사는 국가가 정하는 종교체계를 지역에서 받아들이는 거점이 되어 갔다.

또한 개화정책과 대교원, 중교원에 의한 교화체제에 즉시 대응하여 1873년 1월 무당 · 무녀 등의 주술적 행위의 금지, 7월의 제례와 가이초에서의 기이한 복장의 금지, 9월의 축제에서 수레를 끌 때 '포악한 행위'의 금지, 74년 6월의 주술 기도로 의약을 방해하는 것의 금지 등이 잇달았다. 76년 12월에는 평소 관리자가 없이 산야와 길가에 산재한 사당이나 불당을 가장 가까운 절이나 신사에서 합사하도록 명했다. 72년 이후 불교 측도 교부성과 대교원의 교화체제에 가담하여 종교 활동이 공인되었지만, 미신이나 불온한 신을 믿는 것으로 간주되는 민속신앙에 대한 억압이 강화된 것은 그 후의 일이었다. 시마지 모쿠라이島地黙雷와 같은 불교 측의 지도자도 신슈종의 근대성을 강조하여 미신적인 것을 극복하는 계몽의 입장을 취하고 여기에 '신교의 자유'의 논거를 두었다는 점은 앞에서 이미 설명했다.

---

* 1월 3일 궁중 3전에서 천황이 친히 지내는 제사.

그러나 전통적 제례나 종교행사를 천하고 지저분한 누습으로 치부하여 권력의 힘으로 배제하고, 국가적인 축제일을 여기에 대체하여 마을의 수호신을 중심으로 새로운 국가적인 축제를 일률적으로 실시한다는 것은 지역의 전통과 동떨어진 것이어서 민중의 지지를 얻기 어려웠다. 예를 들면 1872년 9월 미에현三重県의 포고는 천장절에 관하여 "매우 번성하게 천장절을 봉축"하라고 했지만 곧이어 "단지 지금까지 제례 축일 등에 각지에서 남자가 여장을 하고 부인이 남장을 하여 일부러 웃기는 용모를 하고 기괴한 풍채를 장식하여 난잡한 형상을 활기차고 번성하다고 생각하는 자도 있지만 크게 잘못된 생각"이라고 했다. 그러나 인용문에 있듯이 전통적인 제례습속의 '난잡한 형상'을 제거해 버리고 어떻게 '활기차고 번성하게' 가능할까? 그렇기 때문에 당일만은 연극 흥행을 허용하거나 어린이의 춤만은 허용하는 경우도 있었지만, 각지에서 사자춤 등이 일단 축제적인 분위기로 바뀌면 사람들은 "기괴하고 이상한 모습으로 서로 뒤섞이고", "우매한 인민이 봉축의 뜻을 나타낸 나머지 자기도 모르는 사이에 불손한 모양을 드러내"게 되어 전통적인 형태의 축제가 실현되어 버리는 것이었다(1874년, 고치현). 수호신을 모신 신사의 제례 등에는 국기를 게양하지 못하게 하고, 국가적인 축일에만 국기를 게양하도록 하는 포달(74년 니가타현新川県, 75년 에히메현愛媛県)은 역으로 새로운 국가적인 축제의 양식도 전통적인 제례행사 속에 포섭되어 버린 사례다.[37]

이세신궁의 신체에 해당하는 신궁 부적이 신궁사청에서 지방관청을 통하여 전국의 집집마다 배포할 것을 결정한 것은 1871년 12월의 일이었다. 지금까지 이세신궁의 오시御師*가 각지의 이세신궁을 신앙하는 집단인 이

* 특정한 사원이나 신사에 속하여 신자들을 위해 기도를 하거나 참배를 위해 숙박, 안내 등의 편의를 제공하는 하급 신관.

세코伊勢講를 통해서 배포해 오던 부적 시스템이 '폐습'으로 폐지되고 행정조직을 통해서 이세신앙이 전 국민에게 강제된 것이다. 천신지기에게 예배하지 않는 전통이 강한 신슈종에서는 부적을 받는 것은 '조정의 명'이므로 거부해서는 안 된다는 지령을 내려 신도국교주의에 적응하고자 했다. 그러나 이러한 부적의 강제배포는 불신과 의혹을 초래하여 부적의 '신'이라는 문자가 나비로 바뀌어 전염병時疫이 나돈다거나, 부적에서 불이 난다, 부적 속에 머리가 없거나 팔이 없는 그림이 들어있다는 등의 기괴한 풍문이 확산되어 부적을 강에 버리는 자들이 잇달았다.[38] 근세 이래 이세신앙의 전통이 강한 지역에서도 예를 들면 사카무카에坂迎え*의 습속은 "다수의 사람들이 길가에서 기다리면서 음주가무 등의 추태를 부리고 끝내 비용을 지불하지도 못하는" 경우가 있다고 하여 금지되었다(1873년 효고현). 부적을 집집마다 배포하게 되었기 때문에 이세참궁을 '구실'로 빠져나가서는 안 된다(74년, 가나가와현)고도 하여 주인이나 부모 몰래 이세참궁을 하는 것도 금지되었다.[39] 신궁 부적의 강제배포는 신궁 측의 계산으로는 부적 1매에 1전 3리, 전국 700만 호에 배포하여 9만 엔 정도의 수입을 거두고, 비용을 제한 3만 엔을 신궁을 중심으로 한 교화활동의 비용으로 사용한다는 장대한 내용이었다. 이세신궁 측에서는 이러한 교화활동을 위해 각지의 이세코를 재편하고 71년 이후부터 각지에서 활발한 선교활동을 전개했다.

1873년 12월의 미에현 아에군阿拜郡 니시야마촌西山村의 소요사건은 이러한 신궁 측의 활동이 지역의 보다 전통적인 신앙과 대립하여 소요사건으로까지 발전한 사례다. 이 지역에서는 막말기에 온다케코御岳講가 전파되어 마을 사람들의 신앙을 모으고 있었는데, 새롭게 촌락관리 층을 중심으로 '유신코'

* 오랜 여행에 떠난 자가 돌아올 때 마을의 경계에서 이를 맞이하여 주연을 베푸는 일.

가 생겨 온다케코를 압도하는 기세가 되었다. 이러한 상황에서 12월 26일의 온다케코 집회에서 산고로三五郎라는 자에게 우지가미가스가신氏神春日神이 내려와서 "유신파의 무리가 더러운 것을 꺼리지 않고 나를 멸시하고 모독하여 나는 하늘로 떠난다. 나는 이 땅을 진흙 바다로 만들 것"이라 고하고, 또한 유신코의 무리 2명이 마을에 있는 한 "나는 또한 마을 사람들을 지켜주지 않을 것"이라고 고했다. 이 말을 믿은 촌인들이 유신코에 속한 2명을 습격하고 200여 명이 우지가미가스가사에서 농성하면서 진압하러 온 경관들과 싸워 2명을 죽이고 5명에게 부상을 입혔다.[40]

1873년 8월 24일의 교부성 시달은 지금까지 각지에 산재하고 있던 "구로누시黒住 · 도오가미吐菩加美 · 후지富士 · 온다케御嶽 · 후도不動 · 관음 · 염불 등 신불의 제반 코講"를 '폐풍 교정'한 후 각기 하나의 교파로 독립시키려 한 것으로, 코 활동의 공인이라는 의미를 가지고 있었다. 교회활동의 승인 조건은 3조의 교칙을 삼가 지킬 것 등을 규정한 '교회대의'를 지키는 일이었는데, 활동의 공인을 얻은 코의 활동력은 막강했다. 1873년 6월 17일의 대교원 신전 낙성식에 즈음해서도,

> 후지코 기타 잡인들이 기치를 세우고 혹은 수레를 이끌고 음악을 연주하면서 이를 보낸다. 도쿄 안은 더 심하고, 근방에서도 나온다. 도로가 크게 붐빈다. 18일은 법화(法華)의 코(講)가 엄청 많이 나온다.[41]

고 하는 상황이 되었다. 신시대를 대표하는 대교원의 활동도 근세적인 코의 전통과 결합함으로서 대중적인 기반을 가질 수 있었던 것이다.

불교 측에는 종교 활동의 오랜 전통이 있었지만 이러한 전통이 없는 신

도파의 경우 교부성·대교원 체제하에서 활력 있는 코를 수중에 넣는 것이 세력 확장에 불가결한 수단이 되었다. 히라타파 계열의 신도가가 1873년 이후 각지에 있는 대사大社의 궁사 등으로 임명된 것은 지방 대사의 산하에 있는 코를 장악하는 것이 주된 목적이었으며, 교부성·대교원 체제는 이러한 형태로 근세의 민속 종교적 전통과 결합하여 그것을 재편성하려는 것이었다. 그러나 전통적인 코와 교부성에 의한 새로운 코가 실력대결에 봉착한 위의 사례는 드물다 하더라도, 새로운 교화활동과 근세적인 코의 활동과의 사이에는 엄격한 긴장과 갈등이 있으며, 영험을 얻기 위한 수행의 전통이 강한 요시노吉野나 데와삼산山羽三山,* 그리고 근세적인 코로서는 가장 두드러지게 발전했던 후지코 등을 중심으로 갖가지 갈등이 발생했다.[42]

1872년부터 81년에 걸쳐서 전개된 메이지 천황의 대대적인 지방순행에 즈음해서 천황이 식사를 하고 남긴 음식이나 앉은 자리의 방석, 옥좌 아래의 흙이나 삼나무 잎으로 만든 장식, 천황의 마차가 지나간 흔적의 자갈 등을 재액제거, 병의 치유, 오곡풍양의 주물呪物로 간주하고 민중들이 이를 얻으려고 서로 다투었다는 사실은 잘 알려져 있다. 예를 들면 1881년 순행에서 천황이 머물렀던 야마가타현 사카타酒田의 와타나베 사쿠사에몬渡辺作左衛門 댁에는 열흘간 '10만여 명'이 들이닥쳐 "옥좌가 되었던 자리의 방석을 손으로 비빈 후 그 손으로 자기 몸을 비비면서 이렇게 하면 평생 무병장수한다고 기뻐한다. 또한 여자는 기둥을 만지고 자신의 몸을 비비면서 이렇게 하면 아이를 쉽게 낳는다"고 하는 기이한 현상을 보였으며, 와타나베는 "황은이 이처럼 깊이 백성에게 미쳐 새로 들어온 자유설 따위는 용이하게 활동을 하지 못할 터이니 안심해도 좋을 듯" 하다고 수행 시종장에게 말했다고 한다.[43] 이러한

---

* 야마가타 현에 있는 3개의 산으로 전통적으로 영산으로 알려져 수행자들의 성지가 되었다.

사례는 천황이 현세이익을 가져다주는 '살아있는 신生き神'으로서 등장하고 있음을 말해주는 것이며, 그것은 이 시대의 민속적인 종교 관념에 어울리는 현상이었다고 말할 수 있다. 순행에 즈음해서 연도의 민중이 "집집마다 제사에 올리는 술과 떡을 준비하고 천황의 마차를 기다리는 모습은 마치 마을의 축제를 보는 것과 같다"[44]고 하거나, 천황의 생일인 천장절이 축제일로서 지역에 강요되자 '제帝 무쓰히토 천황帝睦仁天皇'라고 적은 액자를 내걸어 발을 치고 주위에 술과 꽃, 과일을 바쳐 길가에 사당 같은 것이 만들어진 것도[45] 민속신앙의 대상에 비추어 수용된 천황 숭배다.

이러한 '살아있는 신(Man God)' 신앙은 천황에 한정되지 않고 혼간지의 법주, 이즈모고쿠소出雲国造,* 방랑하는 저명한 종교가, 민중종교의 교조 등에 대해서도 보이는 특징이다. 예를 들면 근세의 이즈모고쿠소가 제사를 위해 거리에 나갈 때 도로에 짚을 깔고 많은 사람들이 허리를 구부려 이 짚을 쥐어 잡고 "고쿠소가 짚을 밟고 지나가자마자 모두가 짚을 잡아당겨 집으로 가져가 신의 부적과 같이 소중하게 다루며", "전염병이 나돌 때 이 짚을 가지고 부정을 없애면 평온해진다"고 전해지고 있다.[46] 천황 순행에서 나타나는 민속 관행과 완전히 일치하는 사례다. 메이지 시대에도 이즈모고쿠소에 해당하는 센케 다카토미千家尊福는 '살아있는 신'이라 했으며, 그가 밟은 흔적이 있는 것은 신단에 바쳐졌다고 한다.

이러한 시점에서 보면 천황 순행에서 나타나는 '살아있는 신'에 대해서 나타나는 반응과 같은 형태의 천황 숭배는 민속의 전통에 뿌리를 내린 종교 관념의 한 예에 지나지 않는 것이지만, 메이지 초년에 천황이 지존의 권위적 존재로서 지역사회에 선전되면서 민중은 민속신앙적인 전통에 인중하여

* 고대에 이즈모 지방(현재의 시마네현)을 지배한 씨족 이즈모 씨의 장에 대한 칭호로 대대로 이즈모신사의 제사를 계승해 왔다.

천황의 권위를 수용하게 되는 것이며, 이러한 천황 숭배는 분명 천황제의 민속적 기반이다. 그러나 이 천황 숭배는 예를 들면 1874년 6월의 주술 기도로 의약을 방해해서는 안 된다는 포고의 취지와 일치하지 않으며, 또한 더욱 일반적으로 말하자면 문명화를 지향하는 제반 정책과도 서로 상충하는 것이라 할 수 있을 것이다. 더구나 천황을 현세이익을 가져다주는 신으로 숭배하는 것은 천황을 민속적인 세계의 신들과 경합하는 위치에 두는 것을 의미하며, 천황의 초월적 권위성과는 반드시 일치하지 않게 될 것이다. 근대 천황제는 민속이라는 주변적 현실과 서로 접촉하면서도 그것을 초월하는 권위로서 정점에 자리해야 하는 것이었다.

민속적인 것을 미신이나 누습으로 치부하여 계몽적으로 부정한다는 점에서는 메이지 초년의 지방관, 신도국교주의의 입장에서의 교화활동, 개명파 저널리스트, 민권파 등은 같은 문명의 입장에 있었다. 민권파 신문에서도 지역의 제례행사, 와카모노구미, 현세이익적인 신앙, 그 밖의 속신, 코 등을 거의 조소하는 눈으로 보고 있으며 문명과 야만, 합리적인 지와 미신, 계몽과 우매라는 분할에 의해 민속적인 것을 문명이나 지와 계몽의 정반대로 폄하하고 억압하는 자세가 일관되고 있다. 예를 들면 나카에 조민中江兆民과 같은 사상가의 경우에도 무신무영혼의 사상에서 볼 때 당연한 일이라 할 수 있겠지만, '다수신의 설'을 가장 '비철학적'인 것으로 보고 민속신앙적인 기도와 현세이익에 관해서는 "철학을 제목으로 한 책에는 이를 기록하는 일조차 꺼려해야 할 것"이라고 가차 없이 말한다. 그리고 이러한 입장에서,

> 점, 관상, 풍수, 무당 및 각종 신불의 부적 따위는 인간사를 방해하고 인간의 신지(神智)에 상처를 주는 피해가 극히 크다. 이들 모두에 대해서 법을 만들고 다소의 유예

기간을 주어 금해야 한다. 그 밖에 덴리교(天理教), 곤코교(金光教) 등과 같은 사악한 종교에 속하는 것도 모두 이러한 사례에 의거해서 이를 근절해야 한다.[47]

고 하여 덴리교, 곤코교에 대해서도 권력적인 수단에 의한 '근절'을 주장했다. "다소의 유예기간을 준다"는 부분에서 설혹 민권가로서의 조민의 편린을 엿볼 수 있다고 하더라도, 거기에 있는 것은 『초모위언草茅危言』 등에도 공통적으로 보이는 '지知'의 입장이다. 그리고 그러한 '지'는 너무도 자명한 가치인 까닭에 메이지 국가는 물론이고 개명파 지식인이나 민권파도 포함하여 어떤 형태로든 지도적인 입장에 있는 사람들이 그러한 '지' 자체를 의심하는 일은 결코 없었던 것이다.

■ ■ 8장

근대 천황제의 수용기반

1. 지역질서와 권위 중추

일반 민중의 반질서·탈질서적인 에너지에 위협 받으면서 지역사회에 안정된 질서를 수립하려고 노력하는 촌락지배자들은 그들이 실현하려는 질서를 정당화할 수 있는 더욱 보편적인 권위와 원천을 추구하고, 여기에 의거함으로서 자신의 입장을 권위지울 필요가 있었다. 반질서·탈질서의 에너지는 봉기나 소동에서 집약적으로 표출될 뿐만 아니라, 일상적으로는 생활 곤궁의 원인이 되는 낭비나 도박 등의 일탈적인 행위와 제례나 와카모노구미 등에서도 나타나고 있다. 따라서 질서란 이러한 다양한 반질서·탈질서에 대항해서 구축되는 일정한 합리화를 말한다. 이 합리화는 아마도 18세기 말까지의 이데올로기 상황 속에서는 막부나 번의 권력과 결합하여 유교적인 인정관仁政觀을 전제로 한 질서상이라는 형태를 하고 있었을 것이다. 그러나 19세기에 들어와 막연하게나마 대외적 위기를 점차 자각하게 되면서 지역사회 측에서 요구하는 질서상은 점차 민족적인 색채를 띠게 되며, 결국은 권위 있는 중심을 추구하여 천황 숭배나 국체론과 결합하게 되어 갔다.

재야의 국학은 이러한 방향으로 발전한 선구적인 사례지만, 심학, 호도쿠샤, 후지신앙, 민중종교, 그리고 각지에서 싹튼 촌락부흥운동 등도 각자의 입장을 정당화하는 권위를 추구하면서 천황 숭배와 국체론에 도달했다. 여기에는 근대 전환기의 일본사회가 천황제를 기축으로 하는 국민국가의 형태로 통합되어 갔다는 역사적인 큰 틀이 강하게 작용하고 있었다. 위에서 예시한 바와 같은 갖가지 운동뿐만 아니라, 촌락 관리나 지주와 명망가, 학교 교사, 신직과 승려, 기업경영자 등과 같이 권력과 일반 민중의 매개적인 위치에서 활동하는 모든 중간적 지도층에게는 권위 있는 중심을 추구하여 천황제에 도달하고, 또한 천황제를 통해서 자신의 정당성을 근거지우려는 경향이 현저했다. 심지어는 민권운동 등과 같은 반정부적인 운동조차도 기본적으로는 이러한 기본 틀의 내부에 있었다. 나는 근대 천황제를 수용하는 사회적 기반은 기본적으로는 위와 같은 시각에서 파악할 수 있다고 생각한다. 여기서는 각자 성격을 달리하는 세 가지 사례를 예로 들어 근대 천황제와 지역사회의 사이에서 매개적인 역할을 한 지역사회 지도층에 관하여 살펴보기로 하자.

후루하시가古橋家는 미카와三河지방 기다시다라군北設楽郡 이나하시촌稲橋村에서 지배적인 지위에 있는 호농·촌장 집안이었는데 19세기 초에 경영이 악화되고 1819년에는 무라카타소동이 발생하여 촌장직을 다른 가문에 이양해 버렸다. 후루하시 가문의 이러한 곤경 속에서 어린 시절을 보낸 후루하시 데루노리高橋暉皃, 1813~1892는 서당에서 아이들의 소문을 통해서 자기 집안이 쇠퇴한 내력을 알고 그 재건을 각오하지만, 한편으로는 그것으로 인하여 노이로제 상태가 되어 나고야와 이세 방면으로 치료를 받으러 다니기도 했다.[1] 1831년 아버지를 대신해서 집안 살림을 맡게 된 데루노리는 상업고리대적인 경영에서 양조업과 농업으로 가업을 바꾸고 경영 규모를 축소하여 엄격하게 검약한 생활태도를 취했다. 한편 지역 민중과 대립해 오던 후루하시 가문의 경험을 반성하여 1833년과 1836년의 기근에서는 촌락 주민들의 구제에 힘쓰고 촌락 공유림의 식림에 매진하기도 했다. 36년의 가모加茂봉기에서는 촌락의 농민들을 설득하여 봉기 참가를 막고 식량 확보와 구휼에 분주했다. 그 후에도 가업에 전념하는 자기규율의 자세를 더욱 강화하고 도박과 춤 등을 금지하여 촌락의 풍속개혁에 노력했다.

페리 내항에 즈음해서 데루노리는 포대 건설을 위해 30냥을 헌금하고 1855년과 59년에는 이세신궁에 참배했다. 또한 59년 이세 참배 여행에서 히라타 아쓰타네의 『직비령直毘霊』을, 같은 무렵 도쿠가와 나리아키의 『고지편告志編』과 『명훈일반초明訓一斑抄』를 읽고 감동을 받았으며, 1863년에는 에도로 여행하여 하라타 아쓰타네의 사후 제자가 되었다. 데루노리는 미카와 요시다번吉田藩의 국학자 하타노 다카오羽田野敬雄의 소개로 히라타학에 입문했으며, 하타노는 히라타의 문인들이 많은 미카와 지방에서 지도적인 입장에 있던 인물이었다. 그 후 데루노리는 존양파에게 자금을 원조하거나, 농병대 설립을 계획하기도 했으며, 1865년에는 진무 천황제, 기년제祈年祭, 신상제新嘗祭를 촌락에서 거행하고 이세신궁 요배소를 설립하여 제전을 열기도 했다. 막말기의 격동 속에서 히라타학 계보의 존양운동과 국체론에 적극적으로 가담했지만, 지역에 뿌리를 내린 명망가로서의 입장을 지키면서 정신운동과 자금 원조를 넘어서 정치활동에 가담하는 것은 자제하고 있었던 것이다.

데루노리는 왕정복고 직후 미카와현에 출사했는데, 어느 날 판사 도이 다이사쿠土肥大作에게서 '검약'을 고집하는 좁은 소견의 경제관을 지적받고 '부국존양'의 이념에 눈을 떴다고 한다. 그 후의 데루노리는 차, 양잠, 식림 등의 보급을 꾀하고 명월청풍교明月清風校의 개교(1872년)와 농담회 설립(1878년)에도 힘썼다. 세키호다이의 생존자 사토 기요오미佐藤清臣, 1833~1910를 교장으로 초빙한 명월청풍교는 황학과 사토 노부히로佐藤信淵의 농학을 중시한 점에서 그 후의 공립소학교와 다르며, 농담회는 노농형 농업기술의 보급을 꾀하는 운동의 효시가 되었다. 또한 이나하시촌과 그 주변에서는 데루노리와 기요오미의 지도하에서 신도식 장례가 널리 보급되었으며, 기요오미는 이나하시촌 야하다신사八幡神社의 사관祠官이 되어 각지에서 신도를 설교하면서 신사개혁을 지도했다. 데루노리를 중심으로 한 이러한 활동은 메이지 국가의 정책 지향과 거의 일치하고 있거나, 오히려 그것을 앞장서서 아래에서 지탱하는 성격을 가지고 있었다. 그것은 데루노리의 확신적인 표현을 빌리자면,

> 내가 먼저 복고를 원하면 복고가 되고, 농병대를 조직하면 징병령이 내려지고, 이세신궁 요배소를 설치하면 천하 일반 요배의 포고령이 내려졌으며, 진무 천황을 참배하면 천하 모두가 제사지내기에 이르고, 학교를 설립하면 또한 일반 소학교기 설치되었다. 이는 나의 의견과 대동소이한 것이다.[2]

고 하는 것과 같은 것이었다.

1884년 10월 데루노리와 그의 아들은 후쿠즈미 마사에福住正兄를 초대하여 기타시가라군의 호도쿠샤를 설립하고 데루노리가 그 회장이 되었는데,

이는 명백히 민권운동의 격화와 곤민당·마루야마교에 대항하여 지역질서를 확립하기 위해서였다. 데루노리는 이제까지 밀접한 관계에 있던 나카쓰가와中津川의 국학자들이 자유당에 참가한 사실에 분개하여 그의 아들을 제정당에 입당시켰으며, 그 아들의 서한에서는 "처음에는 서구의 학설로 관청을 비방하더니 오늘에 이르러서는 조세라든가 징병이라든가 민간에 관계가 있는 모든 법령에 의거하여 인민을 내밀하게 선동"하는 '불평당'에 대한 적의가 노골적으로 드러나고 있다.[3] 또한 사토 기요오미는 "특히 인심과 행정에 방해가 심하기는 마루야마교와 온다케교의 두 종교다"[4]라고 했는데, 이 시기의 마루야마교는 요나오시 지향성이 강한 민중종교로서 이 지역에서 커다란 영향력을 가지고 있었으며, 84년 11월에는 미나미시라가군의 산 속에서 마루야마코가 농성을 한다는 풍문이 확산되었다. 근대 일본에서 지역사회의 질서 확립에 이념과 모델을 제공한 호도쿠샤 운동이 활발해지는 것은 마쓰카타 재정松方財政을 배경으로 격화사건들과 곤민당·빈민당·마루야마교의 운동들이 속발하는 1884~85년부터이며, 데루노리 등의 운동은 그 대표적인 사례였다.

호도쿠샤 운동은 노농형 농업기술과 근검역행을 결합시켜 촌락에서 지도적인 지위에 있는 지주층을 지도자로 하는 것이 일반적이다. 데루노리 부자의 활동도 그 전형이며 그들은 호도쿠샤 설립에 앞서 차, 양잠, 식림을 장려하고 농담회를 조직하는 등 식산적인 관심이 강했다는 것은 이미 설명했다. 그래도 메이지 초년에는 새로운 시대의 도래를 민감하게 받아들여 의복·연극·유곽 등도 "돈벌이 나름"이라는 욕구해방적인 측면을 가지고 있었지만,[5] 이윽고 마쓰카타 재정을 배경으로 한 황폐한 농촌 상황 속에서 지역질서를 재건하기 위한 노력은 근검절약을 강조하는 정신주의로 기우는 경향이 현저해지고, 호도쿠샤 운동은 이러한 경향에 박차를 가했다.

1885년에 정해진 이나하시촌를 포함한 5개 촌락의 '근검저축 합의규약'은 이러한 경향을 극한까지 추구한 것으로 촌락 주민의 생활에 관해서 상세하게 규정한 장문의 내용이다. 전체적인 내용은 '근업', '검약', '저축'의 3장으로 구성되어 있으며, 예를 들면 '근업'에서는 계절마다 기상·취침·노동·휴식 시간을 규정한 '근휴 시간표'와, 양력에 의한 국가적인 축제일·1의 날(1일, 11일, 21일)·신사제례 등으로 이루어진 '연내 휴일'이 정해졌으며, '검약'에서는 30개조에 걸쳐서 "연극·교겐狂言*·씨름·인형극·군담·라쿠고落語·사자춤·원숭이 곡예·통속적인 노래 등의 흥행을 금지하고, "양산에 비단은 절대 사용하지 말 것", "음력 정월·5월 명절 등을 몰래 축하하는 일은 절대 있어서는 안 된다", "촌락 내 공동 공사 및 풀을 벨 때 지참하는 도시락은 모두 평소에 먹는 음식으로 할 것" 등을 정했다.[6] 촌락생활에서의 오락적인 측면을 전적으로 부정하고 억압적인 규율화를 통해서 생활의 세부에 이르기까지 철저하게 규제하는 촌락 전체의 대개혁을 시도한 것이다.

후쿠스미 마사에의 보덕사상은 니노미야 손도쿠二宮尊德의 '천도天道'를 '아마테라스 오미카미', '천의天意'를 '아마테라스 오미카미의 신려神慮'로 바꾸어 신도화한 것으로, "우리 보덕 교회는 애국이 기본적인 대의"라고 강조했다.[7] 이나하시촌의 경우에는 이에 더하여 사토 기요오미의 영향으로 신도색이 강해서 기타시다라군은 '경신군敬神郡', 이나하시촌은 '경신촌敬神村'으로 불렸다. 이렇게 해서 황폐해진 촌락을 부흥한다는 지역사회의 과제에 앞장선 데루노리 등의 활동은 시대상황과 부응하여 신도나 국체론과의 결합을 강화하면서 스스로 정당화한 것이었다.

---

* 무로마치시대에 발달한 풍자와 해학적인 막간극.

풍요롭게 번영시켜주는 신의 뜻대로 섬기면 가난한 인간 세상이 바뀌지 않을까.[8]

라고 하는 데루노리의 노래에는 신과 천황에 대한 은혜를 근거로 실현되어야 할 규범과 이로써 가능해지는 농본주의적인 풍요, 평온한 행복의 메시지가 거의 유토피아와 같이 이상적으로 표현되고 있다.

세키호다이에서 이탈하여 생존한 사토에게는 죽음을 모면했다는 통한의 심정이 있으며, 남에게 말 못하는 분통이 평생 따라다닌 것으로 보인다. 그러나 그래도 신관으로서 활동할 때에 보이는 교화사상의 기본 틀은,

황상이 아래를 사랑하고 아끼는 까닭에 학교를 세워 지식을 열고 병원, 위생 등의 학과를 설치하여 질병 예방에 대비하며, 농상무성을 설치하여 농담회를 열고 농사를 개량하여 수확을 늘리며, 상법학을 배워 상업을 이루고, 그 밖에 육해군을 갖추어 제반 행정을 하나도 가르치지 않음이 없이 다스리신다 …… 그렇다면 이 가르침에 따르는 것은 곧 황상의 취지를 준수하는 일이다. 까닭에 자연스럽게 천의에 보답하면 집안도 번영하고 자손도 장구한다.[9]

라고 하여 천황제 국가의 근대화 정책을 구가하여 수용하고 이를 민중의 생활규범을 수립하기 위한 과제와 가문 영속의 염원에 결부시킨 것이었다.

후루하시가와 이나하시촌은 지역 명망가의 강력한 리더십하에서 근세 후기에 황폐해진 촌락이 부흥하여 전국적으로 유명한 모범촌이 된 전형적인 사례였다. 무라카타소동, 농민봉기, 자유민권운동, 곤민당과 빈민당, 마루야마교 등에 위협받으면서도 이를 극복하고 근대전환기의 격동을 헤치면서 새로운 지역질서를 만들어냈다는 점에 이러한 사례에 이의를 제기하기 어려

울 정도의 설득력이 있었다. 이러한 모범촌은 메이지 중기에 각지에서 탄생하게 되며, 국가의 지방개량 정책에 의한 유도와 함께 근대 일본의 지역질서와 규범의 모델이 되었다.[10] 모범촌은 지역사회의 현실에 대한 암중모색의 대응 속에서 성립한 것이지만, 일반적으로 정신주의적인 경향을 가지고 있으며, 그 지도자들은 시간과 경험의 축적 속에서 천황제 국가의 권위와 적극적으로 결합함으로서 스스로를 정당화하는 것이 일반적이었다.

다나카 지야田中千弥, 1826~1898는 사이다마현埼玉県 지치부군秩父郡 시모요시다촌下吉田村의 중농이었는데, 왕정복고 후 시대상황의 변화에 민감하게 대응하여 신관으로 활동하게 된 인물이다. 그는 지치부사건에 관한 뛰어난 기록 『지치부폭동잡록秩父暴動雑録』과 『다나카 지야일기田中千弥日記』로도 잘 알려져 있는데, 여기서는 후자를 바탕으로 그 정신적 궤적을 살펴보기로 하자.

이 지방은 1866년 6월의 부슈武州봉기가 발생한 지역과 인접하고 있는데, 메이지유신을 전후해서 도둑과 강도가 잇달아 발생했으며, 1868년 7월에는 "악당들이 모의하여 …… 봉기를 일으킬 것"을 계획하고 있었다는 이유로 주모자들을 참수하여 효수했다. 이와 거의 같은 시기에 지야는 『태정관일지太政官日誌』와 『행재소일지行在所日誌』를 구입했으며, 다음 달에는 『모시호쿠사もしほ草』를 빌려 읽고 『강성일지江城日誌』, 『진대일지鎮台日誌』를 구입하는 등 신시대에 민첩하게 대응하고 있었다. 이듬해 69년 5월에는 지방관청에 건백서를 제출하여 포상을 받기도 했다. 지야는 막말부터 갖가지 서적을 가까이 하는 지방의 문인이었는데, 1869년 정월 그믐의 일기를 보면 "신기도神祇道의 책을 열람함"이라고 기록하였으며, 3월에는 모토오리 노리나가의 『우히야마후미うひ山ふみ』와 이치가와 다다스市川匡의 『마가노히레まがのひれ』를 구입하고 있다. 아마도 국학·신도계의 독서는 이 당시부터 집중해서 공부

한 것으로 보인다. 그러나 같은 해 8월에는 시모요시다촌에서는 36명이 연명으로 신장제神葬祭의 탄원서를 제출하고, 다나카 경지에서는 지야 이외에 한 호가 신장제로 바꾸었다. 71년 3월 23일에 다나카 경지에서는 진무 천황제를 거행했는데, 그것은 2일 전에 다나카 경지에 도달한 "진무 천황제를 3월 11일에 전국적으로 일제히 거행할 것"이라는 포달을 조속하게 실행에 옮긴 것이었다(강조는 야스마루). 이 제전은 "신주료神酒料 한 집에 200푼씩, 백미 한 집에 4되씩, 기타 24푼씩, 기름 값·반지 종이 한 점 지야 제출"이라는 비용분담으로 거행되었으며, 이는 중앙에서 거행된 진무 천황제가 지방에서도 실시되었다는 것을 나타내는 귀중한 사료다. 그 후에도 다나카 경지에서는 "종전의 히나마쓰리*에 대신해서"(!?) 진무 천황제를 거행했다.

1873년 1월 1일 양력 시행과 함께 황기皇紀를 사용하게 되자 지야는 정월 초의 일기에 "진무 천황 즉위 기원 2533년 메이지 6년 계유년"이라는 양식으로 연차를 기록하게 되며, 또한 다나카 경지에서는 같은 해부터 천장절에 "집집마다 히노마루를 게양하고 떡을 빻아 축하했으며 오후 제1시부터 제례"를 올리게 되었다. 1874년 1월에는 지치부신사秩父神社에 소교원이 설치되었는데, 예를 들면 "30일 맑음. 지치부신사에 출두. 민법국법의 설과 조세부역의 설을 설교함"이라고 기록한 것은 지야 자신이 17겸제 중의 2항목을 들어 설교했다는 말이다. 1874년에 들어와 곧바로 설교를 시작한 지야는 같은 해 11월에 교도직 시보試補의 사령을 받고 이때부터 각지에 설교를 다니고 있다. 또한 75년 정월에는 궁중에서 개최되는 우타카이하지메歌会始め**에 처음으로 영진詠進했는데, 예를 들면 1877년의 경우 옥제玉題 「소나무는 색이

* 3월 중에 여자아이의 건강한 성장을 기원하는 연중행사.
** 연두에 궁중에서 천황의 참석 하에 일본의 전통적인 와카(和歌)를 지어 발표하고 비평하는 모임.

변하지 않는다松不改色」에 관한 지야의 영진가는 다음과 같은 두 수였다.

색이 변하지 않는 소나무의 지조는 주군을 섬기는 대장부의 마음일까

대군의 무성한 은혜를 색이 변하지 않는 소나무에 비하면 더욱 푸를까

이렇게 해서 지야는 1874년 이후 신관 교도직이 되고 신도국교주의적인 교화활동에 적극적으로 가담했다. 농민 출신이던 지야의 지위는 그 활동에 비해서 결코 높지 않았지만 그래도 1883년에는 훈도가 되고 그 후에는 대사교 일등독사一等督事, 신궁교대강의, 신사의 사관祠官 등으로 승진하여 신도가로서의 지위가 상승했다. 그러나 기우祈雨, 병의 치유, 살풀이 등과 같은 기도도 빈번하게 치르면서 민속신앙적인 기도자로서의 성격을 유지하고 있었다. 예를 들면 31세의 병든 여성에 관해서 "요괴 퇴치를 기원하여 이틀날 아침에 이르러 완쾌"라고 한 것은 그러한 측면의 활동이다. 지역 민중과 공동생활의 경험이 있는 지야에게는 아마도 히라타 학풍의 영혼실재설을 누구보다도 잘 이해할 수 있었으며, 국학적인 신도설은 잡다한 영위靈威의 세계에 권위와 질서를 가져다주는 교설로서 신봉하고 있었을 것이다.

지치부사건은 지야와 관계가 깊은 시모요시다촌의 농민들이 집결하여 봉기가 시작되고 있다. 지야가 사는 다나카 경지에도 '폭도'들이 몰려와서 봉기에 협조하지 않으면 불태워 버린다고 위협하면서 참가를 요구했다. 다나카 경지에서는 아마도 지야의 지도하에서 처음에는 소극적인 태도를 취했지만 11월 3일에는 지야의 아들 구니마쓰國松를 비롯해서 한 집에 한 명씩 동원되어 사건 후에 각각 1엔 50전의 과태료 처분을 받았다. '폭도'는 지야의 입장에서는 "그 우매함을 탄식하고 또한 몽매함을 비웃을" 수밖에 없는 존재이며,

"이들 무리를 굳이 꾸짖을 필요도 없다. 단지 황국 3700만의 형제라면 어찌 도외시 할 것인가"하고 말한다. 지야의 입장에서 보면 스스로 '조적'이라고 칭하는 '폭도'들은 아예 상대할 가치도 없는 일탈자들이며, 신과 천황의 권위 아래 실현되는 농본주의적인 풍요와 평온이야말로 새로운 현실이며 또한 유토피아였다. 지야의 문장과 시에는 그러한 신국관념이 잘 표현되고 있다.

> 국가 부유의 실마리가 보이는 누에인가
>
> 감사하게도 별단 기도하지 않아도 거두어들이는 풍성한 수확
>
> 한 없이 번영하는 하늘을 비치는 해와 달의 그늘아래 무성한 잡초

위의 작품이 지치부사건 직후인 1885년 1월에 지은 것이라는 점은 놀랄 만하다. 같은 달에 거주 불명의 굶어 죽는 자가 생기자 지야가 푸닥거리 의식을 치른 것도 기묘한 대조다. 같은 해 4월에는 현의 도로 낙성식에서도 지야는 축사와 축가를 지었는데, 모두가 개화의 성스러운 시대를 칭송한 것이었다. 지야의 입장에서 보면 와카나 하이쿠는 사회나 경제의 즉물성을 성스러운 차원으로 승화시켜 나타내는 표현이었다. 1886년 1월에는 시모요시다 파출소가 개설되었는데, 그것을 축하하는 지야의 문장은

> 세상을 봄으로 바꾸는 선구인가 매화꽃
>
> 바람 소리도 가라앉는 고고한 눈 쌓인 소나무

라는 것이었다. 지야와 같은 질서파의 입장에서는 강대한 국가권력과 이에 대한 은혜와 의지를 전제로 한 생활 규율이야말로 인간들의 행복과 안온을

현실적인 것으로 만드는 것이며, 신과 천황이라는 중추의 권위에 의거함으로서 실현되는 그러한 세계 전체가 풍족한 의미에 가득 찬 우주였다.

에도의 서쪽 교외에 있는 산타마三多摩 지방은 막부의 영지이거나 소영지로 구성되어 여러 명의 영주가 분할지배를 하는 촌락이 많았다. 이런 지역에서는 지역질서를 유지하는 데 있어서 촌락 지배자의 역할이 막중한데, 막말기에 이런 계층의 사람들은 유학을 배우고 정신수양과 교화에 노력함과 동시에 검술을 배워 비상시에 대비했다. 고지마 쇼사이小島韶斎, 1830~1900는 이러한 촌락 지배자의 대표적인 인물로 야마모토 기타야마山本北山의 문인 기쿠치 기쿠조菊地菊城에게서 유학을 배우고 곤도 슈스케近藤周助와 그의 양자 곤도 이사무近藤勇에게서 천연이심류天然理心流의 검술을 배웠다.[11] 막말기의 고지마 집에는 곤도 이사무, 히지가타 도시조土方歳三, 오키다 소지沖田総司 등이 종종 찾아와 머물렀으며, 쇼사이는 곤도와 의형제의 맹약을 맺었다고 한다. 쇼사이가 살던 오노지촌小野路村은 오야마가도大山街道의 역참으로 주변 촌락조합의 중심이며, 이시자카 마사다카石坂昌孝, 1841~1907가 살던 노즈다촌野津田村은 그 이웃 마을로 같은 촌락조합에 속하고 있었다. 쇼사이와 마사다카도 의형제의 맹약을 맺었으며, 쇼사이의 아버지와 마사다카의 의붓아버지는 같은 촌락조합의 책임자로서 밀접한 협력관계에 있었다. 그들은 민생을 중시하는 촌락지배자였지만 처음부터 요나오시 봉기와는 대립하고 있었으며, 쇼사이는 부슈봉기를 진압한 에가와 다로자에몬江川太郎左衛門 휘하의 농병대를 칭찬했다. 고지마는 미토학이나 라이 산요頼山陽에게도 관심을 가지고 있으며 곤도와 히지가타와의 관계도 있어 좌막적인 존왕양이파라고 할 수 있는 정치의식을 가지고 있었다.

그런데 1868년 3월 1일 곤도 이사무는 신정부의 선봉대를 격퇴하기 위해서 진무대를 이끌고 에도를 출발해서 고슈甲州로 향했다. 고슈의 있는 히노日野에는 히지가타의 여동생이 시집간 사토가佐藤家가 있으며, 그 주인 히코고로彦五郎는 쇼사이와 비견할 정도의 검도 후계자였는데, 곤도 등이 사토의 집에서 휴식을 취하고 있을 때 천연이심류의 문인들이 진무대에 참가하기 위해 몰려왔다. 그러나 곤도들은 3월 6일에 고슈의 가쓰누마勝沼에서 신정부군과의 전투에 패했다. 곤도는 다음 달 시모사下總에서 체포되어 참수당했으며, 히지가타는 이듬해 5월에 고료가쿠五稜郭 전투에서 전사했다. 그러나 곤도와 히지가타를 경애하고 있던 다마지역의 호농들은 그들이야말로 충용 지사라 하여 그 죽음을 애도하는 분위기가 강했다. 이후 그것이 그들의 교양에 중요한 발원이었던 한시의 전통과 결합하여 두 사람을 애도하는 다수의 한시가 지어졌으며, 메이지 10년대에는 '양웅의 비' 건설 운동으로 이어져 1888년에 비석이 건립되었다. 쇼사이는 곤도가 죽은 직후부터 「수제집垂涕集」이라는 제목으로 '곤도 통곡애도의 시'를 만드는 운동을 주도했으며 한시로 저명한 학자들도 두 사람을 애도하는 시를 부쳐 쇼사이에게 협력했다.

다마지역의 호농들과 곤도·히지가타와의 깊은 관계는 훨씬 후에 발생한 '일동가전칙명환日東家傳勅命丸' 사건의 복선이 되고 있다. 이 사건은 1884년 11월에 간행된 『무사시노총지武蔵野叢誌』에 게재된 희문戯文에서 천황제를 야유했다고 해서 발생한 필화사건이다. 이 사건으로 다마지역의 종합지로서 자유당 계열에 속하는 이 잡지는 폐간 처분되었는데, 희문의 필자 사토 도시노리佐藤俊宣는 사토 히코고로의 장남이며 히지가타의 조카였다. 도시노리의 처는 이 잡지 간행의 중심인물 가운데 한 사람인 혼다 사다도시本田定年의 동생이며, 쇼사이는 혼다를 통해서 이 잡지에 다수의 한시를 실고 있었고 '양웅의 비' 건설계획도 이 잡지가 전하고 있었다.

다마지역의 호농들은 이러한 사정을 배경으로 새로운 시대를 맞이했기 때문에 복잡한 감개가 있음에 틀림없지만, 그래도 그들은 새로운 국가체제와 문명개화를 적극적으로 긍정하려는 지향이 강했다. 쇼사이는 그 중에서도 가장 완고하게 유교주의와 전통문화를 고집한 인물로 단발을 거부하여 평생을 마감했을 정도지만, 그래도 예를 들면 양력 시행을 환영하여 "고금이 다르다고 하지만 모두 좋다", "살아서 문명개화의 날을 만나 한 번의 봄에 두 번씩 새로운 별에 취하다"고 노래했다. 훨씬 젊은 혼다의 경우에는 왕정복고와 문명개화는 거의 전면적으로 환영과 예찬의 자세로 받아들이고 있다. 예를 들면 방각이나 나이에 따른 운세 등의 미신을 배척한 양력 제정을 읊어서 "음력을 버리고 봄이 와서 새로워지다. 방각으로 세상 사람을 현혹하는 일은 이제 없다"고 하고, 가나가와에서 처음으로 기차를 보고는 "기차는 굉음을 내면서 천지를 뒤흔든다 …… 이 기술은 원래 해외에서 전해졌다고 하지만 백성을 편리하게 하고 국가에 이롭다. 이는 곧 황은皇恩……"이라는 식이었다.[12]

메이지 초년에 오노지촌 촌락조합의 각 마을에서 전개된 지역사회 개혁운동의 특징은 오노小野 향학 설립의 「향교취의서」(1871년 1월), 「서칙서誓則書」(1872년 1월), 「집의협동서集議協同書」(1874년 1월), 「책선사규칙責善社規則」(1878년 5월) 등에서 엿볼 수 있다.[13] 먼저 오노향학은 가나가와현 소참사小參事 등이 오노지촌을 방문했을 때 권유되었으며, 마사다카 · 쇼사이와 그 동지인 호농들에 의해 설립된 서민교육을 위한 학교다. 실무는 마사다카가, 교육이념은 쇼사이가 맡았으며, 개교의 이념은 "지금은 문명개화의 시대로 호농과 부상富商은 물론이고 고아나 과부, 첩의 자식에 이르기까지 한 사람이라도 왕화의 혜택을 받지 못하면 한 마을의 불행이다. 바라건대 효제孝悌를 가르치고 인의를 설유하며 성교聖敎의 요점을 알게 하여 온후하고 순박한 기풍으로 바뀌도록"[14] 하여 문명개화와 천황제 지배의 시대동향을 적극적으로 받아들이면서도 유교주의적인 규범에 중점을 두고 있었다. 현청에서는 오노향학의 설립을 각 촌락조합에 알려 오노향학은 현하의 주목을 모으게 되었지만 학제가 발포되자 "구래의 사고방식에 사로잡혀서는 자제의 개화 진보를 가로막을 것"[15]이라고 하여 폐지되었다.

「서칙서」는 오노지촌을 비롯한 16개 촌락이 제29구에 속해있을 때의 구규약에 해당하는 것으로 포고의 엄수, 가업 매진, 화합과 협력 등을 강조하고 나이가 된 어린이는 "가능한 한 향학에 나오도록" 부형이 보살필 것과 이러한 규범의 정 반대에 존재하는 도박·연극·여럿이 무리지어 손짓으로 추는 춤 등을 금지하고 있었다.[16] 「집의협동서」는 1873년 5월에 구획개정이 이루어져 56개 촌락을 포괄하는 제8대구가 성립하고 구장에 마사다카, 부구장에 쇼사이와 마사다카의 동지에 해당하는 하시모토 마사나오橋本政直가 임명되는 제도 개혁을 배경으로 「서칙서」를 계승하여 시대상황에 한층 더 적응하고자 한 것이었다. 기원절·천장절·촌락의 수호신을 모시는 신사 제례일 등에는 집집마다 국기를 게양하여 "조정의 은혜에 감사하고 받들어 애국의 뜻을 나타낼 것", "일체의 코講와 민속적인 철야기도"를 폐지할 것, 종래의 휴일을 폐지하고 일요일을 휴일로 할 것, 1874년 2월 15일을 기해서 "일제히 단발할 것", 도로변의 지장보살이나 관음 등의 우상을 제거할 것, 젊은이들의 '밤놀이'를 금지할 것 등이 그 내용이었다.[17] 민속적인 것에 대한 노골적인 적대감이며 천황제 국가와 문명개화의 입장에서 그 억압을 확신적이고 강압적으로 추진하려는 내용이다. 하긴 쇼사이는 위의 내용 가운데 단발에 반대하여 "단발 곤란 일가언"을 지어 구장과 부구장에게 제출하고 동시에 「요코하마 마이니치신문」에 투서했다. 그리고 그 후의 쇼사이는 마사다카와 결별하여 문명개화에 등을 돌리고 유학 탐구에 노력했다. 이러한 자세는 마사다카 등이 민권운동으로 진출하고 오노지촌 주변이 산타마지역 민권운동의 중심지가 되어서도 변하지 않았으며, 연설회나 간친회 등에서 기염을 토하는 사람들을 "또한 놀라도다. 무턱대고 개화를 칭함을. 반은 민권이고 반은 술 취한 미치광이"라고 야유했다.[18]

쇼사이, 마사다카, 혼다 등은 메이지의 국가체제에 안이하게 포섭되어 간 인간들은 아니었다. 처음에는 민부성에 출사하면서도 끝내 귀향하여 나중에는 마사다카와도 결별하고 문명개화의 세간에 등을 돌린 채 생을 마감한 쇼사이, 자유민권운동의 빛나는 지도자이며 정치가로서도 이름을 떨치기는 했지만 가산을 탕진하고 불우한 만년을 보낸 마사다카, 민권운동에 좌절하여 전국을 방랑하다가 서예가로서 은둔생활을 보낸 혼다. 그들은 모두가 새로운 시대에 적극적으로 가담하다가 어딘가에서 좌절을 맛보았으며, 쇼사이와 혼다에게는 고고한 은둔의 자세가 역력하다. 이러한 관점에서 다시 보면 그들이 역적의 오명을 입은 곤도와 히지가타를 기리기 위해 노력했던 점은 인상 깊은 부분이다. 여기서는 곤도를 애도하는 혼다의 시를 한 수 들어보기로 하자.

「過近藤勇墓　곤도 이사무의 무덤을 지나며」

來弔忠魂大澤陬　오사와촌에 와서 곤도의 충혼을 애도하니

草繁樹茂自深幽　풀은 무성하고 나무는 우거져 절로 심유한데

墓前独立吟遺句　무덤 앞에 홀로 서서 곤도가 남긴 시구를 음미하노라니

不覚潜々洟更流　나도 모르는 사이에 눈물이 흘러 멈추지 않는구나[19]

다른 시에서도 혼다는 곤도는 절개를 잘 지켰다, "세상에 자네를 모르는 자는 없다", 구스노기 마사시게楠木正成 다음에는 "실로 황국의 제1인"이라는 최대의 찬사를 바치고 곤도는 문무를 겸비한 충의의 지사였다고 했다. 1896년에는 곤도의 머리를 묻은 묘를 교토에서 발견했다고 한다.

이상에서 든 세 가지 사례는 각각 이질적인 것이지만 지역에서의 긴장을 잉태한 대항관계 속에서 천황과 국가의 권위가 수용되어 가는 사정을 잘 말해주고 있다고 할 수 있을 것이다. 곤민당이나 마루야마교에 대항하여 지역 질서를 확립하기 위해서(후루하시 데루노리 등), 지치부사건과 같은 '폭도'의 출현에 경악하면서도 신도가로서 지역 지도자가 되어가는 입장에서(다나카 지야), 민속적인 것을 억압하여 지역사회의 문명화를 추진하는 지방명망가로서(쇼사이, 마사다카), 그들은 제각기 천황제와 국가를 권위 중추로 수용하고 거기에 의거했다. 그러나 그것이 종종 깊은 내면적 갈등과 상흔을 수반했다는 것을 사토 기요오미, 고지마 쇼사이, 이시자카 마사다카, 혼다 등의 궤적이 말해주고 있다. 산타마지역에 한정해서 보더라도, 이로가와 다이기치色川大吉의 『신편 메이지정신사』20에 의해 알려진 지바 다쿠사부로千葉卓三郎, 스나가 렌조須長連造, 오야 마사오大矢正夫, 이시자카 마사쓰구石坂公歴, 그의 여동생 미나, 기타무라 도고쿠北村透谷 등을 함께 보면 메이지의 국가체제에 포섭되면서도 일탈하지 않을 수 없었던 인간들의 울분은 한층 명백히 드러난다. 그럼에도 이들 또한 근대적인 국민국가로서 통합을 실현해 가는 천황제 국가의 틀에서 전적으로 일탈하기는 어려웠으며, 이러한 인간들의 마음속에 남은 상흔은 부국강병의 성공담에 파묻혀 역사의 어둠 속으로 사라져갔다.

2. '민권=국권'형 내셔널리즘

다케코시 요사무로竹越与三郎는 『신일본사』(1892)에서 메이지유신을 '난세적 혁명'이라고 규정했다. 국가의 대혁명에는 세 가지 종류가 있는데, 하나는 과거에 낙원을 추구하는 복고적 혁명, 또 하나는 미래에 광명을 두고 '이상적인 아름다운 국가'를 표방하는 '이상적' 혁명, 나머지 하나가 '난세적 혁명'이다. '난세적 혁명'은 오늘날 말하는 아나키즘에 의한 혁명이 아니라, 과거와 미래에 변혁의 이념상을 가지지 못한 채 "단지 현재 사회에 대한 불만으로 축적된 고통을 견디지 못하고 발산한" 혁명을 말하며, 그것이 혁명인 까닭은 "민권 세력"의 발전에 지탱되어 그 역사의 무대 위에 등장함으로서 실현되었다는 점에 있다. 에도시대에는 "오늘날의 의미에서 말하는 민권이라는 사상은 추호도 발견할 수 없지만", 그럼에도 불구하고 실제로는 "민권 세력은 또한 후회하지 않는 발달을 이루려" 하고 있었던 것이며, 그 주역은 주로 촌장 층이었다. 다케코시는 그 사례로 특히 사쿠라 소고로佐倉宗五郎와 몬주 구스케文珠九助와 같은 봉기 지도자를 들고 "혹자는 말할 것이다. 민주적 운동은 앵글로색슨 인종의 역사일 뿐이다. 이를 가지고 우리 인민의 역사를 해석해서는 안 된다고. 그러나 우리 역사에서 민주적 분자를 배제하는 것만큼 커다란 오류는 없다"고 강조하고 있다.

이와 같이 다케코시에 의하면 메이지유신은 명확한 이념을 결여했다고는 하지만 민주혁명인 것이며, 미토학이나 히라타학과 근왕의 정신으로 메이지유신을 설명하려는 것은 "반딧불을 보고 성광聖光이라고 하는 것일 뿐"으로, 근왕론에 비하면 맹자의 '혁명'설이나 양명학이 훨씬 이 혁명에 도움이 되었던 것이다. 그러나 그럼에도 절박한 대외관계와 막부에 대한 원망과

의혹, 그리고 처음부터 민주혁명에 적합한 이념상이 결여된 점들과 맞물려 민주혁명의 제반 요소가 국체나 근왕으로 수렴되었다고 보는 것이 다케코시의 독자적인 유신혁명론이다. 이렇게 해서 "난세적 혁명을 양성하는 모든 원소는 '국체'라는 거대한 관념 앞에 용해되어 그 활력을 불어넣고 국체로 집약"되었으며, "근왕은 대혁명의 원인이 아니라 오히려 국민의 활력인 대혁명에서 유출된 결과"였다. 그리고 메이지유신 당초에는 아직도 강자·승자의 입장을 표현하고 있던 '황위'는, 메이지유신이 원래 민주혁명이었던 유래에 어울리게 점차 약자와 소수자의 입장도 수용하여 "단연코 중립의 지위"가 되고, "국가의 가장 공적이고 가장 지혜로우며 가장 맑은 사상을 대표하기에 이르렀다"고 한다.

왕정복고 직후에 신정부의 종교정책을 담당한 쓰와노번 그룹이 천황은 하늘과 일체로서 천황만이 "천의를 받을 수" 있으며, 그것은 또한 "국민의 공의公議를 다하는" 것과 동일한 것으로, 여기에 유일한 공적인 정통성이 있다고 주장한 것은 이미 설명했다. 이러한 신도설의 입장에 의한 천황 권위의 절대성과 공의공론과의 결합을 서구 근대사상과 자유민권운동, 그리고 1890년대 전후의 국민주의를 바탕으로 하여 강조점을 자유민권운동에 옮겨두고 다시 파악해 보면 위에서 말한 다케코시의 주장이 되지 않을까. 천황이라는 "가장 공적이며 가장 지혜롭고 가장 맑은" 권위 중추를 매개로 실현되는 민주혁명(!!). 이러한 정치이념은 천황 권위가 차질을 겪은 후에 성립된 사회에서 사는 것이 익숙해진 오늘날 우리에게는 기이하게 보이지만, 메이지의 일본사회에서는 오히려 통념적인 것이 아니었을까.

잘 알려진 바와 같이 「민선의원설립건백서」는 "신臣들이 엎드려 지금의 정권이 돌아가는 바를 살피건대, 위로는 제실에 있지 아니하고, 아래로는 인민에게 있지 아니하며 오로지 홀로 소수의 관료에 있다"고 시작하고 있듯이, 관료전제에 대한 공격을 집중하여 천황의 권위를 옹호하고 있으며, 그 말미에도 "국회를 세워 천하의 공론을 신장하고 인민의 권리를 세워 천하의 원기를 고무하며, 이로써 상하 친목하고 군신 간에 서로 사랑하며, 우리 제국을 유지하고 발전시켜 행복과 안전을 지키고자 한다. 부디 이를 선택하시기를 바란다"고 맺고 있다. 여기서 말하고 있듯이 민선의원이라는 제도는 인간들의 능동성을 바탕으로 실현되는 국민국가 수립을 위한 문명적인 방책으로서 개명파 정부 관료나 메이로쿠사明六社그룹*이 중시하고 있던 것이며, 사족적인 반대세력이나 신도파들조차도 공공연하게는 반대할 수 없는 것이었다. 「민선의원설립건백서」를 제출한 후의 논쟁이 민선의원 설립 그 자체에 관해서가 아니라 시기상조의 여부를 둘러싸고 전개되었던 것은 그 때문이며, 민권론은 일반적으로 메이지 국가가 내세운 정통성 원리의 공론적인 측면을 발전시킨 것으로 그 근거가 부여되고 있었다.

실제로 민권파 가운데는 문명사적인 진화사상의 입장에서 공화제가 훨씬 도리에 맞는 훌륭한 정치체제라고 보는 자도 있었지만, 그것은 대체로 일본의 현실과는 구별된 추상 이론에 머물렀으며, 그런 점에서는 가토 히로유키加藤弘之나 니시무라 시게키西村茂樹와 같은 메이로쿠사 그룹이 선구자였다.[21] 민권파의 기본사상은 민권의 발전이야말로 국권의 발전을 지탱한다는 '민권=국권'형 내셔널리즘이며, 그것이야말로 왕정복고의 선언과 5개조 서문에 표명되고 있는 천황의 뜻이라고 보았다. 그런 의미에서 민권파는 메이지유신과 메이지 국가의 정통성 원리의 연장선상에 있는 반대파이며, 자신들이야말로 공적인 정의를 대표하는 참된 정통설이라고 믿고 있었기에 과감

---

* 메이지 6년에 설립된 계몽주의 단체.

한 지사로서 활약할 수 있었던 것이다.

예를 들면 1882년에 이타가키 다이스케板垣退助가 「자유당의 존왕론」이라는 논설에서 "고금으로 존왕가가 많다고 하지만 우리 자유당과 같은 자는 없다"[22]고 한 것은 자유당은 국체를 파괴하는 무리라고 비난한 데 대한 변명의 의미도 있었지만, 더 많은 부분은 그의 본심이었을 것이다. 민권파가 천황의 권위에 의거하고 있었던 점은 건백서 등을 통해서도 확인할 수 있다. 그 대부분의 건백서는 5개조 서문과 1875년의 점차입헌정체 수립의 조칙, 그리고 1881년의 국회개설에 관한 조칙을 들어 국회개설은 천황의 의사라는 점을 강조하고, 그것을 가로막는 것은 전제정부의 수뇌라고 보는 경우가 많았다. 또한 왕정복고 직후에는 공의여론이 중시되어 민권을 존중하는 방향으로 크게 진전했는데, 1874~75년을 경계로 전제적인 성격이 강해졌다고 보고 왕정복고 직후에 개혁의 연장선상에서 민권파의 주장을 자리매김하는 경우도 있다. 천황의 의사나 권위와 관료 전제를 구별하여 후자에 공격을 집중하면 천황 숭배는 한층 더 강해지게 되는 것이다.

더구나 민권파의 대부분은 민권의 발전에 의해 비로소 황실의 안태를 가져올 수 있다는 입장을 취하고 있으며, 영국 혁명, 프랑스혁명, 러시아 허무당에 의한 알렉산더 2세의 암살 등을 염두에 두고 국왕의 처형이나 암살과 같은 잔학행위와 사회적 혼란을 미연에 방지하고 공화정치의 도래를 피하기 위해서라도 민권의 신장과 국회개설이 필요하다고 믿고 있었다. 예를 들면 『애국신지愛國新誌』의 논설 「입헌정체변」이 영국의 혁명, 미국의 독립혁명, 프랑스 혁명 등을 하나하나 들면서 "이와 같이 되면 곧 공화정치가 발생하는 경우가 많으며 전제가 심해지는 것을 알아야 한다. 국가로 하여금 공화정치에 이르게 하려는 자, 어찌 살펴보지 않을 것인가"하고, 알렉산더 2세의 암살

소식을 접했을 때도 암살자가 누구든 간에 그것은 결국 "전제의 폐해"에 다름 아니며, "가히 우려하고 가히 경계해야 한다. 또한 살펴보아야 한다"[23]라고 논한 것은 위와 같은 입장의 한 예에 지나지 않는다.

바바 다쓰이馬場辰猪의 논설 「내란의 폐해는 혁명가의 과오에 있지 않다」[24]의 경우에도 가혹한 압정을 행하면 그 반동으로 '참담한 혁명'이 발생한다고 하여 프랑스와 러시아의 예를 들고 있는데, 그것은 결국 "인민으로 하여금 평화수단의 개혁으로 향하는 희망을 저버리지 말고, 군주로 하여금 루이와 같은 화를 입는 일이 없도록 해야 한다. 이는 내가 바라 마지않는 바다"라고 하는 결론으로 이어지는 것이었다. 프랑스 혁명을 증거로 제시하여 전개된 나카에 조민中江兆民의 주장도 마찬가지로, "세상의 제왕·재상이 만약 공화의 설, 전복론이 그 나라에 발생하는 일이 없기 바란다면 단지 한 가지 방책이 있을 뿐이다 …… 그 백성을 무시하지 않을 것이며 반드시 그들로 하여금 인간의 권리를 신장할 수 있도록 하는 것일 뿐"[25]이라고 말하고 있다. 조민의 프랑스혁명 평가에 관해서 상세하게 논한 이다 신야井田進也는 "즉 조민의 혁명 평가는 이념상으로는 정正, 실제로는 부負로 명확하게 양분되고 있다"[26](강조는 이다)고 지적하고, 조민이 피비린내 나는 혁명 과정에 강한 혐오감을 품고 있었다는 것을 밝히고 있는데, 위의 인용문도 그런 입장의 표현으로서 민권 존중에 의해 비로소 혁명의 참극과 화란을 미연에 방지할 수 있다고 보는 것이다.

실력 봉기를 계획한 급진파의 경우에는 어떨까? 자유당 급진파의 지도자로서 알려진 오이 겐타로大井憲太郞도 이러한 조민의 입장과는 거의 구별하기 어려운 생각을 가지고 있었던 점에 관해서는 마키하라 노리오牧原憲夫가 다음과 같이 요약하고 있다.

흔히 오이는 '프랑스파 정치가'이며, '프랑스혁명을 세계 최대의 업적'이라고 간주한 것으로 알려져 있지만 그렇지 않다. 그는 일관해서 "프랑스의 악습을 우리나라에 전염시키면 실로 불행 …… 국가인민의 피해와 우환이 이보다 더 큰 것이 없다"고 생각하고, "다행히 인민의 반항을 격화시키지 않고" 그친 영국의 '인민통치방법'을 배워야 한다고 했다.[27]

여기서 마키하라는 오이를 "체제 내적인 계몽사상가"로 규정한 것인데, 전제정부를 전복하기 위해 봉기를 계획한 격화사건(지치부사건은 별도로 하고)들도 이러한 시각에서는 아마도 모두가 체제 내적인 사상에 의거한 운동이었다고 볼 수 있을 것이다. 예를 들면 고노 히로미河野広躰는 러시아 나로드니키에 뜨거운 열정을 품은 가장 급진적인 활동가의 한 사람으로 가바산加波山사건*에 참가했지만, 그 기본적인 입장은 "황실을 강화하고 국체를 견고히 하여 이로써 세계 문명 각국과 나란히 서기 위해서는 입헌정체를 두고 달리 아무것도 없다"는 것이었으며, 그것은 또한 "영국과 프랑스나 미국과 같이 참담하고 과격한 혁명을 양성하는 원인은 대부분 치자가 정치를 그르쳐 인민을 억압하는데서 생긴 결과"라는 인식과 결부하고 있으며, 그러한 결과를 가져올 수 있는 '간신속리奸臣俗吏'를 폭탄으로 주살하려 한 것이었다.[28]

그러나 연설회가 탄압되고 민권파와 권력과의 대결이 긴장을 더하게 되면 급진적인 민권파 청년 가운데는 지도자들의 질서관을 넘어서 반역의 정신을 키우는 자가 속출하며, 천황에게 비판의 화살을 겨누는 자도 출현했다. 그 당시 민권파 청년들이 즐겨 부른 한시의 한 구절에,

* 자유민권운동기 격화사건의 하나로 1884년 자유당 급진파가 이바라기현의 가바산에서 거병한 사건. 봉기한 16명 가운데 7명이 사형되고 7명이 무기징역형을 받았다.

王侯將相彼何者　왕후장상이 그 누구인가

天資自由與此生　하늘로부터 자유와 생을 받아

一刀兩斷君主首　한칼에 군주의 목을 잘라내니

天日光寒巴里城　차가운 파리성에 태양이 비친다

라는 노래가 있으며, 미야자키 무류宮崎夢柳의 『프랑스혁명기·자유의 개가凱歌』 등의 정치소설도 프랑스혁명에 대한 로망적인 경도를 보이고 있었다. 이러한 분위기 속에서 활발하게 전개되었던 연설회에서는 천황에 관한 불경사건이 속출했다. 예를 들면 1881년 10월 8일 시즈오카현静岡県에서의 연설회에서 마에지마 도요타로前島豊太郎는

> 원래 천자란 것은 애초에 자기 뜻에 따르지 않는 자를 쓰러트리고 짓밟아 이윽고 이 나라를 자신의 사유물과 같이 만든 자이다. 따라서 이를 한마디로 말하자면 도적 중에서도 일등인 자다 …… 대체로 천자의 성립이라는 것은 저 하치스가 고로쿠(蜂須賀小六)*의 성립과 전혀 다르지 않다…….[29]

라고 말하여 처벌을 받았다. 1882년 3월의 이가국伊賀国 우에노에서의 오니와 세이쇼大庭成章의 연설도 진무 천황이 중국에서 건너와 우리나라를 정복하고 제위에 올라 계통을 만세에 이르게 했다. 따라서 진무 천황은 우리나라를 뺏은 '대도적'이며, "그 자손은 곧 그 도적의 후손으로서 오늘날 금상황제와 같은 자도 역시 우리나라의 도적이라고 해야 할 것"이라고 말했다고 한다.[30] 미시마三島 현령과의 대결이 심화되고 있던 1882년 후쿠시마현福島県의 연설

---

* 하치스가 마사가쓰(蜂須賀正勝, 1526~1586)의 어릴적 이름. 도요토미 히데요시의 신하로서 활약하여 공을 세우고 영주의 지위까지 올랐으나 흔히 산적 출신이라고 전해진다.

에서도 인간은 원래 '동등동권'인데, "황제라든가 왕이라든가 하는 악인에게 높은 지위를 내리고 함부로 권위를 부여하여 그 제왕이 무한한 권위를 휘두르며 하민을 소나 말과 같이 부린다"고 하면서 이러한 '관습'을 타파하라고 주장하다가 연설회가 중지 해산되었다.[31] 고치현高知県의 민권가 사카자키 사칸坂崎斌의 경우에는 민권 강담 석상에서 "천자는 인민으로부터 세금을 거두어 홀로 안좌한다. 세금을 거두어 상좌에 앉아있는 것은 천자와 나 두 사람이다"라고 하는 해학적인 발언으로 불경죄 처벌을 받았다. 1882년 5월 구마모토의 연설회에서도 급진파 변사가,

> 모밀에는 세 개의 뿔(三角=미카도: 역자)이 있다. 처음에는 먹는 음식이 아니다. 이것을 맷돌에 갈면 비로소 백분이 되고 인간이 먹을 수 있게 되며 자양분이 된다. 세 개의 뿔을 갈지 않으면 인간의 음식물이 될 수 없다. 세 개의 뿔은 곧 미카도(帝=천황: 역자)와 같다. 이것을 분쇄하지 않으면 자유 권리를 신장할 수 없다 운운. 또한 진무 천황은 중국에서 건너와 일본국을 훔친 자라고 한다.[32]

라고 발언하여 현장에서 체포되었다고 한다. 또한 천황제 비판과는 다른 차원이기는 하지만 오사카사건의 지도자 이나가키 시메스稲垣示와 같이 "일본 정부의 관하에서 살고 싶지 않다"고 하여 "일본 정부 탈관 신청"을 제출하는 인물이 출현하거나, "저 대의나 입헌이라는 것도 또한 제각기 압제간섭을 하기 위한 것이므로 나는 오히려 무정부를 희망하는 바다"라고 한 인물도 있었다.[33]

이미 지적했듯이 대다수 민권파의 정치사상은 추상이론은 별도로 하더라도 현실적인 정치목표로서는 현존하는 천황제를 전제로 한 입헌군주제에서 벗어나는 것이 아니었다. 그러나 정부의 노골적인 탄압책이 강화되자 지

사적인 활동가 가운데는 '민권=국권'형 내셔널리즘의 틀을 박차고 나와 사회체제의 주변부를 살아가는 경계인이나 일탈자가 속출하게 된다. 집회조례나 형법의 불경죄와 국사범 조항 등에서 그들의 활동은 엄격하게 규제되고 있었기 때문에 천황제 그 자체에 대한 비판이 체계적으로 전개되는 일은 없었지만 민권이론을 파고 들어가면 천황의 권위를 전제로 할 필요성은 전혀 없었으며, 프랑스혁명이나 러시아 황제암살사건은 그들을 격려했다. 게다가 위에서 설명한 마에지마나 오니와와 같은 권력관은 예를 들면 "나라를 잡아먹으려고 꾀하여 따르지 않는 자를 역적이라 불러 천시하고 증오하며, 나라를 얻은 자를 성인이라 하여 존경한다"[34]고 하는 모토오리 노리나가의 유교 비판의 권력론을 천황에게도 적용한 것으로 냉정한 리얼리티가 있다고도 말할 수 있다. "세금을 거두고 상좌에 앉아 있는 것은"이라는 사카자키의 발언에는 서민의 해학적인 권력관이 내포되어 있어 청중들에게도 호응이 높았음에 틀림이 없다. 구마모토의 연설회와 같은 통속적인 비유 속에도 정통성 원리의 틀에서 일탈한 자들에게 파고드는 자유로운 비판정신이 있었다.

그러나 이상의 사례와 같은 입장은 민권운동 전체 속에서 커다란 흐름이 되지 못했다. 결국 민권파의 대부분은 천황 숭배와 결합한 '민권=국권'형 내셔널리즘의 틀 속에 있었다고 생각할 수밖에 없다. 이타가키는 물론이고 바바, 나카에, 오이와 같은 좌파 지도자들조차도 프랑스혁명이나 러시아 허무당의 전철을 밟는 것을 우려하여 황실을 안태하게 지키기 위해서는 민권을 발전시켜야 한다고 주장한 것은 앞서 설명했다. 격화사건과 여기에 연루된 급진파도 넓은 시야에서는 메이지 일본의 정통성 원리에서 크게 벗어나지 않고 있으며, 기성의 정통성 원리 속에서 공적인 정의를 끌어내어 이를 강조함으로서 급진적인 방향으로 나간 것이라고 말할 수 있다.

3. 천황 숭배의 침투도

그렇다면 메이지 초년과 민권운동기의 격동을 헤친 후 천황의 권위는 어느 정도까지, 그리고 어떤 의미에서 민중의 정신 속에 내면화되고 있었던 것일까. 이 문제를 생활자로서의 민중에 입각해서 적절하게 논하는 것은 상당히 어려운 일이지만 나름대로 대략적인 전망을 해보기로 하자.

1890년에 나온 다이가거사大我居士의 『빈천지기한굴탐험기貧天地饑寒窟探險記』에는 도쿄 우에노 반넨초万年町의 여인숙 거리에 사는 '엿장수'에 관한 정치설화로 다음과 같은 기술이 있다.

> 우리는 조정이 안온한 덕분에 살아갈 수 있는 것이다. 부모는 우리 위에 있으며, 조정은 또한 부모 위에 있다. 조정은 선한 일도 하지 않고 그렇다고 나쁜 일도 하지 않는다. 황공하게도 말하자면 백성도 마찬가지다. 오늘날 정치가 자주 변하는 것은 모두 측근에 있는 관리들의 짓이다.[35]

다이가거사는 "입헌정체의 격언도 대부분은 이 엿장수의 정치설화를 넘어서지 않는 재미"라고 비평하고 있는데, 이러한 풍자적인 천황관은 아마도 서민의 리얼리즘에 속하는 것으로 왕정복고 직후의 그림에서 볼 수 있는 천황관과도 유사하다. 예를 들면 「유아놀이 아이를 잡자 아이를 잡자」라는 제목의 그림에서 천황은 누나로 보이는 여성의 등에 업힌 어린아이로 그려져 있으며, 그 주변에 개구쟁이 수행승 차림의 사쓰마·막부 등이 쟁탈전을 벌이는 술래잡기로 비유해서 묘사되고 있다. 또한 「공금징수집회」라는 제목의 그림에서는 천황이 소년법사로 묘사되고 있으며, "나는 전혀 아무것도 모르니까 당신들이 마음대로 해라"라고 말하고 있는데, 그 앞에는 완고한 대금업자 차림의 영감들이 대금 징수를 상담하는 구도로 그려져 있다.

위의 사례에서 엿장수는 호언장담하는 버릇이 있는 빈민굴의 기인이며, 왕정복고 직후의 그림에는 유신정권의 성립을 이면에서 본 지적인 냉소가 있을 것이다. 같은 해의 좌막파적인 낙서에 "가혹한 법, 금기칙명환錦旗勅命丸. 이것은 인륜의 도를 상실하고 세상을 어지럽게 하는 묘약"이라는 제목으로 약의 광고를 빙자한 희문이 있는데, 이것이 앞에서 예를 든 '일동가전칙명환日東家傳勅命丸' 사건의 모델이 되었다고 한다.[36] 이러한 사례를 함께 생각해 보면 위의 그림도 좌막파의 작품일 가능성이 있으며, 이러한 희문이나 희평에는 오랜 전통이 있었다. 또한 메이지 정권의 지배자들을 찬탈자로 보고 심기가 불편한 사람들이 에도나 동일본 지역에 광범위하게 존재하고 있었던 것은 당연한 일이다. 예를 들면 우부가타 도시로生方敏郎도 그가 태어난 군마현群馬県 누마다沼田에서는 메이지 중기까지도 메이지 정부를 신뢰하지 않고 있었으며, "노인들은 메이지유신을 오로지 삿초 무사들이 기도한 혁명이라고만 생각했다"[37]고 한다. 이는 누마다라는 지방의 특성과 "정치에 미친" 백부가 있었다는 우부가타의 경력을 생각해 보면 쉽게 이해할 수 있는 일이다. 그렇지만 그래도 이러한 사례는 어느 정도 정치와 사회에 관심을 가진 사람들의 경우이며, 일반 민중의 의식에서 보면 약간의 주저가 있었을 것이다.

민중의식과 국가와의 관계를 생각할 때 축제일을 둘러싼 문제는 하나의 초점이 된다. 민속명절과 같은 민간의 축제와 국가가 정한 축제일이 대항관계에 있었다는 점은 이미 지적했지만, 메이지 중기 이후의 학교행사에서 이 부분은 특히 중요한 의미를 가지고 있었다. 이 점에 관해서는 야마모토 노부요시山本信良·이마노 도시히코今野敏彦에 의한 상세한 검토가 있다. 이들의 연구에 의하면 1891년에 소학교에 관한 '축제일의식규정'이 제정되어 '어진영御真影의 배하拜賀' '교육칙어봉독' '교육칙어에 관한 설명과 연설' '창가' 등으로 이루어진 의식 내용이 정해지고 의식 후에 거행되는 유희체조, 학사관계의 관리와 부모의 참가 장려, 다과나 국체관을 표현하는 회화의 배포 등과 함께 학교 행사를 통한 천황제 이데올로기의 적극적인 침투를 꾀하고 있었다고 한다. 이러한 의식에 대한 부모들의 반응은 호의적이었다고 보고되는 사례가 많다. 그러나 또한 학부형의 감정이 냉담하여 전통적인 축일과는 너무 다르다든가, "대제축일 당일에 국기를 게양하고 폐하의 만세를 축하하는 자는 촌장 및 두세 명의 촌회 의원 댁과 학교 문 앞에 지나지 않는다"라는 경우도 있으며,[38] 학교제도를 통한 강제와 민중의식과의 사이에 커다란 거리가 있었다는 것을 알 수 있다. 1893년 도쿠토미 소호德富蘇峰는 아타미소학교熱海小学校 3학년의 수신과 수업을 참관했는데, 그 수업 풍경은 천황 숭배를 강요하려는 교사와 어린이가 모두 고심참담하는 기이한 광경이었다. 소호는 이를 보고 "어른의 관념을 가지고 억지로 어린이에게 강요해서 생각지도 못하고 이해도 못하는 말을 앵무새처럼 반복시켜 이것으로 교육의 효과를 올린다고 생각하는 것과 같은 것은 바보 중에 바보"라고 매도하였다.[39]

그럼에도 불구하고 학교 교육과 청년단·재향군인회 등을 통해서 천황 숭배와 국체관념은 점차 깊숙이 국민의식 속에 파고들어가게 되며, 근대화 과정의 성과는 천황의 권위와 결부되어 국민의 통념적인 부분을 형성하게 되었을 것이다. 그러한 사정을 전해주는 사례로 전국을 여행한 방랑자 사콘 구마타左近熊太의 증언을 들어보기로 하자.

사콘은 미야모토 쓰네이치宮本常一의 『구사담舊事談』에서 고향 생활을 되돌아보면서 막말부터 1877년경까지는 도둑이나 도박꾼이 많았으며, 마을에서 야경을 했던 일, 옛날에는 낙태나 내연의 자식이 많았으며 주재소가 생기자 오로지 낙태와 도박을 단속했던 일, 굶어 죽는 사람이 많았던 일, 그리고 구황식물을 먹거나 등나무로 엮은 옷을 입었던 생활에서 조금은 쌀을 먹고 목면으로 만든 옷을 입을 수 있게 된 생활의 변화를 들면서,

> 실로 황송한 일은 나는 어떤 일을 해도 곧바로 자는 일이 없다. 천황님과 여러 신들에게 참배를 한 후에 잠자리에 들기로 하고 있다. 이런 시대가 된 것도 모두가 천황님의 덕분이다.[40]

라고 말하고 있다. 또한 지역에서의 '에타'에 대한 차별에 관해서 "나라 안에 이런 구별이 있어서는 안 된다. 모두 천자님을 섬기기 때문이다. 과연 메이지 천황님은 훌륭하다. 이것을 폐하셨다. 그 때 ○○는 모두 기뻐했던 것이다. 나는 그때 피차별민들이 모여 사는 곳에 가 있어서 당시의 상황을 잘 알고 있는데, 그들은 정말 모두 기뻐했다. 그래서 모두들 집에 천황님의 사진을 모시고 있었다"[41]고 한다. 미야모토가 사콘으로부터 청취를 시작한 것은 1934년 이후의 일이기 때문에 여기에는 근대화 과정의 성과가 크게 반영되고 있지만, 근대화 과정 전체를 천황의 권위와 결부시켜 긍정적으로 받아들이는 견해에는 서민의 생활사상에 상당히 가까운 천황관의 증언이 있다고 할 수 있을 것이다.

그러나 이러한 증언이 일반 민중의 천황관을 대변한다고 보기에는 의문이 있으며, 잠시 유보해둘 필요가 있을 것이다. 왜냐하면 사콘은 일개의 서민이라고는 하지만 전국을 여행하는 '방랑자'로서 비평적인 안목을 가진 인물이며, 위와 같은 천황관은 그런 사람들에 의해 정리된 것이지 일반민중의

일상적인 사회의식을 표현한 것으로 보기는 어렵기 때문이다.

1937년에 야나기타 구니오가 편찬한 『산촌생활의 연구』에는 도야마현富山県 가미다이라촌上平村에 있는 27, 8세의 '완고한 남자'에 관한 이야기가 소개되고 있다. 그 '완고한 남자'는 평소에는 사양해서 말을 잘 안하지만 간혹 입을 열면 "묘한 수수께끼 같은 말을 하는" 인물인데, "일찍이 도쿄 내무성 앞으로 편지를 보내 경찰의 요주의 인물이 되었다. 그 편지에는 뱀을 그린 부적을 모시면 뱀이 촌충이 되어 몸 안을 어지럽히기 때문에 모시지 않도록 하라, 메이지 천황의 사진을 둘둘 말면 천황이 괴롭게 되기 때문에 말지 않도록 하기 바란다는 등의 내용이 있었다. 동네 청년들은 그를 상대하지 않지만 노인들은 이 사람의 말을 고맙게 생각하고 있다"[42]고 소개하고 있다. 또한 오카야마현岡山県에서 고다이고신사를 관리하는 집안의 젊은 주인이 산 속에서 벌목을 하다가 전신 타박상에 얼굴이 붓고 귀가 머는 큰 부상을 입었는데, "평소부터 신체가 약한 약간 별난 사람이라 하지만, 내가 이 사람을 만났을 때 그는 상당히 빠른 말로 열심히 자기가 부상만 입고 생명을 건진 것은 고다이고신사의 신령님이 도우신 덕분이라고 주장했다"[43]고 한다. 『산촌생활의 연구』에는 민중의식에 관해서 무수하게 많은 데이터가 각지에서 수집되고 있는데, 위의 두 가지 사례는 천황제와 관련 있는 드문 사례다. 촌락지도층은 별도로 하더라도, 촌락 생활 속에서 천황에게 적극적인 관심을 가지고 있는 것은 일반 민중이라기보다는 주연적인 기인이라는 것을 상징적으로 말해주는 것이라고 할 수 있을 것이다. 이러한 기이한 괴짜의 극한에 금박과 은박의 훈장으로 장식한 '대예복'을 입고 '칙어'를 발하여 신문을 요란스럽게 한 아시하라葦原 장군*이 있다고 할 수도 있을 것이다.[44]

---

* 본명은 아시하라 긴지로(葦原金次郎, 1852~1937). 아시하라 장군, 또는 아시하라 천황으로 불리면서 대중의 인기가 있었다. 24세경에 과대망상증이 발병하여 정신병원에 입원, 원인은

촌락에 사는 사람들의 생활의식을 생생하게 그려낸 기다 미노루는 촌락에는 나름대로의 규율이 있으며 그것은 칼싸움을 하지 마라, 타인의 집을 태우지 마라, 도둑질을 하지마라, "마을의 수치를 밖에 알리지 마라"라고 하는 네 가지가 있다고 한다. 처음의 세 가지는 자명한 법 3장이지만, 기다는 네 번째의 "정확한 표현은 경찰에 밀고하지 마라"라는 의미이며, 경찰에게 가서 호소했다가 '무라하치부'*가 된 사례를 들고 있다. 네 번째가 중요한 것은 "국가 정의의 말단을 대표하는 경찰이 범죄로 보는 것은 마을이 범죄로 지목하는 앞의 3장 이외에도 많으며, 그러한 것들을 부락에서는 범죄로 생각하지 않고 있기 때문"이라고 한다.[45] 기다는 촌락에는 촌락의 논리가 있으며, 그것은 도회지 지식인에게는 거의 이해되지 않고 있지만 나름대로 도리에 따른 것으로 고유한 의미에서 민주적이기도 하다는 것을 강조하고 있는데, 이러한 마을의 입장에서는 천황의 권위는 거의 수용되지 않았을 것이며 설령 받아들여졌다고 하더라도 거의 표면적인 것에 지나지 않는 결과가 되었을 것이다.

여기서는 시점을 바꾸어 천황 숭배의 침투도에 대한 두 가지의 대조적인 견해를 들어보기로 하자.

마루야마 마사오의 『일본의 사상』은 "'국체'에 있어서 신민의 무한책임"을 논할 때, 과거 도쿄제국대학에서 교편을 잡고 있던 E. 레데라Emile Lederer의 일본에 관한 두 가지 인상을 들고 있다. 그 하나는 1923년의 도라노몬虎ノ門사건**에서 책임을 지는 방식의 문제다. 즉 내각의 총사직, 경찰총감부터 연도

천황에 대한 직소미수사건을 일으켰기 때문이라고 한다. 수차례 탈주를 반복하여 1885년에 재입원. 러일전쟁 승리와 함께 망상증이 심해져서 언젠가부터 스스로 장군이라 부르게 되었으며 말년에는 천황을 자칭했다.

* 에도시대 이후 촌락에서 행하여진 사적 제재. 촌락의 규약에 따르지 않는 자에 대하여 촌민 전체가 상의하여 그 집과 절교했다.

** 다이쇼시대의 무정부주의자 난바다이스케(難波大助, 1899~1924)가 도라노몬 앞에서 제48회

의 경관에 이르는 경비책임자의 징계면직, 범인 난바 다이스케難波大助 아버지의 폐문칩거, 그의 고향에서 마을 전체가 정월 축제를 폐지하고 '상중'에 들어갔으며, 다이스케를 가르친 소학교 교장과 학급 훈육 담당의 사임에 이르기까지의 "아득히 끝없이 책임을 지는" 비정상적인 방식이다. 또 하나의 사례는 간토대지진으로 발생한 화재에서 천황의 사진을 구하려다가 많은 학교의 교장들이 생명을 잃은 사건에 관한 것으로, '어진영'을 학교에서 떨어진 곳에 두자는 의견도 있었지만 학교장이 타죽는 것보다도 '어진영'이 타는 편이 낫다는 주장은 전혀 제기 되지 않았다는 사실이다.[46] 잘 알려져 있듯이 마루야마는 이러한 사례 속에서 신민의 '무한책임'과 국체의 정신적 내면세계로의 무한침투를 읽어내고 그것을 주체적인 결단의 계기를 결여한 부락공동체와 무한정으로 포옹적인 고유 신앙의 전통과 결부시켜 일본의 정신사적인 전통에 관한 기본적인 특질을 규정해 보였다.

오에 시노부大江志乃夫의 『병사들의 러일전쟁』은 후쿠이현福井県의 어느 산촌에서 발견된 러일전쟁 출정 병사들의 편지 500여 통을 면밀하게 분석한 노작이다. 여기서 오에는 대체로 다음과 같은 결론을 이끌어 내고 있다. ① 병사들의 최대의 관심사는 집을 비운 사이에 가족과 친지나 농사 등에 관한 일이다. ② '신불의 가호'라는 의식이 강하며, 그것은 또한 촌락 공동체의 기도라는 관념과 결합하고 있다. ③ '국가'라는 말은 많이 나오지만 그것은 오늘날 사용하는 용어의 의미와는 분명히 다르며, 다른 지방의 마을이나 마을 사람과 불가분의 관계에서 사용되고 있는 경우도 많다. ④ 천황은 거의 등장하지 않고 있으며, 등장하는 경우에도 중요성이 없다, 또한 야스쿠니신

제국의회 개원식으로 향하는 황태자 히로히토(후일 쇼와 천황)를 저격해서 현행범으로 체포된 암살미수사건. 1924년 11월 13일 사형판결을 받고 15일 형 집행. 지방 의원이었던 난바의 아버지는 사건 당일 야마구치현의회의 의원직을 사직하고 고향으로 내려가 칩거하면서 굶어 죽었다.

사에 관한 표현이 없다. 정리해서 말하자면 일반 병사들의 의식 속에서 천황 숭배나 국가 관념은 거의 의미를 가지지 않고 있었다는 입장이다.

이렇게 해서 마루야마와 오에는 대조적이라고 할 수 있는 서로 다른 견해를 취하고 있는 셈이 되는데, 왜 이러한 입장의 차이가 생기며 또한 어느 편이 올바른 것일까. 나는 이 점을 적절하게 생각하기 위해서는 양자의 분석 대상의 위상이 다르다는 점에 더욱 주의해야 한다고 생각한다. 먼저 마루야마가 논하고 있는 것은 소학교 교장이나 교원, 경관, 난바 다이스케의 아버지와 같이 사회적 지위가 어느 정도 높으며 지역이나 집단에서 일정한 정도의 책임을 지는 지위에 있는 사람이며, 그들이 그러한 공적인 책임을 진다는 사회적 위상이다. 한편 오에가 논하고 있는 것은 원래는 생활자로서 존재하고 있던 출정병사가 같은 생활자로서의 가족이나 친지들에게 보낸 사적인 편지로, 공적인 책임과는 전혀 동떨어진 사회적 위상이 표상되기 쉬울 터이다. 일정 정도 책임을 지는 입장의 사람들은 근대 일본에서는 자신의 정통성의 근거를 천황이나 국가의 권위와 결부시켜 그 권위에 무한책임을 지는 그런 존재로서 자신을 정당화하지만, 생활자로서의 민중은 처음부터 자신의 생활에 대하여 일차적인 책임을 질 수밖에 없는 존재다. 분석대상의 이러한 사회적 위상의 차이에 주목함으로서 일견 대조적으로 보이는 두 가지 견해를 우리는 적절하게 연관과 통일 속에 두고 볼 수 있을 것이다.

생활자로서의 민중에게 천황이나 국가가 존재감이 약하다는 것을 다른 사료를 통해서 보기로 하자.

앞서 예를 든 『산촌생활의 연구』는 다수의 민속학자들의 협력으로 전국의 민속 전승을 수집한 책인데, 그 중에서 앞서 예를 든 것도 포함해서 고다이고신사에 관한 현세이익적인 신앙의 사례가 두 가지 있으며, 지금까지 민속학 측에서는 천황 숭배가 지역의 민속까지 침투하고 있었다는 것을 표현하는 대표적인 사례로 소개되어 왔다. 그러나 이 책을 전체적으로 보면 민속신앙적인 측면이 가장 상세하게 서술되어 있으며, 거의 무수하다고 할 수 있을 정도로 어령신앙이나 이익신앙의 사례가 집약되고 있다. 이에 비하여 고다이고신사의 사례는 두 가지, 그 밖에 천황 숭배에 관한 사례를 더해도 천황제에 직접 관련 있는 사례는 세 가지나 네 가지에 지나지 않는다. 또한 천황제와 관련이 깊은 경우에도 이미 설명했듯이 거의 기이한 사례들이라고 할 수 있다. 따라서 이 책을 전체적으로 볼 때 지역의 민속종교적인 관념과 천황 숭배의 관계가 얼마나 약한가를 입증해주는 것이라고도 할 수 있는 것이다.

최근 출판된 『스에촌의 여자들須恵村の女たち』은 엠브리 부부John F. Embree · Ella Lury에 의한 스에촌의 인류학적인 연구에서 수집된 마을 여성들에 관한 귀중한 기록인데, 조사 시점의 1935~36년은 『산촌생활의 연구』가 간행되던 때와 같은 시기에 해당한다. 이 책에 등장하는 여성들은 생생하고 활동적이며, 성적인 농담이나 웃음이 유별나게 많아 엠브리 부부를 놀라게 한다. 그녀들의 아마테라스 오미카미나 천황에 관한 지식은 애매모호하며, 불경에 가까운 언사를 태연하게 구사하면서도 "순사들에게는 안 들려요" 하면서 밝게 웃는다. 그리고 마을 부인회 회장으로 소학교 교장이 임명된 것에 대한 반발을 "배꼽 아래를 가리키며(성기의 방향—야스마루) 이게 좀 이상하지요. 그렇게 생각 안 해요?"라고 말하기도 한다.[47] 마을 여성들의 세계는 학교 교사의 부인이나 여선생들이 보면 비천하게 보이겠지만, 난잡한 활력에 가득 차 있어서 천황이나 국가의 권위는 쉽게 웃어 날려버리는 것이다.

메이지기의 천황제 이데올로기를 논한 노작 가운데, 캐롤 글럭Carol Gluck은 천황, 충의, 촌락, 가족국가 등의 정통성 관념은 메이지부터 다이쇼에 걸쳐

사회의식 전체 속에서는 그 일부분을 구성하는 데 지나지 않으며, 이러한 정통성 관념과는 전혀 이질적인 제반 요소가 공존하고 있었다는 것을 강조하고 있다. 이질적인 제반 요소란 무엇보다도 경쟁이나 개인적 성공을 말하는데, 또한 수양이나 지적인 탐구 등도 포함되어 있으며, 천황제와 직접적으로 관련 있는 정통성 관념도 사회의 기준이나 개인적 성공 등의 관념과 결합함으로서 비로소 유효성을 발휘했다고 한다. 사람들은 이데올로기적으로는 수동적인 경우에도 사회에는 능동적으로 참가할 수 있는 것이며, 적극적으로 표현된 이데올로기 이외의 요소에 주목하는 것이 중요한 것이다. 그리고 이러한 시각에서 보면 1930년 전후부터의 정세는 정통 이데올로기와 인간들의 경험과의 사이에 균열이 현저해져서 이데올로기를 지나치게 강제하게 되었다는 것을 의미하며, 정통 이데올로기는 이윽고 인간들의 상식을 부정할 정도로 경직되어 파탄에 이르렀다. 이러한 상황을 패전 직후의 경험에서 되돌아보면, 정통 이데올로기가 지나치게 강조되고 있었던 것이며, 1945년의 패전을 경계로 천황제적인 정통성이 하루아침에 소멸해버린 것은 인간들의 경험과 정통성 관념과의 사이에 긴장과 균열이 심화되었다는 것을 뒷받침해주는 사실이다. 이러한 사정으로 인하여 노골적으로 비합리적이며 억압적인 정통성 관념은 패전을 경계로 급속하게 모습을 감추었지만, 사회 전체로서도 개인으로서도 일본인의 경제적 이익이나 진보를 추구하는 태도에는 전전과 전후를 통하여 오히려 커다란 연속성이 보이는 것이다.[48]

이상은 캐롤 글럭의 『근대 일본의 신화Japan's Modern Myths』의 결론 부분을 나름대로 요약해 본 것인데, 천황제 이데올로기의 지배하에서도 성공이나 경제적 이익과 사적인 행복을 추구해 온 일본 민중의 생활의식이 거의 정확하게 파악되고 있다고 할 수 있다. 여기서 생활이라는 개념을 이용해 보면 생활자로서의 민중은 국가의 논리를 받아들임과 동시에 흘려보내고, 생활자로서의 자신의 삶을 대담하게 지켜왔다고 할 수 있지 않을까. 정통성 관념은 생활자의 논리를 받아들일 수 있는 한에서 지배의 그물망을 칠 수가 있지만, 그러나 인간들의 생활 자체는 지배와는 별도의 차원을 구성하고 있으며, 강제력이나 이데올로기로 죄다 지배할 수는 없다. 하지만 그렇다고 해서 천황제의 민중지배가 표면적인 것에 지나지 않았다거나, 무력했다고 하는 것은 이 책의 입장이 아니다. 왜냐 하면 지역사회도 기업도 군대도 기타 어떤 조직도 근대 일본의 거의 모든 집단은 천황이라는 권위를 매개로 하여 스스로를 정당화하는 중간지배자를 두고 존재하고 있으며, 거기서는 종종 마루야마가 말하는 '무한책임'의 원리가 작용하고 있었기 때문이다. 바꾸어 말하자면, 천황에게 권위 중추를 두고 국민국가로서의 통합과 발전을 꾀한다는 지상의 과제에 근대 일본은 전체적으로 포섭되고 있었던 것이며, 생활자로서의 민중도 또한 갖가지 중간지배자 층을 매개로 그러한 과제를 다 하도록 규제되고 있었던 것이다.(**주1**)

주1 생활의 전문가로서의 민중에게는 강인한 자율성이 있지만, 한편으로 국가는 교육·법·의례 등의 차원을 거의 독점하여 사회적 전체성에 관한 제도나 언어와 상징을 조작해서 지배할 수가 있다. 생활자로서의 민중은 자신의 생활이 사회적 전체성에 속하고 있다는 것을 자각적으로 의식할 것 까지도 없이 알고 있기 때문에 사회적 전체성에 관한 언어나 상징조작을 일반적으로는 거부할 수 없는 것이다. 그러나 문제는 근대사회, 특히 일본과 같이 후발형 근대화를 강박적으로 수행하는 사회에서는 여기서 사회적 전체성이라고 부르는 것의 거의 대부분이 국민국가라는 틀을 매개로 존재하고 있으며, 그 이외의 사회적 차원의 자율성이 상실되어 버린다는 점에 있다. 이렇게 해서 근대 일본과 같은 사회에서는 사회적 전체성에 관한 언설이나 상징조작에서 국가가 압도적인 우위를 차지하며, 인간들의 내면성은 이에 저항할 정도의 자율성을 가지기 어렵게 되는 것이다. 이 점에 관해서는 신민교육의 철저나 법제도 등을 상기하면 잘 알 수 있는 일이지만, 여기서는 의례의 역할에 관해서 한마디 언급해 두기로 하자.

천황제 국가는 5개조 서문의 발포식에서 시작하여 즉위례와 다이조사이, 천황 순행과 관병식, 헌법발포식 등과 같이 천황을 정점으로 하는 국가적인 통합을 표현하는 의례를 창출하고, 또한 신사의 제례나 학교행사 등에서 국가적인 의례를 지역에서 수용하는 양식을 만들어 갔다. 이 때, 제왕으로서의 위엄에 가득찬 '어진영'이 갖가지 궁리로 제작되어 천황의 이미지 형성에 활용되거나,[49] 국가적인 행사에 관한 니시키에 · 그림엽서 · 사진 등이 대량으로 만들어지기도 하여 근대적인 커뮤니케이션 수단이 활용되었다. 또한 예를 들면 관병식에서는 방대한 군대 · 군함 · 무기 등이 동원되어 "거대한 스펙터클"이 연출되고, "지금이라도 당장 폭발할 것 같은 위력을 잉태한 경이적인 양의 군사력을 천황의 앞에서 전개하고 이를 천황의 시선에 철저하게 순종하는 대상으로 바꾸어", 그것을 국민 앞에 과시해 보인 것이라는 점도 지적되고 있다.[50]

이러한 의례에는 "국가를 지탱하는 우주론적인 배경의 의례적인 소생"이라는 성격이 있다. 그리고 "의례는 항상 하나의 중심을 만들어 낸다. 중심을 만들어 내는 의례의 성질이 인간의 집단을 끊임없이 '중심화'로 향하게 하고, 중심화에 의한 특수화를 진행시킨다"는 것인데, 이러한 특징은 특히 국가가 행하는 의례에 집약적으로 나타나고 있다.[51] 의례는 육체의 퍼포먼스에 의해 실현되는 상징적인 의미로 공동체에 영향을 미치기 때문에, 그 상징적 의미를 신비하게 만들어 거의 종교적 신앙과 같이 받아들일 수 도 있지만, 의미에 가득 찬 은유나 가벼운 인사 정도로 받아들일 수도 있다. 의례의 이러한 성격은 천황이라는 권위에 관한 애매하고 다의적인 의미부여를 가능하게 함과 동시에, 또 다른 의미부여에서 유일한 중심화를 실현해 가는 것을 가능하게 한다. 의례의 이러한 기능에 주목할 때, 예를 들면 대일본제국헌법의 앞부분의 조항들이나 초등교육의 상황 등을 근거로 천황 권위의 신비성이나 신화성을 일면적으로 강조하는 것은 반드시 옳지 않으며, 이런 견해에 의거하면 권위라는 것이 가지는 다원적인 실태를 간과해버릴 가능성이 있다.

■ ■ 9장

코멘트와 전망

마지막으로 좀 더 넓은 시야에서 이 책의 주요한 논점에 대해서 언급하면서 다소 일반적인 이야기를 해 보기로 하자.

1. 국민국가의 편성 원리에 관하여

근대사회는 이매뉴얼 월러스틴Immanuel Wallerstein이 논했듯이 자본주의적인 생산양식이 지배하는 하나의 '세계시스템'이며, 그것은 또한 국민국가의 일반화라는 형태로 존재한다. 특히 산업혁명을 경과한 후 대체로 200년이 지나지 않는 사이에 지구상의 모든 지역은 국가라는 기이한 존재로 채워져 버렸다. 국가는 국경을 초월하여 드나드는 상품·자본·노동력을 관리하는 권한을 가진다는 점, 자국 내에서 제도적으로 생산관계를 규제할 수 있다는 점, 징세권이나 금융관계를 매개로 하여 자본의 축적과 부의 배분에 관여할 수 있다는 점, 문명이나 전통의 이름으로 노동력의 훈련이나 지배를 정당화할 수 있다는 점 등으로 인하여 근대사회 속에서 특별한 위치와 의미를 가지고 있다. 자본주의적인 생산양식은 이러한 기능의 주요한 부분을 독점할 수 있는 국가를 매개로 하여 국민경제로서 실존하고 있으며, 근대 세계시스템은 이러한 국가들로 구성되는 경쟁의 범위 안에서 전개한다. 근대 일본도 이러한 세계시스템 속에 편입된 국민국가의 한 유형에 다름 아니며, 서구열강의 압력하에서 서구와는 다른 문화적 배경을 바탕으로 급속한 후발형 근대화를 전개했다는 점에 특징이 있다.

근대 천황제는 이러한 국민국가 일본의 형성 과정에 등장한 편성 원리며, 그 성립의 역사를 거슬러 올라가 보면 아직도 유약한 형성도상의 국민국가에서 살아온 인간들의 정신적 드라마를 잘 이해할 수 있다. 그 원리의 중핵에 있는 것은 천황이라는 절대적인 권위를 내세움으로서 안팎에서 밀려오는 위기에 대응하여 권위적인 질서를 유지하면서 근대화=문명화의 과제를 실현해 가는 일이었다. 유교·불교·기독교와 서양의 근대문명은 어느 정도 보편원리를 내세움으로서 세속적 질서를 상대화하고 있으며, 그런 까닭에 이윽고 일본 사회를 카오스에 빠트릴 가능성을 잉태한 것으로 파악되고 있었다. 따라서 이에 대하여 만세일계의 천황제는 세속적 질서의 불변성·절대성을 표상하는 신권적 권위로 제시된 것이었다. 세속적 사회질서의 붕괴를 피하면서 근대화=문명화의 과제를 달성해 간다는 점에 대해서는 메이지 정부의 지도자는 물론이고 신도가나 국학자에서 민간의 저널리즘이나 민권파, 지역사회의 갖가지 차원에서의 지도자 등을 포함하여 넓은 사회적 합의가 있으며, 그 반대편에는 계몽의 대상으로서의 일반 민중이 있었다.

앞뒤를 모두 생략하고 기본적인 입장만을 간단하게 말하자면 이상이 이 책의 주장이다. 이 때 메이지 정부와 종교계의 지도자들이나 개명파 저널리즘과 민권파도 ① 그들이 추진하려 했던 근대화=문명화의 내용에 근대적인 자유나 권리도 반드시 일정한 정도를 내포하고 있었다는 점, ② 근대화=문명화는 보편적인 성격을 가지고 있으며, 그 자체가 진리로 간주되었기 때문에 반론이 불가능하며 민중문화를 비문명, 즉 극복해야 할 우매로 분할하는 경향이 강했다는 점, ③ 천황이야말로 근대화=문명화를 선두에서 추진하는 카리스마적인 지도자로 간주되었다는 점 등에 주의할 필요가 있다.

국민국가는 극히 낡은 것으로 간주되는 전통에 국민적 아이덴티티의 근거를 구하고, 전통의 이름으로 당해 사회를 통합하여 민족적인 활력을 이끌어내려 한다. 이 때 전통이라는 것은 역사를 국민국가의 과제에 맞추어 만들어진 하나의 구축물이지만, 그러나 그 작위성은 거의 무의식중에 은폐되어 역사는 현재를 비추기 위한 거울이 된다. 국민국가를 단위로 근대 세계시스템으로의 참가가 이루어진다는 것은 곧 거기에 적합한 민족적 '전통'이라는 것을 만들어 내는 것을 의미하여, 에릭 홉스봄Eric Hobsbawm이 말하는 '발명된 전통invented tradition'이 여기에 해당한다. '발명된 전통'은 19세기 중엽 이후의 서구에서도 국민국가의 형성에 중요한 역할을 하고 있었으며,[1] 서구 국가들도 이 시대에 들어와 비로소 민속까지도 포섭한 국민국가의 통합을 실현해 나갔다. 근대 천황제는 분명 특이한 통합원리라고 할 수 있지만, 이러한 관점에서 보면 서구와 근대 일본과는 기본적으로 세계사적인 동시대성 속에 있으며, 그 특이성은 근대국민국가의 유형에 관한 문제로 다루어야 할 것이다. **(주1)**

주1 서구와 일본과의 사이에는 다소 차이는 있지만 기본적으로는 병행해서 근대화의 과정을 밟았다는 것이 1880년대 후반부터 1920년대까지의 일본 지식인들이 가진 역사인식이었다. 그러나 강좌파 마르크스주의가 성립한 1930년대부터 일본사회의 후진성과 전근대성이 강조되면서, 이와는 마치 동전의 양면을 이루듯

이 일본 국체의 독자성과 우월성을 강조하는 주장이 제기되었다.

예를 들면『국체의 본의』(1937년)를 보면 메이지유신 이후의 문명화 과정을 평가하는 내용도 있지만 강조하고자 하는 부분은 그것이 아니다. 여기서는 18세기 이래의 계몽사상 · 합리주의 · 실증주의 · 개인주의 등의 서양사상이 갖가지 상극과 동요와 혼란을 가져왔다고 보고, 이러한 상황을 극복하기 위해서는 "우리 국체의 본의를 체득"할 필요가 있다고 주장하고 있다. 그리고 그것은 오직 일본을 위해서가 아니라 문명사적으로 막다른 길에 도달한 "세계 인류를 위한" 것이며, "여기에 우리들의 중대한 세계사적인 사명이 있다"고 장담하는 것이 그 기본적인 입장이다. 근대서구문명의 파탄을 지적하면서 국체론에 의한 극복을 주장하는 것은 이른바 '근대의 초극'론이나 와쓰지 데쓰로(和辻哲郎)의 윤리학과도 통하는 주장이지만, 이러한 대극적인 이분법에 의한 국체론의 일면적인 강조는 1930년을 전후해서 나타나는 시대사조에 의거한 바가 크며, 근대 일본 정신사의 커다란 흐름에서 보면 정통 속에서 탄생한 이단설이라고 할 수 있을 것이다. 또한 덧붙여 말하자면『국체의 본의』는 예를 들면 "우리 전통무용에 많은 원을 그리는 형식에도 중심으로 향하여 통일되는 몰아적인 특색이 나타나고 있으며", '남녀 한 쌍'이 춤추는 서양의 민족무용과 다르다[2]는 식으로 민속신앙이나 민간의 습속에 관해서도 폭넓게 언급하여 근대를 초극하는 국체사상을 기초지우고 있다. 메이지 초년에는 우매한 민중의 누습으로 억압했던 민속적인 것들이 쇼와 시대에 들어와서는 민속학의 발흥에 영향을 받아서 국체론을 국민의식의 심층에서 기초지우는 식으로 이용되는 경우가 많아지게 된다.

민속적인 것을 이렇게 다루는 점에 대해서는 민속적인 것을 거기에 상응하는 장소로 되돌려 생각하는 것이 중요하다는 점을 강조해야 하겠지만, 여기서는 월러스틴의 말을 빌려 나의 비평을 대변하기로 하자. "역사적 시스템으로서의 자본주의가 그 이전에 성립하고 있던, 이 시스템의 성립에 의해 파괴되고 변용된 갖가지 역사적 시스템과 비교해서 진보를 의미한다는 식으로 말하는 것은 전혀 터무니없는 소리다. 이렇게 쓰고 있는 경우에 조차도 나는 독신(瀆神)행위를 범하고 있다는 생각에 전율을 느낀다. 이교의 신들의 령을 나는 두려워하는 것이다 …… 보편주의의 이데올로기가 세계를 석권하는 과정에서 상실된 지식도 분명 있을 터인데, 그 양은 어느 정도이었을까. 이런 것을 논한 사람은 아직 한 사람도 없다."[3] 마르크스의 절대적 궁핍화 법칙을 현대적인 관점에서 변호하려는 자에게 실로 어울리는 말이다.

2. 정통과 이단

이 책의 서론에서 문제제기했듯이 근대 천황제의 역사에서는 천황 개인의 의사나 능력과 천황이 체현하는 것으로 기대되는 권위적인 것과의 사이에 현격한 차이가 있으며 후자는 전자에 비해서 훨씬 거대한 절대성이 각인되어 있었다. 이러한 격차가 생긴 것은 광범위한 사람들이 천황의 권위를 매개로 하여 자신의 원망이나 욕구에 보편적인 의미를 부여하고, 자신 속에서 그 가능성과 활력을 유출해 내기 위해 권위 있는 중심을 추구했기 때문이다. 따라서 권위로서의 천황은 궁극적으로는 인간들이 원했기 때문에야말로 창출된 것이지만, 그러한 사실은 인간들의 자의식 속에 은폐되어 버리고 천황은 오로지 초월성과 권위성으로 받들어졌다. 이러한 시각에서 보면 천황은 국민의 눈앞에서 구체적으로 권력을 행사하거나, 특정한 종교적 권위와 긴밀하게 결탁하지 않는 편이 좋았다. "조종의 유열遺烈"(대일본제국헌법 발포의 「상유上諭」), "황조황종의 유훈"(교육칙어)을 계승하는 존재로서 천황의 권위성은 반복해서 강조되었으나, 천황의 권위를 강화하려는 사회적 활력은 갖가지 사회적 지평에서 제각기의 '자유'를 매개로 하여 끊임없이 솟아나오는 것이기 때문에, 천황은 그러한 활력의 다양성에 대응할 수 있도록 초월성과 다의성을 독점한 권위로서 군림하는 편이 그 사명에 적합했던 것이었다. 위로는 현인신 천황관에서 공사판의 우두머리와 같은 조정자(후쿠자와 유키치의 『제실론』)를 사이에 두고 거의 인사치레의 경의의 대상에 이르기까지 "국체를 특정한 '학설'이나 '정의'로 논리화하는 것은 …… 신중하게 회피되었다"고 한 것은 마루야마 마사오의 지적이지만, 그 근거는 "'고유 신앙' 이래의 무한정한 포옹성을 계승하고 있었기 때문"[4]이라기보다는, 막말유신기의 정치적 이데올로기적인 대립과 항쟁의 복잡한 진행 속에서 갖가지 대응이 전개되어 권위적인 중심의 의미가 전환되었기 때문 아닐까.

이상과 같은 배경에서 생각해 보면 근대 일본에서의 갖가지 비판파·반대파가 천황제와 국체론을 자명한 전제로 하는 국민국가를 위해서라는 정통성을 방패로 삼으려 했던 것도 이해하기 쉽지 않을까. 민권파의 일반적인 경향은 물론이고 전제정부의 전복에 투신한 급진파들조차도 이러한 기본 틀 속에 있었던 것은 놀랄만한 일이다. 이미 말했듯이, 민권기의 급진파 중에는 국가 그 자체를 거부하려는 무정부주의적 사상이나 천황을 야유해서 불경죄 처분을 받은 자가 있으며, 또한 근대 천황제 국가에 대한 엄격한 원한과 거절의 담론을 제시한 민중종교도 있었지만, 이러한 사례를 일반화해서는 안 된다. 메이지 말기 이후의 아나키즘과 1920~30년대의 마르크스주의, 그리고 불굴의 리버럴리스트의 사례들도 나름대로 중요한 사상사적인 사실이기는 하지만, 정통 속에서 나온 이단설의 편이 훨씬 일반적인 설득력을 가졌다고 말할 수 있다. 정통 속에서 탄생한 이단설이 이윽고 정통인 것처럼 급진화하면서 근대 일본이 크게 요동쳤다는 점에 메이지 유신을 경계로 형성된 근대 천황제의 역사에 대한 규정성이 잘 표현되고 있다.(**주1**)

주1 국체론을 국민주의적 이념에 비추어 급진화한 사례로서 2·26사건의 피고 이소베 아사이치(礒部浅一)의 옥중수기를 인용해 보자.

> "폐하, 일본은 천황의 독재국가가 되어서는 안 됩니다. 중신원로, 귀족의 독재국가가 되어서도 결코 안 됩니다. 메이지 이후의 일본은 천황을 정치적 중심으로 한 일군과 만민의 일체적인 입헌국입니다. 더욱 알기 쉽게 말씀드리자면 천황을 정치적 중심으로 하는 근대적 민주국입니다. 그렇게 하지 않으면 안 되는 국체이기 때문에 그 누구의 독재도 허용할 수 없습니다. 그런데 오늘날 일본은 도대체 어찌된 일입니까 …… 전국 방방곡곡의 백성들이 이 독재정치하에서 신음하고 있는 것입니다."[5]

"천황을 정치적 중심으로 하는 근대적 민주국!" 또한 대중정치에 영합한 '독재자'에 대한 격렬한 증오. 여기에는 정통의 재해석을 철저하게 파고 든 이단설의 예리함이 있지만, 그러나 또한 천황제라는 허구의 구축물에 개미귀신과 같이 사로잡혀 출구를 찾지 못하고 헤매는 자의 애련함이 있다.

1937년에 발생한 '죽자단'사건의 니치렌카이 순교중(殉教衆) 청년당은 오른손을 흔들면서 '죽자, 죽자, 죽자'고 외치는 사람들의 집단으로, 같은 해 2월 27일에 국회의사당 앞과 그 밖의 지역에서 5명의 청년이 잇달아 할복자살을 꾀했다. 이는 니치렌종 계열의 가장 광신적인 초국가주의 집단의 사례인데, 이러한 집단이 국가권력의 탄압에 대항하기 위해서 '신교의 자유'를 규정한 대일본제국헌법 제28조의 옹호를 전면적으로 내세우고 있었던 것은 이 집단의 특징과 함께 볼 때 인상적인 사실이다.[6]

3. 천황제적 우주론에 관해서

근대 천황제는 내외로부터 밀려오는 위기=질서의 붕괴에 대항하는 질서편성의 원리이며, 이러한 위기에 대한 불안과 공포, 그리고 이에 대응하는 대상적代償的인 허세에 의해 만들어진 것이다. 천황제가 종교성이 농후한 한 덩어리의 관념체계로서 형성되었던 것은 위기에 대응하는 능력과 활력을 광범위한 인간들의 심층의식에 파고 들어가 조달하려 했다는 것을 의미한다. 천상의 신들로부터 계승된 신성, 미즈호노쿠니瑞積国*의 근원적인 풍요, 태양이 떠오르는 나라의 청정한 활력, 그리고 일부 국학자들이 주장했듯이 일본인의 성적 능력의 탁월성까지 포함하여 일본과 일본인의 우월성이 우주론적으로 근거를 부여하고 그것이 사람들을 격려한다. 에도시대에는 사회적 전체성의 주변에서 독자적으로 존재하고 있던 민속적인 것도 이러한 우주론에 인증되어 혹은 억압당하거나 또는 재편성되면서 근대 일본에 고유한

---

* 미즈호란 싱싱한 벼이삭을 의미하는 것으로 일본국을 미화한 칭호.

일종의 보편성을 가진 신조 체계가 구축된다. 근대 천황제가 국학과 신도라는 종교적 교설을 지주로 조형되고, 메이지 초년의 국가가 신정국가와 같은 외모를 가지고 등장한 사실들은, 천황제에 우주론적인 힘을 부여하는 데 중요한 역할을 했다. 근대 일본은 인간들의 생활의 장에 입각한 행복이나 이익 추구를 기축으로 한 세속적인 사회이며, 국가 또한 기본적으로는 세속국가였다. 그러나 천황제를 둘러싼 이러한 우주론적인 의미부여를 포기한 적은 한 번도 없었으며, 사회적으로 위기가 찾아오면 오히려 신화적인 것이 더욱 흥륭하여 커다란 영향력을 발휘했다.(**주2**)

주2 1871년을 전후해서 히라타파 국학자나 신도가는 종교정책의 책임적인 지위에서 배제되었으나, 그러한 가운데서도 유력한 자들은 지방의 주요 신사에 궁사 등으로 발탁되어 메이지 정부의 개화정책에 동조해 가는 경향이 강했다. 문명개화의 풍조 속에서 신령의 실재관에 기초한 히라타 학풍의 종교사상은 크게 후퇴하고, 신도가들의 대다수도 이러한 상황에 적응하여 오히려 앞장섰다고 할 수 있다. 이러한 흐름 속에서 신령의 실재를 확신하는 입장의 신비가는 메이지 일본의 정신사 속에서는 눈에 띄지 않는 작은 복류에 지나지 않았지만 그래도 분명하게 존재해 왔었다. 그것이 이윽고 다이쇼기에 들어오면 세계사적인 신령술의 유행에 자극받아 영향력을 확대하여 1920~30년대에 신종교의 유행과 초국가주의의 흥륭으로 이어져 갔다고 할 수 있을 것이다.
위와 같은 계보를 생각할 때 오모토교(大本教)와 데구치 오니사부로(出口王仁三郎)가 겪은 종교사회사적인 궤적은 좋은 참고가 된다. 주지하는 바와 같이 오모토교는 신들린 가난한 노파 데구치 나오에 의해 시작된 요나오시적인 민중종교였으나, 데구치 오니사부로를 매개로 하여 국체론적인 신도설과 결합함으로서 교세를 비약적으로 발전시켰다. 오니사부로는 나가사와 가쓰도시(長沢雄楯)를 통하여 혼다 지카아쓰(本田親徳)의 영학(靈學)을 배우고, 진혼귀신법에 의해 많은 신자를 획득했다. 진혼귀신법이란, 인위적으로 신들린 상태를 만들어냄과 동시에 신의 소리를 듣는 자(審神者)가 있어서 국학적 신도설의 입장에서 신들린 신의 선악과 옳고 그름을 판단하여 각자에게 상응하는 올바른 신이 들도록 인도하는 행법이다. 오니사부로는 신령의 실재관에 입각한 이러한 국체론적인 종교사상과 데구치 나오의 요나오시적인 사상을 결부시켜 독자적인 국체론의 변혁사상을 전개했다. '다이쇼유신 신정복고'라는 입장에서 세계 대가족제도의 실현

과 생산물 자급에 의한 경제생활의 '근본혁정'·조세제도의 폐지·사유재산의 반납 등을 주장하는 오니사부로의 논문 「다이쇼유신에 관하여」는 이러한 방면의 강령적인 문헌이며, 기타 잇키(北一輝)의 「일본개조법안대강」이 성립되기 2년 전인 1917년에 발표되었다. 신령 실재관에 입각한 다수의 저작을 발표한 아사노 와사부로(浅野和三郎)나 도모키요 요시사네(友清歓真)도 다이쇼시대에는 오모토교에 참가하여 그 발전에 기여했다.[7]

오모토교의 신자이기도 했던 야노 유타로(矢野祐太朗)는 군함에 탑재하는 대포를 개발한 공적을 가진 퇴역 해군대좌로, 1924년 오니사부로의 몽골 방문을 도운 중심인물이다. 1932년 야노는 신명을 받고 일본 역사와 예언으로 이루어진 장대한 『신령밀서』를 지었는데, 이것은 구로스미·덴리·곤고·묘레이·오모토 등 신종교의 예언과 기기신화·다케우치(竹内)고문서 등을 결부시켜 독자적으로 체계화한 것이었다.

이 책에 의하면, 메이지유신에 즈음해서 메이지 천황은 '신정복고 세계통리의 신의'를 표명하고 1873년에는 천황에게 '국조신(国造神)'이 신들린 것인데, 이후 서구문화가 급속하게 유입되는 시대상황 속에서 천황을 보좌하는 신하들이 외국의 신령에 사로잡혀 신정 복고의 이념을 방해하고 1889년에 대일본제국헌법과 황실전범을 발포했다. 그러한 결과 일본은 '단순한 입헌군주국'이 되고 이윽고 '국조신'은 천황으로부터 떠나버렸다. 이에 대신해서 1892년 1월 데구치 나오에게 '국조신'이 '내려온 것'이며, 그 예언을 받아 1930년 2월 12일에 '일본 지요다성(千代田城)의 사차원계'에서 내외 제 신령의 집회가 열려 제2의 '이와토(岩戸) 열기'*가 시작되었다. 그것은 '아마테라스 오미카미'의 신칙에 따라서 천황이 '신정 복고'에 관한 조칙을 환발하여 시작되는 것으로, 전 세계의 경제적 대혼란과 전생을 배경으로 국내에는 계임령이 내려지고 헌법의 일부가 정지되어 천황친정하에서 실현되는 것이라고 한다.

『신령밀서』에서는 일본 역사에 관한 번잡할 정도의 신령적 기술과는 대조적으로 변혁의 구체적인 플랜은 명확하지 않지만, 국체사상이 신령적인 것을 매개로 급진화하여 일종의 종말관적인 구제사상으로 나타난 일례라 할 수 있을 것이다. 이 책은 다케다(竹田) 대비궁(大妃宮)을 통해서 천황에게 헌상되었다고 하지만, 야노는 2·26사건 후 불경죄로 체포되어 1937년에 옥사했다.

만년의 기타 잇키도 그의 처 스즈를 영매(霊媒)로 '영고(霊告)'를 듣기 위해 전심했는데, 전통적인 국체사상이 격렬한 초국가주의로 전회하기 위해서는 눈에 보이지 않는 신령적인 것과 결합하여 우주론적인 우위성을 확인하고 그것으로

* 기기신화에 나오는 이야기로, 아마테라스 오미카미가 동굴(이와토) 속에 숨어버려 천지가 암흑세계가 되었던 것을 천상의 신들이 지혜를 짜내어 아마테라스 오미카미를 다시 불러 내 빛을 되찾은 것을 비유해서 한 말.

격려 받는 것이 중요했던 것이다. 예를 들면 2·26사건 피고의 옥중수기 가운데 가장 이채를 발하는 이소베 아사이치는,

> "2. 메이지 폐하도 황대신궁님도 도대체 무엇을 하고 계시는 것입니까. 천황폐하를 왜 도와주시지 않으시는 것입니까. 3. 일본의 신들은 모두가 잠든 것입니까. 이 일본의 대사를 거들떠보지 않을 정도로 게으르다면 일본의 신이 아니다. 이소베는 그런 보잘것없는 게으른 신과는 인연을 끊겠다. 그런 쓸데없는 신이라면 일본의 천지에서 추방해버려야 한다. 내가 하는 말을 잘 새겨두는 것이 좋을 것이다. 두고 보라."[8]

는 식의 격렬한 어조로 수기를 남기고 있으며 이를 통해서도 2·26사건을 지탱한 종교 관념의 실상을 엿볼 수가 있다.

미시마 유키오(三島由紀夫)의 『영령의 목소리』는 2·26사건의 이러한 종교적 측면에 주목하여 도모기요 간진(友清歓真)의 『영학전제(靈學筌蹄)』에서 설명되는 신들리는 기법을 도구로 이용해서 집필한 작품이다. 이 작품의 결말 부분에서 미시마는 쇼와 천황은 두 번 신이어야 했다. 그것은 2·26사건 때와 일본이 패전할 때였다고 지적하고, 전후사회에 적응해서 세속화된 천황제를 저주했다. 이러한 정신사적인 계보는 오늘날 우리에게는 기묘하고 이해하기 어렵게 보이지만, 그러나 그것은 아마도 우리가 전후사회의 소비문명의 포식 속에 자족하여 예민한 감수성을 상실했기 때문일 것이며, 우리의 의식과 사회의 심층적인 부분에는 이러한 방향으로 끌려가는 잠재적인 에너지가 집적되어 있는 것이라고 생각해 두고 싶다.

그 결말 부분에서 "왜 천황폐하는 인간이 되어버렸는가?"라고 세 번 반복하는 『영령의 목소리』는 "2·26 궐기 장교의 영전에 바칠 생각으로 쓴 작품"이며, 그런 의미에서는 천황에 대한 내재적 비판이었다. 이 사건의 종말에 즈음해서 반란 장교들이 전원 자결하여 궁궐 앞에 사죄하니 최소한 그 자리에 자신들을 위로하는 칙사를 파견하기 바란다고 요구한데 대하여, 반란 장교들과의 절충에 임했던 야마시타 도모유키(山下奉文) 등이 그 실현을 약속했는데 천황이 "죽으려면 마음대로 죽어도 된다. 칙사 따위는 생각지도 않고 있다"고 하여 야마시타 등의 약속이 반려된 것은 잘 알려져 있다. 이 점에 대하여 칙사파견이 "참된 일본 천황의 모습"에 어울리는 것이 아닌가 하는 고노 쓰카사(河野司)의 물음에 미시마는 "인간의 추한 감정입니다. 천황은 인간이 되어서는 안 되는 것입니다"하고 대답했다고 한다. 또한 고노는 이 사건에서 자결한 고노 히사시(河野寿)의 형으로 도쿄대학 상대 출신의 샐러리맨이었는데, 사건 직후에 사표를 던지고 2·26사건 유족회의 활동과 사건의 진상규명에 나머지 인생을 바친 인물이다.[9]

이러한 우주론적인 것의 구조는 정신분석학의 식견을 바탕으로 재규정할 수 있을 것이다. 여기서는미처리히 부부Eilhard Mitscherlich의 글을 원용해 보기로 하자. 미처리히 부부는 히틀러와 그 밖의 권위적 지도자를 기꺼이 환영하는 대중심리를 프로이트의『집단심리학과 자아분석』을 바탕으로 분석하고 있다. 그들에 의하면 이러한 지도자들의 영향력의 기반에는 "어느 시대에도 귀신론demonology으로의 퇴행, 즉 합리성과는 정 반대에 있는 전능공간으로의 퇴행"이 있으며, "사제정치가는 자신의 흉중에 싹트는 과대 공상을 공연히 옹호하고, 그것을 우주적인 것으로 투사한다". 한편 광범위한 사람들이 자아부전감自我不全感이나 죄책감의 반동형성으로서 자아이상이기도 한 지도자에게 기꺼이 자신을 맡기고 현실을 있는 그대로 인식하지 않으려는 퇴행적인 태도를 취하게 된다. 그리고 "이러한 상황 속에서는 망상과도 같은 현실 오인이 전 사회적인 규모로 발생하며, 그것이 하나의 습관이 되어 이윽고 여론을 형성하는 경우조차 있을 수 있다"[10]고 한다. 이는 15년 전쟁기 일본의 정신상황에도 적용되는 설명이 아닐까. 권위 있는 중심에 의존하여 자아이상을 맡김으로서 인간성의 심층은 거의 무자각적으로 위로받고 격려받기도 하지만, 그것은 종종 치명적인 대상을 지불하지 않으면 안 되는 것이다.

4. 현대 천황제에 관해서

각종 의식조사에 의하면 패전 직후부터 현재까지 천황제는 일관해서 국민의 80% 이상이 지지하고 있으며, 그 지지율은 압도적이고도 안정적이라고 말할 수 있다. 천황의 권위강화를 요구하는 주장은 1960년경부터 급속하게 줄어들어 현재는 80% 이상의 국민이 헌법에 규정되어 있는 상징천황제를 지지하고 있다. 그러나 한편으로는 젊은이들을 중심으로 무관심층이 증가하고 있으며, 조사에 따라 약간씩 다르기는 하지만 쇼와 천황에게 전쟁책임이 있다는 의견이 25% 이상에서 많게는 40% 정도의 경우도 있어 반드시 천황제에 유리한 조건만 있는 것은 아니다. 쇼와 천황의 전쟁책임에 관해서는 특히 지식인들 사이에 비율이 높았으며, 쇼와 천황의 죽음에 즈음해서 외국 보도기관의 논평에서도 나타나고 있듯이 외국인이 천황제를 바라보는 엄격한 시선도 무시할 수 없을 것이다. 그렇다면 이러한 상황 속에서 천황제는 현대 일본에서 어떤 의미를 가지며, 어떤 역할을 하고 있는 것일까.

이러한 문제는 용이하게 답할 수 있는 것이 아니다. 그러나 이 책의 입장에서 보면 천황제는 현대 일본에서도 국민국가의 편성 원리로서 존재하고 있으며, 그 가장 권위적이고 금기시하는 차원을 집약하고 대표하고 있는 것이라고 할 수 있을 것이다. 천황제는 패전 이후 현인신 천황관이나 세계지배의 사명과 같이 국체의 특수한 우월성에 관한 광신적이고 망상적인 측면은 깨끗하게 벗어던져 버리고 물질문명과 소비주의 속에서 살아가는 인간들의 상식에 적응해 왔다. 그러나 이러한 사회에도 거의 눈에 보이지 않는 형태로 질서의 그물망이 쳐져 있으며, 천황제는 정치와는 일정한 거리를 두고 의례적인 양식하에서 그 누구도 부정할 수 없는 권위의 중심을 연출하고 있어서 그것을 거부하는 자는 '양민'이 아닌, 적어도 의심스러운 존재로 판정하는 선별과 차별의 원리를 만들어 내고 있다.

이러한 존재로서의 천황제가 현대에도 '부정不淨'에 대한 신경질적인 공포라고도 할 수 있는 극단적인 정淨·부정관不淨觀으로 구성되고 있는 신도의 례와 긴밀하게 결합되어 있다는 점, 천황가의 사람들이 성실·진지·행복 등을 규범적으로 체현하고 갖가지 인간적 고뇌를 숨기면서 청정한 인간을 연출해야 하는 점, 지배층도 또한 정치적 악이나 독의 여파에서 벗어나 "천공에 찬연하게 빛나는 태양과 같은"(나카소네中曽根) 존재로서 천황제를 자리매김하려 했다는 점들은 주목할 만하다. 더럽고 추한 것이나 악과 불행 등은 구조와 질서를 위협하는 애매하고 불길한 활력이기 때문에 천황제는 수미일관해서 그러한 차원으로부터 격리되어 순수하고 모범적인 질서가 되어야 하는 것이다. 그러나 거기에는 현대 천황제의 취약성(?)이 노정되고 있어서 실은 이러한 격리에 의해 천황제는 매력과 활력을 상실하고 인축무해한 골동품과 같이 되어 국민의 관심대상에서 벗어나 버릴 가능성이 있는 것이다. 그렇기 때문에 기미가요·히노마루의 강제나 학습지도요령의 개정 등이 필요하게 되지만, 거기에는 또한 강권성으로 인한 공허함이 따라다니고 있음에 틀림없다. 갖가지 의례에서 보더라도 엄격한 경계체제 아래서 과잉한 장중과 화려함이 반복된다면 국민의 생활감각과의 사이에 거리가 확대되어 통합기능을 약화시킬 가능성이 있다.

그러나 한편으로는 얼핏 자유롭고 욕망자연주의적인 원리에 의해 움직이고 있는 것처럼 보이는 사회도 알고 보면 선별과 차별의 체계라고 하는 편이 한층 근원적인 사실이며, 현대 천황제는 선별과 차별에 의해 질서를 확보하려는 사회 측이 요구한 것이기 때문에야말로 존재하고 있는 것이다.

기업, 각종 직능단체, 지방자치체, 관청, 대학 등과 같이 현대 일본에 존재하는 어떤 집단을 들어 생각해 보더라도 좋지만, 여기서는 스모 업계를 예를 들어보자. 스모계에 들어오는 것은 힘 좋은 소년들이며, 그들은 이 작은 세계 속에서 실력을 겨루어 하나라도 그 질서의 위계를 올라가려 한다. 거기에는 원래 힘 자랑의 실력주의만이 존재하며, 천황제는 어떤 영향력도 가지고 있지 않을 것이다. 그러나 힘 좋은 소년들이 이윽고 스모계의 정점에 도달하면 그는 국기관에 오는 천황을 영접하러 나가거나, 원유회에 초대받기도 한다. 스모협회를 중심으로 만들어진 질서는 스모계가 존속하고 번영하기 위해서 그 자체의 내재적인 근거에 의거해서 구성된 하나의 시스템이지만, 그러나 스모계는 또한 전체로서 일본 사회 속에서 위치나 의미를 부여받기를 요구하고 있으며, 그것을 계속해서 추구해 나가면 그 정점은 천황제에 도달하는 것이다. 한편 국가와 천황제 측도 지요노 후지千代の富士나 니코야마二子山 오야카타親方가 천황의 장례식이나 원유회에 참가함으로서 영광을 늘릴 수가 있다.

스모계의 경우에는 쇼와 천황이 스모를 좋아하고 또한 전통적인 관념을 바탕으로 한 '국기'라는 약간의 특수한 사정이 있지만, 그러나 일본사회 속에 있는 그 모든 집단에게도 기본원리는 그대로 적용된다. 천황제와는 아무런 관계도 없는 자질·능력·업적 등에 의해 만들어진 제각기의 소세계는 한편으로는 역시 국가적인 보편성의 차원에서 보다 일반적으로 권위와 가치를 부여받고 싶어 하며, 이러한 권위와 가치의 정점에서 천황제에 도달해 버린다. 그리고 이러한 권위와 가치를 자신이 속한 소세계에서 부과하는 업무나 업적과는 아무런 관계도 없는 차원이라고 거부하는 자들은 왠지 비동조적이며 속마음을 알 수 없는 이분자가 된다. 실제로 쇼와 천황의 죽음에 즈음해서 조기 게양과 묵도를 거부하거나, 천황의 장례식 당일 밤에 신주쿠 가부키초에서 흥청거리면서 놀기는 어려웠다. 천황제는 질서와 권위에 따르는 '양민'인지 아닌지를 판별하는 수단으로서 지금도 충분하게 기능하고 있는 것이다.

일반적으로 현대 일본에서는 기업이나 각종 단체와 사회나 개인은 자유롭게 욕망이 향하는 대로 행동하고 있는 것처럼 보일지도 모른다. 그러나 그 자유도 실은 국가에 귀속하여 그 질서 속에 안주하는 것을 교환조건으로

한 자유이며, 국가는 또한 이 자유를 매개로 국민의식의 심부에 닻을 내리고 거기서 활력을 조달하여 통합을 실현하고 있는 것이다. 이렇게 해서 기업이나 갖가지 집단과 국가는 상호 간에 서로 요구하고 보장함으로서 병존하고 있으며, 어떤 일본인도 이러한 틀에서 크게 자유롭지는 않을 것이다. 그리고 천황제는 이러한 기본적인 틀 속에서 가장 권위적이고 터부적인 차원을 집약하고 대표하는 질서의 요체로서 지금도 기능하고 있다. 따라서 그것은 개별적인 현상에 대한 비판으로는 극복하기 어려운 존재이며, 자기도 모르는 사이에 심신에 달라붙듯이 우리들을 얽어매고 있다. 그것은 우리 개개인이 자유로운 인간이라는 외관과 환상의 밑바닥에서 얼마나 깊숙이 민족국가 일본에 귀속되어 있는 가를 비추어 주는 거울이며, 자유로운 인간이기를 희구하는 우리들의 삶에 대한 굴욕의 기념비다.

천황제와 젠더 바이어스

이와나미 현대문고판 후기를 대신하여

나는 일본사상사를 공부하기 시작했을 때부터 천황제에 대한 관심을 가지고 있었지만, 이 책은 쇼와 천황의 와병과 죽음, 그리고 장례식과 신 천황의 즉위 등을 배경으로 집필되었다. 천황의 황위계승을 둘러싼 일련의 사태 속에서 평소에는 그다지 잘 보이지 않는 천황제의 심층적인 구조가 드러나면서 나도 새로운 관심을 기울이게 되었다. 그러나 이 책을 집필할 때 내가 가졌던 문제관심에 관해서는 이미 1장의 「과제와 방법」과 9장의 「코멘트와 전망」에서 요점을 서술했기 때문에 여기서는 황위계승 문제에 초점을 맞추어 이 책에서 그다지 다루지 않았던 부분을 보충하는 것으로 후기를 대신하고자 한다.

다이호大宝율령*에는 천황의 배우자는 왕비 1명, 부인 3명, 빈 4명으로 규정되어 있다. 이것을 근대적인 통념으로 측실이나 첩에 관한 규정으로

* 당나라의 율령제도를 참고로 하여 8세기 초반에 성립된 율령.

보는 것은 적절하지 않다. 왕비 이하는 국가의 제도로서 규정된 '후궁직원'이다. 고대 일본에는 6명의 여성이 8대에 걸쳐 천황으로 재위했으며 그 기간도 길었지만, 위와 같이 남성 천황의 배우자에 관한 복수혼 규정과는 대조적으로 여성 천황의 배우자에 관해서는 아무런 규정도 없다. 극단적인 근친혼을 전제로 하는 여성 천황은 쌍계제双系制 사회에서 여성의 지위가 상대적으로 높았던 점과 맞물려 동일한 씨족 내에서 황위계승을 가능하게 하기 위한 대응이었을 것이다.

대일본제국헌법에서의 천황의 지위는 '황조황종의 조령祖靈'의 권위를 등에 업은 지극히 신권적이고 절대적인 것이었지만, 그럼에도 근대의 법체계 속에서 그 지위와 정통성이 규정되어 있으며 황위 계승은 황실전범이 정하는 바에 따르게 되어 있었다. 그런데 이렇게 되면 법적인 규정 밖에 있던 암묵적인 양해나 관행이 정리되거나 배제되어 황위계승에 관해서 일의적으로 규정된 법제도가 지배하게 되며, 여기서 갖가지 까다로운 문제가 발생하게 된다.

고대 일본에서는 황위를 둘러싸고 처참한 권력투쟁이 있었으며, 황위계승을 노리는 자는 동일한 씨족 내부의 경쟁자를 죽이거나 추방하여 황위를 획득하고 패자는 종종 원령怨靈이 되어 종교의식의 측면에서 승자가 만들어내는 질서를 위협했다. 이러한 대항관계 속에서는 기내畿內지방 호족들의 의향이 중요한 역할을 하기도 하며, 전 천황의 유언이 중시되기도 했다. 헤이안시대平安時代 이후에도 천황의 지위는 후지와라 씨藤原氏*나 막부의 의향에 따르는 바가 컸으며, 그것은 또한 황족 내의 복잡한 항쟁과 결부되어 있었다. 황실전범이 황위계승 순위를 명확하게 규정하면서 천황제는 이와 같이 황위

* 헤이안시대(794~1192) 황실의 인척으로서 권력의 요직을 독점한 일족.

를 둘러싸고 벌어지는 처참하고 복잡한 항쟁을 면할 수 있었지만, 그것이 천황제의 또 다른 난관을 초래하면서 천황제는 근대 세계에 적응하여 재정비하지 않을 수 없게 되었다. 여기서는 황위계승 문제에 초점을 맞추어 근대 천황제가 직면한 새로운 난관에 관해서 스케치해 보기로 하자.

고대의 몇 가지 사례는 별도로 하더라도 메이지유신 이전까지 황후의 지위는 상대적으로 낮으며, 황후가 존재하지 않은 경우도 적지 않았다. 그런데 메이지유신과 함께 천황제는 서구열강의 군주제를 모델로 정비되면서 황후의 지위가 크게 상승했다. 후궁제도는 존속했지만, 황후가 후궁을 지배하고 황후가 천황과 함께 의식이나 퍼레이드에 임하기도 했으며, 천황과 황후의 사진이 나란히 장식되기도 하면서 천황가는 일부일처형의 고귀한 근대 가족을 치장하게 되었다. 그러나 잘 알려져 있듯이 메이지 천황과 다이쇼 천황은 황후의 실제 자식이 아니며, 115대 사쿠라마치 천황桜町天皇부터 123대 다이쇼 천황까지의 9대에 걸친 천황은 모두 황후의 자식이 아니었다. 근대 황실제도에서도 백작과 자작의 딸에서 뽑은 후궁이 천황의 복수혼 상대이며, 메이지 천황에게는 15명의 자식이 있었지만 모두가 후궁의 소생이었다. 이러한 점에서 볼 때, 다이쇼 천황의 데이메이貞明 황후가 4명, 쇼와 천황의 고준香淳 황후가 2명, 현 황후도 2명의 남자아이를 낳은 것은 아주 드문 사례이며, 더구나 그것이 3대에 걸쳐서 계속되었다는 것은 주목해야 할 사실이다. 젊고 건강한 여성이 황태자비로 간택되고, 애정과 지성에 에워싸인 근대가족을 모델로 한 생활을 영위하게 되면서 황후와 황태자비의 출산이 급증하고, 위생관리가 근대화되면서 천황가는 유복한 근대 가족이 되었다.

이러한 사실은 가부장제적인 근대 가족의 승리라고도 할 수 있는 현상의 현저한 사례다. 근대사회에서는 일부일처제를 원칙으로 하는 가부장제적인 가족이 사회조직의 가장 기초적인 단위가 되며, 그만큼 촌락공동체나 동족단 등과 같은 사회적인 중간단체의 역할은 상대적으로 줄어들었다. 에도시대에는 연공 부역이 '무라村' 단위로 부과되고 있었지만, 근대의 조세는 호주가 지배하는 '이에家'*에 부과된 것만 보더라도, '이에'가 사회제도의 기초단위로서의 지위를 굳히게 된 것은 분명하다. 근대화의 과정에서 일본사회는 크게 가족화가 이루어져 위로는 천황가로부터 아래로는 최하층의 빈민에 이르기까지 외견상으로는 가부장제적이면서 실태적으로는 종종 왕성한 아내들에 의해 지탱되는 단혼 가족이 되었으며, 이윽고 애정으로 가족에게 헌신을 다하는 아내들을 전면에 내세운 가족 모델이 유력해지게 되었다. 천황가와 황족은 이러한 가족상을 이념적으로 체현하게 되며, 일본 사회 전체의 가족화에 크게 공헌했다. 가족국가관이라는 개념은 흔히 근대 천황제 국가를 확대된 가족의 이미지로 표상하는 전근대적인 성격이 강한 지배이데올로기를 지칭하지만, 근대 일본은 현저하게 가족화 된 사회라는 의미에서 가족국가라는 개념을 쓰는 편이 좋을 것이다. 혼인율이 상승하고 가족의 유대가 강화되어 이혼율이 저하하고 가족을 둘러싼 갖가지 미담이나 비극이 탄생하는 등 우리는 이러한 가족화된 사회에 관한 다채로운 정보나 이미지 속에서 살아가고 있다. 황위계승 문제의 곤란이 누구의 눈에도 명백해졌을 때, 천황의 복수혼이라는 오랜 전통을 들고 나와 천황에게만은 복수혼을 인정하자고 주장하는 사람들이 있었다. 그러나 그것은 근대사회가 현저하게 가족화된 사회이며, 사회의 제반 계층을 관철하는 가족규범이 사회질서를 지탱해 왔다는 것을 이해하지 못한 속설이라고 하겠다.

---

* '이에'제도는 메이지민법(1906년)에서 채용된 가족제도로서, 친족관계에 있는 자들 가운데 좁은 범위의 구성원을 호주와 가족으로서 하나의 '이에'에 속하게 하고, 호주에게 '이에'의 통솔권한을 부여한 제도다. 에도시대에 발달한 무사계급의 가부장제적인 가족제도를 바탕으로 하고 있다. 패전 후 일본국헌법의 시행으로 폐지되었다.

도로시 톰슨에 의하면 19세기 전반의 영국에서는 정치적 급진주의의 사상과 운동의 영향력이 커지고, 여성의 정치참가도 널리 보이게 되었다. 그러나 1840년대에 급진주의의 사상과 운동이 소멸하면서 노동자 계급의 여성도 가정으로 돌아가게 되었다. 이렇게 해서 "중요한 결정은 모두 가장인 아버지가 내리고 하위의 구성원은 종순하게 그것을 받아들이는, 빅토리아 시대의 감상에 사로잡힌 가정과 가족상이 널리 침투하여 모든 계급에 영향을 미쳤다"고 한다. 그러나 가부장제적인 가족도덕이 칭송되던 이 시기는 빅토리아 여왕의 오랜 치세(1837~1901)에 그대로 조응하고 있으며, 그것은 또한 대영제국이 세계에 군림한 시대이기도 했다. 빅토리아는 즉위 2년 후에 결혼하여 9명의 자식을 낳았으나 남편인 앨버트공은 1861년에 42세의 젊은 나이로 죽어버렸다. 그 후의 빅토리아는 공무를 포기하고 슬픔에 가득 찬 아내의 역할을 연출하면서 가족도덕의 규범이 되었다. 빅토리아는 항상 아이들에게 에워싸인 어머니의 이미지로 국민들에게 나타났으며, 후에는 '제국의 어머니'로서 식민지지배를 표상했다. 가족도덕과 관련된 여왕의 비정치적인 역할이라는 이미지가 급진적 정치운동의 가시를 뽑아버리고 내면성을 강조하는 여성의 미덕이 정치적으로는 보수적인 역할을 하게 된 것이다.[11]

대일본제국헌법에서는 '황남자손'이 황위를 계승하는 것으로 규정했다. 여성의 황위계승은 부정되었기 때문에 빅토리아 여왕의 사례는 그대로 일본에 적용되지는 않는다. 그러나 황후의 지위가 상승하여 황후의 미덕이 사회규범을 고무하는 역할을 한 점, 그리고 그것을 위해서 근대 일본의 3명의 황후가 열심히 노력해 왔다는 점은 분명한 사실이라고 생각한다.[12] 황실전범과 같은 남계 직계주의를 채용하면 여성 측의 성규범이 남성과는 비대칭적인 방향으로 강화되어 헌신적인 여성의 이미지가 비대해지게 된다. 유럽의 왕위계승제도에서는 국경을 초월한 왕실의 인척관계가 전제가 되어 있어 적자嫡子 한정과 여성 용인의 계승제도가 채용되어 왔다. 이러한 원칙하에서는 인척관계의 정도가 선행하여 문화적 배경이 현저하게 다른 국왕이 군림하는 경우도 생기지만 적자계승은 유지할 수 있다. 황실전범에서는 양자도 여성 천황도 인정하지 않고, 남계 직계의 계승만을 원칙으로 하고 있기 때문에 천황 직계의 남자를 얻기 위한 후궁제도가 불가피해진다. 그러나 그것은 일부일처제의 가족과 그 규범을 사회생활의 기초로 하는 근대사회에는 어울리지 않으며, 황태자 시절의 다이쇼 천황 이후 천황가도 황족도 일부일처제의 근대 가족을 영위하게 되었다. 시대는 때마침 근대 가족의 최전성기로서 혼인율도 출생수도 증대하고, 어린이의 양육 환경이 개선되어 급속하게 인구가 증가한 시대에 해당한다.

일본국헌법과 현재의 황실전범을 메이지시대의 그것과 비교해서 소박하게 읽으면, 대일본제국헌법과 일본국헌법과의 사이에는 커다란 전환이 있었지만 황실전범은 서자의 계승권 부분이 삭제된 것만이 원리상의 변경인 것처럼 보인다. 현행 황실전범이 의회에서 심의되었을 때, 대다수의 황족이 평민으로 전환한 점과 관련하여 새로운 제도하에서의 황위계승자 확보에 불안을 느끼는 입장에서의 발언이 있었지만, 쇼와 천황에게도 황태자에게도 동생이 있고 또한 그 아이들도 존재하고 있다는 현실이 선입관이 되어 황위계승권자가 없게 될지도 모른다는 예측이 현실적인 위협이 되리라고는 생각하지 않았던 것 같다. 오늘날의 입장에서 감히 논리적으로 파악해 보면, 근대 가족의 높은 출생률에 관한 환상이 관계자의 선입관이 되어 그 후에 급속하게 진행하는 혼인연령의 상승이나 불혼, 급속한 출생률 저하 등을 고려하지 못했으며, 또한 가부장제적인 근대 가족이 부동의 안정성을 갖춘 것처럼 보였던 현실도 결국은 특정한 역사단계의 현상이었다는 점을 이해하지 못했다는 말이 될 것이다.

군주제는 혈통원리에 의해 계승되며, 근대사회는 일반적으로 전문능력의 우열에 의해 승진이나 임용을 결정하는 메리트시스템merit system을 원칙으로 하고 있다. 두 가지 원리는 실은 거의 이율배반적으로 모순하고 있지만, 근대 군주제하에서는 군주와 그 가족들의 열성적인 노력에 의해 혈통에 의한 계승이 군주의 자질에까지 단야되고, 또한 의례나 미디어를 조작함으로서 두 가지 원리의 모순은 미봉되어 간다. 앞서 설명한 빅토리아 여왕의 오랜 치세는 그 단적인 사례지만, 근대 천황제도 또한 그러한 미봉책을 펼치면서 존속해 왔다. 메리트시스템과 시장원리가 일방적으로 관철하는 것은 사회 전체에 있어서는 너무 알력이 크고 힘든 일이기 때문에 가족과 그 사랑과 그 밖의 공동성의 원리로 사회적인 제반 관계를 보정하고 심정적인 공동성의 감각을 만들어 낼 필요가 있다. 정치나 경제의 현실에서 다소간의 거리를 두고 초월적이고 정신적인 권위가 될 수 있는 군주제는 그러한 역할을 다하기 위해서는 안성맞춤의 존재다. 근대 천황제에도 그러한 성격이 진하지만, 현 천황과 황후도 그러한 역할이 그들의 인격에까지 스며든 잘 훈련된 사람들이라고 생각한다.

그렇지만 근대사회의 메리트시스템이라는 원칙과 군주제의 혈통원리는 모순하고 있으며, 어딘가에서 깊은 갈등과 모순을 표현해 버린다. 그 경우 황실전범에는 섭정攝政의 규정은 있지만 퇴위나 양위의 규정이 없으며 양자養子가 금지되어 있다는 점 등에 유의할 필요가 있다. 심신의 '불치의 병'이나 '중대한 사고'의 경우에는 황위계승 순위를 변경할 수 있게 되어 있지만, 계승순위는 혈통에 의한 단일 원칙으로서만 규정되어 있으며, 황족에게는 이 규제에서 탈출할 권리가 주어져 있지 않다. 지금까지도 몇 명인가의 황족이 황적을 이탈하고 싶다는 취지의 발언을 한 적이 있지만 승인되지 않았다. 계승순위의 일의적인 고정화 덕분에 근대 천황제는 고대의 경우와 같은 처참한 살육이나 음모를 면할 수 있었지만, 그 대신에 황족이라는 신분의 내부에서 자기를 고정화시켜 그 지위에 어울리는 순응을 엄격하게 받아들이지 않으면 안 되게 되었다. 이러한 순응은 가부장적인 가족 규범의 자명화와 결부되어 있으며, 천황가와 황족들은 항상 그러한 규범을 이념적으로 체현할 것을 요구받고 있다. 그러나 근대 사회에서의 개인의 자유라는 원칙과, 실제 문제로서의 개성화의 진전이라는 현대사회의 현실을 전제로 생각해 보면, 그러한 규범은 현실적인 생활관습이나 생활의식과 괴리되지 않을 수 없으며, 그러한 상황 속에서는 이 제도 속에서 살아가는 사람들에게도 제도의 억압성이 점차 견디기 어려운 것으로 변해갈지도 모를 것이다. 그리고 이러한 규범의 강요에 뒤따르는 억압성이 이 제도 전체 속에서 가장 억압받기 쉬운 사람들에게 강하게 영향을 미칠 것이며, 그것이 특히 민간인으로서 천황가나 황족으로 가담한 여성들에게 더욱 견디기 힘든 일이 되기 쉽다는 것도 자명한 일이 아닐까.

각종 의식조사에 의하면 현재 일본인의 약 80%는 상징천황제를 지지하고 있으며, 약간은 다른 뉘앙스의 사람들도 포함하여 압도적으로 다수의 일본인이 천황제를 지지하고 있다. 그러나 현대 일본의 천황제는 영광이나 권위가 흘러넘치는 것처럼 보이지는 않는다. 천황제가 압도적 다수의 일본인에게 지지를 받고 있다는 현실을 지켜보면서도 우리는 거기에 내포되어 있는 모순에서 눈을 돌려서는 안 된다. 천황가와 황족들은 보통 생활자인 우리들과는 별세계에 사는 사람들이기는 하지만, 그러나 그 사람들도 우리들의 대부분과 마찬가지로 현대 일본 사회에서 살아갈 수밖에 없는 사람들이며, 그들은 현대 일본에서도 사회질서와 사회규범의 원천이 될 것을 요구받고 있어 그것이 강한 억압성으로 기능하는 것은 분명하다. 저 사람들이 지금보다 더욱 자유롭게 된다면, 우리도 또한 다소나마 자유의 폭을 넓힐 수 있지 않을까.

2007년 8월

야스마루 요시오

저자 후기

도야마현富山県 히가시도나미군東砺波郡 다카세촌高瀬村 기요모리清森. 이것은 초손町村이 합병되기 전의 명칭인데, 나는 이곳에서 벼농사를 하는 중농의 집에서 태어났다. 요즘에는 주변에 큰길과 건축물이 들어서 옛날 경관이 많이 변했지만, 논밭이 펼쳐지는 평야와 방풍림에 둘러싸인 농가들이 점점이 늘어선 한촌 풍경은 지금도 남아있다. 주위의 풍물에서 떠오르는 어린 시절의 기억에 대한 자그마한 증언으로 후기를 대신하고자 한다.

나는 호적상으로는 삼남으로 태어났지만 곧 둘째형이 디프테리아로 급사했기 때문에 실제로는 두 형제의 차남으로 자랐다. 마을 사람들은 상대를 부를 때 계층·성별·상황 등에 따라 복잡하게 나누어 사용하고 있는데, 평소는 장남을 '안짱', 차남 이하를 '옷짱'이라고 부른다. 생가의 옥호는 '야스캬安木屋'였기 때문에 예나 지금이나 마을 사람들은 나를 '야스캬의 옷짱'이라고 부른다. 마을은 내가 태어나기 전부터 각각 옥호를 가진 28호의 농가로 구성되어 있으며, 지금도 같은 집이 대를 이어오고 있어 아마도 60년 이상이

지나도 호수는 그대로 일 것이다. 마을에서 태어난 장남은 학교에 들어날 나이가 되면 수호신의 제례에서 연출되는 사자춤의 어린이 역을 맡으며, 이어서 와카모노구미에 가입하는데, 차남 이하는 그 어디에도 관여하지 않는다. 행정촌에는 청년단이 있지만 내가 어릴 적에는 마을의 와카모노구미가 훨씬 커다란 활동영역을 가지고 있었던 것으로 기억하고 있다. 어쨌든간에 장남이 집안을 잇고 차남 이하와 딸들은 마을에서 나가는 것이 예정되어 있었던 것이다.

생가는 2정보 가량의 논을 경작하는 전업농가였지만, 가족만으로 이 정도의 논을 경작하는 것은 내가 어릴 적의 기술적 조건으로는 필요 이상으로 다망한 일이었다. 우리 집의 경우 아버지가 결핵성 척추카리에스로 젊을 때부터 병약했기 때문에 그만큼 어머니에게 부담이 가중되고 있었다. 그런 생활에서는 휴식, 오락, 교양 등과 같은 차원은 거의 없었으며, 집 안에는 매년 농가를 대상으로 배포되는 『가정의 빛』 이외에 책이라고는 구경조차 할 수 없었다. 이러한 농가에서 자란 개인사적인 배경에서 볼 때, 지금은 서적을 상대로 하는 단조로운 긴 시간의 사이사이에 초로의 내가 울적한 마음 없이 즐길 수 있는 거의 유일한 생활체험으로 집안의 좁은 정원에서 야채를 일구는 습관이 생겼다고 말하는 것은 여기서는 사치스런 말이 된다.

그런데, 내가 태어난 주변의 농촌은 조도신슈浄土真宗, 특히 히가시혼간지東本願寺의 독실한 신자들이 밀집된 지역이어서 집집마다 모두 불단이 있다. 집집마다 매일아침 불단에 밥을 올리고 노인이 독경한 후 '불경'(蓮如, 『御文章』)을 읽는다. 그리고 매월 죽은 사람의 기일에는 '가쓰키마이리月忌まいり'라고 하여 이웃 마을에 있는 절의 주지스님이 와서 독경을 해주는데, 집이 비어 있거나 일을 하는 도중에도 상관하지 않고 주지스님은 현관에서 말 한마디만

던지고는 집 안으로 들어와 불단에 점등하고 독경한 후 돌아간다. 우리 생가의 경우 매월 여러 차례 있으며 이러한 종교행사는 지금도 계속되고 있다. 이와는 별도로 매년 1회, 누군가의 기일을 선택해서 친척들도 불러 음식을 대접하는 '혼코사마報恩講'가 있다. 또한 내가 태어난 마을은 농가뿐이라 절은 없지만, 조금 큰 집에서는 방의 칸막이를 들어내서 서너 개의 방을 넓히면 스님을 초대하여 설교를 듣는 모임을 열 수가 있다. 연령집단을 기초로 한 넨부쓰코念仏講 등의 주최로 농한기에는 이러한 설교가 여러 집에서 개최되고 십 수 명의 마을 사람들이 모인다. 신슈종 특유의 내세신앙에서 보더라도 노인들의 신앙심이 두터운 편이지만 농가의 며느리들도 이러한 설교에는 즐겨 출석한다.

그런데 내가 소학교(내가 입학한 1941년부터 국민학교로 개칭하여 전시체제를 강화했다)에 입학하기 전이기 때문에 1940년의 일이 아니었나 싶다. 스님들의 설교에는 평소 어린이가 출석하는 것이 아니지만, 그날 밤은 영화를 상영한다고 해서 마을 어린이들도 기뻐 날뛰면서 모여들었다. 전시 상황에서 전의를 고양하기 위해 만든 영화가 승려의 설교 장소에까지 들어와 오랜 전통을 자랑하는 신슈종의 설교도 크게 변용하고 있었을 것이다. 승려는 영화 상영에 앞서 아마도 전시에 어울리는 훈화(설교?)를 한 모양인데, 그 도중에 "삼종의 신기 이름을 알고 있니?"하고 영화가 가장 잘 보이는 장소에 모여앉아 진을 치고 있는 어린이들에게 물었다. 그러나 마을 어린이들은 공적인 장소에서는 부끄럼을 타기 때문에 아무도 대답하려 하지 않았다. 어린이들이 머뭇머뭇하면서 잠시 정적이 감돌 때 나는 갑자기 큰 소리로 "알고 있지만 말 못해요!"하고 외친 것이다. 만장은 폭소가 터졌다. 나는 학령기 전의 유아였기 때문에 어린이들과는 다른 장소, 즉 어머니의 무릎 위에 앉아 있었는데, 머뭇거리는 연장의 어린이들과는 대조적으로 유아가 오히려 약간은 주제넘게 큰소리를 질렀기 때문에 웃음거리가 되었던 것이다. 집에 돌아온 후 "요시오, 정말 알고 있었니?"하는 어머니의 질문을 받고, 야타노카가미八咫鏡, 구사나기노스루기草薙剣는 분명히 기억하고 있었지만 야사카니노마가타마八坂瓊曲玉라는 명칭은 확실하게 기억하지 못했다는 것을 알고 많은 사람들 앞에서 부당하게 아는 척 해버렸다는 죄악감을 가졌던 기억이 마음 한 구석에 남아있다.

불완전하게나마 학령 전의 유아가 '삼종의 신기'의 호칭을 외우고 있었던 것은 어떤 사정에 의한 것일까. 아무리 생각해도 감을 잡을 수 없다. 앞서 말했듯이 나의 생가는 『가정의 빛』 외에는 책이라고는 한권도 없으며, 또한 주위에 이데올로기적인 언설을 좋아하는 인물도 없었다. 본인이 직접 말하는 것도 기묘한 일이지만 유아의 '지'의 이러한 실태는 어쩐지 기괴하며, 만약 그렇게 말해도 좋다면 불길한 부분이 있을 것이다. 또한 마을 사람에게는 '삼종의 신기'의 호칭 따위는 전혀 무관하며, 다만 왠지 어려울 것 같은 문제를 학령 전의 유아가 외우고 있다는 것만으로도 소박하게 놀라버렸다고 말할 수 있을 것이다. 그 때문에 이 작은 에피소드는 대학 교수라는, 마을 사람들이 보면 그 내실을 추측하기 어려운 직업에 종사하고 있는 "야스캬의 옷짱"의 유소기에 어울리는 에피소드로 기억되어, 좀 부풀려 말하자면 하나의 '전설'이 되어 버렸다. 형수가 시집온 것은 훨씬 이후의 일이지만, 지금도 마을 노인들이 형수에게 내 소문을 이야기할 때는 으레 이 에피소드를 말해준다고 한다. 그럴 때 정작 '삼종의 신기'와 관련된 일이었다는 점은 일찌감치 망각해 버리고 유아기에 나의 건방진 말만이 그리운 듯이 회상되고 있다. 나보다 연장의 마을 어린이들 경우에는 '삼종의 신기'의 호칭을 몰랐거나, 적어도 정확하게는 모르고 있었을 것이며, 설사 알고 있었다고 하더라도 마을 생활과 무관한 지식을 다른 사람 앞에서 피로하는 습관을 가지고 있지 않았을 것이다.

그렇기 때문에 이 에피소드는 학령 전의 유아조차도 '삼종의 신기'를 외우고 있었다—천황제 이데올로기는 이처럼 깊은 침투력을 가지고 있었다는 증거이기도 하지만, 또한 그런 것을 기억하거나, 그러한 기억을 하는데 내적인 동기부여를 가지거나 하는 것은 마을 생활 속에서는 결코 보통 일이 아니었다는 것을 증명하는 것이기도 할 것이다. 일반적으로 마을 사람들은 국가나 천황제를 거부하고 있는 것은 아니지만, 그러나 이쪽에서 국가나 천황제를 지나치게 깊이 생각하는 따위는 결코 하지 않는다. 이에 대하여 마을 생활과는 아무런 관계도 없는 불필요한 관념에 사로잡혀 있었던 것은 약간은 이상한 유아였기 때문이며, 그것은 이윽고 도회지로 나와서 대학 교수라는 왠지 생활 감각이 희박한 직업에 종사하게 된 것과도 무관하지 않을 것이다.

또 하나의 기억도 간단하게 기록해 두자.

나는 패전 당일에 '옥음방송'을 들었던 기억이 없다. 그러나 그날 나는 집에서 분명 '옥음방송'을 들었을 것이며, 그 후 밖으로 나가서 담벼락에서 혼자 울고 있었다. 국민학교 5학년인 나는 한 사람의 군국소년으로서 전쟁에 졌다는 사실이 억울했던 것이다. 그런데 그 때 어머니가 와서 "이미 졌기 때문에 네가 울어도 아무 소용없다. 집에 들어와서 얼른 밥이나 먹어라"고 하는 의미의 말을 한 것이다. 어머니에게는 8월 초에 막 입대한 장남이 이제는 죽지 않아도 된다는 안도감이 있었을지도 모른다. 아니면 단지 전쟁에 졌다고 해서 울고 있는 아이 때문에 애를 먹고 있었을 뿐일지도 모른다. 그러나 그 어느 쪽이든 내 입장에서 보면 패전이라는 경천동지할 대사건을 깨끗이 받아들이고 감정적인 반응을 보이지 않는 어머니의 태도에 "왜!?"라는 놀라움이 있었던 것이다. 그것을 이 책에서 사용한 용어법으로 말하자면 일개의 서민이며, 그런 까닭에 생활의 전문가인 우리 어머니와 같은 인간에게는 전쟁도 국가도 불필요한 틈입자이며, 그런 차원에 사로잡히기 쉬운 나와는 정신적 위상이 다르다는 말이 될 것이다. 어머니나 마을 사람들도 전쟁이나 국가라는 전체사회에 자신들이 속하고 있다는 것을 잘 알고 있기는 하지만, 그것을 자기 힘으로는 어떻게 할 수 없는 운명과 같은 것으로서 어떻게든 받아들이고 견디며, 또한 생활하면서 사는 것이다. 그러나 생활과는 동떨어진 불필요한 관념에 사로잡혀 사는 기묘한 소년도 마을 생활의 주연부에 역시 존재하고 있는 것이다.

지역이나 세대와 구체적인 상황 등에 의해 우리들의 천황제 체험이 천차만별인 것은 당연한 일이다. 그러나 내가 유소기를 보낸 벽지의 농촌에서조차도 전쟁의 영향을 정면으로 받은 지역의 상황과 비교하면 거의 목가적인 평온함이라고 할 수 있는 생활 속에 천황제가 어느 정도 그림자를 드리우고 있었으며, 이를 통해서 보다 일반적인 논점을 전망할 수 있지 않을까 하는 생각에서 감히 사소한 사적인 기억을 더듬어 보았다.

일본사상사를 나의 전문영역으로 막 선택했을 때부터 나는 천황제에 관심을 가지고 언젠가는 천황제에 관해서 논해보고 싶다는 생각을 했었지만 그것은 원래 위와 같은 유소기의 체험 따위에 의한 것은 아니다. 일본사상사 연구에 뛰어난 업적을 남긴 선학들은 대개가 그 학문적 생애의 가장 무거운 부분을 걸고 천황제를 논하고 있으며, 존경하는 선학들의 이러한 문제에 대한 접근 방식에 영향을 받아 나도 지극히 자연스럽게 천황제에 관심을 가진 것이라고 생각한다. 그러나 젊은 시절에 나는 이 문제는 난문이기 때문에 천천히 하자, 이것 저것 공부하다 보면 언젠가는 내 나름대로의 천황제론을 구상할 수 있게 되니까 그때까지는 이 문제에 그다지 깊이 들어가지 말자, 연구생활의 만년에 천황제에 관한 짧고 명석한 에세이를 한두 개 쓰고 그만 두는 것이 폼도 나고 좋다는 등으로 생각해 왔다.

그러나 천황의 황위교체가 임박하고 있다는 것이 예상되기 시작하면서 천황제 논의가 활발해질 무렵부터 나도 이런저런 기회에 천황제에 관해서 말하기를 요구받게 되었고 이 문제에 대한 나름대로의 생각을 정리할 필요가 생기게 되었다. 그것은 위와 같은 개인적인 생각과는 다른 차원에서 생긴 사정이지만, 나는 요구받은 차에 당시에 자신이 가진 관심이나 집회의 성격 등을 고려해서 이야기 할 내용을 재정리했다. 근무하는 학교의 강의나 세미나에서도 천황제와 민중의식이라는 식의 테마를 종종 다루었으며, 즉위일 당일에는 행인지 불행인지 강의가 있는 요일에 해당했기 때문에 "즉위례와 다이조사이"라는 특별강의를 하여 국가의 축일로서 임시휴일로 정한 대학 당국에 동조하지 않는 의사를 표현했다. 평소 은둔에 가까운 생활태도에서 보면 약간은 일탈한 행동이 되는데, 이러한 활동 속에서 다소 정리된 보고를 골라서 다음과 같은 논문의 형태로 발표했다.

① 「근대 천황제의 정신사적 위상」(역사학연구회편『천황과 천황제를 생각한다』에 수록)

② 「근대 천황상의 형성」(『역사평론』 465호)

③ 「근대전환기의 천황상」(『사상』 789호)

④ 「근대 천황제와 민중의식」(『사회사상사연구』 15호)

이 책은 위의 네 개의 논문을 바탕으로 논지나 사료를 보강해서 다시 쓴 것이다. 천황제에 관해서 한 권의 책을 정리한다는 생각은 전부터 없었기 때문에 그런 의미에서 이 책은 뜻밖에 만들어진 작품으로, 더욱 성숙된 만년에 천황제를 논해보고 싶다고 생각해 온 젊은 시절의 생각은 다분히 배신한 셈이 된다. 그러나 천황의 황위계승을 둘러싼 시대상황에 대하여 나름대로의 관여 속에서, 그나마 세상 물정에 어두운 나와 어울리게 논의가 수그러질 즈음에 어쨌든 한 권의 책으로 정리할 수 있었다는 점에—성과 여부는 논외로 치더라도—큰 불만은 없다. 갖가지 기회를 주고, 열심히 귀를 기울이고, 또한 의견을 개진해 주신 분들에게 감사드린다.

이 책의 구상에 기초가 된 것은 위의 네 논문 가운데 ②이며, ③과 ④는 그 보완과 확충, ①은 ②의 전신에 해당한다. ②는 역사과학협의회 제22회 대회의 보고인데, 보고를 요청해 온 역사과학협의회 전국위원회, 특히 꽁무니 빼는 나를 편달하고 시사를 주면서 보고를 결의하게 해주신 당시의 대표위원 사사키 준노스케佐々木潤之介 선생에게 감사드리고 싶다.

또한 ②가 매수 관계로 답답하게 몸을 조아리고 있는 것을 간파하고 한 권의 저작으로 다시 정리할 것을 권하고 여러모로 배려하여 이 책이 세상에 나오도록 해 주신 이와나미 서점 편집부의 고지마小島潔 씨와 이리에入江仰 씨에게 감사드린다.

1992년 2월

야스마루 요시오

역자 후기

천황제는 일본사 연구에서 가장 중요하고 난해한 연구 테마 중 하나다. 일본사를 전공하는 일본인들은 자신이 전공하는 시대나 분야에서 나름대로 권위적인 연구 성과를 거두게 되면 거의 예외 없이 천황제의 문제에 직면하지 않을 수 없게 된다. 이와 같이 일본사를 전공하면서 나름대로 확고한 연구 영역을 확보한 연구자들이 궁극적으로 천황·천황제의 의미를 해명하는 작업에 자의적이든 타의적이든 직면하지 않을 수 없게 되는 것은 그만큼 천황제가 일본사의 전체상을 이해하는 데 중요한 의미를 가지기 때문이다. 그것은 천황제가 고대에서 현대에 이르기까지 단 한 차례도 폐지되지 않고 존속하고 있다는, 마루야마 마사오의 말을 빌리자면 '종축縱軸의 연장'(시간성) 때문이기도 할 것이다. 그러나 보다 직접적으로는 근대 일본, 특히 1930년대부터 패전에 이르기까지 총력전을 수행하는 과정에서 '맹위'를 떨친 천황제의 역사가 일본인의 정신사적인 경험에 미친 영향도 결코 무시할 수 없을 것이며, 또한 천황제가 패전에도 불구하고 여전히 국민통합에 중요한 구심

점으로 기능하면서 존속하게 된 원인을 어떤 역사적인 문맥 속에서 이해해야 할 것인가 하는 문제의식도 그 배경에 있다고 할 수 있을 것이다.

근대 일본에서 권력과 권위를 일원적으로 독점하는 신권적인 절대군주로서 군림했던 천황제는, 패전 후 전쟁책임의 멍에를 벗어나기 위해 절대적인 권위와 정치적인 권력을 포기하고 새로운 헌법의 제정에 의해 '상징'으로 규정되어 그 존속이 가능하게 되었다. 그럼에도 불구하고 천황제가 여전히 일본이라는 국가와 사회를 움직이는 커다란 힘으로 기능하고 있다는 사실은, 1988년 9월 쇼와 천황의 중태에서 그 이듬해 1월의 죽음, 그리고 새로운 천황의 즉위에 이르기까지 일본열도를 석권했던 과잉자숙을 비롯한 일종의 '천황 현상'으로 다시 한 번 분명해졌다. 천황제에 관한 연구가 특히 1990년을 전후해서 집중되고 있는 것도 당시의 시대상황을 반영하고 있다. 이 책도 이러한 시대상황 속에서 일본의 민중사상사를 대표하는 연구자의 한 사람으로서 천황제에 대한 사상사적인 해명을 추구한 결과 얻어진 결실이라 할 수 있다. 여기서는 독자의 이해를 돕기 위해 이 책이 천황제 연구사에서 차지하는 위상과 특징에 관하여 간단하게 설명하여 역자 후기를 대신하고자 한다.

일본에서의 천황제 연구는 크게 옹호론과 비판론으로 양분된다. 옹호론을 주장한 것은 주로 일본의 보수 우파들이며 비판론을 체계적으로 주도한 것은 일본의 마르크스주의역사학과 마루야마 마사오를 비롯한 마루야마학파들이었다. 이들의 연구는 좀 더 세부적으로 들어가면 복잡한 이론과 방법론으로 논의를 전개하고 있어 그 어느 쪽도 통일된 견해를 도출하기가 쉽지 않다. 그것은 고대에서 현대에 이르기까지 시대적인 상황에 따라서 천황제의 역할이나 기능이 다를 뿐만 아니라, 정치사, 경제사, 사회사, 문화사, 사상사 등의 각 전공분야에 따라서도 천황제를 분석하기 위한 도구나 시각이 달라질 수 있기 때문이다. 따라서 지금까지 엄청나게 많은 천황제 연구에도 불구하고, 이것이야말로 "천황제의 본질이다!"라고 내세울 수 있는 명석한 결론은 나오지 않고 있으며, 또한 그런 연구가 나올 리도 없다. 일찍이 마루야마학파의 하시카와 분조橋川文三는 모두가 납득할 수 있는 천황제 연구가 나오면 노벨상을 받을 수 있을 것이라고 말했지만, 바꾸어 말하자면 그것이 불가능하다는 의미일 것이다.

따라서 이 책의 논지도 결국은 천황제를 비판하는 수많은 연구 가운데 하나일 뿐, 천황제에 대한 복잡한 논의에 종지부를 찍는 것은 결코 아니다. 물론 그렇다고 이 책이 가지는 의미가 반감되는 것은 아니다. 그것은 이 책이 종래의 천황제 연구에서는 거의 다루어지지 않았던 천황제 사상과 민중 사상과의 관련성을 해명하는 데 중점을 두고 있다는 점에서 충분히 평가할 수 있기 때문이다.

1960년대 민중사상사를 개척할 당시부터 야스마루가 연구 대상으로 삼았던 것은 마르크스주의역사학이 강조하는 '투쟁하는 인민'도, 또한 마루야마를 비롯한 근대주의자들이 계몽의 대상으로 삼았던 '몽매한 민중'도 아닌, 이름 없는 무수한 민중의 역사적 전환기에서의 주체적인 운동이나 정신사적인 의의를 밝히는 것이며, 이를 위해 민중의 실생활에 보다 접근하여 분석하는 것이었다. 1965년에 발표한 「일본근대화와 민중사상」은 18세기 후반부터 19세기에 걸친 시대적인 변혁기에 역사를 움직이는 민중의 주체적인 힘과 그 의미를 해명하는 데 중점을 두고 미륵신앙이나 요나오시 사상 등과 같이 천황제 사상과 길항하는 갖가지 해방환상과 변혁적인 종교사상을 통해서 민중사상의 실체를 그려낸 것이었다.

60년대의 민중사상사에 대한 탐구는 궁극적으로 근대 전환기의 시대적인 상황에 조응하여 권력의 중핵으로써 부상하는 천황제 이데올로기와 민중의식과의 관계를 해명하고 도달하는 데 중요한 기반이 되었다. 1977년에 출간된『일본내셔널리즘 전야』와 민중종교 오모토교大本教의 교조에 관한 저작『데구치 나오出口なお』는 천황제 사상과 길항하는 민중사상의 실체를 실증적으로 검증한 것이었다. 그리고 이러한 연구 성과를 배경으로, 80년대에 들어와 천황을 둘러싼 보수우경화의 움직임과 천황의 중태와 죽음, 그리고 황위계승이라는 상황 속에서 천황제에 관한 논의가 활발해지는 가운데 본격적으로 천황제 문제의 해명에 직면하지 않을 수 없게 된 것이다.

80년대는 일본이 경제대국으로서의 지위를 확보하면서 학계에서는 세계무대 속에서 일본의 아이덴티티와 자신감을 뒷받침하는 이른바 '일본문화론'이 유행하고 있었다. 일본의 특수성과 우월성을 보증하는 '일본문화론'의 이론은 지금은 이미 그 설득력이 상실되었지만, 당시에는 꽤 많은 일본인들에게 자신감을 불어주기에 족한 '대중소비재'였다. 때마침 당시의 나카소네 야스히로中曽根康弘 수상은 일본인의 자신감을 뒷받침하는 근거로서 '일본문화론'의 핵심에 천황을 자리매김하고, 히노마루 · 기미가요의 의무화를 강화함과 동시에 야스쿠니신사를 공식 참배하는 등 국가주의적인 지향성을 노골적으로 드러내고 있었다. 더구나 1901년 태생인 쇼와 천황의 나이가 여든을 넘기면서 일본의 보수정치는 천황의 사후 사태에 대비하지 않으면 안 되는 상황에 직면했다. 보수 정치가들에게 있어서 히노마루 · 기미가요의 강화나 야스쿠니신사 참배 등은 쇼와 천황에 비하여 눈에 띄게 카리스마가 부족한 황태자(현재의 아키히토 천황)가 황위를 계승할 경우에 대비하여 개인적인 인격과는 무관하게 천황의 권위를 보강하는 데 불가결한 요소였기 때문이다.

이에 더하여 1988년부터 그 이듬해에 걸쳐 일본인들조차도 상상하지 못했던 기이한 '천황현상'이 일본열도를 석권하게 된다. 천황의 중태가 전해진 1988년 가을부터 전국 각지의 축제와 운동회가 중지·취소되고, 텔레비전의 상업방송에서는 '건강'이나 '삶의 기쁨'과 같은 표현이 삭제되었으며, 정부 고관의 해외출장도 모두 취소되는 등 갖가지 기이한 현상들이 속출했다. 천황의 중태를 계기로 평소에는 전혀 자각하지 못하고 있었지만 천황제가 여전히 거대한 권위성을 가지고 일본사회 속에 군림하고 있다는 사실을 많은 사람들이 깨달은 것이다. 이 책도 직접적으로는 이와 같이 기이한 현상을 목격하면서 구체적인 구상이 다듬어지게 되었다. 여기서 야스마루는 이러한 '과잉자숙'의 권위성이 어떤 역사적 맥락에서 만들어지고 또한 존속해오게 되었는가하는 문제의식을 가지고 이를 일본인의 정신사적인 경험 속에서 사상사적으로 해명하는 작업에 착수하게 된 것이다.

야스마루의 천황제에 대한 기본적인 인식은 오늘날 일본인들이 흔히 인식하고 이미지하는 천황제의 내실도 실은 메이지유신을 경계로 하는 일본의 근대국민국가 형성과정에서 위조된 '관념적 구축물'이라고 보는 데 있다. 야스마루에 의하면 국민국가는 전통의 이름으로 국민적 아이덴티티를 구성하고 국민통합을 실현하는 것을 중요한 특질로 하고 있으며, 근대 천황제는 국민국가 일본의 형성과정에서 등장한 하나의 편성 원리에 다름 아니라는 것이다. 물론 천황제의 중핵을 이루는 다이조사이大嘗祭와 같은 황위계승의 제례나 아마테라스 오미카미天照御神의 신성을 계승한다는 관념과 같이 고대부터 그 유래를 가지는 것도 있지만, 그것은 근대 천황제를 구성하는 소재로 이용되어 새로운 의미가 부여된 것이었다고 본다. 즉 근대 천황제는 국민국가 일본이 형성되는 과정에 등장한 편성 원리이며, 이러한 과정에서 극히 오래된 것으로 간주하는 전통은 국민통합과 민족적인 활력을 조달하기 위한 국민국가의 과제에 조응하여 새롭게 창출된 환상의 구축물에 지나지 않는 것이지만, 그 작위성은 거의 자각하지 못하는 사이에 은폐되고 통념적인 '상식'이 되어 버린 것이라고 보는 데 중요한 특징이 있다.

야스마루는 이러한 주장을 논증하기 위해 근대 천황제를 구성하는 중요한 관념요소를 ① 만세일계의 황통과 여기에 집약되는 계통성질서의 절대성·불변성, ② 제정일치의 신정적神政的 개념, ③ 천황과 일본국에 의한 세계지배의 사명, ④ 문명개화를 선두에서 추진하는 카리스마적인 지도자로서의 천황이라는 네 가지로 요약하고, 이러한 관념요소가 왜, 어떻게 해서 형성되었는가를 18세기 후반부터 19세기에 걸쳐서 근대전환기를 살았던 인간들의 의식구조 속에 파고들어가 분석하고 있다. 여기서 야스마루는 종래의 마르크스주의역사학이나 마루야마학파들이 취했던 방법론과는 달리 천황제에 관한 이미지나 관념, 그리고 그러한 사회의식적인 규제력 등을 사상사적인 수법으로 논하고 있으며, 이를 통해서 궁극적으로 근대전환기의 천황제를 둘러싼 일본인의 정신적 동태를 해명하는 데 중점을 두고 있다.

이와 같이 국민국가의 편성 원리로 등장한 천황제는 근대 일본의 역사에만 적용되는 것이 아니라 현대 일본에서도 기능하고 있다고 보는 데 또 하나의 특징이 있다. 즉 패전 후 천황제를 구성하는 위의 네 가지 관념요소들이 상실되고 천황제는 물질문명과 소비주의 속에 적응해 오면서도 여전히 권위적이고 금기적인 차원을 집약하면서 국민국가의 통합원리로서 존재하고 있다고 보는 것이다. 실제로 야스마루가 지적하고 있듯이 현대 천황제는 여전히 일본사회에서 결코 경시할 수 없는 권위성을 표상하고 있다. 평소에는 일반 민중과는 전혀 무관한 것처럼 보이는 천황제도, 쇼와 천황의 '자숙현상'에서도 볼 수 있듯이 어떤 계기가 주어지면 천황제의 권위성을 거부하거나 동참하지 않는 자에 대해서는 '비국민'이라는 낙인과 함께 '선별과 차별'의 기능이 작용한다. 쇼와 천황에게 전쟁책임이 있다고 발언한 나가사키 시장에 대한 총격테러도 그 단적인 예에 지나지 않는다.

일본인들이 이러한 '선별과 차별'의 원리에서 보다 자유로워지기 위해서는 천황제에 대한 사고의 획일성이나 경직성에서 벗어나 더욱 거리를 두고 이를 바라볼 필요가 있겠지만, 그것도 그리 간단하게 실현될 법 하지도 않다. 오늘날 일본이 여전히 국민국가로 존속하는 한, 우리에게 국민국가 '대한민국'의 국민으로서 살아가는 것이 한편으로는 우리의 자유로운 인식과 행동을 속박하는 족쇄가 되고 있는 이상으로, 일본인들에게 천황제는 여전히 극복하기 어려운 국민국가의 족쇄로 기능하고 있다. 그것은 근대 천황제의 역사가 빚어낸 차질과 그로 인한 정신사적 경험과 트라우마가 그 어느 국민국가보다도 뿌리 깊음에도 불구하고, 천황제가 과거의 어두운 역사와 거리를 두고 집합적인 망각을 촉진하면서 일본의 고귀한 전통과 도덕, 그리고 사회질서와 사회규범의 원천으로 생각하게 만드는 기능을 하고 있기 때문이 아닐까. 그런 의미에서 천황제의 사상사적인 의미를 해명한 이 책은 근대에서 현대에 이르기까지 일본인들의 정신사적인 경험과 그 문제점을 역사적인 맥락 속에서 좀 더 깊이 있고 폭넓게 이해할 수 있는 계기를 우리에게 제시하고 있다고 할 수 있을 것이다.

2008년 6월

박진우

저자주

1장

1 '자숙'에 관해서는 民主教育を推進する国民連合,『民主教育を推進すすめる資料集 第15集 天皇の代替り』에 의거했다.
2 『週刊朝日』, 1989. 3. 10.
3 寺崎英成他,『昭和天皇独白録 寺崎英成・御用掛日記』, p.13.
4 위의 책, p.68, p.75, p.136.
5 위의 책, p. 102.
6 藤原彰他, 1991, p.19, p.21 기타.
7 丸山, 1964, p.124, p.129.
8 「朝日新聞」, 1975. 11. 1.
9 クラストル, 1987, P.38.
10 위의 책, p.192.
11 今谷明, 1990.
12 犬丸, 1987, pp.251~2.
13 つだ, 1948, p.166.
14 여기서는 주로 丸山, 1961에 의거해서 정리했다.
15 「権力と芸術」
16 津田, 1963, p.471.
17 犬丸, 1987.
18 위의 논문, pp.275~277.
19 ベネディクト, 1951, pp.47~51.
20 萱, 1987, pp.17~18.
21 萱, 1988, pp.17~18.
22 萱, 1987, p.17.
23 小谷, 1987.
24 安丸, 1986b.
25 宮地正人, 1991.
26 安丸, 1988, 그리고 이 책의 6장 2절 참조.
27 バーガー・ルックマン, 1977. 아래의 인용은 p.163 이하.
28 バーガー, 1979. 아래의 인용은 같은 책 pp.48~49.

2장

1 奥野高広, 『織田信長文書の研究』 上巻, p.344.
2 위의 책, p.565.
3 村上直次郎訳注, 『耶蘇会の日本年報』, p.243.
4 石毛, 1976, p.39.
5 앞의 책, 『耶蘇会の日本年報』, p.247.
6 위의 책, pp.244~245.
7 折口, 1975.
8 水林, 1987, p.143.
9 今谷, 1990. 脇田, 1990, p.91.
10 『信長公記』
11 朝尾, 1975, p.201.
12 포르투갈 인도 총독 앞으로의 편지. 원문은 한문.
13 石毛, 1965, pp.150~151.
14 朝尾, 1975, p.204 이하에 의함.
15 ギアツ, 1990, pp.143~144.
16 위의 책, p.122.
17 関本, 1987, p.18.
18 ギアツ, 기어츠, 위의 책, p.150.
19 위의 책, p.12.
20 무가 관위제에 관해서는 深谷, 1991, pp.26~28에 의함.
21 위의 책, p.31.
22 高埜, 1989, pp.57~58.
23 「徳川成憲百ヶ条」
24 「對幕府問」
25 『武家事記』
26 위의 책.
27 위의 책.
28 『集義和書』
29 위의 책.
30 正木篤三, 『本阿弥行状記』 p.61.
31 위의 책, p.62.
32 宮沢, 1975, p.141.
33 『名古屋叢書』 第1巻, p.33.
34 『政談』
35 『經濟錄』
36 子安, 1990, p.135.

37 『辨明』
38 安丸, 1986a, pp.447~448.
39 『太平策』
40 深谷, 1991, pp.121~122.
41 バーガー, ルックマン, 1977, p.175.
42 ターナー, 1976.
43 위의 책, p.175.
44 위의 책, p.176.
45 ダグラス, 1985, p.193.

3장

1 安丸, 1986a.
2 위의 논문, p.432~433.
3 『月堂見聞集』
4 『御触書寛保集成』
5 『政談』
6 長谷川, 1985, p.279. 이하 호넨오도리에 관해서는 이 논문에 의거했다.
7 田村, 1987.
8 위의 책, pp.42~46.
9 위의 책, p.53.
10 原, 繁沢, 1974, p.75.
11 田村, 1987, p.151.
12 西垣, 1973, p.81.
13 三浦, 1981, p.200.
14 青木, 三浦, 1972, pp.56~57.
15 堀一郎, 1971.
16 堀一郎, 1953, pp.414~415, p.468.
17 柳田国男, 1969a, pp.346~349.
18 柳田国男, 1969b. 이하 같은 책에 의함.
19 위의 책, p.189, p.191.
20 위의 책, p.181.
21 古川, 1986, p.92.
22 위의 책, pp.237~238.
23 『日本経済叢書』9, p.464.
24 平山, 1978, pp.53~54.
25 『翁草』

26 『浮世の有様』
27 深谷, 1991, p.148 이하 참조.
28 위의 책, pp.178~179.
29 『鳩ケ谷市の古文書 第7巻 小谷三志日記 I 』p.61. '미로쿠의 시대'란 시키교 미로쿠의 사상이 실현된 시대이기도 하지만, '미로쿠(미륵)의 세상'=이상향을 의미하는 것이기도 하다.
30 「御添書之巻」,『鳩ケ谷市の古文書 第4巻 不二道基本文献集』에 수록.
31 『鳩ケ谷市の古文書 第13巻 小谷三志著作集 I 』p.95.
32 宮城, 1977, pp.171~173.
33 藤田, 1987, p.262.
34 青木, 1979, p.244.
35 『浮世の有様』
36 麻生正一,『神道家井上正鉄翁』p.59.

4장

1 村岡, 1940, p.231.
2 위의 책, pp.237~238.
3 松岡雄淵,『神道学則日本魂』
4 『奉公心得書』
5 『宝くしげ』
6 『古事記伝一之巻』
7 『呵刈葭』
8 『宝くしげ』
9 マンハイム, 1958, pp.30~31.
10 위의 책, p.43.
11 위의 책, p.34.
12 『直毘霊』
13 『秘本宝くしげ』
14 『古史伝』
15 子安, 1977, p.169.
16 吉田, 1986.
17 『古史伝』
18 『霊の真柱』
19 子安, 1977, p.163.
20 『古道大義』
21 『玉襷』

22 후지타 도코의 아쓰타네에 대한 평.
23 『國益本論』
24 『民家要術』
25 위의 책.
26 宮田, 1977, p.52.
27 『民家要術』
28 이에 대하여 유세(幽世)의 생활은 현세와 같은 내용이지만 성교만은 없는 것이라고 한다.
29 安丸, 1974, 제1장.
30 尾藤, 1973, pp.559~560.
31 尾藤, 위의 논문, p.571.
32 徳川斉昭, 『告志編』.
33 『丁巳封事』
34 『幽谷遺談』
35 『壬辰封事』
36 瀬谷, 1973, p.511.
37 山川, 1974, pp.158~159.
38 위의 책, p.157.
39 山川, 1983, pp.49~50.
40 安丸, 1986a, pp.434~438.
41 クリステイヴァ, 1990, p.233.

5장

1 이하 쇼인 관계의 사료는 서한에서 인용한 것임.
2 藤田, 1982, p.99.
3 福本義亮篇, 『久坂玄瑞全集』, p.502.
4 「血盟書」, 위의 책, p.519.
5 平野国臣顕彰会篇, 『平野国臣伝記及遺稿』, p.276 ,p. 40.
6 위의 책, p.24. pp.41~2.
7 위의 책, p.17.
8 『正名論』
9 『日本思想大系38 近世政道論』, p.368.
10 『勢, 断, 労三条』
11 真木保臣先生顕彰会編, 『真木和泉守遺文』, p.54.
12 위의 책, p.214.
13 山口, 1968, p.109.

14 위의 책, p.110.
15 위의 책, p.109.
16 앞의 책,『平野国臣伝記及遺稿』, pp.75~76.
17 이하 8·18정변 전후의 정치정세와 관계사료에 관해서는 遠山, 1972를 참고로 했다.
18 『孝明天皇紀』 제4, p.846.
19 위의 책, p.849.
20 遠山, 1988, p.452.
21 앞의 책,『真木和泉守遺文』, p.273.
22 『大久保利通文書』 1, p.311.
23 이하 도쓰안의 사상과 행동에 관해서는 宮城, 1986 참조.
24 『闢邪小言』
25 이상의 인용은 위의 책.
26 平泉澄·寺田剛編,『大橋訥菴先生全集』上巻, p.334.
27 『岩倉公実記』 上巻, p.1104.
28 『岩倉公実記』 中巻, pp.34~35.
29 遠山, 1972, p.193.
30 『勢, 斷, 勞三條』
31 『五事建策』
32 1862년의 정세에 관해서는 遠山, 1943에 의함.
33 위의 논문, pp.72~73.
34 『東西紀聞』
35 桜木章『側面観幕末史』, p.404.
36 위의 책, p.591.
37 위의 책, pp.548~549.
38 이하 신추구미에 관해서는 高木, 1974년에 의함.
39 遠山, 1972, pp.150~151.
40 井上, 1982, p.3.
41 酒井, 1974, pp.265~266.
42 『保古飛呂比』
43 이하 '잔넨상'에 관해서는 井上, 1982에 의함.
44 『八郎獨年代記』
45 桜沢, 1982, p.121.
46 사가라 소조와 세키호다이에 관해서는 高木, 1974 참조.

6장

1 遠山, 1972, p.202.
2 大佛次郎,『天皇の世紀』
3 『岩倉公実記』中, p.60.
4 위의 책, pp.220~2.
5 『勤斎奉公務要書殘編』
6 『明治天皇紀』1, p.160.
7 『岩倉公実記』上, pp.1021~2.
8 위의 책, 中, pp.512~4.
9 위의 책, pp.687~8.
10 이하 폐번치현에 이르는 시기의 정치정세에 관한 관련 사료에 관해서는 宮地, 1985에 의함.
11 『岩倉公実記』中, p.716.
12 위의 책, p.893.
13 위의 책, p.917, p.919.
14 宮地, 1985, p.117.
15 이하의 2, 3절에 관해서는 安丸, 1988 참조.
16 安丸・宮地編,『宗教と国家』, p.363.
17 芳賀, 1984, p.19.
18 앞의 책,『宗教と国家』, pp.24~25.
19 위의 책, p.36.
20 阪本, 1987, p.24.
21 신궁 부적의 강제배부에 관해서는 pp.228~229 참조.
22 「森重古静岡県下説教日記」, 앞의 책,『宗教と国家』, p.153.
23 위의 책, p.158.
24 위의 책, p.158.
25 위의 책, p.451.
26 위의 책, p.199.
27 위의 책, p.202.
28 구체적으로는 위의 책, p.198 이하 참조.
29 『島地黙雷全集』第5巻, p.181.
30 위의 책, p.183.
31 위의 책, p.183.
32 위의 책, p.183.
33 위의 책, p.183, p.185.
34 위의 책, p.190.
35 『島地黙雷全集』第1巻, p.115.

36 앞의 책, 『宗教と国家』, pp.47~48.
37 위의 책, p.38.
38 위의 책, p.468.
39 위의 책, p.105.
40 村上 1970.
41 위의 책, p.119, p.138.
42 中島, 1976과 中島, 1977, 阪本, 1986 및 安丸, 1988, pp.553~5 참조.
43 葦津, 1987, p.36.
44 위의 책, pp.211~213.
45 井上의 종교론에 관해서는 앞의 책, 『宗教と国家』, pp.71~5.

7장

1 『長野県史・近代資料編』 1巻, pp.857~862.
2 落合, 1981, p.303.
3 宮本, 1984, pp.243~245, 神島, 1961, pp.110~111.
4 安丸・深谷編, 『民衆運動』, pp.16~25.
5 佐藤, 1987, pp.23~24.
6 V. タナー, 1976.
7 遠山茂樹編,『天皇と華族』, pp.7~8.
8 『増訂武江年表』 2, p.224.
9 「奥羽人民告諭」, 앞의 책,『天皇と華族』, p.28.
10 위의 책, p.26.
11 宮地, 1985, p.87.
12 新潟県内務部編, 『越後佐渡農民騒動』, p.475.
13 三好, 1973, p.151.
14 森田, 1972, p.241.
15 『日本庶民生活史料集成』 第13巻, p.595.
16 위의 책, pp.617~618.
17 佐竹, 1992.
18 川村, 1990.
19 위의 책, p.601.
20 이 봉기에 관해서는 위의 책, p.727 이하.
21 앞의 책,『民衆運動』, p.84.
22 위의 책, pp.83~84.
23 앞의 책, 『宗教と国家』, pp.162~168.
24 佐々木, 1979, p.190.

25 『新聞集成明治編年史』第1巻, p.456.
26 위의 책, p.477.
27 앞의 책,『宗教と国家』, pp.168~177.
28 「御教法」
29 위와 같음.
30 安丸, 1974, pp.123~124.
31 安丸, 1977a.
32 柳田, 1968.
33 宮田, 1975.
34 위의 책, p.330.
35 『日本庶民生活史料集成』第21巻. 이하 메이지 초년의 민속규제에 관해서는 위의 책에 의한다.
36 앞의 책,『宗教と国家』, p.443.
37 『日本庶民生活史料集成』
38 앞의 책,『宗教と国家』, pp.184~193.
39 『日本庶民生活史料集成』第21巻.
40 앞의 책,『宗教と国家』, pp.180~181.
41 『武江年表』2, p.257.
42 安丸, 1979, pp.145~160.
43 앞의 책,『宗教と国家』, p.112.
44 위의 책, p.108.
45 『東京日々新聞』, 1873. 11. 8.
46 『譚海』
47 『一年有半』

8장

1 이하 데루노리에 관해서는 주로 芳賀, 1972에 의거했다.
2 芳賀, 1971, p.144.
3 国府, 1912, p.106.
4 大浜, 1979, p.559.
5 芳賀, 1968, p.27.
6 国府, 1912, p.83 이하.
7 芳賀, 1971, p.153.
8 위의 책, p.180.
9 大浜, 1979, p.586.
10 安丸, 1974, p.60 이하.

11 이하 小島와 石坂에 관해서는 渡辺, 1984에 의함.
12 本田에 관해서는 安丸, 1989 참조.
13 이하 지역 개혁운동에 관해서는 鶴巻, 1991에 상세하다.
14 色川大吉責任編集, 『三多摩自由民権史料集』 上巻, p.96.
15 위의 책, p.103.
16 『町田市史史料集』 第9集, pp.91~92.
17 위의 책, p.148.
18 渡辺, 1984, p.212.
19 『国立市史』 中巻, p.644.
20 色川, 1973.
21 遠山, 1979, pp.184~185.
22 『自由党史』
23 『明治文化全集』 第14巻, 自由民権篇(続), p.88, p.190.
24 『自由新聞』 82. 7. 21, 22.
25 앞의 책, 『天皇と華族』, p.198.
26 井田, 1989, p.112.
27 牧原, 1982, pp.30~40.
28 「陳情書」, 앞의 책, 『民衆運動』, pp.348~349.
29 앞의 책,『天皇と華族』, p.221.
30 위의 책, p.234.
31 『福島県史II 近代資料 I 』, pp.302~303.
32 『保古飛呂比』 11, p.130~131.
33 앞의 책, 『民衆運動』, pp.244~245, p.380.
34 『直毘霊』
35 西田長寿, 『明治前期の都市下層社会』, p.79.
36 遠藤, 1978, pp.416~417.
37 生方, 1978, p.27.
38 山本外, 1973, p.106.
39 鹿野, 1969, p.380.
40 『河内国滝畑左辺熊太翁旧事談』, p.218.
41 위의 책, pp.73~74.
42 柳田, 1937, pp.471~472.
43 위의 책, pp.470~471.
44 岡田, 1989.
45 きだ, 1967, p.86, p.89.
46 丸山, 1961, pp.31~32.
47 スミス, 1987, p.66.

48 C. Gluck, 1986, p.275 이하.
49 多木, 1988.
50 フジタに, 1990, p.153.
51 青木保, 1984, p.159, p.185.

9장

1 ホブスボム, 1983.
2 『国体の本義』, p.100.
3 ウォラスティン, 1985, pp.143~144.
4 丸山, 1961, p.33.
5 河野司編, 『2・26事件獄中手記・遺書』, p.288.
6 保阪, 1975.
7 오모토교와 오니사부로에 관해서는 安丸, 1977b 참조.
8 앞의 책, 『2・26事件獄中手記・遺書』, p.283.
9 河野, 1985, pp.17~18.
10 ミチャーリッヒ, 1972, pp.333~335.
11 トロシ・トンプソン『階級・ジェンダ-ネイション: チャ-テイズムとアウトサイダー』, 古賀秀男訳, ミネルヴァ書房.
12 片野真佐子, 『皇后の近代』講談社, 참조.

인용문헌 일람

青木保, 一九八四年,『礼儀の象徵性』, 岩波書店.

青木美智男·三浦俊明, 一九七二年,「南関東における「ええじゃないか」」(『歴史学研究』No.385).

青木美智男, 一九七九年,『天保騷動記』, 三省堂.

赤坂憲雄, 一九九〇年,『象徵天皇という物語』, 筑摩書房.

朝尾直弘, 一九七五年,「幕藩制と天皇」(『大系日本国家史3 近世』, 東京大学出版会).

葦津珍彦, 一九八七年,『国家神道とは何だったのか』, 神社新報社.

石毛忠, 一九六五年,「安土桃山時代の倫理思想」(日本思想史研究会編,『日本における倫理思想の展開』, 吉川弘文館).

同, 一九七六年,「戦国·安土桃山時代の思想」(『体系日本史叢書23思想史II』, 山川出版社).

井田進也, 一九八九年,「中江兆民のフランス革命」(『思想』No.782).

犬丸義一, 一九八七年,「マルクス主義の天皇制認識の歩み」(遠山茂樹編,『近代天皇制の展開』, 岩波書店).

井上勝生, 一九八二年,「幕末における民衆支配思想の特質」(『歴史学研究』No.502).

今谷明, 一九九〇年,『室町の王権』, 中央公論社.

色川大吉, 一九七三年,『新編明治精神史』, 中央公論社.

ウォーラーステイン, I, 一九八五年,『史的システムとしての資本主義』(川北稔訳), 岩波書店.

生方敏郎, 一九七八年,『明治大正見聞史』, 中央公論社.

遠勝吉次, 一九七八年,「『武蔵野叢誌』(復刊)解説」(『府中市郷土資料集2 武蔵野叢誌(下)』, 府中市教育委員会).

大江志乃夫, 一九八八年,『兵士たちの日露戦争』, 朝日新聞社.

大濱徹也, 一九七九年,「佐藤清臣小伝」(芳賀登編『豪農古橋家の研究』, 雄山閣).

岡田靖雄, 一九八九年,「将軍·芦原金次郎伝」(『図書』No.480).

落合延孝, 一九八一年,「世直し」(『一揆2 一揆の歴史』, 東京大学出版会).

折口信夫, 一九七五年,「ごろつきの話」(『折口信夫全集』第三巻, 中央公論社).

鹿野政直, 一九六九年,『資本主義形成期の秩序意識』, 筑摩書房.

神島二郎, 一九六一年,『近代日本の精神構造』, 岩波書店.

川村邦光, 一九九〇年,『幻視する近代空間』, 青弓社.

菅孝行, 一九八七年,「歴史の中の天皇制」(菅孝行編,『叢論日本天皇制II 天皇制の理論と歴史』, 柘植書房).
同, 一九八八年,「何が論じられるべきなのか」(菅孝行編,『叢論日本天皇制III 天皇制に関する理論と思想』, 柘植書房).
ギアツ, C, 一九九〇年,『ヌガラ』(小泉潤二訳), みすず書房.
きだみのる, 一九六七年,『にっぽん部落』, 岩波書店.
クラストル, P, 一九八七年,『国家に抗する社会』(渡辺公三訳), 書肆風の薔薇.
クリステヴァ, J, 一九九〇年,『外国人』(池田和子訳), 法政大学出版局.
河野司, 一九八五年,『天皇と二・二六事件』, 河出書房新社.
国府種徳, 一九一二年,『古橋源六郎翁』, 愛知県北設楽郡農会.
小谷汪之, 一九八七年,「「アジア的専制」と近代天皇制」(菅孝行編『叢論日本天皇制II 天皇制の理論と歴史』, 柘植書房).
子安宣邦, 一九七七年,『宣長と篤胤の世界』, 中央公論社.
同, 一九九〇年,『事件としての徂徠学』, 青土社.
酒井一, 一九七四年,「開国と民衆生活」(『日本民衆の歴史5 世直し』, 三省堂).
阪本是丸, 一九八六年, 「明治10年代の宗教政策と井上毅」(『国学院雑誌』 Vo1.87-No.11).
同, 一九八七年,「日本型政教関係の形成過程」(井上順孝・阪本是丸編著,『日本型政教関係の誕生』, 第一書房).
桜沢一昭, 一九八二年,『草の根の維新』, 埼玉新聞社.
佐々木潤之介, 一九七九年,『世直し』, 岩波書店.
佐竹昭広, 一九九二年,「文明開化と民間伝承」『酒呑童子異聞』, 岩波書店.
佐藤誠朗, 一九八七年,『近代天皇制形成期の研究』, 三一書房.
スミス, R・J＝ウィスウェル, E・L, 一九八七年,『須恵村の女たち』(河村望・斉藤尚文訳), 御茶の水書房.
関本照夫, 一九八七年,「東南アジア的王権の構造」(『現代の社会人類学3 国家と文明への課程』, 東京大学出版会).
瀬谷義彦, 一九七三年,「水戸学の背景」(『日本思想大系53 水戸学』, 岩波書店).
高木俊輔, 一九七四年,『明治維新草莽運動史』, 勁草書房.
高埜利彦, 一九八九年,「江戸幕府の朝廷支配」(『日本史研究』No.319).
多木浩二, 一九八八年,『天皇の肖像』, 岩波書店.
ダグラス, M, 一九八五年,『汚穢と禁忌』(塚本利明訳), 思潮社.
ターナー, V・W, 一九七六年,『儀礼の過程』(冨倉光雄訳), 思索社.
田村貞雄, 一九八七年,『ええじゃないか始まる』, 青木書店.
つだ・さうきち, 一九四八年,『日本人の思想的態度』, 中央公論社.

津田左右吉, 一九六三年, 「日本の国家形成の過程と皇室の恒久性に関する思想の由来」(『津田左右吉全集』弟三卷, 岩波書店).
鶴卷孝雄, 一九九一年, 「近代成立期中間層の思想形成について」(『歴史評論』No.499).
手塚豊, 一九八三年, 『自由民権裁判の研究(下)』, 慶応通信.
遠山茂樹, 一九四三年, 「文久二年の政治情勢」(『歴史学研究』No.114).
同, 一九七二年, 『明治維新』(改版), 岩波書店.
同, 一九七九年, 「自由民権思想と共和制」(小西四郎・遠山茂樹編, 『明治国家の権力と思想』, 吉川弘文館).
同, 一九八八年, 「天皇と華族, 解説」(『日本近代思想大系2 天皇と華族』, 岩波書店).
中島三千男, 一九七六年, 「大日本帝国憲法第二八条「信仰自由」規定成立の前史」(『日本史研究』No.168).
同, 一九七七年, 「『明治憲法体制』の確立と国家のイデオロギー政策」(同右誌 No.176).
西垣晴次, 一九七三年, 『ええじゃないか』, 新人物往来社.
羽賀祥二, 一九八四年, 「神道国教制の形成」(『日本史研究』No.264).
芳賀登, 一九八四年, 「幕末維新の変革と豪農の天皇信仰」(『歴史学研究』No.341).
同, 一九七一年, 『明治維新の精神構造』, 雄山閣.
バーガー, P・L=ルックマン, T, 一九七七年, 『日常世界の構成』(山口節郎訳), 新曜社.
バーガー, P・L, 一九七九年, 『聖なる天蓋』(薗田稔訳), 新曜社.
長谷川伸三, 一九八五年, 「天保十年京都豊年踊り考」(西山松之助先生古稀記念会編, 『江戸の民衆と社会』, 吉川弘文館).
愿秀三郎・繁沢雅子, 一九七四年, 「御蔭之記」(『日本史研究』No.138).
尾藤正英, 一九七三年, 「水戸学の特質」(『日本思想大系53 水戸学』, 岩波書店).
平山和彦, 一九七八年, 『青年集団史研究序説上巻』, 新泉社.
深谷克己, 一九九一年, 『近世の国家・社会と天皇』, 校倉書房.
藤田覚, 一九八七年, 『幕藩制国家の政治史的研究』, 校倉書房.
藤田省三, 一九六二年, 「松陰の精神史的意味に関する一考察」(『精神史的考察』, 平凡社).
フジタニ, T, 一九九〇年, 「近代日本における群衆と天皇のページェント」(『思想』No.797).
藤原障他, 一九九一年, 『徹底検証・昭和天皇「独自録」』, 大月書店.
古川貞雄, 一九八六年, 『村の遊び日』, 平凡社.
ベネディクト, R, 一九五一年, 『菊と刀』(長谷川松治訳), 社会思想研究会出版部.
保阪正康, 一九七五年, 『死なう団事件』, 現代史出版会.
堀一郎, 一九五三年, 『我が国民間信仰史の研究(二) 宗教史編』, 創元新社.
同, 一九七一年, 「日本の民俗宗教にあらわれた祓浄礼儀と集団的オージー(orgy)について」(『民間信仰史の諸問題』, 未来社).

牧原憲夫, 一九八二年, 「大井憲太郎の思想構造と大阪事件の論理」(大阪事件研究会編著『大阪事件の研究』, 柏書房).
丸山真男, 一九六一年, 『日本の思想』, 岩波書店.
同, 一九六四年, 『現代政治の思想と行動』(増補版), 未来社.
マンハイム, K, 一九五八年, 『保守主義』(森博訳), 誠信書房.
三浦俊明, 一九八一年, 「東海道の「ええじゃないか」」(『講座日本近世史8 幕藩制国家の崩壊』, 有斐閣).
水林彪, 一九八七年, 「幕藩体制における公儀と朝廷」(『日本の社会史第3巻 権威と支配』, 岩波書店).
ミッチャーリッヒ, A&M, 一九七二年, 『喪われた悲哀』(林峻一郎・馬場謙一訳), 河出書房新社.
宮城公子, 一九七七年, 『大塩平八郎』, 朝日新聞社.
同, 一九八六年, 「「誠意」のゆくえ」(『日本史研究』No.285).
宮沢誠一, 一九七五年, 「幕末における天皇をめぐる思想的動向」(歴史学研究会編, 『歴史における民族の形成』).
宮田登, 一九七五年, 『ミロク信仰の研究』(新訂版), 未来社.
同, 一九七七年, 『土の思想』, 創文社.
宮地正人, 一九八五年, 「廃藩置県の政治過程」(坂野潤治・宮地正人編, 『日本近代史における転換期の研究』, 山川出版社).
同, 一九九一年, 「天皇制イデオロギーにおける大嘗祭の機能」(『歴史評論』No.492).
宮本常一, 一九八四年, 『忘れられた日本人』, 岩波書店.
三好昌文, 一九七三年, 「伊予宇和郡における農民闘争」(佐々木潤之介編, 『村方騒動と世直し(下)』, 青木書店).
村岡典嗣, 一九四〇年, 「垂加神道の根本義と本居への関係」(『増訂日本思想史研究』, 岩波書店).
村上重良, 『国家神道』, 岩波書店.
森田武, 一九七二年, 「幕末・明治初年の農民闘争」(佐々木潤之介編, 『村方騒動と世直し(上)』, 青木書店).
安丸良夫, 一九七四年, 『日本の近代化と民衆思想』, 青木書店.
同, 一九七七年a, 『出口なお』, 朝日新聞社.
同, 一九七七年b, 「出口王仁三郎の思想」(『日本ナショナリズムの前夜』, 朝日新聞社).
同, 一九七九年, 『神々の明治維新』, 岩波書店.
同, 一九八六年a, 「「近代化」の思想と民俗」(『日本民俗文化大系1 風土と文化』, 小学館).

同, 一九八六年b, 「近代天皇制の精神史的位相」(歴史学研究会編, 『天皇と天皇制を考える』, 青木書店).
同, 一九八八年, 「近代転換期における宗教と国家」(『日本近代思想大系5 宗教と国家』, 岩波書店).
同, 一九八九年, 「地域文化の展開」(『国立市史』中巻, 国立市).
柳田国男編, 一九三七年, 『山村生活の研究』, 民間伝承の会.
柳田国男, 一九六八年, 「ミロクの船」(『定本柳田国男集』第一巻, 筑摩書房).
同, 一九六九年a, 「毛坊主考」(同右書第九巻).
同, 一九六九年b, 「日本の祭」(同右書第10巻).
山川菊栄, 一九七四年, 『覚書幕末の水戸藩』, 岩波書店.
同, 一九八三年, 『武家の女性』, 岩波書店.
山口宗之, 一九六八年, 『幕末政治思想史研究』, 隣人社.
山本信良・今野敏彦, 一九七三年, 『近代教育の天皇制イデオロギー』, 新泉社.
吉田忠, 一九八六年, 「近世における仏教と西洋自然観との出会い」(『大系・仏教と日本人11 近代化と伝統』, 春秋社).
脇田晴子, 一九九〇・九一年, 「戦国期における天皇権威の浮上(上)(下)」(『日本史研究』No.340~341).
渡辺奨, 一九八四年, 『村落の明治維新研究』, 三一書房.

Gluck.C., 1985, *Japan's Modern Myths*, Princeton University Press.
Hobsbaun, E & Panger, T., 1983, *The Invention of Traditon*, Cambridge University Press.

찾아보기

ⓞ